無限の価値と可能性に生きる

齋藤孝志［著］

使徒言行録全説教

東京ミッション研究所

装丁：Logos Design 長尾 優

［推薦文］釈義と救済の出来事を「説教」化する苦闘の宣教論

東條隆進

本書はタイトルからも知られるように「使徒言行録による説教」である。

宗教改革教会の使命は「神のことば」と聖礼典を執行することであると定義されてきた。神に建てられ、イエス・キリストの御名を告白し、聖霊に導かれるのが教会である。

それゆえ聖日礼拝における「説教」は教会の生命線である。牧師の最も重要な職務は聖書に基づく公説教である。教派神学から聖書に戻ろう、イエス・キリストを信仰・信条の土台にしようという動きがカトリック、プロテスタントすべてに起こってきた。

齋藤牧師は宗教改革教会の基本的歩みを本書で表現しようと苦闘しておられる。「使徒言行録はモーセ五書に続く歴史書にたとえられます」という理解から、神がイエス・キリストを通して、聖霊をとおしてイスラエル民族を超えて人類全体に「神の国」を建設なさろうとなさった、神のカイロス、福音の出来事性、歴史性を本書で読み取ろうとしている。

十字架のメッセージがゴルゴタの丘から、ギリシア、ローマを経て、ロンドン、ワシントンを経て東京に、北京に届いている。

齋藤牧師とはこの二十年近く東京ミッション研究所で共にミシオ・デイ(Missio・Dei)とはどういうことかを真剣に語ってきた。東京ミッション研究所はイエスの十字架の出来事が「古代エルサレムから現代の東京へ」と宣教されてきているという神の歴史観にたったロバート・リー博士をリーダーとして歩んできた。齋藤牧師はこのリー博士のメッセージ性を深く理解され、小林和夫理事長とともに東京ミッション研究所を支えてこられた。

神はイエスの御名において聖霊の働きの主として今東京におられる。東京ミッション研究所の所員たちは全員この確信にたって宣教を考えている。そして齋藤牧師は三世紀以上の徳川幕藩体制以降グローバル・ディアスポラの津波に巻き込まれたこの日本での宣教はどうあるべきかを、全所員の中で最もラディカルに問うてきた。西田哲学に深く傾聴し、西田哲学を神学的に深めようとするカトリックの宗教哲学者たちとの交流を積極的にすすめ、その精神が「日本宣教学会」の設立でのカトリック、プロテスタントの協力をも実現させ得た理由であった。

私は内村鑑三の「余はいかにしてキリスト信徒になりしや」という問いは現代日本宣教の最重要テーマであると思うし、賀川豊彦の「わたしに向かって、『主よ、主よ』と言う者が皆、天の国に入るわけではない。わたしの天の父の御心を行う者だけが入るのである」（マタイ七21）という福音理解が今でも最重要なテーマであると理解している。

そのためにも宣教の課題としての明治国家体制と第二次大戦の意味を神学的に考察する必要性があると考えている。聖書の「神の国」と日本の天皇制的帝国主義の関係である。戦後経済成長主義とその破綻の神学的解明である。内村が取り組み、賀川が取り組んだ課題である。

齋藤師の「使徒言行録による説教」は現代日本における宣教論である。渡辺善太師の聖書的説教を踏まえ、聖書釈義と神の救済の出来事を「説教」化しようとしている苦闘の宣教論である。現代日本における教会は一人一人がキリストの弟子にされる高価な恩寵の恵みを会得した信徒によって形成される以外道はない。教会の会衆は現実の社会で高度な専門性を身につけているキリストの弟子たちである。四大文明の二つの文明を継承している日本での教会説教である。私は説教こそが奇跡であり、それぞれの時代の最も困難な福音の苦闘であると信じている。キリストの弟子が育てられ、時代の予言者たちが育てられる。この信仰の糧が「説教」である。聖書は説教で神の公共の言葉性として開示される。説教を聞く中に歴史の主としてのインマヌエルに出会う。神の家族として。
日本のクリスチャン人口はなぜ少ないか何時も問題になる。しかし「聖書説教学」に起つ教会は説教を語る説教職と説教を聞く耳を与えられている数に規定される。シェマーイスラエルの伝統は信仰の闘いに苦闘する群れによってのみ守られた。教会成長とは説教を聞く耳を持つものの成長である。そして説教職を担うリーダーたちが神に育てられることである。旧約時代神は予言者たちに「ことば」を託した。予言者たちを神が育てられた。クリスマスの出来事によってキリストの弟子たちが、使徒たちが「神のことば」を託された。そして旧約の予言者の任務を引き継いだ。現代でもキリストの弟子たる予言者は神が育てられると考えられる。

齋藤牧師は読書家である。二か月に一度の割合でお会いする度に新しい本の紹介をしてくださる。その本は教会が取り組むべき課題であり、信徒一人一人が考えるべき問題を含んでいる。進取の精神がみなぎっている。お聞きしたところ何度も何度も手術の経験をなさっておられる。「私の一方の目は全然見えないのですよ。」とおっしゃりながら読書を楽しんでおられる。

私は「ホーリネスの不死鳥ですね」という。日本のホーリネス教団は開拓伝道のスピリットを日本の宣教史に残してくれている。地を這うような地方伝道である。齋藤牧師はまた「開拓」を始めようとなさっている。「主がお要りなのですから」と。

主の導きを祈らされる。

（日本キリスト兄弟団弥生台キリスト教会牧師、東京ミッション研究所所員、日本宣教学会会員、早稲田大学教授）

〔紹介文〕渡辺神学の継承と展開を示す
『無限の価値と可能性に生きる』―使徒言行録全説教

小林和夫

東京聖書学院名誉教授、齋藤孝志先生が、この度『無限の価値と可能性に生きる』を出版されることになりました。そのご労に対して感謝しています。

先生とは五十年来の教友であり、最初の二十年位は東京聖書学院のキャンパスに住んで、子どもたちも私共も親しくお交わりを受けていました。先生との関係は、とくに学問的な面から言えば、私が留学を終えて帰って来てから、渡辺善太先生のお宅にまる二年間（一か月に一回）通って、何名かの方々と共に「聖書正典論」「聖書解釈論」「聖書神学論」の講読をしたときからでありました。

その後、二十五年位前にロバート・リー博士が私共の隣に住んでから、リー先生とのお交わりの中で多くのことを学ばせていただく機会を得ました。リー先生のもっている深い関心から、齋藤先生は私と共に東京ミッション研究所を立ち上げました。この研究所は今も続いています。とくにカトリックや超教派のなかで大きな一石を投じたのは、ボッシュの『宣教のパラダイム転換』（上下二巻）の出版でした。当時、米国や英国から多くの有名な学者たちをお招きし、宣教のフォーラムが開催されました。

齋藤先生は自ら開拓伝道に携わり、東京聖書学院の学生たちの伝道委員長を引き受けておられました。そうした現実の中で、どのようにしたら開拓伝道が成功し、教会成長につながるか熱心に学ばれておりました。先生は正典としての神のみことばと宣教とがいかにして結びつくかを真剣に時間をかけて考えておられました。結局、先生の到達したところは、宣教は正典としての聖書の実であり、聖書は宣教の幹ともいうべきもので、聖霊による両者の結びつきに強く関心をもたれるようになりました。

この度の説教をいわゆる『使徒行伝講解説教』とすべきところを『使徒言行録全説教』とされました。これには、先生の払われた努力があったと思われます。単なる講解説教ではないとの強い意図がその背後にあります。私は先生がその説教をなさっている間、何回か御教会の週報をお送りいただき、その感を深くいたしました。それは羊を育てようという情熱がみなぎっているように感じさせられました。

普通の講解説教ですと、使徒行伝のもくろみとか、例えば使徒行伝一章から一二章までの主人公はペテロであり、一三章から終わりまではパウロであるといったような恣意的な考え方をしますが、会衆のどんな人にも届き、時おり礼拝に出られない人でも、どこから読んでも理解することができることに、苦心をなさったのだと思います。

しかし、先生の説教の裏にある神学的作業に、渡辺善太先生の言う「聖書的説教と構成的基礎条件」がはっきりしているように見えます。その構成の「基礎」となるものは、綿密な聖書注解であり、その「展望」は聖書神学的であり、会衆への「配慮」は実践神学的表現が伏在しています。そして、それは渡辺聖書論によるテキストの「意義決定的解釈」と次に説教者の内側に形成される「意味形成的解釈」、さらにそれが時代や社会との対話、対決による「意図対決的解釈」が、自然に著者のものとして表現されているように思われます。この「意図対決的解釈」における対象としての社会や時代については、多くの書物を読まれている著者の勤勉な読書の結果が光っています。

ですから、これは一見わかりやすく書かれておりますが、学問的な考察を土台としつつ、聴衆がテキストによって自らの自己が砕かれ、宣教の姿勢が生み出されていくという強力なメッセージの展開となっています。

数年前にフラー神学校の宣教学の教授であり、世界宣教学会の座長をされたシェンク博士が、東京ミッション研究所主催の宣教フォーラムにおいて、私の質問「宣教学が指示する宣教師への勧めのうち最も大切なものは何か」に対して、即座に「宣教師自身が派遣された地において、その地で福音宣教に携わっている牧師、信徒および土地の人に、謙虚にものを尋ねるというところから出発する」と答えられました。その答えと齋藤先生のこの度の『無限の価値と宣教に生きる』と題された本書は、まさに相呼応するものということができると思います。

先生がこれを完成されたことに敬服しています。また、その背後に奥様の満江先生の長い間の祈りと苦労がどんなにあったかを推察し、主の祝福を祈っております。

できれば時間をかけて通読することがよいですが、忙しい方々にはどこからでも、一番関心のあるところから読み始めてよい本と思われます。皆様にぜひご一読をお勧めいたします。

（東京ミッション研究所理事長、東京聖書学院名誉院長・名誉教授）

無限の価値と可能性に生きる　使徒言行録全説教

目次

聖霊によるバプテスマを受ける

テオフィロさま、わたしは先に第一巻を著して、イエスが行い、また教え始めてから、お選びになった使徒たちに聖霊を通して指図を与え、天に上げられた日までのすべてのことについて書き記しました。イエスは苦難を受けた後、御自分が生きていることを、数多くの証拠をもって使徒たちに示し、四十日にわたって彼らに現れ、神の国について話された。そして、彼らと食事を共にしていたとき、こう命じられた。「エルサレムを離れず、前にわたしから聞いた、父の約束されたものを待ちなさい。ヨハネは水で洗礼を授けたが、あなたがたは間もなく聖霊による洗礼を授けられるからである。」さて、使徒たちは集まって、「主よ、イスラエルのために国を建て直してくださるのは、この時ですか」と尋ねた。（使徒言行録一1〜5）

現代人に今最も必要なものは、聖霊によるバプテスマです。聖霊は神の生命の霊です。この霊が注がれる時に、死んだような者が、生き生きとしてくるのです。

［1］ルカの第二巻目の使徒言行録を書き記す事情の説明（1〜2）

今朝から、使徒言行録の講解メッセージが始まります。使徒言行録は、宣教の霊である聖霊を受けた使徒たちが、全く変えられてあらゆる困難を乗り越えて、十字架と復活と昇天の福音をエルサレムから始めて全世界に伝えていった歴史です。四つの福音書を旧約聖書の土台であるモーセ五書に喩えますと、使徒言行録は、モーセ五書に続く歴史書にたとえられます。この書は「あなたがたの上に聖霊が降ると、あなたがたは力をうける。そして、エルサレムばかりでなく、ユダヤとサマリアの全土で、また、地の果てに至るまで、わたしの証人となる」（一8）の言葉を中心として展開されます。使徒たちの上に聖霊が降って彼らが力を受け、エルサレム、ユダヤ、サマリアの全土、地の果てに至るまで、イエスの福音が伝えられる様子が記されています。

　著書ルカは医者です。パウロの伝道によって回心し伝道者になりました。彼は科学者であると共に、すぐれた文学者、歴史家でありました。パウロがユダヤ人ですが、彼はギリシア人でした。そのルカがテオフィロという支配者階級のローマ人のクリスチャンの人物に、自分の二冊目の著書、使徒言行録を献呈いたしました。ルカは本書を「テオフィロさま」と書き出しました。テオフィロとはギリシア語で「神の愛人」という意味ですが、詳しいことはわかりません。口語訳のルカ福音書では、「テオピロ閣下」と記されていますので、ローマ帝国の高官の一人であったようです。使徒言行録では「テオフィロさま」と呼びかけておりますので、テオフィロがクリスチャンになり、大分親しくなっていたのかもしれません。

　ルカは第一巻の内容を要領よくまとめています。「わたしは先に第一巻を著して、イエスが行い、また教え始められてから、お選びになった使徒たちに聖霊を通して指図を与え、天に上げられた日までのすべてのことについて書き記しました。」(一1～2)イエスの公生涯は「行い」と「教え」の二つの言葉で見事にまとめられています。「行い」が先行し、「教え」が後続していることに注意したいと思います。ここにイエスの弟子訓練の第一の特徴がありました。現代の教育は、知識、教えが先行しすぎて、実践が希薄であるために、頭でっかちな人間ができあがりがちです。

　使徒たちとはどういう人たちなのでしょうか。ここには簡潔に「お選びになった使徒たち」と記されています。イエスがまず選ばれ、その選びに応えた人たちを使徒たちというのです。また「使徒」は、原語で「遣わされた者」の意です。「使徒」は「キリストによって福音を伝えるために、この世に遣わされた者」です。また、彼らは「聖霊を通して指図を与えられた者」であります。ここにルカの聖霊神学の特徴が見られます。復活のイエスに教えられただけでは不十分であるというのがルカの確信でした。ユダヤ人だけでなく、世界中の異邦人に福音を伝える使命を全うするためには、「聖霊の満たし」と「聖霊の指図」が必要なのです。イエスがご昇天された後の世界宣教は、ペンテコステの日にエルサレムの二階座敷で聖霊に満たされた使徒たちを中心とした百二十名によってなされました。

ルカは第一巻によって、天に上げられた日までの全てのことについて記しました。世界宣教は、イエスがガリラヤ地方で行い、教えられたことが原型です。これを、真理の霊である聖霊によって思い出させて頂きながら、置かれた場所との関係を考えて、宣べ伝えるものなのです。では、天に上げられた日までのすべてのことは、具体的に何を指しているのでしょうか。それはイエスの生涯のすべてのこと、すなわち誕生、少年時代、水と聖霊のバプテスマ、荒野の試み、公生涯、ゲツセマネの祈り、裁判、十字架、復活、昇天までのすべてのことを指します。

［2］ご昇天前のイエスは使徒たちに、エルサレムで約束された聖霊を待ちなさいと命じられました。

（3〜4）

「イエスは苦難を受けた後（十字架の死の後）ご自分が生きていることを、数多くの証拠をもって使徒たちに示し、四十日にわたって彼らに現れ、神の国について話され」ました（一3）。一言で言えば、世界宣教の使命に立つ者にとって第一の条件は語学の学習とか大学、大学院での学位の取得とかではなく、復活のイエスとの出会いの経験であり、イエスが教えられた神の国の神学であるということではないでしょうか。さまざまな資格、資金が必要であると考えますが、イエスのお考えは全く違っていました。イエスは、十字架の不当な裁判、刑死の中で、神の国のこと、弟子たち、ユダヤ人、イスラエル、異邦人の救いのことを第一に考えておられました。

「彼らが食事を共にしていた時、こう命じられ」ました（一4）。食事の時はバラバラになっていた者たちが、一か所に集まり、交わる最も楽しい喜びの時です。同時に愛の共同体が形成され、教育されるときです。在世当時、イエスは食事の時に弟子たちに重要な真理を教えられ、また重要なことを命じられました。ここでは「エルサレムを離れず、前にわたしから聞いた、父の約束されたものを待ちなさい」という意外な命令でした。使徒たちにとってエルサレムは、イエスを裏切り捨て去ったところです。わたしたちのエルサレムは、わたしたちの家庭、職場、社会です。わたしたちが失敗し、恥をかき、逃げ腰になっているところです。なぜ父の約束されたもの、すなわち聖霊を待ち望まなければならないのでしょう。

［3］あなたがたは間もなく、聖霊によって洗礼を授けられるとイエスは言われた（5）

この箇所の結論は短く重要です。イエスは聖霊のバプテスマをヨハネの水のバプテスマと対比させました。ヨハネの水のバプテスマは、体の外の汚れはきよめることは出来ますが、内側をきよめることは出来ません。ヨハネの水のバプテスマは悔い改めのバプテスマです。水は内面の罪を浄化できません。外面的、倫理的な悔い改めになります。

イエスの聖霊によるバプテスマは、火の洗礼とも言われ（マタイ三11）人間の内側から、罪をきよめ、焼き尽くすことができます。人間を内側から、継続的に変えることができます。イエスご自身が、ヨルダン川でヨハネから水の洗礼を受けられた時に、神の霊が、鳩のようにイエスの上に降りました。これが最も理想的で、水と霊によるバプテスマです。ここからイエスの宣教の働きが始まりました。

使徒たちが十日間、エルサレムの二階座敷で聖霊を待ち望んだように、静まって、聖霊（生命の霊）を待ち望みましょう。聖霊に満たせていただき、生き生きと生きていきましょう。これは、イエスの福音を全世界に宣教することにつながっています。アーメン。

あらゆる力の源

イエスは言われた。「父が御自分の権威をもってお定めになった時や時期は、あなたがたの知るところではないあなたがたの上に聖霊が降ると、あなたがたは力を受ける。そして、エルサレムばかりでなく、ユダヤとサマリアの全土で、また、地の果てに至るまで、わたしの証人となる。」こう話し終わると、イエスは彼らが見ているうちに天に上げられたが、雲に覆われて彼らの目から見えなくなった。イエスが離れ去って行かれるとき、彼らは天を見つめていた。すると、白い服を着た二人の人がそばに立って、言った。「ガリラヤの人たち、なぜ天を見上げて立っているのか。あなたがたから離れて天に上げられたイエスは、天に行かれるのをあなたがたが見たのと同じ有様で、またおいでになる。」使徒たちは、「オリーブ畑」と呼ばれる山からエルサレムに戻って来た。この山はエルサレムに近く、安息日にも歩くことが許される距離の所にある。

（使徒言行録一6～11）

使徒たちは無力を感じていました。これから自分たちの人生とイスラエル民族の将来はどうなるか心配でたまりませんでした。その時彼らに最も必要なものは、その不安を乗り越えてイエスの神の国の福音を証しする聖霊の力でした。

〔1〕「主よ、イスラエルのために国を建て直してくださるのはこの時ですか」使徒たちは尋ねた（6～7）

ルカは使徒言行録において神の国と世界平和を実現する力は、人間の力ではなく、聖霊の力であることを明らかにしようとしました。力のない使徒たちが、力ある器に変えられたのは、ペンテコステにおいて聖霊の力に満たされた時からでした。

イエスの生涯の最大のメッセージは始めから終わりまで「神の国のメッセージ」でした。復活されて四十日の間、イエスは、神の国について使徒たちに教えられました。使徒言行録全体は、神の国の平和の福音を全世界に伝えた初代教会の歴史的記録です。

今朝のメッセージのテキストは神の国をイスラエルの国と誤解した使徒たちの質問から始まっています。イエスの十字架、復活そして四十日間の弟子たちの再教育の後も、彼らは依然として間違った神の国理解を持っていました。なぜでしょうか。ローマ帝国の支配下にあったことが、それ程に屈辱的であったからでしょうか。

イエスは彼らの質問には直接答えられませんでした。イエスはこう言われました。「父がご自分の権威をもってお定めになった時や時期は、あなたがたの知るところではない」と。確かにイスラエルの復興の預言は聖書に（特にエゼキエル書に）記されていますが、その時が何時かということについては明確に記されておりません。その時や時期については、使徒たちの知るところではありません。

［2］あなた方の上に聖霊が降るとあなた方は力を受ける（8〜9）

人生において、根源的に重要なことは、聖霊（真理の霊）に満たされ、世界宣教の霊に満たされることであるとイエスは彼らに言われました。「あなたがたの上に聖霊が降ると、あなたがたは力を受ける。そして、エルサレムばかりでなく、ユダヤとサマリアの全土で、また、地の果てに至るまで、わたしの証人となる。」イエスが、彼らに語られた最後のそして最高に重要な言葉でした。

あなたがたの上に聖霊が降ることをこそ、使徒たちは、その時第一に求めるべきだったのです。そうするならば、彼らの切実な疑問も根源的に答えられるのです。イエスはイスラエル民族の救いのみを考えておられたのではありません。最も伝道の困難なエルサレムから始めて、ユダヤとサマリア全土、地の果てまでキリストの証人となることをこそ、イエスは使徒たちに期待しておられたのでした。イエスが目指しておられたビジョンが、いかに大きく巨大であったかがわかります。ただ自分たちの民族の復興と救いだけを求めている使徒たちとは大違いです。

ローマ帝国を恨み復讐するというようなちっぽけなことをめざして、イエスは十字架に架かられ、死から甦られたのではありません。憎しみあっているユダヤ人とサマリア人の間に和解と平和が実現し、ユダヤ人と異邦人の間にも和解、赦し、平和が実現することを、さらにはアダムの罪によって破壊された天と地、宇宙の平和の秩序が回復されることをイエスは目指されていたのです。何と偉大なイエスの十字架の愛ででしょうか。ルカは、このことを師パウロから教えられ、正しく理解し、その世界平和と宇宙平和実現の戦略を使徒言行録において展開しようとしていたのです。

「わたしの証人」となるとは、どういう意味でしょうか。「証人」という言葉は法廷用語で、ユダヤの法廷で、二人以上の証言があるときに、被告の身の潔白が証明されました。イエスの神の国の福音の正しさと世界平和と宇宙平和の正しさを、生命をかけて、殉教の死を覚悟して、証言することが証言者の使命でした。証人とはギリシア語でマルチュリア（martyria）と言いますが、「殉教者」の意です。当時のローマ帝国皇帝を神と信じる世界において、イエスを神と証言し、告白することは、まさに生命がけでした。戦争中、天皇が神とされていた時に、日本のクリスチャンたちが、キリストを神と証言し、告白することは生命がけでした。横浜教会の牧師であられた菅《すげ》野《の》鋭《とし》先生（一八八四～一九四三）は、イエスが神であると証言されたため殉教の死を遂げられました。

「こう話し終わると、イエスは彼らが見ているうちに天に上げられたが、雲に覆われて彼らの目から見えなくなった。」「わたしの証人となる」という言葉を最後にイエスは昇天されました。それは彼らが見ているうちでした。イエスの昇天は、歴史的事実であったことを、このように強調しています。しかもそれは「雲に覆われて」と記されています。旧約では「雲」は神の特別啓示が起こるときに出てきます。（出エジプト記一九16）

［3］イエスが離れ去って行かれるとき、彼らは天を見つめていた（10～11）

使徒たちは、どのような思いを持って天を見つめていたのでしょうか。心細い気持ちで、彼らは天を見つめておったのでしょうか。それとも、天に魅せられて見つめていたのでしょうか。

「すると、白い服を着た二人の人がそばに立って、言った。『ガリラヤの人たち、なぜ天を見上げて立っているのか。』白い服を着た二人の人とは誰を指し、そして彼ら

写真：聖書学院の五教授（左から、米田 豊、一宮政吉、菅野 鋭、小原十三司、車田秋次）

が言ったことは何を意味したのでしょうか。白い服を着た人とは、天使です。なぜ二人なのでしょうか。「二人」とは、二人の証人の証言がユダヤの法廷では真実と認められたからです。なぜガリラヤの人たちと呼びかけたのでしょうか。ガリラヤ出身の使徒たちは過激な人たちが多く、神秘的になり過ぎたり、その反対に世俗的になりすぎたりするからでしょうか。天使たちの言葉は終末的熱狂主義に対し、重大な歯止めとなりました。わずか二節の中に「天」という言葉が四回も繰り返して出てくるのは、なぜでしょうか。

なぜイエスは彼らを離れ、天に上げられたのでしょうか。それはイエスが天に上げられることによって、聖霊が地上に遣わされるためでした。聖霊は助け主であり、真理の霊であり、イエスの代理者であるからです（ヨハネ一六7～13）。イエスの代理者である聖霊が遣わされることによって「平和を得るため」です。（同一六33）

クリスチャンの地上の一生は、イエスが昇天された日から、イエスが再臨されるまでの「間」にあります。だから「高いところからの力」に覆われる（着せられる）までは、都にとどまることが必要なのです。単に覆われるだけでなく、洋服を着るように、聖霊を着せられるまでエルサレムの二階座敷にとどまりなさいとイエスは命じられたのです。（ルカ二四49）

不安になって、イエスに様々な自己中心的な質問をするよりも、わたしたちは、わたしたちの上に聖霊が降り、あらゆる力の源である聖霊を受けましょう。そして最も困難なところである家庭、職場、地の果てに至るまでキリストの証人とならせていただきましょう。アーメン。

心を合わせて熱心に祈る

使徒たちは、「オリーブ畑」と呼ばれる山からエルサレムに戻って来た。この山はエルサレムに近く、安息日にも歩くことが許される距離の所にある。彼らは都に入ると、泊まっていた家の上の部屋に上がった。それは、ペトロ、ヨハネ、ヤコブ、アンデレ、フィリポ、トマス、バルトロマイ、マタイ、アルファイの子ヤコブ、熱心党のシモン、ヤコブの子ユダであった。彼らは皆、婦人たちやイエスの母マリア、またイエスの兄弟たちと心を合わせて熱心に祈っていた。そのころ、ペトロは兄弟たちの中に立って言った。百二十人ほどの人々が一つになっていた。「兄弟たち、イエスを捕らえた者たちの手引きをしたあのユダについては、聖霊がダビデの口を通して預言しています。この聖書の言葉は、実現しなければならなかったのです。ユダはわたしたちの仲間の一人であり、同じ任務を割り当てられていました。ところで、このユダは不正を働いて得た報酬で土地を買ったのですが、その地面にまっさかさまに落ちて、体が真ん中から裂け、はらわたがみな出てしまいました。このことはエルサレムに住むすべての人に知れ渡り、その土地は彼らの言葉で『アケルダマ』、つまり、『血の土地』と呼ばれるようになりました。詩編にはこう書いてあります。

『その住まいは荒れ果てよ、
そこに住む者はいなくなれ。』

また、

『その務めは、ほかの人が引き受けるがよい。』

そこで、主イエスがわたしたちと共に生活されていた間、つまり、ヨハネの洗礼のときから始まって、わたしたちを離れて天に上げられた日まで、いつも一緒にいた者の中からだれか一人が、わたしたちに加わって、主の復活の証人になるべきです。」そこで人々は、バルサバと呼ばれ、ユストともいうヨセフと、マティアの二人を立てて、次のように祈った。「すべての人の心をご存じである主よ、この二人のうちのどちらをお選びになったかを、お示しください。ユダが自分の行くべき所に行くために離れてしまった、使徒としてのこの任務を継がせるためです。」二人のことでくじを引くと、マティアに当たったので、この人が十一人の使徒の仲間に加えられることになった。

（使徒言行録一12～26）

ばらばらであった者たちが祈りにおいて一つになるときに、驚くべき霊の力が与えられます。

[1]使徒たちは、「オリーブ畑」と呼ばれる山からエルサレムに戻って来た。（12～13）

聖霊の力をいただいてエルサレム、ユダヤ全土、サマリア、地の果てまでキリストの証人になるために、教会が取るべき第一の態度は、皆が心を合わせて祈ることでした。第二は組織の整備でした。

彼らがキリストの証人となるため、神様がなしてくださったことは、

第一に聖霊を与えてくださったことでした。

第二にイエスを昇天させてくださったことでした。

第三にイエスが再びこの地上に戻られることを確約してくださったことでした。

この三つの驚くべき恵みに使徒たちが祈りと信仰と全き服従をもって応答するときに、使徒たちは、エルサレムから始まってユダヤ全土、サマリア、地の果てまでキリストの証人となることができるのです。

使徒たちは、いつまでも天を見上げて立っているわけに行きません。「オリーブ畑」（イエスが十字架におかかりになった直前に祈られたゲツセマネの園）と呼ばれる山からエルサレムに戻って来ました。なぜ彼らは自分たちに敵対する祭司長、長老たち、ファリサイ人たちがいるエルサレムに戻ってきたのでしょうか。安息日に歩くことが出来る距離にエルサレムがあったからでしょうか。（安息日には約九百メートルまでは歩くことが律法で許されていました。出エジプト記一六29、民数記三五5に基づく規定。二千アンマは約九百メートル）それ以上に、復活されたイエスが、彼らに「高い所からの力に覆われるまでは、都にとどまっていなさい」（ルカ二四49）と命じられていたからです。

彼らは都にはいると泊まっていた家の上の部屋に上がりました。この部屋は、マルコと呼ばれていたヨハネの母マリア（一二12）が所有していた部屋で、イエスが使徒たちのために、最後の晩餐を開かれたところといわれています。彼らはこの二階座敷に上がって、ばらばらであった者たちが心を合わせて、仕事からも離れて十日もの間祈ろうとしていました。伝道の困難なエルサレム、ユダヤ全土、サマリア、異邦人の地で伝道をし、彼らを悔い改めに導き、平和の共同体（教会）を形成するためには、そのぐらいの集中的な祈りが必要であったのです。

ここに記されている十一人の使徒たちの順序をルカ

六14〜16と比べて注意深く見ますと微妙な違いがあることに気づきます。ルカのリストでは、ペトロとアンデレ、ヤコブとヨハネは、それぞれ兄弟がペアになっています。ところが、使徒言行録のリストでは、この組み合わせが解体されて、ヨハネが第一に、ペトロが次に配置されています。これは、一度肉親関係が解除されて、共に公的関係が優先され、ペトロとヨハネの組み合わせが登場したのでした。ここではさらに、ヨハネの次にヤコブが続いています。以上の三人に続いて、ルカではペトロと組み合わされていたアンデレが四番目に来ています。トマスの順位は上がっています。これもその活動の重要性によるものと思われます。

［2］**彼らは皆心を合わせて熱心に祈っていた。**（14〜20）

彼らは、使徒たちの他に、婦人たちやイエスの母マリアまたイエスの兄弟たちが含まれていました。婦人たちは、ガリラヤからイエスについて来て、イエスの身の回りの世話をしたり、使徒たちに忠実に仕えたマグダラのマリアをはじめとした婦人たちのことです。当時、婦人の社会的地位は高くありませんでした。彼女たちはイエスの愛に感動して率先して隠れた奉仕に喜んでいそしんでいました。

次にイエスの母マリア、イエスの兄弟たちが続いています。彼らは一時、イエスが気が狂ったかと重い、イエスを取り押さえようとしました。イエスが家長の責任を放棄して、突然伝道に熱心になり、ユダヤの国の指導者ににらまれるようなことをはじめたからです。そうした彼らも、今は復活のイエスに出会い変えられて、心を一つにして熱心に祈る者とされていました。

「そのころ」という表題は使徒言行録に何回か出てきます。何か重要なことを記すときに使われます。ペトロは、百二十人ほどの人々が一つになっておりましたので、彼らに向かって次のような重要な提案をいたしました。イエスを僅かな金で敵の手に売り渡し、自殺してしまったユダの件についてでした。使徒が一人欠けていましたので、その一人を補ったらどうかという提案でした。そのためには、いくつかの問題を解決する必要がありました。

　その問題の第一は、ユダはイエスが徹夜の祈りによって選んだ使徒であったわけですが、そのイエスの選びは正しかったのか、それとも間違っていたのかという重要な問題です。この信仰的、神学的に重要な問題をペトロは詩編五九26と詩編一〇九8の言葉を引用して、ユダは結果として選ばれてはおらず、その務めは他の人が引き受けるべきであると結論づけました。ここに重大な矛盾が浮き彫りにされました。イエスがユダを使徒の一人として選んだのは間違いであったのかという重大な問題です。この問題を解決できなければ、イエスの選びは誤りであったということになり、イエスに対する信頼がゆらいでしまいます。ペトロはこの問題を「ユダは私たちの仲間の一人であり、同じ任務が割り当てられていました」(17)と言って解決しようとしました。この彼の言葉は、確かにユダは使徒の一人として選ばれ、その任務を果たしていたことを認めた言葉です。しかし最後に魔が差したのでしょう。イエスの信頼を裏切って、良心の呵責に耐えかねて自殺してしまったのです。

〔3〕そこで一緒にいた者の中から一人が、私たちに加わって、主の復活の証人になるべきです。(22〜26)

　ユダの選びの問題は、一歩誤れば組織が崩壊し、解体してしまう危険性を持った大問題でしたが、問題を残しながらも、詩編の言葉により一応の解決を得ました。第二の問題は誰を補充すべきか、その人物の資格をどうすべきか、またどのようにしてその人物を選ぶべきかの問題です。これも大きな問題でした。

　第一の資格の件についてはヨハネの洗礼のときから昇天の時まで、イエスの使徒たちと一緒にいた者、次にその人物は、使徒たちに加わって主の復活の証人になれる人物であるべきことをペトロは提案しました。この二つの資格に当てはまる人物はユストともいうヨセフとマティアの二人しかおりませんでした。

　「すべての人の心をご存じである主よ、この二人のうちのどちらをお選びになったかを、お示しください」(24)と祈って、くじを引き、マティアに当たったので、彼を十一人の使徒の仲間に加えることになりました。スペースがないのでこれ以上この件について論じられませんが、この時、マティアの名が余り出てこないのに、選び方がくじであったので、マティアを選んだことは間違いではなかったかという問題は残りました。それに異邦人伝道の使徒としてパウロが選ばれますので、余計その疑問は強くなります。いずれにせよ、一度はイエスを裏切り、つまずいたペトロが、この重大な危機を適切なリーダーシップにより切り抜けました。感謝。

わたしたちも信じて祈る祈りと一致の祈り、真剣な祈りによって、現代の時代と教会の危機を乗り切れますように祈りましょう。アーメン。

一同が聖霊に満たされる

五旬祭の日が来て、一同が一つになって集まっていると、突然、激しい風が吹いて来るような音が天から聞こえ、彼らが座っていた家中に響いた。そして、炎のような舌が分かれ分かれに現れ、一人一人の上にとどまった。すると、一同は聖霊に満たされ、〝霊〟が語らせるままに、ほかの国々の言葉で話しだした。さて、エルサレムには天下のあらゆる国から帰って来た、信心深いユダヤ人が住んでいたが、この物音に大勢の人が集まって来た。そして、だれもかれも、自分の故郷の言葉が話されているのを聞いて、あっけにとられてしまった。人々は驚き怪しんで言った。「話をしているこの人たちは、皆ガリラヤの人ではないか。どうしてわたしたちは、めいめいが生まれた故郷の言葉を聞くのだろうか。わたしたちの中には、パルティア、メディア、エラムからの者がおり、また、メソポタミア、ユダヤ、カパドキア、ポントス、アジア、フリギア、パンフィリア、エジプト、キレネに接するリビア地方などに住む者もいる。また、ローマから来て滞在中の者、ユダヤ人もいれば、ユダヤ教への改宗者もおり、クレタ、アラビアから来た者もいるのに、彼らがわたしたちの言葉で神の偉大な業を語っているのを聞こうとは。」人々は皆驚き、とまどい、「いったい、これはどういうことなのか」と互いに言った。しかし、「あの人たちは、新しいぶどう酒に酔っているのだ」

と言って、あざける者もいた。（使徒言行録二1～13）

一同が聖霊に満たされたときに、新しい霊の力がこの地上に解き放たれ、地上に教会が誕生しました。

［1］すると一同は聖霊に満たされ、「霊」が語らせるままに、他の国々の言葉で語りだした。（1～4）

一同が祈りにおいて一致すると、ものすごい霊の力が発揮されます。今朝のテキストは、教会の誕生、起源が何かを記しています。それは、この世的なものではなく、上から注がれた聖霊の注ぎであることを明らかにした有名な箇所です。エルサレムの二階座敷に集まって祈っていた百二十名一同の上に、一人一人の上に聖霊が注がれ、留まりました。この時に、彼らは霊の生命と、証しする力と、勇気が与えられ、エルサレム、ユダヤ全国、サマリア、全世界に伝道する力が与えられました。

聖霊降臨を描いた15世紀の写本

五旬祭とは、ユダヤの国の三大祭の一つで、過ぎ越しの祭りと同じくらい大勢の人たちが、世界中から集まって祝いました。イエスが死から復活されてから、五十日目にこの祭りが祝われましたので、ペンテコステ（五十日目）と呼ばれました。歴史的には、イスラエルの民がエジプトを出てから五十日目にシナイ山で十戒が与えられたことを記念しています。農業的には収穫祭（初穂の祭り）を祝う日でもありました。

イエスが死から復活され、昇天されてから十日間、百二十名（ユダヤでは百二十名集まると、宗教団体として認められた数）の者たちが、同じ場所に集まって、心を合わせて、世の雑事から聖別されて祈りに集中していたときに、驚くべきことが起こりました。突然激しい風（神の息、生命とも訳される）が吹いて来るような「音」が天から「聞こえ」、彼らが座っていた家中に響き渡りました。そして「炎」のような「舌」が分かれ分かれに現れ、

「一人一人の上に」とどまりました。すると「一同は」聖霊に満たされ、〝霊〟が語らせるままに、他の国々の言葉で話し出しました。

この短い文章の中に重要なキーワードがいくつも出てきます。「一同」と「一人一人」が第一のキーワードです。「一同」は大勢であり、「一人一人」とは個人をさしています。多と一は矛盾するものです。「一同」が強調されすぎますと、個人の個性が弱くなり、全体主義的傾向が強くなります。「個人」が強調されすぎますと、一同の一致が弱くなって、個人主義的となり、全体がばらばらになってしまう危険が多くなります。この互いに矛盾するものの上に聖霊が臨む時に、その時にのみ、両者のバランスがたもたれるのです。聖霊の満たしが弱まると教会の一致は弱まり、教会はバラバラになる傾向が強まってしまうのです。

もう一つのキーワードは、「風」と「舌」、すなわち「生命」と「言」です。風が象徴しています「生命」のみが強調されますと教会は神秘主義的傾向が強くなり過ぎて、「言葉」すなわち「論理、神学」が弱くなって、ふにゃふにゃな教会になってしまいます。「論理、神学」ばかり強くなりすぎますと、生命力の弱い教会となってしまいます。言葉と生命、論理と霊、この両者は、教会が聖霊に満たされるときにのみバランスがたもたれ、健全な教会形成が期待できるのです。

［2］そして、だれもかれも自分の故郷の言葉で使徒たちが話しているのを聞いて、あっけにとられてしまった（5～11）

「さて」（5）と訳されているギリシア語は、「そして」とか「今や」とも訳せる言葉で、話題を変えるときに使われる言葉です。ペンテコステの重要な出来事を簡潔に述べた後、著者ルカは、話題を変えます。ペンテコステ経験をした人たちが「他の国々の言葉」で語りだしたのを聞いた、ほかの国々からエルサレムに巡礼に来ていた離散のユダヤ人たちの反応を記しました。

使徒たちをはじめとする百二十名の人たちが、聖霊に満たされて、他の国々の言葉で大声を張り上げてしゃべっているのを聞いて、あっけにとられてしまいました。

人々は驚き怪しんで言いました。「話をしているこの人たちは皆ガリラヤの人でないか。どうしてわたしたちは、めいめいが生まれた故郷の言葉を聞くのだろうか。」ローマ帝国の十五の国々から来た人たちが、それぞれ自分たちの言葉で、神の偉大な救いの業《わざ》を聞こうとは。絶対にあり得ない事が起こっていたわけですから、彼らが腰が抜けるほどに驚いたのは当然でした。

　このことを通して、ルカは何を言おうとしているのでしょうか。

　第一にルカが言いたいことは、ペンテコステの日に教会が誕生したのは、突然、天から吹いて来た聖霊によるのであって、単なるこの世の世俗的な力や組織によるのではないということです。教会の起源は天的なものであって、地的なものではないということが徹底して強調されています。教会は絶えずこの原点に立ち戻ることによって教会となるものです。

　第二に、民族の壁を打ち破って、全世界に福音を伝えるためには、それぞれの国の土着の言葉で福音を伝えるべきことを強調しようとしています。

　第三に、福音は、世界中に離散して、それぞれの国、地域で差別され、軽んじられ、迫害され、貧しい生活を強いられているユダヤ人たちにまず伝えられて、彼らを媒介として異邦人に伝えられるべきことが強調されています。

　第四に、土壇場でイエスの十字架につまずき、裏切り、逃亡したような者であっても、復活のイエスに出会い、霊の目が開かれ、悔い改めて、罪赦され、神と和解した者は、世界宣教の使命に立つことが出来ることを強調しています。地獄の経験をし、そこからイエスと神の恵みによって立ち上った者たちだけが、同じような境遇の中にある人たちを助け出すことできるのです。

［3］**人々は皆驚き、とまどい「いったい、これはどういうことなのか」と互いに言った**（12〜13）

　使徒たちが語っていた他国の言葉は、外国語でありました。ガリラヤ出身の使徒たちが、これらの外国語を自由に話していたので、離散のユダヤ人たちは驚き、とまどいました。驚き、とまどうことによって、彼らの心に疑問を起こさせました。ペトロはこの機会を捉えて大説教をし、五千人以上の人たちを救いに導いたのですから。まず、彼らに疑問を持たせ、求めさせることのために、こういう乱暴なやり方も、聖霊に満たされているならば、ゆるされるのではないかと思われます。

しかし、「あの人たちは、新しいぶどう酒に酔っているのだ」と言って、あざける者もおりました。朝からアルコールの効いたぶどう酒など飲んでいる筈がありません。彼らは讃美、喜び、感謝というまったく違った、新しいぶどう酒を飲んでいました。聖霊に満たされ、神様の恵みに酔っていたのです。「酒に酔いしれてはなりません。それは身を持ち崩すもとです。むしろ、霊に満たされ、詩編と賛歌と霊的な歌によって語り合い、主に向かって心からほめ歌いなさい。」（エフェソ五18～19）この喜びと讃美と感謝は、心の奥底から湧き起こってくるものです。どんなあざけり、反対、迫害、殉教の死さえも取り去ることのできないものなのです。

わたしたちも聖霊を待ち望み、一同がそして一人一人が聖霊に満たされ、喜びと賛美と感謝に満たされて、酔えるがごとく福音を土着の言葉で伝えてまいりましょう。アーメン。

主の名を呼び求める者は皆、救われる

すると、ペトロは十一人と共に立って、声を張り上げ、話し始めた。「ユダヤの方々、またエルサレムに住むすべての人たち、知っていただきたいことがあります。わたしの言葉に耳を傾けてください。今は朝の九時ですから、この人たちは、あなたがたが考えているように、酒に酔っているのではありません。そうではなく、これこそ預言者ヨエルを通して言われていたことなのです。

『神は言われる。
終わりの時に、
わたしの霊をすべての人に注ぐ。
すると、あなたたちの息子と娘は預言し、
若者は幻を見、老人は夢を見る。

わたしの僕やはしためにも、
そのときには、わたしの霊を注ぐ。
すると、彼らは預言する。
上では、天に不思議な業を、
下では、地に徴を示そう。
血と火と立ちこめる煙が、それだ。
主の偉大な輝かしい日が来る前に、
太陽は暗くなり、月は血のように赤くなる。
主の名を呼び求める者は皆、救われる。』
（使徒言行録二14～21）

「主の名を呼び求める者は皆、救われる」という驚くべき終末の時代、教会の時代が聖霊降臨と共に来ました。「皆」とは、イスラエル人にだけではありません。異邦人も、イエスの名を信じる全ての人です。

［1］今は朝の九時ですから、この人たちは、あなた方が考えているように酒に酔っているのではありません。（14～15）

聖霊に満たされた最初の変化は、彼らが大胆に公然と語り始めたことでした。それまでは、彼らは人目を避け、小さな部屋に身を潜めて隠れていました。それが、突然彼らは聖霊に満たされたと言って、世界の様々の場所から来ている離散のユダヤ人たちの故郷の言葉で、神の偉大な業を語り始めました。ある人はこれを見て「あの人たちは新しいぶどう酒に酔っているのだ」と言ってあざける者もいました。

そこで、ペトロは十一人と共に立って、声を張り上げて話し始めました。そこには世界中から巡礼のために集まって来た離散のユダヤ人たちが、何千人もの人たちが集まっていたからです。卑劣で卑怯なペトロはもうそこにはいませんでした。復活のイエスに出会い、聖霊に満たされて、彼は別人のように新しく造り変えられていたからです。「ユダヤ人の方々、またエルサレムに住むすべての人たち、知っていただきたいことがあります。わたしの言葉に耳を傾けてください」と彼は冷静に語り始めました。このチャンスを捕らえて伝道しようというような意識はなかったと思います。彼はひたすら、ペンテコステの日に聖霊が彼らの上に降った出来事を語って、朝の九時から酒に酔っているのではないことを弁明しようとしたのです。当時のユダヤ人たちは、一日に三回、九時と三時と六時に祈りを捧げ、犠牲をささげてから、十時頃、朝食を取ることになっていました。ぶどう酒を飲んだり、肉を食べたりするのは夕食の時と決まっていましたので、朝の九時からアルコールの効いた新しいぶどう酒などを飲むはずはなかったのです。

［2］**そうではなく、これこそ預言者ヨエルを通して言われていたことなのです。**（10～18）

では、彼らが、まるで新しいぶどう酒を飲んで酔っているかのように語っていた真の原因は何であったのでしょうか。この箇所をよく読んでみますと、外国語を語るようになったとか、異言を語ったとか（天使の言葉とか興奮状態で語る祈りの言葉）ということは、全く記されておりません。

十字架の意義も、復活、昇天の意味も理解できなかったペトロが、その真の原因は、終わりの時に、わたしの霊を全ての人に注ぐと預言者ヨエルが預言した終末預言が今、実現しました。ペトロは自分の内的確信を述べました。これは驚くべき宣言であり、旧約聖書の解釈です。

この箇所を旧約聖書のヨエル書三章1～5節に記されているヨエルの預言と使徒言行録二章17～19を注意深く比較して読んでみますと、ペトロは五か所にわたって、さりげなく追加したり、変更したりしているのです。この追加、変更の中に、ペトロが聖霊降臨をどう捕らえていたかが浮き彫りにされますので、その五か所の追加箇所をここに記します。

①ヨエル書の原文には「神は言われる」（17）という文章は書いてありません。多分これはペトロが自分の解釈に神的権威を与えるために、付け加えたものと思われます。

②「終わりの時に」（17）は原文では、「その時」となっています。聖霊降臨の時以降を「終わりの時」とペトロは理解したのです。

③「すると彼らは預言する」（18）の文章はヨエル書にはありません。これは、明らかに、神の偉大な業（十字架、

復活、召天、聖霊降臨）を使徒たちが語ったことは、神の預言（言葉）を語ったというペトロの確信を明らかにしたのだと思われます。

④「わたしの僕やはしためにも」（18）は、ヨエル書には「わたしの」はありません。「わたしの」を追加することによって、ペトロたち百二十名の者たちもまた、神の僕たちであることを明らかにしようとしたのです。

⑤「上では不思議な業を、下では」（19）はヨエル書には記されておりません。この三つの言葉を付け加えることによって、聖霊降臨の業《わざ》が、天と地にわたる不思議な神の業であることを浮き彫りにしようとしたのではないかと思われます。

これは実に深い解釈です。旧約のヨエルの預言をキリスト証言の預言と解釈し、ユダヤ教の正典をキリスト教化してしまっています。こんな高度な旧約解釈をどうしてガリラヤの漁師ペトロにできたのでしょうか。この謎を明らかにした言葉がヨハネ一四17、26のイエスの御言葉です。真理の霊である聖霊の助けによって、このような何気ない追加を可能にしたのです。

　この方は、真理の霊である。……あなたがたはこの霊を知っている。この霊があなたがたと共におり、これからも、あなたがたの内にいるからである。（17）
　父がわたしの名によってお遣わしになる聖霊が、あなたがたにすべてのことを教え、わたしが話したことをことごとく思い起こさせてくださる。（26）

［3］**主の名を呼び求める者は皆、救われる。**（19〜21）

ヨエルは神の霊が終わりの日に注がれるときに、桁違いの神の不思議な業が（天変地異が）なされることを預言致しました。モーセはヨエル以前に、シナイ山で神が十戒を天から啓示されたときに（出エジプト記一九14〜19）雷鳴と稲妻と厚い雲が山に臨みました。終末においては、血と火と立ちこめる煙があるだろうと預言されています。主の偉大な輝かしい日が来る前に（終末の完成する輝かしい日が来る前に）、太陽は暗くなり、月は血のように赤くなると預言されています。想像を絶するような大変化が、この地球上にあるという預言です。

そのような天地がひっくり返るような大変化が起こ

る終末がやってきたときに、主の名を呼び求める者は皆、救われるという驚くべき預言がなされました。これは非常時の中の非常時を意味しています。その終末の時とは、キリストが来臨されたときであり、また十字架にかけられたときであり、また聖霊が百二十名の者たちの上に注がれたときです。このような終末の時には、ユダヤ教の神殿儀式や高いお金を出して動物の犠牲をささげることや、守ることが困難な六百以上の律法、細則では、一般大衆や貧しい人たちは救われないのです。ただ、キリストの名を呼び求める信仰さえあるなら、皆救われるのです。ここでも神（ヤーウェ）の名が主の名（主イエスの名）に変えられています。名とは聖書では本質を表しています。神のそしてイエスの一切の本質は、その名に集約されています。ですから、主の名を呼び求める信仰さえ告白するなら、それは聖霊のわざであり（Ⅰコリント一二3）、皆救われるのです。「皆」とは男女の区別、老若の区別なく、民族、階級の差別を越えての意です。万人救済のことを言っているのではありません。

最後に、「木にかけられた死体は、神に呪われたもの」（申命記二一23）とモーセ五書の中で、一番重要な申命記に記されています。木にかけられて神に呪われたイエス・キリストの名を信じたなら、どうして救われるのでしょうか。これは新約聖書の最大の謎、つまづきと言われているものです。ペトロを始め使徒たちも、律法に忠実なユダヤ人全体がこの戒めがあるためにキリストをメシア（救い主）として、なかなか信じることが出来ませんでした。今やこの呪いがイエスの復活によって取り除かれたのです。悔い改めて、イエスの名を信じた者が、その日に三千人ほど起こされました。

わたしたちもこの終末のとき、イエスの名を呼び求めて、救って頂きましょう。アーメン。

出版の幻、老人は夢を見る

神は言われる。
終わりの時に、

わたしの霊をすべての人に注ぐ。
すると、あなたたちの息子と娘は預言し、
若者は幻を見、老人は夢を見る。（使徒言行録二17）

キリスト教は、正典六十六書という書き記された書物を正典としています。そこにキリスト教の強さと生命力が隠されています。

［1］出版の幻

わたしは文学部出身ということもあり、学院でも教団でも出版関係の奉仕に長い間かかわっていました。学院では『学院便り』『図書便り』を発刊しました。その他、学院と教団と協力して、『現代の宣教』を創刊したり、『牧者の友』『宣教者』などを編集、発行したりしました。書きためたもの、今まで発行した雑誌、書物もあり、これらを少しずつ出版したいという願いを温めていました。最近、藤巻充先生の『生ける望み　ヤコブの手紙からヨハネの黙示録の聖書的説教《バイブルリーディング》』の書評を『本のひろば』のために書いて欲しいとヨベルの社長、安田氏に頼まれて書きました。それがきっかけとなって、出版したい本がありましたら、お手伝いさせて欲しいとの便りをいただきました。先日、五～六冊の本を学院に持って行き、わたしの研究室で安田氏にお会いし、それらの本をお渡しいたしました。そうしましたら、「まず、『クリスチャン生活の土台』から出版したいと思いますので、打ち合わせのため、四月二五日（水）に厚木にお伺いしたい」という連絡をいただきました。安田氏は神学校を出て、ある教会の伝道師をしておられましたが、書物の出版の発行の重荷を持たれ、長年キリスト教関係の出版社に勤められて、ヨベルを立ち上げ、出版事業を続けてこられたとのこと。ヨベルで発行されたものを拝見しましたが、とても良い仕事をして来られたことを知りました。出版に情熱を持たれ、所属しておられる教会の機関紙の編集も担当しておられるとのこと。ひとまず一冊の本を出版する資金を準備し、『クリスチャン生活の土台』に少し加筆して、出版をお願いすることにしました。そして、ある程度出版資金を回収できる見通しができたら、二冊目を出版しようかと考えています。『クリスチャン生活の土台』は、厚木教会会堂献堂を記念して出版されました。よく売れて、三版まで出すことが出来ました。この本は受洗準備のテキストとして今まで多くの方々に読まれてきました。今も注文が来ることがありますが、絶版になっています。この出版が御心に通うことでしたら、これを実現にいたらしめ、多くの人たちに祝福をもたらすことでしょう。出版の幻の第一歩を踏み出したいと切に願っています。皆さん、どうぞお祈りください。

［2］健康管理の重要性

私は三年前に二度目の脳梗塞で倒れ、市民病院に二週間余り入院いたしました。精密検査をしましたところ、不整脈のため三度目の脳梗塞が心臓に起こっていることがわかりました。海老名の病院で、新潟大学の先生とそのスタッフの方々と市民病院の先生とで、時間をかけて再検査をした結果、治療の仕方が決まりました。幸いなことに大事に至ることもなく、ワーファリン（warfarin）という薬を毎日飲んでいます。その代わりこの三年間納豆は食べていません。一か月一回の検査を本厚木クリニックで受けておりますが（糖尿があるため）、今までのところ何とか健康が維持されております。私にしかできない働きがある限り、健康は支えられるとの信仰はありますが、最近左手と左足がしびれたり、にぶくなったりしてきています。三回の脳梗塞で右手、右足のマヒが残っており、字を書くのに少し不自由を感じています。でも私は、三度死から復活させられたと信じて、感謝と力がわいてきます。この大きな深い感謝を、まず主に捧げました。私の奉仕のために祈っていてくださる方々に感謝する意味でも、出版、説教、教育、福祉の奉仕を続けさせていただきたいと願っています。それにしても健康あっての奉仕ですので、徹底して、食事療法、運動療法、休養（一日六時間ほどしか休めませんが）療法に励んでいます。それと毎朝欠かさず、教会の周辺のゴミ拾いと、教会の塔での祈りと、書斎での聖書通読を続けています。ゴミ拾いは社会奉仕と、謙遜の自己訓練のためにやっています。雨の日、風の強い日には、心がひるみますが、やり抜いたときには、心地よい気持ちになります。塔での祈りは、主との交わりの時であり、また教会のお一人々、学院、教団、世界のために執り成し、祈りを捧げる聖なる時です。今朝はヤコブ四章を読みましたが、深く教えられました。朝の三時間は、霊の力を上から与えられるための貴重な時間です。肉体的健康と霊的健康を維持するためにも、この三時間を私は大切にしています。

［3］まだまだ沢山書きたいこと、やりたいことがあります。

今朝は出版の幻のことについて書いておりますので、これからどういう事を書きたいかということを記します。私は長い間、神学校で教えてきました。毎日曜日、メッセージをさせていただいて来ましたので、毎日曜日のメッセージを書き続けること、それから学院で教えてきたものを、信徒の方々にわかる言葉で書きたいこと、さらには、私の恩師、渡辺善太師に教えて頂いた正典的神学的方法によって、聖書六六書を一冊ずつ説教したり、書いたりしたいと願っております。ユダヤで発生し、ヨーロッパ・アメリカを経由して、日本に伝えられた聖書のキリストの福音を、日本人に分かる言葉で、しかも私の胃袋を通ったメッセージを書き残していきたい。この切なる願いが私の心の中に、長い間、祈りとして暖められてきています。

本という形で出版されることがないとしても、いつか必ず、必要なものだけが何らかの形で、日の目を見る日が来ると信じ、書き残しておきたいと願っております。すべては、私の健康と、神がそれをよしとしてくださるかどうかにかかっています。

［4］その他、させていただきたいこと

私の最大の関心は、人材養成の働き、すなわち人を育てることにあります。聖霊と信仰と愛に満ちた人間が育っていけば、教会も、教団も神学校も充実して参ります。特に厚木教会の将来構想のためには、祈り続け、協力し続ける覚悟でおります。

そのために最も必要なこと、それは深い祈りと愛と徹底した礼拝と献身です。このことによって主の栄光が現されますように祈ります。アーメン。

復活の命に至る道

イスラエルの人たち、これから話すことを聞いてください。ナザレの人イエスこそ、神から遣わされた方です。神は、イエスを通してあなたがたの間で行われた奇跡と、不思議な業と、しるしとによって、そのことをあなたがたに証明なさいました。あなたがた自身が既に知っているとおりです。このイエスを神は、お定めになった計画により、あらかじめご存じのうえで、あなたがたに引き渡されたのですが、あなたがたは律法を知らない者たちの手を借りて、十字架につけて殺してしまったのです。しかし、神はこのイエスを死の苦しみから解放して、復活させられました。イエスが死に支配されたままでおられるなどということは、ありえなかったからです。ダビデは、イエスについてこう言っています。

「わたしは、いつも目の前に主を見ていた。
主がわたしの右におられるので、
わたしは決して動揺しない。
だから、わたしの心は楽しみ、
舌は喜びたたえる。
体も希望のうちに生きるであろう。
あなたは、わたしの魂を陰府に捨てておかず、
あなたの聖なる者を
朽ち果てるままにしておかれない。
あなたは、命に至る道をわたしに示し、
御前にいるわたしを喜びで満たしてくださる。」

（使徒言行録二22～28）

イースターおめでとうございます。イースターとはイエスが十字架にかけられ、三日目に死からよみがえられ、死に勝利された日を祝う日です。

［1］イスラエルの人たち、ナザレの人イエスこそ神から遣わされた方です。（22）

昔から人間は長寿を求め、永遠の生命を求めてきまし

た。その永遠の命にいたる道を、イエスは死からの復活によって開かれたのです。死はもはや、イエスの復活を信じる者を、支配することは出来ません。そこにあふれる喜びがあります。

　ペンテコステの日に、ペトロの上にも聖霊が注がれ、彼の霊の目はパッチリ開かれました。ペトロは「イスラエルの人たち」と三千人以上の人たちに呼びかけました。「ナザレの人イエスこそ、神から遣わされた方です」と彼は断言いたしました。これから述べようとしているメッセージを、一言で要約しました。「木にかけられた死体は、神に呪われたもの。(申命記二一23) メシアではあり得ない」というのが一般的なユダヤ人の考え方でした。ペトロもこの考えに従って、イエスを裏切り、捨て去りました。この根強い民族的偏見が打ち破られて、今は、イエスこそ神から遣わされた真のメシアであると、腹の底から信じています。復活のイエスに出会い、ペンテコステの日に聖霊が彼の上に注がれたからです。

　さらに、彼は説明しました。「神は、イエスを通してあなたがたの間で行われた奇跡と、不思議な業と、しるしによって、そのことをあなたがたに証明なさいました。あなたがた自身が既に知っているとおりです」と。ナザレの人イエスが、神から遣わされたメシアであるということは、イエスが生前、奇跡や不思議なしるしによって実証済みでした。しかし、そのことを信じようとはしませんでした。この偏見から出た彼らの不信は、どのようにして打ち破られ、イエスこそ真のメシアであるという信仰に導かれるのでしょうか。

［2］このイエスを神はお定めになった計画により、あらかじめご存じのうえで、あなた方に引き渡されたのです。（23～24）

「あなたがたは、自分たちの手でイエスを殺したと思っているようですが、それは誤解です。あなたがたが本当にしたことは、律法を知らない異邦人の手を借りて、イエスを十字架にかけて殺してしまったのです。」偏見、無知が、いかに重大な過ちに導くものであるか、恐ろしいものがあります。

「しかし」とペトロは、この不幸な状況を根底から覆すことを言おうとしていました。実に偉大な「しかし」です。この「しかし」によって導き出された歴史的出来事は、神がこのイエスを死の苦しみから解放して、復活させられたという事実でありました。「神から遣わされたイエスが、死に支配されるままでおられるなどということは、あり得なかったからであります」とペトロは確信に満ちて断言いたしました。「十字架にかけられて死んだ者は、断じてメシアなどではあり得ない」というペトロの確信は、復活のイエスに出会い、根底から崩れました。

　旧約聖書全体から、イエスこそは真のメシアであることが預言されていたこと、その預言が、この終わりの日に、イエスの十字架と復活によって実現、成就したことを目の当たりに見たからです。すべてのマイナスの状況を、プラスに変えたのは、イエスの復活の事実でした。かくして、ペトロの価値観と歴史観の根源的転換が起こったのです。この確信に基づいたペトロのメッセージを聴いた人々の心の中にも、同じ出来事が起こりつつありました。絶対にあり得ないことが、起こりつつあったのです。

「わたしはキリストと共に十字架につけられています（古い自我の絶対否定）。生きているのは、もはやわたしではありません。キリストが私の内に生きておられるのです。（新しい自己の絶対肯定）」この経験こそ真の救いの経験であり、西田幾多郎がいう純粋経験です。

　イエスの十字架と復活との一体化の経験、これを義認の経験とも、聖化の経験とも言います。ルター、カルヴィン、ウェスレー、中田重治、筆者自身の心に起こったものです。人生において、最も重要な経験です。また現代において最も必要とされている経験です。これは革命以上の経験であり、聖霊による新創造の経験です。一回だけではなく、継続的経験です。

［3］ダビデは、イエスについてこう言っています「わたしはいつも目の前に主を見ている。」（25～28）

　ペトロは、ここでも旧約聖書（詩編一六8～11）をキリスト証言的に解釈します。「ダビデは、イエスについてこう言っています」と、キリスト教化しています。臆病で卑怯であったペトロが、どうして、このように変化したのか。その秘訣を「わたしは、いつも目の前に主をみていた。主がわたしの右におられるので、わたしは決して動揺しない。」といっています。詩編一六８の原文では、「わたしは絶えず主に相対しています」と訳されています。ペトロは「わたしはいつも目の前に主を見ていた」と言い換えて、ペトロはこのように変えられ、そして変えられ続けているもは、「いつも目の前に主を見ていたからだ」と言いたかったと思われます。イエスが十字架の試練に耐え得た、その理由もヤーウェなる主を目の前にいつも見ていたからでした。ダビデでも同様でした。わたしたちも同様です。だから、「私の心は楽しみ、舌は喜びたたえる。体も希望のうちに生きるであろう」と歌うことができたのです。

　詩編での４節「魂は踊ります」をペトロは「舌は喜びたたえる」と変えています。ペンテコステ経験をしたペトロは、もっと具体的に「舌」が喜びたたえる者に変えられたのです。

　詩編の「からだは安心して憩います」を「体も希望の内に生きるであろう」と変えています。復活のイエスの体にこそ、ペトロの体も希望のうちに生きるという信仰が、このように変えさせたのではないでしょうか

　第四の変更は、「私の魂を陰府に渡すことなく」が「わたしの魂を陰府に捨てておかず」と変えています。これはイエスの魂を陰府に捨てておかない、すなわちイエスの復活の預言とペトロは解釈したのです。

　第五の変更、「あなたの慈しみに生きる者に墓穴を見させず」が「あなたの聖なる者を朽ち果てるままにしておられない」に。「あなたの慈しみ」が「あなたの聖なる者（イエス）」に。「墓穴を見させず」が「朽ち果てるままにしておられない」に変えられています。

　第六の変更は「命の道を教えてくださいます」を「あなたは、命に至る道をわたしに示し、御前にいるわたしを喜びで満たしてくださる」と言っています。

　すべて、詩編一六８～11は、イエスとペトロの復活を預言していると解釈し、このような変更をしました。詩編一六８～11をキリスト証言の書としたのです。

　わたしたちも、イエスを神から遣わされた者と信じ、詩編一六８～11をキリストとわたしたちの復活を預言

するものと解釈し、信じて、希望を持って生きていこうではありませんか。アーメン。

十字架にかけられたイエスは救い主

兄弟たち、先祖ダビデについては、彼は死んで葬られ、その墓は今でもわたしたちのところにあると、はっきり言えます。ダビデは預言者だったので、彼から生まれる子孫の一人をその王座に着かせると、神がはっきり誓ってくださったことを知っていました。そして、キリストの復活について前もって知り、
『彼は陰府に捨てておかれず、
　その体は朽ち果てることがない』
と語りました。神はこのイエスを復活させられたのです。わたしたちは皆、そのことの証人です。それで、イエスは神の右に上げられ、約束された聖霊を御父から受けて注いでくださいました。あなたがたは、今このことを見聞きしているのです。ダビデは天に昇りませんでしたが、彼自身こう言っています。
『主は、わたしの主にお告げになった。
「わたしの右の座に着け。
　わたしがあなたの敵を
　あなたの足台とするときまで。」』
だから、イスラエルの全家は、はっきり知らなくてはなりません。あなたがたが十字架につけて殺したイエスを、神は主とし、またメシアとなさったのです。」
（使徒言行録二29～36）

絶対にあり得ないことがあり得た。それがイエス復活の大逆転のドラマでした。こうして永遠の生命に至る道は開かれました。

［1］神はこのイエスを復活させられたのです。わたしたちは皆そのことの証人です。（29～32）

犯罪人として十字架につけられて殺されたイエスは、救い主（メシア）である筈がありません。木にかけられ

て殺されるとことは、神に呪われて殺されたとことを意味していたからです。ユダヤ教の指導者たちとの戦いに負け、ローマ帝国との戦いに負けた者が、どうして救い主であり得るのでしょうか。キリスト教の中心的な教えである十字架も復活も、人間の理性には、つまづきです。ところが、この最大のつまづきである復活こそ、わたしたちに、罪の赦し、永遠の生命、すなわち救いを与える唯一の道なのです。

　ペトロは再び「兄弟たち」と、世界中から集まって来た離散のユダヤ人たちに語り始めました。先祖ダビデについては、「彼は死んで葬られた。その墓は今でもわたしたちのところ（エルサレム）にある」と、はっきり言いました。ペトロはここで、今の日本の教会で最大の課題とされている文化脈化をしようとしています。ユダヤ人は、だれでも知っている、民族の文化に言及して、福音を判っていもらえるようしています。

　ペトロはダビデのことに触れて何を言おうとしたのでしょうか。ダビデが、イエスが誕生なさる千年も前に、ダビデの子孫から王座につく王（メシア的王）が出ること、神がその王を王座に着かせること、を知っていたと言いました。ダビデは王であると共に預言者であったのです。

　ペトロはさらに「ダビデは『彼は陰府に捨てておかれず。その体は朽ち果てることがない』と預言した（詩編一六10）」と言いました。ペトロは、ダビデが預言されたメシアは、イエスであると理解していたことがわかります。ペンテコステ以前には、ペトロはこのように理解することは出来ませんでした。

　ペトロは次に、決定的に重要なことを言いました。「神はこのイエスを復活させられたのです。わたしたちは皆、そのことの証人です」と。大胆に生命をかけて宣言しました。一度死んで葬られた者がよみがえった。絶対にあり得ないことが起こった、と証言したのです。イエスは犯罪人として処刑されたのではない。ペトロたちの裏切りの罪のため、メシアである方を神に呪われた者として十字架にかけて処刑したユダヤ人の指導者の罪のため、「十字架につけよ」と叫んだユダヤの群衆たちの罪のために、すべての人の罪の贖い（救い）のためにイエスは死んでくださった。このようにペトロの考えが変わったことを、示しています。この証言のために、どのような反対・迫害・敵対行為をも受けるという覚悟が、ペトロの内には出来ていたことを、示しています。

［2］それで、イエスは神の右に上げられ、約束された聖霊を父から受けて注いでくださいます。（33〜35）

　十字架・復活のつまずきを乗り越え、どうしてこれほどの勇気と覚悟をもつことができたか。明解な解答がペトロの言葉にあります。「それで、イエスは神の右に上げられ、約束された聖霊を父から受けて注いでくださいました。」イエスが神の右に上げられるとは、第一にイエスが神と共に、この世界と宇宙を支配しておられることを意味します。

　第二には、神の右にあげられて、神の御手から聖霊を受けられて、私に注いでくださったのです。この聖霊の注ぎこそが、解答です。十字架と復活のつまずきは、人間の理性、その他、どのような人間的な方法によっても取り除くことは出来ないのです。わたしたちが、ペトロと同じように、ひたすら聖霊を待ち望み、わたしたちの上に、内に聖霊を注いで頂いて、始めて、わたしたちの霊の目が開かれます。隠されていた十字架・復活の深い真理が開かれるのです。

　さらに、ペトロは言います。「あなたがたは、今このことを見聞きしているのです」（33）と。あなたがたは、ダビデさえ見聞きできなかった前代未聞の出来事を今見聞きしているのです。なんと幸いなことでしょう。

　ペトロはこうも言いました。「ダビデは天に昇りませんでした。」（34）ここにイエスとダビデの決定的な違いがあります。そしてダビデ自身こう言っています。「主は、わたしたちの主にお告げになった。『私の右の座に着け。わたしがあなたの敵をあなたの足台とする時まで』」。この御言葉は詩編一一〇1からの引用です。この詩編は、メシア預言の詩編として当時のユダヤ人たちによく知られていました。ダビデが「わが主」と言っているのですから、ダビデよりすぐれた方のことを指しています。ダビデ王に賜った言葉は「わたしの右の座に就くがよい。わたしはあなたの敵をあなたの足台としよう。」

メシアなるイエスが、王の座につかれて、イエスに敵する者に完全に勝利して、敵対する者を足台とするという預言です。

聖霊はいろいろな方法で預言されていました。第一にヨエル書三1～5において預言されていました。第二に、使徒言行録一8において主イエスが約束しておられました。第三に父なる神が約束されていました。（使徒一11）

［3］あなたがたが十字架につけて殺したイエスを、神は主とし、またメシアとなさったのです。（36）

「ユダヤ人たちが十字架につけて殺したイエスを、神は主とし、またメシアとされた」とペトロは、彼らを断罪いたしました。何という大胆さ、勇気でしょう。何者をも恐れない、死さえも恐れないペトロの勇気です。旧約の預言者の勇気と大胆さをここに見ます。

これは、イエスを死から復活させてくださった神が、ペトロと共におられ、味方となっていてくださるという信仰です。死から復活されたイエスが、彼の内に生きていてくださるという、キリストの内住の信仰から出てきた言葉です。このような信仰と勇気と力を、絶えずペトロに与えてくださるお方は、聖霊ご自身であるという固い確信をペトロは持っていました。三位一体の神は総力をあげて、この歴史的大説教をしたペトロを助けてくださったのです。これ以上大きな力はありません。

わたしたちも聖霊に満たされて、三位一体の神ご自身がわたしと共におられるならば、誰もわたしたちに敵することは出来ません（ローマ八31「もし神がわたしたちの味方であるならば、だれがわたしたちに敵対できますか。」）。死に打ち勝たれ、昇天され、神の右に座しておられるイエスご自身が、わたしたちのためにとりなしてくださるのであれば、誰もわたしたちを罪に定めることはできません。キリストの愛からわたしたちを引き離すことが出来るものはこの世界に何もないのです（ローマ八34～35「だれがわたしたちを罪に定めることができましょう。死んだ方、否、むしろ、復活させられた方であるキリスト・イエスが、神の右に座っていて、わたしたちのために執り成してくださるのです。だれが、キリストの愛からわたしたちを引き離すことができましょう。艱難か。苦しみか。迫害か。飢えか。裸か。危険か。剣か。」）。
アーメン。

邪悪なこの時代から救われなさい

人々はこれを聞いて大いに心を打たれ、ペトロとほかの使徒たちに、「兄弟たち、わたしたちはどうしたらよいのですか」と言った。すると、ペトロは彼らに言った。「悔い改めなさい。めいめい、イエス・キリストの名によって洗礼を受け、罪を赦していただきなさい。そうすれば、賜物として聖霊を受けます。この約束は、あなたがたにも、あなたがたの子供にも、遠くにいるすべての人にも、つまり、わたしたちの神である主が招いてくださる者ならだれにでも、与えられているものなのです。」ペトロは、このほかにもいろいろ話をして、力強く証しをし、「邪悪なこの時代から救われなさい」と勧めていた。ペトロの言葉を受け入れた人々は洗礼を受け、その日に三千人ほどが仲間に加わった。彼らは、使徒の教え、相互の交わり、パンを裂くこと、祈ることに熱心であった。（使徒言行録二37～42）

「邪悪なこの時代から救われなさい」というお奨め言葉で、ペトロはこのペンテコステの大説教を締め括りました。そうしたら何と三千人もの人たちがペトロの言葉を受け入れ、悔い改め、洗礼を受けたというのですから驚きです。

［1］人々はこれを聞いて大いに心を打たれ、「わたしたちはどうしたらよいのですか」と言った。（37～38）

一回の説教でそんなに多くの人たちが救われるのでしょうか。これは特別な事だというべきでしょう。一つの理由は、人々がペトロのメッセージを聞いて大いに心を打たれたからです。「人々はこれを聞いて大いに心を打たれ、ペトロとほかの使徒たちに、『兄弟たち、わたしたちはどうしたらよいのですか』と言いました。彼らは自分たちのメシア殺しという大罪を指摘されて震え上がってしまいました。どうしたらよいのか分からなくなり、このように言ったのでした。「心を打たれた」とは、原語では「心を刺された」というのですから、いかに彼らの罪の自覚が深かったのかを知ることが出来ます。

ペトロはすかさず言いました。「悔い改めなさい。めいめい、イエス・キリストの名によって洗礼を受け、罪を赦していただきなさい。そうすれば、賜物として聖霊を受けます」と。この時に語るべき言葉としては、これほど適切な言葉はありませんでした。彼らのメシア殺しの大罪が赦されるための第一の条件は、彼らが自分たちの罪を悔い改めることでした。これはバプテスマのヨハネが人々に要求した単なる行動の悔い改めではありません。「悔い改める」とはギリシア語で「メタノエオー、動詞 metanoeō」と言って、心の変化、「反神的な心を一八○度変化させて、神を信じ、イエスを主と信じる事」を言います。

第二は、各自、めいめいが、イエス・キリストの名によって洗礼を受けることです。集団回心では駄目なのです。一人一人がイエス・キリストの名によって洗礼を受け、キリストと共に自我が死んで、キリストと共に死から甦ったことを、具体的に水のバプテスマを受けることによって、神と人の前に信仰を告白することです。そのときに各自め罪が赦されて神と和解し、神の子とされ、永遠の命、復活の生命が与えられるのです。それだけではなく、賜物として聖霊を受けることが出来ます。これは聖霊の部分的な賜物—異言、預言とか—のことを言っているのではありません。聖霊全体を神とキリストからの賜物として与えられることを言っています。これは、なんと大きな神とキリストからの賜物であり、贈り物でしょうか。

［2］この約束は、あなた方の子供にも、遠くにいるすべての人にも与えられるものです。（39～40）

この約束は、信じた彼らにだけ与えられるものではなく、彼らの子供にも、遠くにいるすべての異邦人にも与えられています。何と大きな広い理解でしょうか。ペンテコステにおいて、ペトロの上に聖霊が注がれるまでは、ペトロはこのような大きな考えを持っておりませんでした。ペンテコステ以前のペトロの救いについての考えは、せいぜいイスラエル民族止まりでした。ペトロの提示した条件を満たすならば、遠くにいるすべての異邦人たちにも、罪の赦しの恵みが与えられるだけではなく、聖霊を賜物として与えられるというのです。ものすごく偉大なメッセージです。全く新しい時代が来たのです。ユダヤ人も異邦人も差別なく平等に、条件を満たすならば、罪赦され、神の子となり、聖霊を賜物とし受けることが出来る。全く新しい時代が来たのです。

ペトロはさらに、宣言します。「わたしたちの神である主が招いてくださるなら、だれにでも、この特権は与えられる」と。人間が信じる背後に、神の招きがあることをペトロは指摘しました。神の恵みと人間の信仰によって救われるという、アブラハムの根源的契約の大原則がここに受け継がれ、宣言されたのです。ペトロ自身が、神と人との前に悔い改めて、別人のように変えられていたことが、これによっても分かります。ここに彼らのメッセージの力の秘密があったのです。律法によるのではなく、恵みと信仰によって救われるのです。

ペトロはこのほかにも色々話をして、力強い証しをし、「邪悪なこの時代から救われなさい」と勧めました。このペトロのお勧めは、二千年余り後の今日の世界に生きるわたしたちにも当てはまりますし現代の方が、ペトロの時代よりも邪悪のスケールは大きく、深くなっていますし、わたしたちもペトロと共に声を大にして「邪悪なこの時代から救われなさい」と、現代人に理解される言葉と業によって力強く証しをすべきであります。

［3］ペトロの言葉を受け入れた人々は洗礼を受け、その日は三千人ほどが仲間に加わった。（41～42）

マイクもない時代、肉声だけで話しかけた結果、三千人もの人たちが仲間に加わった。このようなことが現実に起こったことがこの箇所に書かれています。三千人の人たちが洗礼を受けるだけでも、時間も手間もかかります。しかも彼らは世界中から巡礼者として集まってきた人たちでした。ペンテコステの祭りが終わったら大部分の人たちは、それぞれ自分たちの故郷へと散っていく人たちです。短期間の内に、キリスト教の基本的な原則をしっかり教えておくことが必要でした。何事も始めが大切です。しかも世界中どこででも通用する普遍的原則であることが必要です。それらの原則は全部で四つです。第一は使徒の教え、第二は相互の交わり、第三はパンを裂くこと、第四は祈ることでした。

　その第一は、使徒の教えです。使徒の教えとは使徒たちが教えた基本的な教理です。教理とは人間の知性に訴えるものです。それが後でまとめられて使徒信条となりました。これはカトリックもプロテスタントも変わりません。天地の造り主、全能の神、独り子主イエス・キリストを信ずから始まり、キリストの誕生、苦難、十字架、復活、昇天、再臨、聖霊、教会、聖徒の交わり、罪の赦し、体のよみがえり、永遠の命を信ず、で終わる使徒信条の基になるようなものであったでしょう。

　第二に、相互の交わりです。神とキリストとの交わりを土台とした信徒相互の交わりが、信徒相互に霊の生命を与えます。

　第三にパンを裂くこと、これは聖餐を表しているものと思われます。初代教会においては、毎日聖餐が行われ、同時に愛餐会も持たれておりました。重要なのは、イエスの十字架・復活を具体的に象徴的に教えて、その聖餐にあずかることです。これは礼拝をも含みます。

　第四に祈ることです。祈ることはユダヤ教でも重んじられていましたが、それをもっと熱心に絶え間なく祈ることが重要視されました。「熱心に祈る」は、ギリシア語では「プロスカレテレオ」と言って、「固く結びつく」、「固着して離れない」、「固く保つ」という意味をもちますししかもこの動詞は、四つの原則すべてを、目的語としています。この四つの信仰生活の原則は時代が変わり、場所が変わっても決して変えてはならない普遍的な真理です。この四原則に固着していなければなりません。後はどうでもよいということではありません。時代、場所が変われば、それぞれの時代と場所にふさわしいキリスト教の歴史・文化・文明が創造されていく必要があることは言うまでもありません。

　わたしたちもペトロの勧めにしたがって、悔い改めて、神に立ち帰って、罪の赦しと、洗礼と、賜物としての聖霊を与えて頂こうではありませんか。そして四つの信仰生活の原則をしっかりと熱心に守って行こうではありませんか。アーメン。

毎日ひたすら心を一つに

すべての人に恐れが生じた。使徒たちによって多くの不思議な業としるしが行われていたのである。信者たちは皆一つになって、すべての物を共有にし、財産や持ち物を売り、おのおのの必要に応じて、皆がそれを分け合った。そして、毎日ひたすら心を一つにして神殿に参り、家ごとに集まってパンを裂き、喜びと真心をもって一緒に食事をし、神を賛美していたので、民衆全体から好意を寄せられた。こうして、主は救われる人々を日々仲間に加え一つにされたのである。（使徒言行録二43～47）

毎日ひたすら心を一つにして神殿参りをしている教会が、世界に一つでも今現在、存在しているでしょうか。ペンテコステ直後の教会が、いかにすごかったか、この事一つをとってもよく分かります。

［1］すべての人に恐れが生じた（43～45）

神と復活のイエスと聖霊は、救われたばかりの三千人の信徒の日常生活の中に、生き生きと働いておられました。彼らは、信徒の教え、相互の交わり、パンを裂くこと、祈ることに固くこだわっていました。今日のテキストの一番最初に「デ（de）」、「こうして」という意味の原語・ギリシア語の接続詞がついています。同じ接続詞が、二・47にも使われています。一番最初は「こうして」という接続詞を入れて訳すべきで、この前の文章と密接な関係において、読まれるべき事がわかります。「こうして、すべての人に恐れが生じた」となります。ペトロの大説教の最後に、三千人ほどが悔い改めて、めいめいがイエス・キリストの名によって洗礼を受け、罪の赦しを受け、賜物として聖霊を受けた事を受けています。

「すべての人」とは、恐らくペトロの説教を聞き、さらにその仲間に加わった三千人の人たちを指しているものと思われます。「恐れ」が「生じた」とはどういうことでしょうか。何かを恐れてびくびくするということではありません。三千人もの人たちの上にまた内になされた、神の大いなる不思議な業に驚き、恐れたことを意味しています。「生じた」は、原語では未完了型で、「生じ続けていた」の意味です。こういう驚くべきペンテコステの出来事が起こり続けていたのです。

次に「使徒たちによって多くの不思議な業《わざ》としるしが行われていたのである」とあります。ここでも「行われていた」は未完了型で、使徒たちの手により「神と、復活のイエスと、聖霊の多くの不思議な業としるしが行われ続けていた」のです。伝道の業は、徹頭徹尾生ける神とイエスと聖霊の業であって、人間はその業を伝え、受け入れ、信じたに過ぎないのです。こういう「恐れ」が、そこにいたすべての人を支配していたということが、今日のテキストの中で一番重要です。

次に「信者たちは皆一つになって、すべての物を共有にし、財産や持ち物を売り、おのおのの必要に応じて、皆がそれを分け合った」と、ものすごいことが記されています。その主な原因は「皆が一つになった」からだと記されています。世界各地から集まってきた個性的なユダヤ人の信者たちが、皆一つになるということは、人間の業を超えた、聖霊の働きがあったことを示しています。しかも、「彼らが、すべての物を共有にし、財産や持ち物を売り、おのおのの必要に応じて、皆がそれを分け合っていた」というこの世では絶対にあり得ないようなことが、あり得ていたのです。人間は徹底的に自己中心的で、特に財産、持ち物に対する執着心は強いものがあります。この執着心を富める者が自発的に捨て去って、自分の財産と持ち物を売り払って、貧しい者たちと分かち合った。これは、聖霊の最高の働きです。人間的にいうなら、最も理想的な共産的社会が実現したといえます。しかしこの状態は、このときの特別な状態であって、長続きはしませんでした。たとえ一時的な状態であっても、こうゆうことが起こったことはすばらしいことでした。

［2］そして、毎日ひたすら心を一つにして神殿に参り（46）

わたしたちクリスチャンが、週一回日曜日、礼拝に出席するだけでも大変なのに、皆が毎日ひたすら心を一つにして神殿参りをしたことは驚きです。毎日信徒の方々が心を一つにすることができたら、現代においても神の不思議なことが起こります。「神殿に参り」は、ユダヤ教の神殿参りです。まだキリスト教の教会堂というものがありませんでしたので、ごく自然に、クリスチャンの数が五千人以上であったためもあり、ユダヤ教の神殿に行き、礼拝をしておりました。そのため、この頃はユダヤ教とクリスチャンたちは敵対関係にはありませんでした。むしろ友好関係にありました。後日、両者は敵対関係となりました。

　さらに彼らは「家ごとに集まってパンを裂き、喜びと真心をもって一緒に食事をし、神を賛美していたので、民衆全体から好意を寄せられた」と記されています。彼らは神殿参りと共に、「家ごとに集まってパンを裂き、喜びと真心をもって一緒に食事をし、神を賛美して」いました。キリスト教の独自性を維持するためには、家ごとに集まって、少人数に分かれ、親密な交わりを持つ必要がありました。人間的な喜びの交わりを持っただけではなく、聖餐をもって、イエスが十字架で裂かれた肉と流された血に与りました。このことによって彼らの魂は養われ、罪赦され、キリストと一体とされ、ユダヤ教とは区別されたキリストの体としての共同体を保つことができました。

　さらに彼らは、「喜びと真心をもって一緒に食事をし、神を賛美」していました。一緒に食事をすることによって、口と共に心が開かれ、共同体意識が強くなります。そうすると、いざという時には互いに助け合い、支え合うことが出来ます。神を賛美していれば、不平を云ったり、他者を批判したりする時間はなくなります。そして教会も家庭も明るくなります。そこに神とキリストと聖霊がおられるのです。当然彼らは民衆全体から好意を持たれていました。ユダヤ人の社会にしっかり根ざしていたのです。

［3］こうして、主は救われる人々を仲間に加え、一つにされたのである。（47）

　神の臨在と支配のあるところに、必ず救われる人々が起こされます。「こうして主は救われる人々を仲間に加え、一つにされ」ました。

教会が日本の社会に好意を持たれ、日本の社会に深く根ざしながら、暗い日本の社会にあって喜びの食事をし、神を賛美する明るさに生きていくなら、主は救われる人々を毎日クリスチャンの仲間に加えることも出来るのです。わたしたちがどんなに特伝、チラシ配りまた看板を通して教会堂を宣伝しただけでは、とてもこのような神の奇跡は起こりません。

日常の生活の中で聖餐、愛餐、賛美をもって、キリストの十字架と復活の福音を証ししていくなら、主ご自身が、毎日でも救われる人たちを起こし、教会堂は、救われた人たち、賛美する人たち、祈る人たちで一杯になるでしょう。そして主の不思議な御業《みわざ》に驚き、恐れ、主の前にひれ伏して礼拝し、献身し、持てる者は持たざる者を助け、愛の共同体が形づくられていくでしょう。

アーメン。

キリストの名によって立ち上がり、歩きなさい

ペトロとヨハネが、午後三時の祈りの時に神殿に上って行った。すると、生まれながら足の不自由な男が運ばれて来た。神殿の境内に入る人に施しを乞うため、毎日「美しい門」という神殿の門のそばに置いてもらっていたのである。彼はペトロとヨハネが境内に入ろうとするのを見て、施しを乞うた。ペトロはヨハネと一緒に彼をじっと見て、「わたしたちを見なさい」と言った。その男が、何かもらえると思って二人を見つめていると、ペトロは言った。「わたしには金や銀はないが、持っているものをあげよう。ナザレの人イエス・キリストの名によって立ち上がり、歩きなさい。」そして、右手を取って彼を立ち上がらせた。すると、たちまち、その男は足やくるぶしがしっかりして、躍り上がって立ち、歩きだした。そして、歩き回ったり躍ったり

して神を賛美し、二人と一緒に境内に入って行った。民衆は皆、彼が歩き回り、神を賛美しているのを見た。彼らは、それが神殿の「美しい門」のそばに座って施しを乞うていた者だと気づき、その身に起こったことに我を忘れるほど驚いた。（使徒言行録三1～10）

「キリストの名によって立ち上がり、歩きなさい」。ペトロが命じると、生まれつき足の不自由な男は歩き出しました。この奇跡は、キリストの名が如何に力あるものかを物語っています。

［1］ペトロとヨハネが午後三時の祈りの時に神殿に上がって行った（1～2）

ペンテコステにおいて誕生した教会は、ペトロの大説教によって、約三千人が救われて、第二段階を迎えようとしていました。生まれつき足のきかない男の癒しがきっかけになって、エルサレム市と教会との関係が、好意的関係から敵対的関係に変ります。この出来事は、単なる癒しの出来事ではなく、エルサレム市と教会の関係が、どのようにして変わって行ったかを明らかにする出来事なのです。

ペトロとヨハネが神殿に行ったのは、午後三時の祈りの時でした。敬虔なユダヤ教徒は、午後三時の祈りに、大勢集まって来ました。そこに生まれながら足の不自由な男が、毎日運ばれて来ていました。神殿の境内に入る人に施しを乞うためです。「美しい門」は全部で十ありました。いずれも金や銀ではなやかに飾られておりました。生まれながら足の不自由な男は、三時の祈りの時に集まってくる人たちは、宗教的な人たちですので、この場所で彼に同情して施しを与えてくれることをよく知っていたのです。

ペトロとヨハネは、依然としてユダヤ教の習慣、午後三時の祈りを守っていました。彼らはそこに沢山の人たちが集まってくるので、伝道をしようと思ってやってきたのではありません。敬虔に神への祈りを捧げようとして、神殿にやってきて、足の不自由な人物に出会ったのでした。

［2］彼はペトロとヨハネが境内に入ろうとするのを見て、施しを乞うた（3〜8）

偶然と言おうか、導きと言おうか、ちょうど彼が「美しい門」という神殿の門のそばに置いてもらった時、ペトロとヨハネが神殿の境内に入ろうとしたのです。すかさず、彼は、手を出して施しを乞いました。彼が求めたのは、わずかな施しでした。ペトロたちは彼をじっと見つめて、「わたしたちを見なさい」と言いました。

この男は当然何かもらえると思って二人を見つめました。ペトロたちは全く別の思いを持って、この男をじっと見つめました。特にペトロは、イエスを裏切った時、イエスにじっと見つめられて、後ほど悔い改めに導かれました。この時のペトロはまさしく、イエスのような愛と慈しみに満ちたまなざしを持って、苦しみと悲しみに満ちた男の目をじっと見つめたのではないでしょうか。

しかしペトロたちの思いは、この男にはすぐには伝わりませんでした。そこで、ペトロたちは言いました。「私には金や銀はないが、持っているものをあげよう。ナザレのイエス・キリストの名によって立ち上がり、歩きなさい」と。何と力強い威厳に満ちた深い愛でしょうか。

ユダヤ教の人々のように金や銀は与えられないが、わたしたちには、イエスから無料でいただいて、自分たちの宝として持っているものを差し上げましょう。「ナザレのイエス・キリストの名によって立ち上がり、歩きなさい。」と言って、彼の右手をとって、彼を立ち上がらせました。すると、たちまちその男は、足やくるぶしがしっかりして、躍り上がって、立ち、歩き出しました。驚くべき奇跡が多くの人たちが見ている前で起こったのです。

どうしてこのような驚くべき事がこの男に起こったのでしょうか。ペトロたちが語った言葉と、この男を見つめた愛に満ちた視線と、彼の右手を取った具体的行動が、彼を立ち上がらせ、病めるところを癒したのです。この三つが同時に働いたのです。

それだけでしょうか。この男の信仰は働いたのでしょうか。わたしは瞬間的に働いたと思います。「ナザレのイエス・キリストの名」には、それだけの力が秘められていました。この時も、死から甦られて生きておられたイエス・キリストの力は働いておられたのです。

聖書では、名はその人の本質を現すと言います。「イエス」は、ヘブル語で「ヨシュア」と言い、「神は救いです」の意味です。「キリスト」とは「油注がれたメシア」の意味です。イエスは神の油（霊）が注がれたメシア（救い主）なのです。このお方の名によって「立ち上がり、歩きなさい」という命令は、この男のうちに神の霊が働き、信仰が与えられ、たちまちこの男の悪い霊に働いて、癒しの業がなされました。

「起きあがって立ち、歩き出した」（8）、これは文字通り、完全な、劇的な癒しでした。「神を賛美し、二人と一緒に境内に入っていった。」とありますので、彼の肉体が癒されただけではなく、心も癒されたのです。この男は、以前は自分の不幸を悲しみ呪ったでしょう。しかし、今は体も心もイエスの名の力によって癒され、感謝と賛美の霊（聖霊）に満たされました。呪いが、喜びと賛美と感謝に変えられたのです。アーメン。

こんなことが、かつて二千年前だけではなく、現代も起こり得るでしょうか。現在ホーリネス教団の委員長をしておられる内藤先生は、四国で伝道しておられた癒しの賜物を持っておられた青野雪江先生の徹夜の祈りにより、イエスの名による祈りによって、悪い足が癒されたそうです。それ以来歩くことが出来るようになり、今も先生は全献身をされて、主のため、教団のために労しておられます。死から甦られて今も働いておられる主イエスは、信じるわたしたちにも癒しの恵みを与えることが出来るのです。

［3］民衆は皆、彼が歩き回り、神を賛美しているのを見た。（9〜10）

民衆はこの癒しの一部始終を見ていました。どんなにユダヤ教の指導者たちが、そんなことはあり得ないと否定しても、民衆たちがすべてを見ていたので、彼らが生き証人として事実を証言します。その男が確かに神殿の「美しい門」のそばに座って施しを乞うていた者と気づき、その身に起こったことに彼らは、我を忘れるほど驚きました。

聖書を読んでみますと、この完全な癒しを見た人は、一斉に彼らの方に集まってきて、ペトロの説教を聞いて多くの人たちが救いに導かれました。そしてクリスチャンの数は三千人から、信じた人じた男の数が五千人ほどになった（四４）と記されています。

ユダヤ教の指導者たちは、この状態を放置できなくなりました。ペトロたちを捕まえて「決してイエスの名によって話したり教えたりしないように」と命令をして彼らを釈放しました。しかしペトロたちは「わたしたちは、見たり聞いたことを話さないではいられないのです」（四20）と言いました。

このように、この一人の足のきかなかった男の癒しの出来事は、癒しの出来事だけではなく、ユダヤ教の指導者たちのクリスチャンたちに対する態度が、敵対的に変わっていったことをも記す貴重な文章なのです。わたしたちも、見たり聞いたり体験したりした事実を、あるがままに証言して参りましょう。それが、本当の生きた伝道なのです。アーメン。

命の導き手であるイエス

さて、その男がペトロとヨハネに付きまとっていると、民衆は皆非常に驚いて、「ソロモンの回廊」と呼ばれる所にいる彼らの方へ、一斉に集まって来た。これを見たペトロは、民衆に言った。「イスラエルの人たち、なぜこのことに驚くのですか。また、わたしたちがまるで自分の力や信心によって、この人を歩かせたかのように、なぜ、わたしたちを見つめるのですか。アブラハムの神、イサクの神、ヤコブの神、わたしたちの先祖の神は、その僕イエスに栄光をお与えになりました。ところが、あなたがたはこのイエスを引き渡し、ピラトが釈放しようと決めていたのに、その面前でこの方を拒みました。聖なる正しい方を拒んで、人殺しの男を赦すように要求したのです。あなたがたは、命への導き手である方を殺してしまいましたが、神はこの方を死者の中から復活させてくださいました。わたしたちは、このことの証人です。あなたがたの見て知っているこの人を、イエスの名が強くしました。それは、その名を信じる信仰によるものです。イエスによる信仰が、あなたがた一同の前でこの人を完全にいやしたのです。ところで、兄弟たち、あなたがたがあんなことをしてしまったのは、指導者たちと同様に無知のためであったと、わたしには分かっています。しかし、神はすべての預言者の口を通して予告しておられたメシアの苦しみを、このようにして実現なさったのです。だから、自分の罪が消し去られるように、悔い改めて立ち帰りなさい。（使徒言行録三11～19）

この箇所は、「美しい門」という神殿の門のそばで、施しを乞うていた足の悪い男が癒された奇跡の意味を明らかにしたペトロのメッセージです。

［1］民衆は皆、非常に驚いて、彼らの方に一斉に集まってきた。（11）

生まれつき足の悪い男が、キリストの名によって癒されました。彼はペトロとヨハネに付きまとって離れませんでした。ここで一番強調されている言葉は「付きまとう」です。四十年以上も足がきかず、そのために歩くことも出来ず、働くことも出来なかったこの男にとって、ペトロたちを通して、キリストの名によって、癒されたことがどんなに嬉しいことであったことか。これは明らかにしています。彼の人生は全く変わりました。その姿を見た民衆は皆、非常に驚いて、「ソロモンの回廊」にいる彼らの方へ、一斉に走り集まってきました。原文では、「一緒に走って」という言葉ではじまります。民衆はこの奇跡を見て驚き、一瞬になされたこの奇跡の秘密はどこにあるのか、これを知ろうとして走り寄ってきたのでしょう。

［2］ペトロ、この男の癒しの意味を説明した（12～16）

この姿を見たペトロは、民衆に「答えました」（原語）。彼らが抱いていた疑問に答えたのです。まずペトロは「イスラエルの人たち」と呼びかけました。「ユダヤ教の人たち」と呼びません。彼らに、イスラエルの救いの歴史の原点であるアブラハム、イサク、ヤコブの神に触れさせようとしたのです。

まず「なぜこのことに驚くのですか」と問い、次に「なぜわたしたちを見つめているのですか」と問いました。イスラエルの民の原点であるアブラハム、イサク、ヤコブの神さまが、どんなに偉大な神であられたかを知っているなら、何も驚く必要はありません。アブラハムがイサクを神に全焼の犠牲として献げようとした時に、神さまは雄羊を備えてくださって、その雄羊をイサクの代わりに献げることができました（創世記二二章）。特にこの出来事は、アブラハムの神が、いかに力ある神であられるかを示しています。

第二の問いは「わたしたちがまるで自分の力や信心によって、この人を歩かせたかのように、なぜわたしたちを見つめるのでしょうか」です。「この人を歩かせたのは、わたしたちの力や信心ではありません。イエス・キリストの名が、この人を強くしたのです。」と答えました。

そこで、ペトロは、このように語り出しました。「わたしたちの先祖の神は、その僕《しもべ》イエスに栄光をお与えになりました。」これは、「イザヤ書五二13～五三5」の預言と関係があります。このメシア預言は「見よ、私の僕は栄える。はるかに高く上げられ、あがめられる」という言葉で始まっています。初代教会が最も多く引用した「苦難の僕」であるメシア預言です。「その預言を真の意味で実現したのは、この預言の数百年後に、あなた方の手で十字架にかけられて、殺されたキリストによるのです。」と、ペトロは言ったのでした。

多くの病人、体の不自由な人々を癒し、また四千人の人たちを七つのパンとわずかな魚で養われたイエスは、変貌山で神の栄光におおわれました。ところが、あなたがたは、このイエスを、異邦人ピラトの手に引き渡しました。聖なる正しい方（神のように聖にして正しいイエス）を拒んで、人殺しの男（バラバ）を赦すように要求したのです。あなたがたは、命への導き手である方を殺してしまいましたが、神はこの方を死者の中から復活させられました。わたしたちは、このことの証人です。あなたがたが十字架にかけて殺しましたが、神が復活させられたイエスが、病人の足を癒されたのです。

あなたがたには、その方を異邦人の手に引き渡し、拒み、命への導き手である方を殺してしまったと、彼らの罪の三段階を具体的に指摘し、彼らを断罪しました。彼らがその罪を認め、悔い改めて、神に立ち帰るためでした。

彼らが信仰に立てるように、この人の足を強くしたのは、このイエスの名を信じる信仰であることを指摘しました。復活のイエスを信じる信仰が、あなたがた一同の前で、この人を完全に癒したのです。ペトロは癒された男の信仰を強調しました。

神の憐れみとイエスの名を信じる本人の信仰によって、自覚された神殺し、メシア殺しの罪が赦され、神との和解、イエスとの和解が可能となるのです。一度はイエスを裏切り、その裏切りの罪をも赦して頂き、神とイエスと和解することができたという体験をしたペトロの言葉には実感がこもっており、力がありました。

［3］**だから、自分の罪を消し去られるように悔い改めて立ち帰りなさい。**（17～19）

ペトロは次に「ところで兄弟たち」と呼びかけました。「イスラエルの人たち」から「兄弟たち」に変わりました。ペトロは、彼らの罪を赦し、愛の共同体である教会に、彼らを兄弟として受け入れていたのです。キリストにある愛です。感動します。

そしてペトロは言いました。「あなたがたが、あんなことをしてしまったのは、指導者たちと同様に無知のためであったと、わたしには分かっています」と。わかっていて犯した罪なら悪質ですが、無知から来た罪なら赦されます。

もっと高い次元から、あなたがたが犯した罪を見るなら、神はすべての預言者の口を通して予告しておられたメシアの苦しみを、このようにして実現なさったのですと、ペトロは語りました。これは人間の罪をも用いて、神のご計画、摂理を実現されるという歴史解釈です。これはペトロがペンテコステの日、聖霊の注ぎの直後の説教にも出てきた言葉でした（使徒二23）。

そしてこの箇所全体の結論をペトロは次のように語りました。「だから自分の罪が消し去られるように、悔い改めて立ち帰りなさいと」と。

神の恵みと人間の信仰によって、彼らの罪も、わたしたちの犯した罪も、ことごとく洗い消されてしまうのです。ただ、自分の罪を悔い改めて、神に立ち帰るならば。勇気を持ってわたしたちの無知の罪を認め悔い改めましょう。その時わたしたちの罪は洗い消されます。

アーメン。

慰めの時の訪れ

こうして、主のもとから慰めの時が訪れ、主はあなたがたのために前もって決めておられた、メシアであるイエスを遣わしてくださるのです。このイエスは、神が聖なる預言者たちの口を通して昔から語られた、万物が新しくなるその時まで、必ず天にとどまることになっています。モーセは言いました。『あなたがたの神である主は、あなたがたの同胞の中から、わたしのような預言者をあなたがたのために立てられる。彼が語りかけることには、何でも聞き従え。この預言者に耳を傾けない者は皆、民の中から滅ぼし絶やされる。』預言者は皆、サムエルをはじめその後に預言した者も、今の時について告げています。あなたがたは預言者の子孫であり、神があなたがたの先祖と結ばれた契約の子です。『地上のすべての民族は、あなたから生まれる者によって祝福を受ける』と、神はアブラハムに言われました。それで、神は御自分の僕を立て、まず、あなたがたのもとに遣わしてくださったのです。それは、あなたがた一人一人を悪から離れさせ、その祝福にあずからせるためでした。」（使徒言行録三20～26）

「危機の時」は「慰めの訪れの時」でもあります。危機の中にある時は、どうしても周りが見えなくなり、近視眼的になります。そういう時にこそ、祈って聖霊に満たされることが大切です。すると、周りが見えるようになって、長期の大きな歴史的視野が与えられます。そこから見ると、危機の中に慰めの時の到来に気づきます。

［1］**こうして主のもとから慰めの時が訪れ**（20～21）

ペトロは、この前に悔い改めをすすめました。メッセージを終えるかと思いましたが、終わりませんでした。ユダヤ人である同胞が、何とかして真の救いにあずかるように願って、彼の熟知している旧約の預言や契約に触れながら、懇切丁寧なメッセージをしました。

「こうして」は「この結果」という意味です。この前の「悔い改めて立ち帰る」を受けています。「主のもとから」は、「復活し、昇天した主イエスのもとから」という意味です。「慰めの時」は「回復の時、万物が改まるとき、安らぎの時」をいいます。

「慰めの時が訪れ」は「イエスが来られて神の国が回復される時、真のやすらぎの時、すなわち慰めの時が訪れること」です。

「あなたがたユダヤ人のために、このような真の慰めの時、救いの時が訪れます。自分たちの罪を悔い改める時に。」「イエスを十字架にかけて殺したあなた方のために、神は、前もって決めておられた真のメシア、イエスを遣わしてくださるのです」とペトロは力をこめて語りました。

「このイエスは、神が聖なる預言者たちの口を通して昔から語られた万物が新しくなるその時まで、必ず天にとどまることになっております」とペトロは語り続けました。聴衆は「万物が新しくなる時」というイザヤの預言（イザヤ書六五17～18）をよく知っていました。「その時まで昇天のイエスは天にとどまることになっております。」とペトロは説明しました。彼らはだんだんと旧約聖書の預言という歴史の流れの中で、イエスの十字架、復活、昇天の出来事を理解するようになりました。このことが本当に自覚できれば、彼らは、自ら進んで自分たちの罪を自覚し、神に立ち帰ることができるのです。実に巧みな説得力のあるメッセージです。

［2］**モーセは言いました。「あなたがたは、神である主は、あなたがたの同胞の中から、わたしのような預言者をあなたがたのために立てられます。」**（22～25）

預言者たちに触れたペトロは、今度は旧約聖書の最大の指導者、預言者、権威者であるモーセにまでさかのぼります。モーセの有名なメシア預言（申命記一八15～18）に言及しました。「モーセは言いました」と訳されているところは、原文の「なぜなら、実に、先祖たちに」という三つの言葉が省略されて訳されています。この三つの言葉を訳出した方が、この箇所はよりよく理解できると思います。ペトロが、このモーセの予言が自分のメッセージの「決め手」になると考えて、「なぜなら、実に、先祖たちに」と思いをこめて語った気持ちがよく分かるからです。

「ユダヤ人の中からモーセのような預言者が立てられる」。このモーセのような預言者はイエスであると言いました。したがって、イエスは、ユダヤ人たちが最も尊敬しているモーセよりも偉大な預言者ということになります。ですから、ペトロはつづく言葉を引いて語りました。「彼が語りかけることには何でも聞き従いなさい。この預言者に耳を傾けない者は皆、民の中から滅ぼし絶やされる」(申命記一八19〜22)と。これほど恐ろしいことはありません。

ペトロは続けて言いました。「預言者は皆サムエルをはじめ、その後に預言した者も、『今の時』について告げています。あなた方は預言者の子孫であり、神があなたがたの先祖と結ばれた契約の子です。」聴衆であるユダヤ人たちは、預言者の子孫、また契約の子ですから、彼らの責任と特権は大きいのです。

このペトロの説教は、彼らを悔い改めに導こうとしているだけではありません。彼らが、モーセ以上の預言者であるイエスをメシアとして信じて、この救い主を、ユダヤ人たちだけでなく、地上のすべての民族に伝える特権と責任を自覚するように導こうとしました。ですから、ペトロは、神がアブラハムに言われたことを引用したのです。「地上の全ての民族は、あなたから生まれる者によって祝福を受ける。」(創世記一二3)

ペトロは、モーセ、預言者たち、預言者学校を始めたサムエル、預言者の子孫、契約の子に言及して、最後に、旧約聖書では根元契約(あらゆる契約の根元にある恵みと信仰による根本的契約)と言われるアブラハム契約にまでさかのぼりました。実に大きな遠大な歴史的視点を持った説教です。歴史に強い当時のユダヤ人には説得力がありました。「慰めの時」、「悔い改め」を小さな狭い視点からではなく、また宇宙大のバカでかい視点からだけでもなく、しっかりと救いの歴史に根差して、モーセからサムエル、預言者、イエスまでたどりました。

さらにもう一度、旧約聖書の歴史の根本契約にまで逆戻って、ユダヤ人に与えられている使命の特権と責任に触れました。無学な漁師と言われたペトロに、どうしてこれだけ大きな歴史的視点と宇宙大の視点からの説教が出来たのでしょうか。彼をここまで変えたのは、一度はイエスの十字架に躓きましたが、すべてを捨ててイエスに従い、復活のイエスに出会い、三年間の弟子教育の総括として、四十日間聖書全体から説き明かしを受けたことが、その大きな原因であったことは事実です。そしてその頂点に、十日間の待ち望みと、ペンテコステ時の聖霊の満たしがありました。

［3］それで、神はご自分の僕を立て、まずあなたがたに遣わしてくださったのです。（26）

「まず、あなたがたに遣わしてくださったのです」は、聴衆であるユダヤ人たちの特権と責任を、ペトロがもう一度、指摘した言葉です。「それはあなたがた一人一人を悪から離れさせ」と、ペトロは、神の愛の消極面を語り、「その祝福にあづからせるためでした」と、神の愛の積極面を語りました。

わたしたちも、時代や、人生の危機に直面する時に、周りが見えなくなって、狭い視野で、悔いの残る決断をしがちです。しかし、そういう時にこそ、聖霊に満たされ、愛に満たされ、信仰に満たされ、大きな歴史的視野と宇宙大の視点から「慰めの時の訪れの時」を自覚させていただきたいと願います。神様がお与えくださる慰めの訪れを経験させていただけますように祈ります。アーメン。

わたしたちが救われるべき道

ペトロとヨハネが民衆に話をしていると、祭司たち、神殿守衛長、サドカイ派の人々が近づいて来た。二人が民衆に教え、イエスに起こった死者の中からの復活を宣べ伝えているので、彼らはいらだち、二人を捕らえて翌日まで牢に入れた。既に日暮れだったからである。しかし、二人の語った言葉を聞いて信じた人は多く、男の数が五千人ほどになった。次の日、議員、長老、律法学者たちがエルサレムに集まった。大祭司アンナスとカイアファとヨハネとアレクサンドロと大祭司一族が集まった。そして、使徒たちを真ん中に立たせて、「お前たちは何の権威によって、だれの名によってああいうことをしたのか」と尋問した。そのとき、ペトロは聖霊に満たされて言った。「民の議員、また長老の方々、今日わたしたちが取り調べを受けているのは、病人に対する善い行いと、その人が何によっていやされたかということについてであるならば、あなたがたもイスラエルの民全体も知っていただきたい。この人が良くなって、皆さんの前に立っているのは、あなたがたが十字架につけて殺し、神が死者の中から復活させられたあのナザレの人、イエス・キリストの名によるものです。この方こそ、

『あなたがた家を建てる者に捨てられたが、
隅の親石となった石』

です。ほかのだれによっても、救いは得られません。わたしたちが救われるべき名は、天下にこの名のほか、人間には与えられていないのです。」議員や他の者たちは、ペトロとヨハネの大胆な態度を見、しかも二人が無学な普通の人であることを知って驚き、また、イエスと一緒にいた者であるということも分かった。しかし、足をいやしていただいた人がそばに立っているのを見ては、ひと言も言い返せなかった。そこで、二人に議場を去るように命じてから、相談して、言った。「あの者たちをどうしたらよいだろう。彼らが行った目覚ましいしるしは、エルサレムに住むすべての人に知れ渡っており、それを否定することはできない。しかし、このことがこれ以上民衆の間に広まらないように、今後あの名によってだれにも話すなと脅しておこう。」そして、二人を呼び戻し、決してイエスの名によって話したり、教えたりしないようにと命令した。しかし、ペトロとヨハネは答えた。「神に従わないであなたがたに従うことが、神の前に正しいかどうか、考えてください。わたしたちは、見たことや聞いたことを話さないではいられないのです。」議員や他の者たちは、二人を更に脅してから釈放した。皆の者がこの出来事について神を賛美していたので、民衆を恐れて、どう処罰してよいか分からなかったからである。このしるしによっていやしていただいた人は、

四十歳を過ぎていた。（使徒言行録四1～22）

わたしたちクリスチャンは、出来る限り他者と協調しながら、この世にあって生きておりますが、どうしても協調出来ないところに追いつめられる時があります。そのような時には、やむを得ずわたしたちが救われるべき道を選択します。

［1］**ペトロとヨハネ、逮捕、投獄される**（1～4）

足の悪い男の足が、癒されたのが午後三時でした。それからもペトロたちは何千人もの人たちに話し続けていました。すると突然、彼らは神殿の秩序を乱す者として、祭司たちに逮捕されました。夕方で、裁判も開けず、一晩投獄されてしまいました。

ペトロとヨハネが民衆に話をしていると祭司たち、神殿守衛長、サドカイ派の人々が近づいてきました。祭司たち、神殿守衛長、サドカイ派の人々は神殿の治安と秩序を管理していました。サドカイ派の人たちとは貴族に属する人たちで、政治的には親ローマ派で、世俗派で、合理主義者で、死人の復活を信じない人たちでした。

ペトロとヨハネが民衆に教え、イエスに起こった死者の中からの復活を宣べ伝えているので、彼らはいらだちました。二人を捕らえて牢に入れてしまいました。しかし、二人が語った言葉を聞いて信じた人は多く、五千人ほどになっていました。回心者の数が三千人、わずか半日で、男の数だけで五千人ほどに急激に増えましたので、ユダヤの国家としてもこれを放置しておくことは出来なくなりました。

［2］**ペトロとヨハネ、尋問され、弁明し、その大胆な態度を見て議員たちは一言も答えることが出来なかった。**（5～20）

次の日、議員、長老、学者たちがエルサレムに集まりました。議員、長老、学者たちはユダヤの国の最高権威を持つ七十人議会の構成メンバーです。その他、大祭司アンナス、カイアファとヨハネとアレクサンドロと大祭司一族が集まりました。議会の議長を務めるのはカイアファですが、アンナスこそ大祭司でした。当時大祭司職は終身職でしたので、最年長者アンナスこそが最高権威をもっていました。ヨハネ、アレクサンドロのことについては、よくわかりません。大祭司たちの名前が全部記されているということは、ペトロたちの活躍が、ユダヤ国家にとって、いかに大きな脅威であったかを物語っています。ペトロたちの逮捕も不法逮捕でした。

ペトロたちの裁判が始まりました。使徒たちを真ん中に立たせ、二つの事を尋問しました。第一の尋問は「おまえたちは何の権威によってああいうことを（足の悪い男の癒し）したのか」。第二の尋問は、「誰の名によって、ああいうことをしたのか」でした。

ペトロは聖霊に満たされて言いました。「民の議員、または長老の方々、今日わたしたちが取り調べを受けているのは、病人に対する善い行いと、その人が何によって癒されたかということについてであるならば、あなたがたも、イスラエルの民全体も知って頂きたい。この人が良くなって皆さんの前に立っているのは、あなたがたが十字架につけて殺し、神が死者の中から復活させられた、あのナザレの人、イエス・キリストの名によるものです」と。(10) 大胆不敵な発言です。聖霊に満たされて始めて言えることです。ペトロは「何の権威によってああいうことをしたのか」という問いには直接答えませんでした。「誰の名によってああいうことをしたのか」に対する答えの中に第一の尋問への答えが入っていると考えるべきでしょう。いずれにしても、国家の最高の権威者たちにも、イスラエルの民全体にも、是非知ってもらいたかったことは、今ペトロたちを裁いている国家の宗教の最高権威者たちが、「旧約聖書が預言しているメシア（詩編一一八22）、イエス・キリストを十字架につけて殺したが、神はこのイエスを死者の中から三日目に復活させられた。このイエス・キリストの名による」と、堂々と証言しました。

ペトロは最後に、彼自身が全身全霊をかけて信じている自分の確信を述べました。「他の誰によっても救いは得られません。わたしたちが救われるべき名は、天下にこの名のほかに人間には与えられていないのです」と(12)。これは無力なユダヤ教に対する鋭い批判です。同時に、裁かれているペトロたちの彼らを断罪する言葉です。ここには、あの臆病で卑怯なペトロはおりません。聖霊に満たされると、人間をこのように決定的に変えてしまうのです。

議員や他の者たちは、ペトロとヨハネの大胆な態度を見て、二人が「無学な普通の人」であることを知って驚きました。またイエスと一緒にいた者であるということも分かりました。そして、足を癒された男がそばに立っているのを見て、一言も言い返せませんでした。

「無学な普通の人であった」は、律法学者たちのようにラビの資格を、祭司たちのようにきちんとした資格を持たない普通の人であったという意味であると思われます。しかし、ペトロとヨハネはイエスの実践的教育を三年受け、復活のイエスによって特訓を受け、最後にこれらの訓練の総仕上げとして聖霊に満たされて、力と勇気と知恵に満たされていました。その上、癒された男が彼らのそばに立っていました。事実ほど力あるものはありません。

今度は国家の指導者の方が追いつめられて、二人は退場させられました。その間に彼らは協議して「これ以上彼らの影響が民衆の間に広まらないように、今後あの名によって誰にも話すなと脅しておこう」(17)と言って、彼らを呼び戻して「決してイエスの名によって話したり、教えたりしないよう」にと命令しました。彼らはイエスを殺せばその影響は絶滅すると思っていましたが、それは大きな誤算でした。また、ペトロたちを脅かせば黙るだろうと思いましたが、これも大きな誤算であることが明らかになりました。ペトロとヨハネは答えました。「神に従わないであなた方に従うことが、神の前に正しいかどうか考えてください。わたしたちは見たことや聞いたことを話さないではいられないのです」(20)と。見たり聞いたりした経験ほど力あるものはないのです。

［3］議員や他の者たちは、二人を更に脅してから釈放した。(21〜22)

皆の者がこの出来事について神を賛美していました。指導者たちは、民衆を恐れて、どう処罰してよいか分かりませんでした。最後に癒された男の歳は四十歳であったで記されています。この男が四十年もの間歩くことが出来ず、どんなに苦しかったかを示しています。また、ユダヤ教がこの男の足の病気を癒せなかった無力を表しています。これは逆に、復活のイエスの名がいかに力あるものであったかを示しています。
　追いつめられた危機の時、わたしたちも最後の最後に聖霊に満たして頂いて、ナザレのイエス・キリストの御名意外に救われる道がないことを、大胆に信仰に立って告白することが出来るのです。そして救いの道が開かれるのです。アーメン。

大胆にイエスの言葉を語る

　さて二人は、釈放されると仲間のところへ行き、祭司長たちや長老たちの言ったことを残らず話した。これを聞いた人たちは心を一つにし、神に向かって声をあげて言った。「主よ、あなたは天と地と海と、そして、そこにあるすべてのものを造られた方です。あなたの僕であり、また、わたしたちの父であるダビデの口を通し、あなたは聖霊によってこうお告げになりました。
『なぜ、異邦人は騒ぎ立ち、
諸国の民はむなしいことを企てるのか。
地上の王たちはこぞって立ち上がり、
指導者たちは団結して、主とそのメシアに逆らう。』
事実、この都でヘロデとポンティオ・ピラトは、異邦人やイスラエルの民と一緒になって、あなたが油を注がれた聖なる僕イエスに逆らいました。そして、実現するようにと御手と御心によってあらかじめ定められていたことを、すべて行ったのです。主よ、今こそ彼らの脅しに目を留め、あなたの僕たちが、思い切って大胆に御言葉を語ることができるようにしてください。どうか、御手を伸ばし聖なる僕イエスの名によって、病気がいやされ、しるしと不思議な業が行われるようにしてください。」祈りが終わると、一同の集まっていた場所が揺れ動き、皆、聖霊に満たされて、大胆に神の言葉を語りだした。

（使徒言行録四23～31）

　「大胆にイエスの言葉を語る」と言いますが、わたしたち弱い人間は、いざとなるとビクビクして臆病になってしまいます。どうしたら反対・迫害を受けたとき、大胆にイエスの御言葉を堂々と語ることが出来るでしょうか。

［1］ペトロとヨハネは釈放されると仲間の所に行き、神の主権を認める祈りを皆と一緒に祈った。（23～24）

キリスト教の歴史において、これは最初の迫害でした。クリスチャンたちは、この迫害をどのように受け取り、どのようにして乗り越えようとしたのでしょうか。ペトロとヨハネ二人は仲間の所に帰ってきて、仲間たちに正直に祭司たちや長老たちの言ったことを残らず話しました。手柄話のようなことはしませんでした。こういう時に何でも話す事が出来る仲間を持つことは実に幸いです。仲間たちはペトロたちが裁判にかけられ、尋問され、一晩牢に入れられたことを聞いて、彼らのために祈りました。ペトロたちの話を残らず聞き終わった人たちは、心を一つにして（一つの熱情を持って）神に向かって声をあげて言いました。「主よ、あなたは天と地と海と、そしてそこにあるすべてのものを造られた方です」（24）と。彼らの態度と祈りは立派でした。

まず、彼らの取った態度です。初代教会が、国家の支配者たちから初めての迫害を受けた様子を知った時に、彼らは慌てたり、逃げ腰になったりしませんでした。熱い思いを一つにして、神に向かって声をあげて祈りました。

その祈りは、実にスケールの大きな祈りでした。まず、「主よ」という呼びかけが大きく、初代教会を迫害しているユダヤ国の指導者たちをのんでいます。ここで使われている「主」というギリシア語は「デスポタ」と言って、神について用いられるときは「主権者」という意味になります。ユダヤの国一国だけでなく、世界のすべての国々、天と地と海を創造された全知全能の創造者なる神を意味しています。このことは、それに続く彼らの信仰告白が明らかにしています。「あなたは天と地と海と、そしてそこにあるすべてのものを造られた方です」。この絶対的主権者は天地万物を創造されて、今も生きて、宇宙万物のみならず、歴史と社会、宗教と文化をも支配しておられる主権者なる神様です。実に壮大な神学的、信仰的祈りです。

［2］二人は皆と、御言葉に基づいて祈った。（25～28）

　まず、彼らは詩編二1～2の御言葉に基づいて祈りました。次に彼らはこのように祈りました。「あなたの僕であり、またわたしたちの父であるダビデの口を通し、あなたは聖霊によってこうお告げになりました。」（25）まず、最大の英明君主と言われたダビデ王を「あなたの僕」と呼んでいますし、ユダヤの大祭司や長老たちよりもはるかに力あるダビデ王を「主権者であられる神の僕《しもべ》であり、またわたしたちの父であるダビデ」と親しく呼んでいます。彼らとダビデの関係は、個人的人格的に父と呼ぶことが出来る生きた関係を持っていました。

　さらに彼らは祈りました。「わたしたちの父ダビデの口を通し、あなたは聖霊によって、こうお告げになりました。」と。詩編二1～2はダビデ王が語った人間の言葉ではなく、ダビデの口を通して、聖霊によって語られた神の言葉であり、聖霊の息のかかった権威ある御言葉でありました。その内容は、イエスをメシアと理解するものでした。「なぜ、異邦人は騒ぎ立ち、諸国民はむなしいことを企てるのか。地上の王たちはこぞって立ち上がり、指導者たちは団結して、主とそのメシアに逆らう。」（25～26）これはメシア預言としてユダヤ教の人たちには知られていた預言です。しかし、ユダヤ教の人たちは、ここに出てくる「メシア」をイエス・キリストとは理解しませんでした。ですから、ここに預言されているメシアはまだ来ていないと理解します。

　ここで言われている王たち、指導者たちとは、ヘロデ王やローマの総督ポンティオ・ピラトのことを意味すると初代教会は理解しました。ユダヤの指導者たちは異邦人やイスラエルの民と一緒になって、神が油を注がれた聖なる僕イエスに逆らったと理解しました。それは、実現するようにと神の御手と御心によってあらかじめ定められていましたユダヤの指導者たちは、これをすべて行ったのです。（27～28）

　驚くべき歴史解釈です。ヘロデ、ピラト、異邦人イスラエルの民がイエスに逆らったのは、神によってあらかじめ定められていたことであって、何も今さら驚く必要はないという信仰でした。このような歴史解釈から次のような祈りの結論が導き出されました。

［3］ペトロは皆と御言葉を大胆に語ることが出来るように祈った。（29～31）

「主よ、今こそ彼らの脅しに目を留め、あなたの僕たちが、思い切って大胆に御言葉を語ることが出来るようにしてください」（29）「思い切って大胆に」はギリシア語で、「すべての大胆さを持って」です。「ありとあらゆる大胆さを持って」、すなわち「思い切って」との日本語がピンときます。祈りは続きますし「どうか御手を伸ばして、聖なる僕イエスの名によって病気が癒され、しるしと不思議な業が行われるようにしてください。」「どうか御手を伸ばして」は、神様が手を伸ばしてくだされば届くように、神様が「身近におられる」という彼らの信仰です。足の悪い男の足が瞬時に癒されたような癒しが、またイエスがガリラヤにおいてなさったしるしと不思議な業が、「これからもなされますように」と彼らは前向きで積極的な祈りを捧げたのでした。

このような祈りは必ず聞かされますし、その証拠に祈りが終わると、一同の集まっていた場所が揺れ動き、皆、聖霊に満たされて、大胆に神の言葉を語り出したと、最後に記されています。ペンテコステの時に教会の上に降った聖霊が、彼らの内側を満たしました。彼らの内に生きて働いておられた復活のイエスが、ユダヤ教の指導者たちの迫害と敵意と脅かしに立ち向かおうとしておられたのです。

私は今、『宣教師マザーテレサの生涯―スコピエからカルカッタへ―』（土田将雄監修、工藤 裕美、ヴェリヤト・シリル共著、上智大学出版、二〇〇七年）という本を読んでいます。初代教会のクリスチャンたちに大胆な信仰を与えられた聖霊は、マザーテレサにも同じ大胆な信仰を与えられました。わたしたちも神の主権を信じ、御言葉に基づき、大胆な信仰に立たせていただくことができます。主よ、信じます。信仰のうすいわたしたちを助けてください。アーメン。

すべての物を共有する

信じた人々の群れは心も思いも一つにし、一人として持ち物を自分のものだと言う者はなく、すべてを共有していた。使徒たちは、大いなる力をもって主イエスの復活を証しし、皆、人々から非常に好意を持たれていた。信者の中には、一人も貧しい人がいなかった。土地や家を持っている人が皆、それを売っては代金を持ち寄り、使徒たちの足もとに置き、その金は必要に応じて、おのおのに分配されたからである。たとえば、レビ族の人で、使徒たちからバルナバ――「慰めの子」という意味――と呼ばれていた、キプロス島生まれのヨセフも、持っていた畑を売り、その代金を持って来て使徒たちの足もとに置いた。

（使徒言行録四32～37）

「すべての物を共有する」ことが、物への執着心の強い人間に出来るでしょうか。今朝のメッセージのテキストは「出来る」と記しています。信じた人々の群れが心も思いも一つに出来れば出来るのです。

［1］信じた人々の群れは心も思いも一つにし、……すべてを共有していた。（32～33）

今、日本では「格差」が大きな問題になっています。このような社会で、「すべての物を共有する」ことなどは可能でしょうか。制度としては不可能ですが、共同体である教会に聖霊が満ちあふれるときに可能です。聖霊に満たされた初代教会は、ユダヤ教の指導者たちから迫害を受けました。「信じた人々の群れは心も思いも（魂も）一つにし、一人として持ち物を自分のものだと言う者はなく、すべてを共有していた」（32）のです。大きな奇跡です。「信じた人々」は、原語では「信じ続ける人々」です。一度や二度信じたのではなく、常に聖霊に満たされて信じ続けることです。これは簡単ではありません。信じ続けるためには、聖日礼拝を始め、定期集会に出席し、メッセージを聞き続け、毎日聖書を読み続け、教えられ、体験したことを伝え続ける必要があります。

　その時に、教会に連なる者が、「一人として持ち物を自分のものだと言う者はなく、すべてを共有」することが可能になります。「共有する」は原語では「コイノオー、koinoō」と言って、共通して持つということです。（ルカ八3、イエスとその弟子たちが行っていた兄弟のような共同生活が共同体理念の原形にある。ヨハネ一二4〜6、一三29参照）前提として、お互いに親しく交わっているということが必要です。親しい交わりのないところに、すべての物の共有はあり得ません。

　もう一つ重要なことは、共同体の指導者である使徒たちが、イエスの復活の霊に満たされ、イエスの復活をおおいなる力を持って捉え、信徒一人一人に神の恵みが注がれていることが必要でした。この共同体は復活のイエスを信じる共同体です。復活の大いなる力を持ち続ける恵みの共同体です。法律や制度によって強制された共産主義的な共同体ではありません。人間の物への執着心は法律や制度に強制されて取り去られるものではありません。

［2］信徒の中には一人も貧しい人がいなかった。（34〜35）

　信徒の中には沢山貧しい人たちがおりました。「土地や家を持っている人が皆、それを売っては代金を持ち寄り、使徒たちの足もとに置き、その金は必要に応じて、おのおのに分配」（34〜35）しました。ガリラヤ地方から来た人たちのほとんどの人たちは貧しい人たちでした。エルサレムに土地や畑を持っている人たちは、エルサレム在住の人たちが多かったのではないかと思います。外国からやってきた人たちもエルサレムまでの旅費を作るので精一杯という人たちが多かったと思います。そうするとエルサレム在住の裕福なユダヤ人たちで、キリスト教に回心した人たちが皆ということになります。ユダヤ教徒であった時には、かれらは自分たちの田畑を売ってまでも貧しい人々を助けようとしなかったわけですから、イエスの十字架と復活の福音を信じ続けることが、いかに素晴らしいことであったかが分かります。

彼らはその代金を使徒たちの足下に置きました。使徒たちは当時の初代教会を代表していましたから、畑の所有権を放棄して、彼らの財産の使用権を教会にゆだねたことを意味しています。それらは、必要に応じて必要な人たちに、使徒たちの指示に従って分配されました。強制されたのでも、機械的な、平等の原理によって分配されたのでもありません。献げることも十字架のイエスの巨大な愛の犠牲に感動し、復活の生命と力と希望と喜びに満たされてなされました。ここで最も理想的な神の国が一時的ではありますが、キリストの体である愛の共同体である教会に実現されたのでした。

これは、十字架に架かられ、復活されて今も生きておられるイエスとの人格的な関係に生きるなかで、起きた奇跡でありました。しかも、ユダヤ教の指導者たちとの敵対関係の中で、この奇跡がなされたことは驚くべき事ですし迫害されることを恐れていては奇跡はなされません。イエスの福音のために迫害されることを、ペトロもヨハネも、他の使徒たちも、クリスチャンたちも喜びをもってうけとめました。彼らは、お献げした財産が、神の国の前進のために用いられることを喜びとし、光栄としたのでした。

この群れは、ユダヤ教の指導者たちと敵対関係にありましたから、この時には、33節「皆、人々から非常に好意を持たれていた」という訳は、よい訳だとは思いません。ここを正確に訳すると「大きな恵みが彼らの上にあった」となります。二47の「民衆全体から好意を寄せられた」という状況とは違う事が分かります。誤解のないようにこの事を記しておきます。

［3］**バルナバと呼ばれていた人物は、持っていた畑を売り、その代金を教会に献げた。**（36〜37）

この前の文章との関係で、この箇所を解釈すると次のようになります。レビ人の子孫の一人であるバルナバ（慰めの子、Barnabas）が持っていた畑を売り、その代金を持ってきて使徒たちの足下に置いたことは、第一に、当時のレビ人は、私有財産を持ってはならないという厳しいモーセ五書の律法は、守られなくなっていたことを示しています。第二に、バルナバ（バルは子、ナバは慰めの意）は、キプロス島出身のヨセフという人物で、何らかの理由で、エルサレムに住むようになっていました。ところが、彼はイエスの十字架と復活の福音を信じるようになり、この救いが余りにも大きなものであったので、エルサレムに持っていた田畑を売って、使徒の足下に置き、神と教会と貧しい人たちのために献げました。彼はその意味ではヘレニスティックなユダヤ人の代表として、エルサレム在住の回心したクリスチャンの愛の行為に従った実例として、この記事をルカが記したのではないかと思われます。

　最後になぜこの記事がアナニアとサフィラの記事の前に来ているのかを考えたいと思います。アナニア夫妻は、この理想的な神の国の状態を破壊する欺きの大罪を犯しました。バルナバの愛と献身の行為と正反対の彼らの行為をなぜルカはここに記したのでしょうか。それは、教会は恵みの絶頂の時が一番危ないこと、また理想的な神の国の状態は、人間の内部の罪によって破られることを明らかにして、後世の教会への警告としたのであろうと思われます。バルナバは使徒言行録の後半の主要人物であるパウロをアンティオキア教会に紹介した人物です。

　わたしたちも初代教会にならって、わたしたちのために十字架にお架かりになり復活されたイエスを信じ続けましょう。心を一つにして、お互いに助け合いましょう。キリストの十字架の自己犠牲の愛と、復活の生命に満たされて、喜んで自分の持てるものを主のご用のため、貧しい人たちのため献げて生きていこうではありませんか。アーメン。

あなたは人間を欺いたのではなく
神を欺いたのだ

　ところが、アナニアという男は、妻のサフィラと相談して土地を売り、妻も承知のうえで、代金をごまかし、その一部を持って来て使徒たちの足もとに置いた。すると、ペトロは言った。「アナニア、なぜ、あなたはサタンに心を奪われ、聖霊を欺いて、土地の代金をごまかしたのか。売らないでおけば、あなたのものだったし、また、売っても、その代金は自分の思いどおりになったのではないか。どうして、こんなことをする気になったのか。あなたは人間を欺いたのではなく、神を欺いたのだ。」この言葉を聞くと、アナニアは倒れて息が絶えた。そのことを耳にした人々は皆、非常に恐れた。若者たちが立ち上がって死体を包み、運び出して葬った。それから三時間ほどたって、アナニアの妻がこの出来事を知らずに入って来た。ペトロは彼女に話しかけた。「あなたたちは、あの土地をこれこれの値段で売ったのか。言いなさい。」彼女は、「はい、その値段です」と言った。ペトロは言った。「二人で示し合わせて、主の霊を試すとは、何としたことか。見なさい。あなたの夫を葬りに行った人たちが、もう入り口まで来ている。今度はあなたを担ぎ出すだろう。」すると、彼女はたちまちペトロの足もとに倒れ、息が絶えた。青年たちは入って来て、彼女の死んでいるのを見ると、運び出し、夫のそばに葬った。教会全体とこれを聞いた人は皆、非常に恐れた。

（使徒言行録五1〜11）

物事がトントン拍子に進んでいるときが一番危険です。初代教会も心が一つとなり、一人として持ち物を自分の物だという者はいないという、最も理想的な状況になった時、大きなつまずきが待ち受けていました。

［1］アナニアとサフィラは相続した土地を売り、代金をごまかし、その一部を持ってきて、使徒たちの足下に置いた。（1〜4）

教会は聖霊降臨以来、着々と成長してきました。足の悪い人を癒し、迫害にも屈することなく、大胆に神の言葉を語り続けました。使徒の数も百二十名から、男の数が五千名ほどになりました。一番サタンが働くのは、物事が上手くいっている時です。信じた人々の群れは、心も思いも一つにして、一人も持ち物を自分の物だと言う者はない、という最高の時を迎えました。この時、教会に最悪のことが起こりました。「ところが」という言葉で始まっています。バルナバが自分の物を売り、その代金を、使徒たちの足下に置いたという行為と対照的ことが起きたことを強調しています。

アナニア（神の恵みの意）という男が妻サフィラ（美しいとの意）と相談して土地を売り、妻も承知の上で代金をごまかし、その一部を持って来て、使徒たちの足下に置きました。アナニアの行為はバルナバに似ていますが、アナニアの意図は、バルナバとは全く正反対のものでした。「代金をごまかし」のごまかしは「盗む」とも訳すことが出来ます。これは「盗むなかれ」という十戒に反します。「その一部を」ということは、売った代金の全部ではなく、その一部を持ってきたのです。これらの三つの言葉は、アナニアとサフィラの行為が如何に悪質な行為であるか、また、彼らの悪質な行為が、最も理想的教会を、根底から崩壊させてしまう力を持つかを示しています。

ペトロは、アナニアの心の中にある悪い思いを見抜いて、問いただしました。「アナニア、なぜ、あなたはサタンに心を奪われ、聖霊を欺いて、土地の代金をごまかしたのか。どうして、こんなことをする気になったのか」 確かに、アナニアの心は、サタン（神に敵対する者）に奪われていました。彼の行為は聖霊を欺く行為でした。聖霊を欺いたら、もはやその罪は赦されないのです。ペトロの根本的疑問は、どうしてアナニアがこのように悪質なことをする気になったのかということでした。そこでペトロは最後の結論を言いました。「あなたは人間を欺いたのではなく、神を欺いたのだ」と。実に厳しい言葉です。アナニアは物欲と虚栄と自己顕示欲に負けてしまったのです。

［2］この言葉を聞くと、アナニアは倒れて息が絶えた（5～9）

ペトロの厳しい裁きの言葉を聞くと、アナニアは倒れて息絶えてしまいました。わたしたちはその場に居合わせておらず、この時の雰囲気が分かりません。どうして、この位のことで、簡単に倒れて息絶えてしまうのだろうと疑問に思ったりいたします。ペトロは大声を上げ、厳しい表情で、アナニアをぐっと睨んで、神が与えられた権威を持って、神の審判を宣言しました。人間には良心があります。強い良心の呵責を受けたとも考えられます。しかし、何と言っても、アナニアが神を欺き、キリストを欺き、キリストの体である教会を騙し、結果としては、最後の望みの綱である聖霊を欺いたのです。もはやアナニアの救われる道は閉ざされたと言わざるを得ません。特にこの時は、聖霊が教会に強く働いていましたので、神に打たれて、息が絶えてしまったと考えられます。

もう一つ考えられることはショック死です。ペトロが、あまりにもはっきりと、アナニアの罪を的確に言い当てたこと、多くの人たちの注目があったこと、そして、ペトロの使徒としての権威、教会を代表するものとしての権威、これら一切のものが瞬時に働いて、ショック死したと考えられます。

このことを耳にした人々は皆、非常に恐れました。若者たちが立ち上がって、死体を包み運び出して葬りました。ここにも、二43で出てきた「大きな恐れ」が人々を包んだと記されています。若者たちは当時の長老を重んじる習慣に従って、長老の指示により、犯罪者を葬る墓にアナニアの死体を埋葬したのでしょう。それから三時間ほどたってアナニアの妻がこの出来事を知らずに入ってきました。「三時間後」ということは、おそらく公的な祈りの時になって、ということでしょう。

ペトロは彼女に話しかけました。「あなたたちは、あの土地をこれこれの値段で売ったのか。言いなさい。」彼女は「はい、その値段です」と言いました。ペトロは言いました。「二人で示し合わせて、主の霊を試すとは何としたことか。見なさいあなたの夫を葬りに行った人たちが、もう入り口まで来ている。今度はあなたを担ぎ出すであろう。」共謀の罪は重いのです。

［3］**「すると彼女はたちまちペトロの足下に倒れ、息が絶えた」のです。**（10～11）

青年たちは入ってきて、彼女が死んでいるのを見ると、運び出し、夫のそばに葬りました。「ペトロの足下」は、財産を献げる者たちにとっては、祝福の権威でしたが、神の所有である財産をかすめ取る者にとっては裁きの場、死の場と化したのでした。神の裁きは、まず教会から始まるのです。そこで一つの疑問が起こります。裁きの神は旧約の神ではないのですか、新約の神は赦しの神ではなかったのですかという疑問です。この時の神の裁きは、神の愛の表れなのです。アナニア、サフィラたちが裁かれることによって、誕生したばかりの教会は救われ、もう一度、教会の原点である世界宣教の使命に立ち帰えることが出来たのです。このようにして教会はよみがえり、復活の生命に満たされました。

　教会全体と、これを聞いた人は皆、非常に恐れました。ここに始めて「教会」という言葉が出てきます。教会が聖霊を欺く罪を断罪し、正しく裁く権威と権限を持つこと事が出来たことを、この「教会」という言葉は明らかにしているのでしょうか。再び、ここにも大きな恐れがあったという言葉が出てきました。教会全体と、この事を聞いた人々も、新しく誕生した教会という共同体も共に、神がおられることを知って、神を畏れかしこむ霊におおわれたのでしょう。ペトロはそのための神の僕に過ぎなかったのです。神はペトロを用いて教会の危機を乗り越えさせてくださったのです。アーメン。

一人残らず癒された

使徒たちの手によって、多くのしるしと不思議な業とが民衆の間で行われた。一同は心を一つにしてソロモンの回廊に集まっていたが、ほかの者はだれ一人、あえて仲間に加わろうとはしなかった。しかし、民衆は彼らを称賛していた。そして、多くの男女が主を信じ、その数はますます増えていった。人々は病人を大通りに運び出し、担架や床に寝かせた。ペトロが通りかかるとき、せめてその影だけでも病人のだれかにかかるようにした。また、エルサレム付近の町からも、群衆が病人や汚れた霊に悩まされている人々を連れて集まって来たが、一人残らずいやしてもらった。（使徒言行録五12～16）

　教会の一大危機が去り、もう一つの危機が訪れようとしていた時に、連れて来られたすべての病人が一人残らずいやされるという、とてつもないことが起こりました。

［1］使徒たちの手によって、多くのしるしと不思議なわざとが民衆の間で行われた。（12～13）

初代教会はアナニアとサフィラよって起こされた大きな危機を、ペトロのするどい洞察力と権威ある言葉によって見事に乗り切りました。失われかけた教会の一致が回復され、再び使徒たちの手によって、多くのしるしと不思議な業が民衆の間に行われました。そして、多くの人たちが主を信じ、その数は増えていきました。どうしたら、教会の伝道は進んでいくのでしょうか。

教会は、教会の一致が教会員の罪により破られ、分裂するときに力を失い、衰えていきます。教会の罪が適切に解決され、一致が回復される時に、教会は再び力を得、成長します。今日のテキストはそのことを、「使徒たちの手によって、多くのしるしと業とが、民衆の間で行われた。一同は心を一つにして、ソロモンの回廊に集まっていた」（12）と記しています。使徒たちはアナニアとサフイラの問題を解決し、再び伝道の業に力を集中出来るようになりました。多くのしるしと不思議な業を民衆の間で行うことが出来りました。一同は足の悪い男が癒されたソロモンの回廊に集まって、心を一つにして礼拝をし、交わりを成し、賛美できるようになりました。

「心を一つにして」の「心」はギリシア語では「魂、情熱」を意味する言葉です。神と隣人を思う熱い心を一同が回復したのです。イエスが、かつてガリラヤの地で行われていたように、使徒たちが多くのしるしと不思議な業を、民衆の間で行い始めました。失われようとしていた教会の一致が回復しました。ソロモンの回廊で、教会の第一の特徴であり、生命そのものである、公同の礼拝が回復されたのです。ソロモンの回廊は、エルサレムの神殿の境内を取り囲んでいる二つの回廊の一つです。ユダヤ教の指導者たちを敵に廻した今となっては、この箇所は、最も危険な所ですが、民衆の目も集まっておりましたので、かえって安全な場所でもありました。民衆は教会のしていることを見て、教会に好意を持っていたからです。

民衆は、ユダヤ教の権力者たちから迫害され、イエスのように殺されたりすることを恐れて、あえて仲間に加わろうとはしませんでしたが、彼らを尊敬し、賞賛していました。(13) わたしたち日本人も一般の人たちから、クリスチャンの仲間に加わることによって、違った目で見られることを快くは思いません。当局からにらまれているクリスチャンの仲間に加わることは勇気を必要とします。しかし、権力者たちが面倒をみようとしない貧しい者、障害を持っている人たちを癒し、世話をするクリスチャンたちを見て、民衆は一目も二目も置いていたのです。尊敬と信頼のないところに伝道はあり得ません。

［2］そして、多くの男女が主を信じ、その数はますます増えていった。(14～15)

「多くの男女」は、原語で、「男と女」と記されています。「女」という字は、ここに来て始めて出てきました。今までは「男の数が五千人ほど」(4) と記され、当時の男中心の社会を反映していました。なぜここに来て「男と女」が主を信じと記されているのでしょうか。主を信じることにおいて、男と同権、平等な権利を持っていることを強調しようとしたのでしょうか。ここで、「女」と、特に書き記す特別な理由があったのでしょうか。これは私の推察ですが、次の文章を見ると「病人を大通りに運び出し、担架や床に寝かせた」(10) とありますので、当時、家庭で病人の世話をしていたのが、主に女性であったからではないかと思われます。

「ペトロが通りかかるとき、せめてその影だけでも病人のだれかにかかるようにした。」(15) これは一見迷信的に見えます。彼らの生活は貧しく、医者にかかるお金もありません。多くのしるしと不思議な業を行っているペトロが、とても力ある人物に見えました。無料で病人を癒していました。病人は余りにも多く、色々な病気にかかっていました。ペトロは多忙を極めていました。自分の番が回ってこないかもしれない、このチャンスを逃したら、もう癒される時がないかも知れないと心配したのでしょう。せめてペトロの影だけでも病人にかかるように、との気持ちが分かります。彼らは必死でした。

十二年間も出血が止まらなかった婦人のことを思います(マルコ五25～34)。彼女も、イエスの後ろからイエスの服に触れました。触れさえすれば癒していただけると信じたからです。このような迷信的とも見える彼女の信仰を、イエスは受け入れられました。「あなたの信仰が、あなたを救った」と言われました。無茶な信仰だと思われようとも、信仰の対象がイエスである時には、その信仰は受け入れられています。追いつめられた女性の必死の信仰がきかれました。

ペトロの影が病人にかかれば、ペトロの内におられる復活された主イエスの力が、病人に働いて癒されると、看病する者も病人も信じました。このせつなる信仰が応えられたのです。迷信ではありません。大いなる信仰に対する恩寵の応えです。

［3］エルサレム付近の町からも群衆が病人や汚れた霊に悩まされている人々を連れて集まってきた。（16）

噂が噂を呼んでエルサレム付近の町からも、群衆が病人や汚れた霊に悩まされている人々を連れて集まってきました（当時病気は汚れた霊によって引き起こされると信じられていました）。そして一人残らず癒してもらったという驚くべきことが起こりました。律法をファリサイ人がいくら説いても、病人は癒されませんでした。立派な美しい神殿で高価な牛や羊の生贄をいくら献げても病人は癒されませんでした。また祭司たちの美しい宗教儀式も病人たちにとっては無力でした。こうした中で、ペトロたちが生命がけで伝えた復活のイエスの福音を信じる時に、どんな人も一人残らず癒されたのです。

「主よ、今こそ彼らの脅しに目を留め、あなたの僕たちが、思い切って大胆に御言葉を語ることができるようにしてください。どうか、御手を伸ばし聖なる僕イエスの名によって、病気がいやされ、しるしと不思議な業が行われるようにしてください。」（四29〜30）。使徒たちの必死の祈りが、ここでも聞かれました。この時は特別に、聖霊と、復活されたイエスと、父なる神さまが共におられ、男も女も多くの人たちが救われ、癒されました。

わたしたちも、今朝　心を一つにして、切なる祈りをお捧げします。主よ　憐れんでください。御業をもってお応えください。信じます。アーメン。

この命の言葉

そこで、大祭司とその仲間のサドカイ派の人々は皆立ち上がり、ねたみに燃えて、使徒たちを捕らえて公の牢に入れた。ところが、夜中に主の天使が牢の戸を開け、彼らを外に連れ出し、「行って神殿の境内に立ち、この命の言葉を残らず民衆に告げなさい」と言った。これを聞いた使徒たちは、夜明けごろ境内に入って教え始めた。一方、大祭司とその仲間が集まり、最高法院、すなわちイスラエルの子らの長老会全体を召集し、使徒たちを引き出すために、人を牢に差し向けた。下役たちが行ってみると、使徒たちは牢にいなかった。彼らは戻って来て報告した。「牢にはしっかり鍵がかかっていたうえに、戸の前には番兵が立っていました。ところが、開けてみると、中にはだれもいませんでした。」この報告を聞いた神殿守衛長と祭司長たちは、どうなることかと、使徒たちのことで思い惑った。そのとき、人が来て、「御覧ください。あなたがたが牢に入れた者たちが、境内にいて民衆に教えています」と告げた。そこで、守衛長は下役を率いて出て行き、使徒たちを引き立てて来た。しかし、民衆に石を投げつけられるのを恐れて、手荒なことはしなかった。（使徒言行録五17～26）

「この命の言葉を残らず民衆に告げなさい」と、牢から助け出された使徒たちへ、神の使いは告げました。

［1］二回目の使徒への迫害が始まった。（17～20）

教会の内部の罪によって、教会は内部から崩壊の危機にさらされました。使徒ペトロのリーダーシップによって崩壊の危機を乗り越えました。そして再び教会の一致が回復されました。再び教会は命と力を回復した矢先、教会に二回目の迫害が訪れました。

今回の迫害は、使徒たち全員を逮捕した点で、前よりさらに危険なものでした。ユダヤ国家の大祭司と仲間のサドカイ派の人々は皆立ち上がり、ねたみに燃えて、使徒たちを捕まえて、公の牢に入れました。「ねたみ」と訳されているギリシア語は「ゼロス zēlos」という言葉で、「熱心」とも訳せます。「公の牢」は大祭司の宮殿の地下室にあり、国賊を入れる国家の留置所でした。「使徒たち」とありますので、今回は十二人の使徒全員を捕まえて公の牢に入れました。一回目の迫害ではペトロとヨハネだけを牢に入れたのと比べると、ユダヤ国の指導者たちの強い危機感を見て取れます。

彼らが何をねたんだのかを見てみましょう。彼らは三つの事をねたみました。第一の妬みは使徒たちが民衆から尊敬され、賞賛されていたことでした。第二は、クリスチャンになる男女の数が増えたことでした。第三は、エルサレムからだけではなく、付近の町からも救いを求める人たちが多勢いたことでした。

これは初代教会にとって、立つか倒れるかの危機です。初代教会はこの一大危機をどのように乗り超えたのでしょうか。放っておいたら使徒たち全員が翌日裁判にかけられ、即刻殺されたかも知れません。この教会の危機を神様は奇想天外な方法で解決されました。夜中に「主の天使」が牢の戸を開け、使徒たちを外に連れ出したのです。

天使は、どういう存在であり、どういう働きをするのでしょうか。まず、天使は、全聖書を通して、特別なときにだけ出現して、神の使いとして用いられます。神の救いの歴史が、人間の力や知恵ではどうすることも出来ないような危機に直面したときに、超自然的な方法で、神の救いの歴史に必要な人たちを助けます。ここでは、夜中に厳重な警戒の中にあって、牢の戸を開け、彼らを外に連れ出して助けました。

その時に天使は使徒たちに次のように命じました。「行って神殿の境内に立ち、この命の言葉を、残らず民衆に告げなさい」と。この天使の命令に直ちに従うことが出来る人が何人いるでしょうか。神殿の境内には、警備の人たちが見張っています。そんな所に行ったらまた逮捕されて、ひどい目に遭わされます。しかし使徒たちは、この天使の命令に直ちに従いました。生まれつき足の不自由な人や貧しい人たちを癒し、救ったこの命の言葉を残らず民衆に教えるためでした。人を活かし、命を与える言葉を伝えるために、彼らの心は愛と命と希望に満たされていました。どんな危険なところでも、十字架に架かられて復活された主が共にいてくださるならば、その危険に立ち向かうことができます。

［2］命の言葉を民衆に語りなさいとの命に従い、境内に入って教え始めた。（21～24）

「夜明け頃」、これは恐らく九時からの祈りの時間に間に合うように、朝早く境内に入ったものと思われます。この時間になると、大勢の敬虔なユダヤ教の信徒の人たち、信仰を持ち立てのクリスチャンたちが祈りを捧げるために集まってきました。一番危険なところが、実は一番安全な所であったのです。そこには警備の人たちと共に、使徒たちを尊敬し支持している多くの民衆がいたからです。使徒たちは、この人たちに堂々と、勇気と信仰と愛をもって、キリストの命の福音を教え始めました。

一方、大祭司とその仲間が集まり、最高法院、すなわちイスラエルの長老会全体を召集し、使徒たちを引き出すために、人を牢に差し向けました。彼らは真剣かつ本気でした。このまま彼らを放っておいたら、ユダヤ教の指導者たちの地位、権力、財産が危険にさらされます。直ちに彼らを牢から引き出し、裁判をし、死刑にしなければと思い、下役人たちを牢に差し向けたところ、そこには誰もいなかったというのです。驚いたの何の、「どうなることかと」使徒たちのことで思い惑いました。「どうなることか」は、この箇所の英語の国際訳を見ますと、「この中から何が出てくるかと不思議に思いながら」と訳されています。何か不思議なことが起こると、彼らがとまどっていることが分かります。

それだけではなく、「もし使徒たちが、神の使いに助け出されたとするなら、神様はユダヤ教の指導者たちと共におられるのではなく、使徒たちや民衆たちと共におられるのではないか」と不安に感じたのではないでしょうか。もしそうならば、裁かれ罰せられなければならないのは使徒たちではなく、彼らです。そういうことになれば、民衆たちの石打ちの刑に処せられることにもなりかねないのです。彼らの不安、心配が「どうなることか」という言葉の中に表現されているように思えます。

［3］使徒たちは境内で民衆に教え続けています。（25～26）

その時、人が来て、「ご覧ください。あなたがたが牢に入れた者たちが、境内にいて民衆に教えています。」と告げました。命の言葉と、律法、儀式、死の言葉の戦いです。

そこで、守衛長は下役人を率いて出ていき、使徒たちを引き立てて来ました。しかし、民衆に石を投げつけられるのを恐れて、手荒なことはしませんでした。何と無様な姿でしょう。使徒たちを引き立てて行く姿は、いかにも権威を帯びているように見えますが、それは格好だけです。内心では、民衆に石を投げつけられて殺されることを恐れて、手荒なことはできなかったのです。「もし神がわたしたちの味方であるならば、だれが、わたしたちに敵対できますか」という信仰に立っていたのは使徒たちでありました。この命の言葉は、わたしたちに今日も与えられています。

この命の言葉によって、わたしたちは今日も生かされています。わたしたちも、この命の言葉を、十字架と復活の言葉を、勇気百倍、信仰に立って、生命がけで、伝え続け、教え続けさせていただきましょう。アーメン。

人間に従うよりも神に従う

彼らが使徒たちを引いて来て最高法院の中に立たせると、大祭司が尋問した。「あの名によって教えてはならないと、厳しく命じておいたではないか。それなのに、お前たちはエルサレム中に自分の教えを広め、あの男の血を流した責任を我々に負わせようとしている。」ペトロとほかの使徒たちは答えた。「人間に従うよりも、神に従わなくてはなりません。わたしたちの先祖の神は、あなたがたが木につけて殺したイエスを復活させられました。神はイスラエルを悔い改めさせ、その罪を赦すために、この方を導き手とし、救い主として、御自分の右に上げられました。わたしたちはこの事実の証人であり、また、神が御自分に従う人々にお与えになった聖霊も、このことを証ししておられます。」これを聞いた者たちは激しく怒り、使徒たちを殺そうと考えた。ところが、民衆全体から尊敬されている律法の教師で、ファリサイ派に属するガマリエルという人が、議場に立って、使徒たちをしばらく外に出すように命じ、それから、議員たちにこう言った。「イスラエルの人たち、あの者たちの取り扱いは慎重にしなさい。以前にもテウダが、自分を何か偉い者のように言って立ち上がり、その数四百人くらいの男が彼に従ったことがあった。彼は殺され、従っていた者は皆散らされて、跡形もなくなった。その後、住民登録の時、ガリラヤのユダが立ち上がり、民衆を率いて反乱を起こしたが、彼も滅び、つき従った者も皆、ちりぢりにさせられた。そこで今、申し上げたい。あの者たちから手を引きなさい。ほうっておくがよい。あの計画や行動が人間から出たものなら、自滅するだろうし、神から出たものであれば、彼らを滅ぼすことはできない。もしかしたら、諸君は神に逆らう者となるかもしれないのだ。」一同はこの意見に従い、使徒たちを呼び入れて鞭で打ち、イエスの名によって話してはならないと命じたうえ、釈放した。それで使徒たちは、イエスの名のために辱めを受けるほどの者にされたことを喜び、最高法院から出て行き、毎日、神殿の境内や家々で絶えず教え、メシア・イエスについて福音を告げ知らせていた。（使徒言行録五27～42）

人生には、人間に従うよりも神に従わなければならない時があります。使徒たちにとって、それはユダヤの最高法院に立たされて大祭司に厳しく尋問された時でした。

［1］**最高法院における大祭司の使徒たちに対する尋問**（27～28）

牢から天使によって助け出された使徒たちは、神殿の境内で民衆に教え続けました。守衛長は、下役を従えて再び彼らを逮捕し、最高法院に連れて来ました。使徒たちは、大祭司の尋問と追求に断固、対決しました。まさに生命がけの対決でした。彼らが、使徒たちを引いて来て最高法院の中に立たせると、大祭司が尋問を始めました。

大祭司は、二つの点で使徒たちを非難しました。第一は、エルサレム中に使徒たちの教えを広めた。第二は、あの男（イエス）の血を流した責任を、ユダヤの指導者たちに負わせようとした。この二点でした。大祭司は、使徒たちがイエスの死の復讐を、自分たちにしようとしているのではないかと恐れたのでした。

［2］「**人間に従うよりも神に従わなければなりません」とペトロたちは答えました。**（29〜40）

この厳しい尋問に対して、ペトロと他の使徒たちは答えました。「人間に従うよりも、神に従わなければなりません」。これは厳しい、断固たる答えです。ここでは、「人間」は、国家の最高権力を握っている大祭司を始め、祭司、ファリサイ人、長老たち、すなわち七十人議会を意味していたからです。彼らは、使徒たちを、国家の布教禁止令を破った犯罪人と見なし、彼らを裁判にかけて、殺害しようとしていたからです。「ねばならない」というギリシア語は「デイ」と言って、「神的必然」を表す非常に強い言葉です。これは、「不退転の決意」、死を覚悟した言葉です。

次に、彼らは、「わたしたちの先祖の神は、あなたがたが木につけて殺したイエスを、復活させられました。」と伝道を始めました。驚くべき勇気、情熱、彼ら対する愛です。日本で言えば、国会で尋問されて、国会議員に伝道するようなものです。わたしたちに出来るでしょうか。使徒たちは、「神はイスラエルを悔い改めさせ、その罪を赦すために、この方を導き手として、救い主として、ご自分の右に上げられました」と語って、悔い改めて救われるように迫りました。

「木にかけられて殺される」ことは、旧約聖書、（申命記二一23）に記されておりますように、神に呪われることです。また、極悪人を処刑する方法でした。極悪人としてあなた方が処刑した方こそ、旧約聖書が預言してきたメシアです。神はこの方を死から復活させられました。あなた方を悔い改めさせ、その罪を赦すお方です。」と証しました。「しかもこの方こそは、わたしたちの導き手であり、救い主です。その証拠に、彼は神の右に上げられました。わたしたちは、この事実の証人です。神が、ご自分に従う人々にお与えになった聖霊も、このことを証ししておられます」と語りました。「このメッセージに聞き従うなら、罪赦され、救われます」という使徒たちのメッセージに、祭司長たちは、激しく怒り、使徒たちを殺そうとしました。祭司長たちにとって、依然としてイエスは極悪人であり、神に呪われた者であったのです。このままでは、使徒たちの生命が危険です。

　この時に、意外にも、民衆全体から尊敬されている律法の教師でファリサイ派に属するガマリエルという人が議場に立ちました。使徒たちをしばらく外に出すように命じて、議員たちに言いました。「イスラエルの人たち、あの者たちの取り扱いは慎重にしなさい」と。まさに天からの助けです。ガマリエルは、ユダヤの歴史からテウダとユダの例を引いて語りました。この二人は、自分が何か偉い者のように立ち上がり、多くの人たちが彼らに従いましたが、彼らは殺され、彼らに従った者たちも皆散らされて、跡形もなくなっていたのです。

　ガマリエルは次のような結論を引き出しました。「あの者たちから手を引きなさい。ほうっておくがよい。あの計画や行動が神から出たものであれば、彼らを滅ぼすことは出来ない。もしかしたら、諸君は神に逆らう者となるかもしれないのだ」と。驚くべき結論です。この意見は当時としては右よりでもなく、左よりでもなく、中庸の意見でした。

　一同は、この意見に賛成し、使徒たちを呼び入れ、鞭で打ち(四十に一つ足りない鞭)、イエスの名によって話してはならないと命じた上、釈放しました。こんな事ってあるのでしょうか。彼らが証しした復活のイエスは、聖霊と共にそこにおられて、律法学者ガマリエルを用いて、釈放の道を開いてくださったとしか言いようがありません。ガマリエルという律法学者は、ユダヤで最も有名であったヒレルという大ラビの孫で、使徒パウロの旧約聖書の先生でもありました。実に、高い見識を持った学者でした。

　七十人議会には、ガマリエルの他にアリマタヤのヨセフという議員がいて、同僚の決議や行動には同意しませんでした。彼はアリマタヤ地方の出身の議員で、神の国を待ち望んでいました(ルカ二三50~53)。色々な意見を持つ議員がいたこと、とりわけガマリエルのように多くの民衆から尊敬されていた議員がいたことが、使徒たちには幸いしました。

［3］使徒たちは、イエスの名のために辱めを受けるほどの者にされたことを喜んだ。（41〜42）

この箇所は、今日のテキストの結論部です。クリスチャンの立場から見ますときに、実に素晴らしい結論です。ほとほと感心します。使徒たちはイエスの名のために鞭打たれ、迫害されたことを喜び（マタイ五11〜12・文語訳）、最高法院から出ていきました。そして毎日、神殿の境内や家々で絶えず教え、メシア・イエスについて福音を告げ知らせていました。

布教を禁止されても、敵視されても、四十に一つ足りない鞭打ちの刑に処されても、内側からわき出てくる救いの喜びは本物でした。本物の喜びは、求めている人たちの心を、必ず捉えます。キリストの十字架と復活と昇天の福音を、腹の底から信じる時に、何をも恐れない信仰が与えられます。死をも恐れない信仰が与えられるなら、教会はおのずから成長し、発展して参ります。

神は、使徒たちに、毎日神殿の境内や家々で、イエスの福音を教え続ける勇気と力と忠実さを、与えられました。この神の御名と、イエスの恵みと、聖霊の臨在を感謝し、讃美します。力無き私にも同じ信仰と恵みを与えてください。アーメン。

幸福《さいわい》なるかな　義のために責められたる者。天國《てんごく》はその人のものなり。我がために、人なんぢらを罵《ののし》り、また責め、詐《いつは》りて各様《さまざま》の悪しきことを言ふときは、汝ら幸福《さいわい》なり。喜び喜べ、天にて汝らの報いは大《おほい》なり。汝等より前《さき》にありし預言者等《よげんしゃたち》をも、斯《か》く責めたりき。（マタイ五11〜12）

霊と知恵に満ちた評判のよい人

そのころ、弟子の数が増えてきて、ギリシア語を話すユダヤ人から、ヘブライ語を話すユダヤ人に対して苦情が出た。それは、日々の分配のことで、仲間のやもめたちが軽んじられていたからである。そこで、十二人は弟子をすべて呼び集めて言った。「わたしたちが、神の言葉をないがしろにして、食事の世話をするのは好ましくない。それで、兄弟たち、あなたがたの中から、〝霊〟と知恵に満ちた評判の良い人を七人選びなさい。彼らにその仕事を任せよう。わたしたちは、祈りと御言葉の奉仕に専念することにします。」一同はこの提案に賛成し、信仰と聖霊に満ちている人ステファノと、ほかにフィリポ、プロコロ、ニカノル、ティモン、パルメナ、アンティオキア出身の改宗者ニコラオを選んで、使徒たちの前に立たせた。使徒たちは、祈って彼らの上に手を置いた。こうして、神の言葉はますます広まり、弟子の数はエルサレムで非常に増えていき、祭司も大勢この信仰に入った。（使徒言行録六1〜7）

新しい時代には、新しい組織と新しいタイプの指導者が必要です。初代教会にも新しい時代が訪れようとしていました。

[1]そのころ、弟子の数が増えてきて、ギリシア語を話すユダヤ人からヘブライ語を話すユダヤ人に対して

苦情が出た（1）

五章までは、聖霊に満たされた教会が、エルサレムを中心に、多くの人たちが救われ、内外の問題を乗り越えて発展してきた事を記しました。六章では、ギリシア語を話すユダヤ人から、ヘブライ語を話すユダヤ人に対して、やもめたちに対する日々の分配のことで苦情が出ました。これがきっかけになって、教会は、サマリア、アンティオキア、異邦人伝道へと発展を始めました。ここで、教会は新しい段階を迎えました。

「そのころ」という言葉は、使徒一15を見ると、その前の時からしばらくたって、新しい段階が来た時を表現していることがわかります。教会は、一つの大きな危機を乗り越えて、しばらくした「そのころ」新しい段階を迎えました。

新しい段階を迎えて、イエスの弟子の数が増えてきました。「弟子」とは、イエスに従う者をいいます。教会が問題を乗り越える度ごとに、弟子＝イエスに従う人々が、何百人という単位で急激に増えてきたのです。急激な教会成長は当然、さまざまな問題を引き起こします。その中で最も深刻な問題が、ギリシア語を話すユダヤ人から、ヘブライ語を話すユダヤ人に対して、苦情が出たことでした。ギリシア語を話すユダヤ人は、世界中に散らされたユダヤ人のことです。彼らは当時の世界語であるギリシア語を話していました。彼らは、年を取ると故郷エルサレムに帰って、そこで一生を終えようとします。ギリシア語を話しても、ヘブライ語を話せないユダヤ人のやもめが大勢いました。言葉ができないために、日々の分配もヘブライ語を話すやもめたちよりも少なくなったり、軽んじられたりしました。

　この問題を放っておくと、教会が分裂する危険性がありました。といって、わずか十二人の使徒だけでは、何千人もの問題を扱いきれなくなってきたのです。どうしても、十二使徒の他に　信徒で日常的、具体的な問題の世話ができる指導者が必要でした。また新しい組織が必要になっていました。

［2］そこでこの問題の解決のため霊に満ちた七人の人たちを選んだ（2〜6）

　今度の問題は、単なる食事の分配の問題ではありません。その背後に、言葉の問題、すなわち文化の問題があり、そこから出る差別の問題がありました。問題の解決を誤ると教会は成長するどころか、分裂し、急激に衰退していく危険性がありました。

　そこで、十二使徒は弟子をすべて呼び集めて言いました。「わたしたちが、神の言葉をないがしろにして、食事の世話をするのは好ましくない。それで兄弟たち、あなた方の中から、〝霊〟と知恵に満ちた評判の良い人たちを七人選びなさい。彼らにその仕事を任せよう。わたしたちは、祈りと御言葉の奉仕に専念することにします」と。

　十二使徒たちは相談して、この解決法が最善であるとの結論に至って、教会の臨時総会を開いて、信徒の方々に提案したのではないかと思われます。これは、なかなかよい解決法でしたので、一同は賛成しました。この提案を検討しますと、いかに適切であるかが理解できます。

　執事の資格として十二使徒は三つあげました。第一は「霊に満ちた人」です。奉仕の内容は、極めて日常的、具体的なものですが、愛と信仰と希望が最も重んじられますので、霊的資質が大切です。しかも、問題は微妙で、難しいものですので、第二に、知恵に満ちた人であることが必要でした。知恵とは、単なる部分的な知識ではなくて、全体的、総合的な判断力、識別力を言います。第三の資格は、「評判のよい人」でした。評判のよい人とは、教会でも教会外でも信用され、信頼されて、証しが出来ている人です。

　選ぶのは、使徒たちではなく、信徒の方々です。極めて民主的な選び方です。七人の名前は全部ギリシア名です。ヘブライ語を話すやもめの世話係はすでに決まっていて、ギリシア語を話すやもめを世話する人たちが必要とされていたのでしょう。全員ギリシア名を持つ、ギリシア語を話す人々が選ばれました。

　七人の執事が選ばれた目的が、非常に重要です。使徒たちが、教会の本質に関わる祈りと御言葉の奉仕（説教）に専念するためでした。一同はこの提案に賛成し、七人の執事を選びました。第一に挙げられたのはステファノです。彼は、パウロを回心に導く名説教をして、殉教の死を遂げました。メッセージの優れた賜物を持っていました。フィリポも執事の働きだけではなく、すぐれた信徒伝道者として奉仕しました。最後のニコラオは、後に異邦人伝道の拠点となったアンティオキア教会の出身でした。医者にして伝道者、歴史家、文学者ルカもアンティオキア教会出身であったようです。

　ここに、なぜ、七人のギリシア名の執事たちが選ばれたのか、最後にアンティオキア教会出身のニコラオが執事に選ばれたのか、その理由が明確になりました。初代教会が、それまでのエルサレム中心の伝道から、ステファノの殉教の死を経て、フィリポによるエチオピア人伝道、サマリア、アンティオキア、そして異邦人伝道へと飛躍するためであったことが徐々に明らかになっていくのです。神の導き、摂理は、始めは分かりませんが、問題とまじめに取り組んでいくうちに、神の深い摂理が段々と開かれてくるものです。何故こんな不幸な事ばかり起こるのだろうかと思うことがありますが、忍耐して神様の導きに一歩一歩従っていくうちに、不幸のうちに祝福が隠されていたことがわかってきます。わたしたちの人生においても、教会の歴史においても真実なことです。

選ばれた七人は使徒たちの前に立たされ、使徒たちは、祈って彼らの上に手を置きました。これで　教会は、新しい段階に前進する準備ができたのです。

［3］こうして、神の言葉はますます広まった（7）

使徒たちの適切な問題解決と、執事の選びによって、御言葉が広まり、弟子の数がエルサレムで非常に増えていき、祭司も大勢この信仰に入りました。ここでいう祭司とは、下級祭司で、彼らは聖書の知識に関しては専門家でしたが、貧しい状態にありました。使徒たちの生きた信仰と、わかりやすい聖書的説教と、熱心な伝道等にひかれて、多くの祭司が入信しました。このことで教会の社会的信用は大きくなりました。

今度の参議院選挙で、自民党が大敗し、民主党が大勝しました。日本にも新しい時代が来ました。教会も新しい時代に向かって、新しいビジョンと信仰をもって、歩み出す段階に入ります。霊と知恵と愛をもって、はっきりとした問題解決をしていこうではありませんか。

アーメン。

恵みと力に満ちた人―平和の使徒

さて、ステファノは恵みと力に満ち、すばらしい不思議な業としるしを民衆の間で行っていた。ところが、キレネとアレクサンドリアの出身者で、いわゆる「解放された奴隷の会堂」に属する人々、またキリキア州とアジア州出身の人々などのある者たちが立ち上がり、ステファノと議論した。しかし、彼が知恵と〝霊〟とによって語るので、歯が立たなかった。そこで、彼らは人々を唆して、「わたしたちは、あの男がモーセと神を冒涜する言葉を吐くのを聞いた」と言わせた。また、民衆、長老たち、律法学者たちを扇動して、ステファノを襲って捕らえ、最高法院に引いて行った。そして、偽証人を立てて、次のように訴えさせた。「この男は、この聖なる場所と律法をけなして、一向にやめようとしません。わたしたちは、彼がこう言っているのを聞いています。『あのナザレの人イエスは、この場所を破壊し、モーセが我々に伝えた慣習を変えるだろう。』」最高法院の席に着いていた者は皆、ステファノに注目したが、その顔はさながら天使の顔のように見えた。

（使徒言行録六8〜15）

真の平和の福音に徹した使徒伝道者ステファノは、人々に憎まれ、殉教の死を遂げました。彼の殉教の死は、偉大な平和の福音の使徒パウロを産み出しました。

［1］使徒たちの活躍から信徒伝道者ステファノの活躍に移る（9〜10）

外国育ちの「ギリシア語を話すユダヤ人たち」から出た苦情を機会として教会は新しい段階に入りました。使徒たちは祈りや御言葉の奉仕に専念して、選ばれた七人の使徒の執事、とりわけステファノの大活躍の時がやって参りました。ステファノとは「冠」という意味で、彼は余りにキリストの新しい革命的な意味を強調したため殉教の死を遂げることになりました。彼のメッセージと殉教の死がきっかけとなって、パウロが回心に導かれ、後日異邦人伝道の道が開かれることになりました。

平和聖日の今朝の聖書のテキストは、「さて、ステファノは恵みと力に満ち、すばらしい不思議な業としるしを民衆の間で行っていた」と記されています。「さて」とありますので、この前の出来事が起こってからしばらくたって、ということになるかと思います。「ステファノは恵みと力に満ち」とは、どういう事を意味しているのでしょうか。神の恵みのあるところに平和があり、力があります。その力というのは平和を産み出すための力であります。

次に「すばらしい不思議な業としるしを民衆の間で行っていた」とあります。これはかつてイエスご自身がガリラヤ伝道においてなさっていたことであり、また十二使徒たちがペンテコステ以降なしていたことでありました。ステファノは、始めはギリシア語を語るやもめたちの日々の食物を配給する執事として奉仕をしておりましたが、段々と孤独なやもめ、病気を持っているやもめの方々に癒しの業をなしたり、ステファノ自身が神様から遣わされた者であるというしるしを、貧しい民衆の間で行うようになったりしたものと思われます。いつの間にかステファノの内に十字架と復活の霊が乗り移ってこられ、イエスや使徒たちと同じような力ある不思議をなすことができるように変えられていたのではないでしょうか。

　ところが、キレネとアレクサンドリア出身者で、いわゆる「解放されたギリシア語を語るユダヤ人の奴隷の会堂」に属する人々で、またキリキア州とアジア州出身の人々などのある者たちが立ち上がり、ステファノと議論をしました。キレネとか、アレクサンドリアとは地中海沿岸の都市です。キリキア州というのは、パウロと関係のある州で、その首都はタルソと言って、キリキア州の首都であって、パウロの故郷でした。こういう人たちが、

エルサレムに集まってきて「解放された奴隷の会堂」を建設して、そこで彼らの集会を持っていたのです。

　紀元前六三年にローマの将軍グナエウス・ポンペイウス・マグヌス（写真 Gnaeus Pompeius Magnus, BC106〜48）によってユダヤ人の奴隷が解放されて、彼らが散らされて住んでいた国々からローマに連れて来られて住むようになりました。パウロの父親はそのうちの一人で、ローマ市民権を得て、タルソに住むようになり、成人した息子パウロをエルサレムに留学させ、有名な大ラビ、ガマリエルを師と仰ぎながら、「解放された奴隷の会堂」に出席していたようです。

　さて、この会堂に属する人たちは、イスラエルの伝統を重んじ、イスラエルの神殿に住み、神様を信じて礼拝をする愛国者であったようでした。そういうことで、ナザレのイエスの忠実な弟子であったステファノとは、神殿についてもモーセの律法理解についても意見が合いませんでした。そこで、彼らは我慢が出来ず、立ち上がり、ステファノに議論を挑んだのでした。しかし、ステファノは知恵と〝霊〟とによって語るので、歯が立たなかったと記されています。知恵というのは断片的な知識と違って、全体的な知識を用いて判断する総合的判断力

のことを知恵と言っていました。そういう知恵と聖霊に満たされて、ステファノは旧約聖書をベースにして彼らと議論をしていましたので、歯が立たなかったのです。

［2］ステファノ、ギリシア語を話すユダヤ人たちから訴えられた。（11～14）

議論では歯が立たないと分かった彼らは人々を唆して、「わたしたちは、あの男がモーセと神を冒涜する言葉を吐くのを聞いた」と言わせました。彼らは議論という正攻法を捨てて、実に汚い卑怯な方法に訴えました。彼らは、目的をたち成するためには手段を選びませんでした。すでに彼らは危険な思想の持ち主であるステファノを裁判にかけて、殺害する殺意を持っていたのです。というのは、当時人々がモーセの律法（十戒がその中心）とユダヤ神殿の神を冒涜する者は死刑に処せられることになっていたからです。

そこで彼らは、さらに民衆、長老たち、律法学者たちを扇動して、ステファノを襲って捕まえ、最高法院に引いていきました。民衆も、ここでは簡単に彼らによって、そそのかされています。この民衆は使徒たちに味方した民衆とは違うようです。民衆にも色々な思想の持ち主がいたのでしょう。そして、偽証人を立てて、次のように訴えました。「この男は、この聖なる場所と律法をけなして、一向にやめようとはしません。」これは、ステファノを死刑に追い込む十分な理由、根拠でした。しかし、その上、「わたしたちは、彼がこう言っているのを聞いています。『あのナザレの人イエスは、この場所を破壊し、モーセが我々に伝えた慣習を変えるだろう』と言って、とどめをさしました。イエスが「神殿」と言われたのは、ご自分の体のことであって、そのイエスの肉体が十字架にかけられて破壊されてから三日後に死から甦られて、イエスのみ体という神殿を建て直すという意味であったのですが、彼らにはそのことが全く理解出来なかったのです。そして彼らが自分たちの生命よりも大切にしているモーセが彼らに伝えた慣習を変えてしまうとステファノは言い続けたと訴えたのでした。すべて誤解と偏見による訴えでした。大祭司、長老たち、律法学者たち（七十人議会の主要メンバーたち）も同じ誤解、偏見を持っている人たちが多いことを計算して、このように訴えたのでした。ステファノの生命は危険の中にありました。

［3］ステファノの顔はさながら天使のように見えた (15)

最高法院の席に着いていた者は皆、ステファノに注目したが、その顔はさながら天使のように見えたとルカは記しています。恐らくこれは、その現場にいたパウロから、パウロの弟子ルカは直接聞いたのでしょう。普通このような絶体絶命の中に置かれますと、あわてふためき大きく動揺するものです。しかしステファノは全く動揺することなく彼の心は平安で（平和で）静かでありました。彼の心の内に十字架と復活のイエスが、平和の君であられるキリストが内住しておられたからです。その顔は彼の平和を反映して。さながら天使のように見えたのです。これ驚くべきことです。死を乗り越えて、復活し、昇天された栄光のイエスをステファノは見ていたのでしょう。モーセもシナイ山から降りて来る時に顔が輝いていたと出エジプト記四29に記されています。パウロはこのような修羅場で、天使の顔のように輝いているステファノの顔を忘れることが出来ず、この素晴らしいステファノの生きた証に従って劇的回心に至りました。彼は異邦人の平和の使徒となりました。わたしたちもステファノにならって、どのような場面に直面しても、心静かで平安で真の平和を造り出す者にさせていただこうではありませんか。アーメン。

「栄光の神の出現」―新しい出発

大祭司が、「訴えのとおりか」と尋ねた。そこで、ステファノは言った。「兄弟であり父である皆さん、聞いてください。わたしたちの父アブラハムがメソポタミアにいて、まだハランに住んでいなかったとき、栄光の神が現れ、『あなたの土地と親族を離れ、わたしが示す土地に行け』と言われました。それで、アブラハムはカルデア人の土地を出て、ハランに住みました。神はアブラハムを、彼の父が死んだ後、ハランから今あなたがたの住んでいる土地にお移しになりましたが、そこでは財産を何もお与えになりませんでした、一歩の幅の土地さえも。しかし、そのとき、まだ子供のいなかったアブラハムに対して、『いつかその土地を所有地として与え、死後には子孫たちに相続させる』と約束なさったのです。神はこう言われました。『彼の子孫は、外国に移住し、四百年の間、奴隷にされて虐げられる。』更に、神は言われました。『彼らを奴隷にする国民は、わたしが裁く。その後、彼らはその国から脱出し、この場所でわたしを礼拝する。』そして、神はアブラハムと割礼による契約を結ばれました。こうして、アブラハムはイサクをもうけて八日目に割礼を施し、イサクはヤコブを、ヤコブは十二人の族長をもうけて、それぞれ割礼を施したのです。

（使徒言行録七1〜8）

「栄光の神の出現」、そこから旧約の救いの歴史は始まります。わたしたちの救いの歴史も始まります。

［1］栄光の神が現れ「あなたの土地と親族を離れわたしが示す土地に行け」と言われた。（1〜3）

ギリシア的なユダヤ教信者たちがステファノを最高法院に訴え出た理由は、かれが、神とモーセの律法と神殿に反する言葉を語り続けてやまないということでした。ステファノは使徒言行録の中では最も長い弁明をしました。この弁明を、何を言いたいのか分からないとか、長くて殉教の死を前にした人のものとは思えない、などという人もいます。しかし、これは、イスラエルの歴史に基づいて弁証した、説得力のある見事な論証なのです。

国家宗教の最高権威者である大祭司は、「訴えの通りか」とステファノに尋ねました。そこで彼は、答えました。「兄弟であり父である皆さん、聞いてください」と最大の親愛の情を込めて呼びかけました。相手に対する敵対感情はありません。立場がどうであれ、同胞イスラエル人に対する深い愛からの呼びかけです。自分を訴える彼らも同じ神の家族であるという思いがあります。

ステファノは、次のように弁明を続けました。「わたしたちの父アブラハムがメソポタミアにいて、まだハランに住んでいなかったとき、栄光の神が現れ、『あなたの土地と親族を離れ、わたしが示す土地に行け』と言われました」。ステファノは、イスラエルの歴史をモーセからではなく、アブラハムから始めました。なぜでしょう。ギリシア的なユダヤ教の人たちは、モーセの十戒を中心とした律法的信仰に生きていました。ステファノはキリスト教的な恵みと信仰に生きていました。この違いを明らかにするためでした。ステファノは、「律法の神」ではなく、「栄光の神」を信じていました。

この「栄光の神」は「いつ」、「どこに」現れたのでしょうか。わたしたちの信仰の父アブラハムが、まだメソポタミアにいて（今のイラク、人類最初の文明が発祥した土地、）、まだハラン（カナンの北方にある月神の偶像礼拝の盛んなところ）に住んでいなかった時、栄光の神が現れ、『あなたの土地と親族を離れ、わたしが示す土地に行け』と言われました。イスラエル人がカナンにもエルサレムにも定着する以前でした。「栄光の神」はエルサレムという土地を絶対視されません。土地に束縛されません。大祭司一族による宗教的、政治的権力に束縛されません。「栄光の神」は、このように世俗的権威によらない、全く自由な、世界的、人類的スケールの神なのです。ですから、このような土地中心、家族中心の狭い考えから離れて、わたしが示す土地に行きなさいと、栄光の神はアブラハムに言われたのです

次に、「栄光の神」はどのようなお方でしょうか。モーセが、ミディアンの荒野で羊の群れを飼っていた時に見た、燃える柴の中に現れた天使の中に見ることが出来ます（出エジプト記三1～6）。神の栄光（光と言ってもよい）は、絢爛豪華なエルサレムの神殿にのみ現れるお方ではありません。ミディアンの荒野においても現れるお方です。そのお方が現された時には、不思議な怖れと、足から汚れた履き物を脱がざるをえないような、聖なる経験をさせられるものです。イエスが人間としてお生まれなさり、ガリラヤで弟子たちの間に宿られた時に、彼らはその栄光を見た、とヨハネは記しています。（ヨハネ一14）

［2］そこでは財産も何もお与えになりませんでした。（4～7）

「それで、アブラハムは、カルデア人（バビロン人）の

土地を出て、ハランに住みました。神は、アブラハムの父が死んだ後、彼をハランから今あなたがたの住んでいる土地にお移しになりましたが、そこでは財産も何もお与えになりませんでした。一歩の幅の土地さえも」（4）。アブラハムは、異教の地、バビロンを、父テラや家族たちと去りました（創世記一一31）。彼の父が死んだ後、月神の偶像礼拝の盛んなハランを去って、カナンの土地（イスラエル）に彼は移されました（同32）。自分から移ったのではなく、神様が移されたのですが、そこでは、一歩の幅の土地さえも与えられなかったというのです。これは、何か御利益が目的で神さまの導きに従ってきたのでなかった、と言おうとしているのではないでしょうか。これが神を信じ、神に従い、神の栄光を現すことであると思います。すると、大祭司、サドカイ人、長老、ファリサイ人たちの生き方は、神の栄光を表す生き方とは、だいぶ違っていることが分かります。

「しかし、そのとき、まだ子供のいなかったアブラハムに対して、『いつかその土地を所有地として与え、死後には子孫たちに相続させる』と約束なさったのです。」（使徒七5）キリスト教は、約束の宗教、契約の宗教です。約束されたものは、まだ与えられていなくても、将来必ず、子孫たちにその土地を相続させる、と神は宣言なさいました。アブラハムはその約束は必ず実現されると信じました。キリスト教は約束先行、信仰後続の宗教です。現在の一時的な楽しみを犠牲にしてでも、神の約束を信じて、将来に備える、このような生き方を、わたしたちもしたいものです。

「神はこう言われました。『彼の子孫は、外国に移住し、四百年の間、奴隷にされて虐げられる。』更に、神は言われました。『彼らを奴隷にする国民は、わたしが裁く。その後、彼らはその国から脱出し、この場所でわたしを礼拝する。』」（6～7）と。四百年もの間、外国（エジプト）で奴隷にされて虐げられるという約束を信じ、受け入れることができるでしょうか。そのような人がいるでしょうか。ご利益どころか、奴隷の苦しみにあうという神の言葉を、アブラハムは信じ受け入れたのです。驚くべき信仰です。徹底的にきよめられた神中心の信仰です。最後に神様は、奴隷にした国を裁き、脱出させ、この場所で礼拝させてくださるというのです。世界と宇宙を創造された神のみが、歴史とわたしたちの人生を支配されるのです。ステファノは、この神に生命をかけて従いました。

［3］その神はアブラハムと割礼による契約を結ばれた。（8）

信仰と割礼（男の子が生まれて八日目に受ける宗教儀式）の二重の絆で、イスラエル人はそれ以来、神と固く結ばれこととなりました。しかし、信仰が優先しないと、こういう宗教は、人間の霊的生命を殺すものとなりえます。イサク、ヤコブ、十二人の族長へと、この伝統は受け継がれてきています。

「さて、このアブラハムの信仰の歴史と伝統を正しく受け継いでいるのは、あなたがたでしょうか。それともわたしたち、聖霊に満たされた教会の者でしょうか」とステファノはユダヤの国会議員たちに問うたのです。誰がイスラエル民族の父であるアブラハの信仰の伝統に生きているのでしょうか。

これは、今もわたしたちに問われています。栄光の神を礼拝し、神の律法の精神に従い、神殿を重んじて生きることが、わたしたちにも問われています。アブラハムの主にして、わたくしたちの主であられる神様、どうぞお助けてください。アーメン。

「神のどんでん返しの業」
～ヨセフの生涯より～

この族長たちはヨセフをねたんで、エジプトへ売ってしまいました。しかし、神はヨセフを離れず、あらゆる苦難から助け出して、エジプト王ファラオのもとで恵みと知恵をお授けになりました。そしてファラオは、彼をエジプトと王の家全体とをつかさどる大臣に任命したのです。ところが、エジプトとカナンの全土に飢饉が起こり、大きな苦難が襲い、わたしたちの先祖は食糧を手に入れることができなくなりました。ヤコブはエジプトに穀物があると聞いて、まずわたしたちの先祖をそこへ行かせました。二度目のとき、ヨセフは兄弟たちに自分の身の上を明かし、ファラオもヨセフの一族のことを知りました。そこで、ヨセフは人を遣わして、父ヤコブと七十五人の親族一同を呼び寄せました。ヤコブはエジプトに下って行き、やがて彼もわたしたちの先祖も死んで、シケムに移され、かつてアブラハムがシケムでハモルの子らから、幾らかの金で買っておいた墓に葬られました。神がアブラハムになさった約束の実現する時が近づくにつれ、民は増え、エジプト中に広がりました。それは、ヨセフのことを知らない別の王が、エジプトの支配者となるまでのことでした。この王は、わたしたちの同胞を欺き、先祖を虐待して乳飲み子を捨てさせ、生かしておかないようにしました。このときに、モーセが生まれたのです。神の目に適った美しい子で、三か月の間、父の家で育てられ、その後、捨てられたのをファラオの王女が拾い上げ、自分の子として育てたのです。そして、モーセはエジプト人のあらゆる教育を受け、すばらしい話や行いをする者になりました。

（使徒言行録七9～22）

真に神を信じる者の生涯には「神のどんでん返しの御業」がなされます。

［1］ヨセフ、族長たちにねたまれて、エジプトへ奴隷として売られてしまいました。（9～16）

少数民族出身のヨセフが大国エジプトの総理大臣になりました。彼の人生は生まれたときから波瀾万丈の人生でした。逆転また逆転、神のどんでん返しが何度も起こった人生でした。兄弟に妬まれて、エジプトの奴隷として売られても、神が彼と共におられ、そこから救い出されて、大国エジプトの総理大臣となりました。そして、エジプト人たちを飢えから救っただけではなく、彼を売り渡した兄弟たちを、飢えから救い、罪の赦しと和解の本当の救いに導いたのでした。

ヨセフの物語は、創世記三七章から始まります。末子のヨセフは年老いた父ヤコブに偏愛されました。その上、十七才のときに見た夢を兄たちに話したために憎まれました。その夢は、兄たちの束が、ヨセフの束の周りに集まってきて、彼の束にひれ伏したというものでした。兄たちは、末子のヨセフが彼らの上に立ち、王となって支配するという意味に取って、彼を妬み憎みました。

そして、ある日のこと、父に頼まれて、兄たちの様子を見にシケムに行きましたところ、兄たちは、遠くからヨセフの姿を認め、彼を捕らえ、深い水のない穴に投げ込みました。長男ルベンとユダのとりなしによってヨセフは穴から救い出され、通りがかったエジプトに行く隊商に奴隷として売られてしまいました。しかし、神はヨセフを離れず、あらゆる苦難から助け出してエジプト王ファラオのもとで、恵みと知恵をお授けになりました。ファラオは、彼をエジプトと王の家全体を司どる大臣に任命したのです。これは、まさに、小さい時から、父ヤコブから語り聞かされていた神様のどんでん返しの御業でした。

［2］ところがエジプトとカナン全土に飢饉が起こり、わたしたちの先祖は食料を得ることが出来なくなりました。（11～18）

ヨセフの預言どおり、七年間は大豊作となり、その後の七年間はエジプト全土が大飢饉となりました。ヤコブはエジプトに穀物があると聞いて、ヨセフの兄たちをそこへ行かせました。二度目の時、ヨセフは兄弟たちに自分の身の上を明かし、ファラオもヨセフの一族のことを知りました。（創世記四五章）

兄弟たちは驚きのあまり答えることが出来ませんでした。まさかエジプトに奴隷として売り渡したヨセフが、こともあろうに、エジプトの総理大臣になっていたとは。腰を抜かさんばかりに驚きました。そして恐れました。ヨセフから復讐されるのではないかと、命もちぢむ思いをいたしました。

しかし、彼らがヨセフから聞いた言葉は、憎しみ、うらみ、復讐の言葉ではありませんでした。ヨセフは言いました。「今は、私をここへ売ったことを、悔やんだり、責め合ったりする必要はありません。命を救うために、神がわたしを、あなたたちより先にお遣わしになったのです。」と。次の言葉はさらに意外でした。「わたしたちを、ここに遣わされたのは、あなたたちではなく、神です。神がわたしをファラオの顧問、宮廷全体の主、エジプト全国を治める者としてくださったのです。（創世記四五5～8）どんでん返しの業、逆転の業をなさったのは、ヨセフでもなく、兄たちの悪でもなく、神であるというヨセフの歴史解釈は驚くばかりです。少数民族ヘブル人の神が、超大国エジプトの太陽の神より偉大であったという信仰告白です。しかも、その神は摂理の神、救いの神、赦しの神、和解の神であることの告白です。

ユダヤ教の指導者たちが信じている狭い民族的、排他的な神と、ヨセフが信じた神とは違っていると、ステファノは言いたいのです。わたしは二十歳で救われて洗礼を受けましたが、その時この箇所を読んで、旧約聖書の神が、何という偉大な、愛と赦しの神かと驚きました。そして、わたしもこのヨセフの神を信じ続けようと思いました。そこで、ヨセフは人を遣わし、父ヤコブと七五人の親族を呼び寄せました。ヤコブはエジプトに下って行きました。やがて、ヤコブも、その子たちも、わたしたちの先祖も死んで、アブラハムがシケムにハモルの子から買いとっていた墓に葬られました。

神がアブラハムになされた約束の実現するときが近づくにつれ、イスラエルの民はエジプト中に増え広がりました。ヨセフのことを知らない別の王がエジプトの支配者となるまでのことでした。（使徒七17～19）この別の王の前のエジプトの王は、恐らく紀元前十七世紀頃のエジプトに外部から侵入して、エジプトを制してエジプトの王となったヒクソス王ではないかと言われています。それで、異邦人であり、少数民族の出身であったヨセフとその子孫に寛容であったと思われます。

［3］ヨセフを知らない新しい王が起こり、わたしたちの先祖を奴隷として虐待しました。（19～20）

ヨセフを知らない新しい王は、がらりと変わってどんどん増えるイスラエルの民を奴隷として虐待して、乳飲み児を捨てさせ、生かせないようにしました。このイスラエルの民の危機の中でモーセが産まれました。彼は、神の目に適った美しい子でした。彼は三か月の間、父の家で育てられました。父も母もレビの家の出でした。隠しきれなくなって、ナイル河に捨てられました。この赤子モーセをファラオの王女が拾い上げ、自分の子として育てました。律法の祖と言われたモーセは、確かに生まれはレビの子であり、神によって選ばれた種族の出でしたが、生まれて三か月で、ナイル河に捨てられた子でした。しかし、神は不思議な摂理によって、王女に救い出され、王子として育てられました。神の不思議などんでん返しの御業を見ます。

　このモーセの運命は、やがて、ベツレヘムで誕生なさる赤子イエスが同じような人生を生きることになるのです。イエスはお生まれになって間もなくヘロデ王に生命をねらわれ、エジプトにご両親と共に逃亡されました。波瀾万丈の人生は両者に共通しています。民族の解放者、民衆の救い主として用いられる両者は苦しみの中にある人たちの苦しみ痛みを、理解し担うために、幼少の時から苦しみを経験なさるのです。両者はその中から神の不思議な摂理、導きによって助け出されるのです。

　当時のユダヤ教の指導者たちは、モーセを偉大な指導者として絶対視しておりました。ステファノは、モーセは河に捨てられたという歴史を明らかにして、モーセを相対化しようとしたのです。相対化しながら、しかし、モーセが民族の指導者として選ばれ、それにふさわしい教育を身につけたことを、旧約聖書のモーセの継承が語っていることを、ステファノはのちほど明確にします。22節にも、「モーセはエジプト人のあらゆる教育を受け、素晴らしい話や行いをする者となりました」と記されています。モーセは王となる最高の教育を宮廷で、また祭司を教育する学校で受けることとなるのです。イエスも正規の教育は受けておられませんが、王の家系に誕生し、会堂においてきちんとした聖書教育を受けられました。そして、モーセと同じように、素晴らしい話や行いをなさいました。新約聖書のマタイによる福音書によるとイエスは「律法を廃止するために来たのではなく、完成するために来たのである」と記されています（マタイ五17）。イエスは第二のモーセとしてモーセ律法を正しく理解し、行い、教えられたのです。

　ヨセフもモーセも小さいときから神のどんでん返しの恵みの業にあずかり、恵みと知恵に満たされていました。ステファノも恵みと知恵に満たされて、旧約のヨセフとモーセの信仰の歴史、救いの歴史を解き明しました。のみならず、彼はユダヤの国会において、生命をかけて堂々と旧約聖書の救いの歴史、キリスト誕生の言葉を語ったのです。

　わたしたちも状況に流されることなく、しっかり救いの歴史を学び、体験し、生命をかけて証しさせていただきましょう。アーメン。

神の目に適った美しい子モーセ

　四十歳になったとき、モーセは兄弟であるイスラエルの子らを助けようと思い立ちました。それで、彼らの一人が虐待されているのを見て助け、相手のエジプト人を打ち殺し、ひどい目に遭っていた人のあだを討ったのです。モーセは、自分の手を通して神が兄弟たちを救おうとしておられることを、彼らが理解してくれると思いました。しかし、理解してくれませんでした。次の日、モーセはイスラエル人が互いに争っているところに来合わせたので、仲直りをさせようとして言いました。『君たち、兄弟どうしではないか。なぜ、傷つけ合うのだ。』すると、仲間を痛めつけていた男は、モーセを突き飛ばして言いました。『だれが、お前を我々の指導者や裁判官にしたのか。きのうエジプト人を殺したように、わたしを殺そうとするのか。』モーセはこの言葉を聞いて、逃げ出し、そして、ミディアン地方に身を寄せている間に、二人の男の子をもうけました。

（使徒言行録七23～29）

「神の目に適った美しい人と」はどういう人でしょうか。聖書は、旧約聖書ではモーセ、新約聖書ではイエスをあげています。

［1］四十歳になったとき、モーセは兄弟であるイスラエルの子を助けようと思い立ちました。（23～24）

　神がアブラハムに与えた約束の実現する時が近づくにつれ、民はますますエジプト中に広がりました。ヨセフを知らない王がエジプトの支配者となり、イスラエル人を虐待し、乳飲み子を捨てさせ、生かせておかないようにしました。このような危機に、モーセは生まれました。神の目に適った美しい子でした。そして、今や、彼はエジプトで王子として最高の教育を受け、四十歳になりました。エジプトでの最高の教育は、王子や、将来祭司になる人々、貴族たちが受ける教育でした。エジプトの宗教、歴史、文化、文学、社会、経済その他、指導者になるための最高の教育をモーセは受けました。しかし、これだけでは、イスラエル民族の指導者になれません。エジプトの学問と共に、イスラエル人の宗教、歴史、文化を身につける必要がありました。

モーセは、真のイスラエル人になるための教育を、幼少の頃、レビ族出身の母から受けたと思われます。ヨセフを知らない新しい王の時代となり、急激にイスラエル人が増えていました。ファラオは、イスラエル人に、男の子が生まれたら皆、ナイル河に放り込めと命令しました。赤子モーセは、ナイル河に捨てられました。ところが、そこにたまたま通りかかったファラオの王女に助け出され、実母が乳母として雇い入れられました。こうしてモーセは、実母からイスラエルの宗教、歴史、文化等を教え込まれたと考えられます。小さいときの教育の影響は一生残るものです。（出エジプト記二章）

さて、四十歳になったモーセは、奴隷として虐待されていたイスラエル人を助け出そうと思い立ちました。彼は、ずっと、こういう思いを持ち続けていたと思われます。四十歳という年齢を迎え、突如、苦しんでいる同胞を助けようとの決意が与えられたのでしょう。そこで、同胞を虐待しているエジプト人を殺してしまいました。ひどい目にあっている人の仇を討ったのです。

［2］モーセは自分の手を通して、神が兄弟たちを救おうとしておられることを、彼らが理解してくれると思いました。（25～28）

同胞を助けるためとはいえ、エジプト人を殺してしまうというのは、やりすぎです。しかも、「自分の手を通して神が兄弟たちを救おうとしておられることを、彼らが理解してくれると思いました」（25）とは、彼は、余りにも独善的です。当然、彼らは理解してくれませんでした。

次の日、モーセは、イスラエル人が互いに争っているところに来合わせて、仲直りをさせようとして言いました。「君たち、兄弟同士ではないか。なぜ、傷つけあうのだ」。すると、仲間を痛めつけていた男が　「だれが、お前を我々の指導者や裁判官にしたのか。きのうエジプト人を殺したように、わたしを殺そうとするのか」(27〜28)といいました。この言葉は、モーセの心にぐさっと刺さりました。モーセの問題点はどこにあったのでしょうか。

第一に「君たち、兄弟同士なのになぜ傷つけあうのだ」と高飛車に、説教調で問い正したことが、彼らの癇《かん》に触れました。低姿勢にやさしく、彼らに語りかけることが出来なかったのでしょうか。仲直りさせようとした動機は正しいのですが、相手を責めるような言い方が間違っていたのです。これでは、突き飛ばされても仕方がありません。

第二に、愛よりも正義感が強すぎたことが、問題です。正義感が強すぎると、愛と正義のバランスが崩れて、人を傷つけ、殺します。

第三に、彼の知恵が足りませんでした。知識は、若くても、学ぶ努力によって身に付けることが出来ます。しかし、知恵は、痛い失敗の経験によって身に付くものです。エリートと言われる人は、経験不足で、決定的に知恵に欠けます。

第四に、祈り、考えることが足りませんでした。エジプト人を殺した理由として、ひどい目にあっていた人の仇を討ったと記されています。モーセは神の立場に立って、エジプト人を裁き、殺しました。冷静になって、祈って考えてから行動したら、別の結果が出たかも知れません。

第五に、彼には勇気が足りませんでした。モーセは、誰がお前を我々の指導者、裁判官にしたのかと言われたときに、ミディアン地方に逃げ出しました。

第六に、指導者として、神によって召し出されたという召命感、使命感がなかったことでした。これは、彼の最大の問題点、致命的な欠陥でした。

この失敗によって、モーセは高い教育を受けただけでは、奴隷の苦しみの中にあるイスラエルの指導者にはなれないことを痛感したことと思います。大きな失敗、挫折は神の恵みであり、祝福であることがわかります。これは、そう簡単にはわかるものではありません。相当時間が経って、やっと理解できるのが現実かも知れません。

さて、ステファノは、このようにモーセの失敗に触れることによって、何を言おうとしたのでしょうか。モーセは、当時のユダヤ国家指導者が信じているような、完全無欠な人物ではなかったことを示そうとしていると考えられます。神の目に適った美しい子モーセは、神の目に適わない所を通して（地獄の経験をして）、自分が無力であることを深く自覚し、神の愛と知恵と力を信仰（信頼）し続けることによって始めて、神の目に適う美しい指導者になることが出来るのです。この真理を明らかにしようとしたと思われます。

［3］モーセはこの言葉を聞いて逃げ出し、ミディアン地方に身を寄せました。（29）

モーセは、さらに四十年間の霊的訓練を受けるために、ミディアンの荒野へと逃亡しました。イスラエル人を助けるために、エジプト人を殺害したことがファラオに知られると、彼自身の生命が危険でしたから逃亡したのです。しかし、これは、大きな目で見れば、一度古い自分を捨てて、荒野で厳しい神の霊的訓練を受け、新しいモーセに生まれ変わるためであったことが見えてきます。こうして初めて、エジプトで身につけた高度な教育、帝王学が、生命を吹き込まれて生きてくるのです。長い人生においては、失敗することも、異文化を経験し、異文化の婦人と結婚し、家庭を持つことも必要なのです。挫折したときに一歩退いて、自分を神の目から見直し、どうしたら神の目に適う、より美しい人間に変わり得るかを考えることが必要です。荒野という火の中を通って、真の召命感、直接的神経験を持つことが出来るのです。そこに、真の神の業、真のイスラエル民族、そして日本民族の再生への道が開かれてくるのです。アーメン。

嘆きを聞いて、わたしたちを救われる神

四十年たったとき、シナイ山に近い荒れ野において、柴の燃える炎の中で、天使がモーセの前に現れました。モーセは、この光景を見て驚きました。もっとよく見ようとして近づくと、主の声が聞こえました。『わたしは、あなたの先祖の神、アブラハム、イサク、ヤコブの神である』と。モーセは恐れおののいて、それ以上見ようとはしませんでした。そのとき、主はこう仰せになりました。『履物を脱げ。あなたの立っている所は聖なる土地である。わたしは、エジプトにいるわたしの民の不幸を確かに見届け、また、その嘆きを聞いたので、彼らを救うために降って来た。さあ、今あなたをエジプトに遣わそう。』人々が、『だれが、お前を指導者や裁判官にしたのか』と言って拒んだこのモーセを、神は柴の中に現れた天使の手を通して、指導者また解放者としてお遣わしになったのです。この人がエジプトの地でも紅海でも、また四十年の間、荒れ野でも、不思議な業としるしを行って人々を導き出しました。このモーセがまた、イスラエルの子らにこう言いました。『神は、あなたがたの兄弟の中から、わたしのような預言者をあなたがたのために立てられる。』この人が荒れ野の集会において、シナイ山で彼に語りかけた天使とわたしたちの先祖との間に立って、命の言葉を受け、わたしたちに伝えてくれたのです。（使徒言行録七30〜38）

イスラエルの人たちは、奴隷としての重労働のゆえにうめき、叫びました。その嘆きの叫びが、神にとどきました。神はアブラハムとの契約を思い起こされ、彼らを救う決断をされました。

［1］四十年後、荒野において柴の燃える炎の中で、天使がモーセの前に現れました。（30〜32）

モーセは、ミディアンの荒野に亡命して、その地の祭司、エトロの羊の群れを飼って一生を終えるかと思っていた時、燃える柴の中で、苦しみの中にあるイスラエル

を救い出せとの神の御声を聞きました。あまりにも突然の出来事でした。柴の燃える炎とは、火の試みの中にある柴のように弱いイスラエルを指しています。天使は神の使いで、特別な神の啓示が明らかにされるときに出てまいります。

モーセが、ミディアンの野に亡命してから、四十年経った時でした。シナイ山に近い荒れ野において、柴の燃える炎の中で、天使がモーセの前に現れました。モーセはこの光景を見て驚きました。もっとよく見ようとして近づくと、主の声が聞こえました。『わたしは、あなたの先祖の神、アブラハム、イサク、ヤコブの神である』と。余りにも突然のことであり、モーセは恐れおののいて（ぶるぶる震えて）それ以上見ようとはしませんでした。

この経験が、塗炭の苦しみの中にあったイスラエルの民の解放者となるためには、モーセにとって欠くことのできない直接的神経験といわれる召命経験でした。モーセの全存在が、根底から揺り動かされ、古いものが作り変えられて、全く新しい人間、指導者、解放者とされる経験をしようとしていたのです。天使を見、神のみ声を直接聞く貴重な経験を、荒野で、しかも神の山シナイ山でしようとしていたのです。イエスもパウロも荒野で、神のみ声を直接聞いて、神の言葉を語るものとされました。

［2］**主は言われた。「履物を脱げ。あなたの立っているところは聖なる土地である。」**（33〜35）

恐れおののいているモーセに、主はこう仰せになりました。『履物を脱げ。あなたの立っているところは聖なる土地である。わたしは、エジプトにいる私の民の不幸を確かに見届け、またその嘆きを聞いたので、彼らを救うために降ってきた。さあ、今、あなたをエジプトに遣わそう』。まず、主がおっしゃったことは、「履物を脱げ。あなたの立っているところは聖なる土地である。」でした。ほこりだらけの汚い履き物を脱がなければ、聖なる神に出会うことは出来ないという厳しい御言葉です。その場所は、聖なる場所だからです。この場所で、聖なる神が、天から降りてきてくださって、この世のほこりにまみれているモーセと出会い、聖なる使命を与えようとされる主の第一の要請は、この汚れた世から、モーセ自身がまず聖別されることでした。そうでなければ、罪にまみれているイスラエルの民を、エジプトの偶像礼拝から救い出すことは出来ないということです。主なる神は彼らの不幸を見届け、その嘆きをお聞きくださったので、天の栄光を捨て去って、まず、モーセ自身の心を聖別され、イスラエルの民の解放者とされるのです。なんという恵み、特権でしょう。同時に重い責任です。しかし、遣わしてくださるお方は、エジプトのみならず、世界と宇宙をご支配なさる全能の神です。何者をも恐れる必要はありません。

人々が「だれがお前を指導者や裁判官にしたのか」と言って拒んだこのモーセを、神は柴の中に現れた天使を通して（新約で言えば聖霊です）指導者、また解放者としてお遣わしになったのです。このステファノの御言葉は、神の逆説的召命の恵みを見事に表現しています。イエスも人々に拒まれて、指導者となられました。このような神の逆説的、神の恵みの召命があってこそ、始めて解放者の使命を全うすることができるのです。誰がこの任に耐えることが出来るでしょうか。自分が、根底からガラガラと崩れそうになる時に、モーセをしっかり支えるものは、この神の逆説的な召命の恵みの経験なのです。わたしたちも同じです。

［3］この人がエジプト、紅海、荒野でも不思議な業としるしを行って人々を導き出しました。（36〜38）

あの燃える柴の経験をしたからこそ、モーセはエジプト、紅海、荒野でも不思議な業としるしを行い、あらゆる困難を乗り越えることが出来たのです。ステファノは『神はあなた方の兄弟の中から私のような預言者をあなたがたのために立てられる。』といいました。不思議な言葉です。モーセがイスラエルの民の解放者として完全な働きをしたならば、彼はこのような預言はしなかったでしょう。モーセは神から与えられた不思議な業としるしを行ったにもかかわらず、彼の解放の働きは、失敗に終わり、彼自身は約束の地を目の前にして、その地に入ることは出来ませんでした。モーセはこのような預言をすることによって、彼よりも偉大な解放者、救い主（メシア）の来臨を期待せざるを得なかったのです。

つぎに、ステファノは語りました。「この人が、荒れ野の集会（教会）において、シナイ山で彼に語りかけた天使とわたしたちの先祖との間に立って、命の言葉を受け、わたしたちに伝えてくれたのです。」と。ここには当時のユダヤ教の指導者たちと、今日のわたしたちに対する、根本的な批判が語られています。「集会」とはギリシア語では「エクレシア、ekklēsia」で、「教会」です。荒野にこそ真の教会があるという真理が強調されています。かつてモーセは、天使とわたしたちの先祖との間に立つ仲保者として、命の言葉を受けて、語ったのです。律法主義者の言葉ではありませんでした。これが、ステファノが命がけで語った言葉、彼の主張です。

このステファノの言葉の中に、モーセとイエスに共通している六つの点を指摘することが出来ます。

第一の点はモーセもイエスも一度は指導者として拒絶されましたが、また指導者とされています。

第二、不思議なわざとしるしを行っています。

第三、神に遣わされた預言者でした。

第四、神とイスラエルの間に立った仲保者でした。

第五、生命の言葉を神から受けて、人々に与えました。

第六、人々から排斥されました。

わたしたちクリスチャンの一生は、このまま平凡に終わってしまうのかしらと思えるかもしれませんが、神が周りの人たちの苦しみ、嘆きを聞かれて、わたしたちを預言者として、指導者として、召しだしてくださるのであれば、その道がどんなに困難であっても、燃える柴の中から語られる主なる神の御言葉に従っていこうではありませんか。たとえ荒野にある教会であっても、そこに神が働いておられます。その聖なる場所で、汚い履物を脱いで、自らを聖別していただこうではありませんか。そして人々を死に導く律法の言葉ではなく、人々を生命に導き、活かす言葉を伝える働きをしていこうではありませんか。アーメン。

天は神の王座、地は神の足台

けれども、先祖たちはこの人に従おうとせず、彼を退け、エジプトをなつかしく思い、アロンに言いました。『わたしたちの先に立って導いてくれる神々を造ってください。エジプトの地から導き出してくれたあのモーセの身の上に、何が起こったのか分からないからです。』彼らが若い雄牛の像を造ったのはそのころで、この偶像にいけにえを献げ、自分たちの手で造ったものをまつって楽しんでいました。そこで神は顔を背け、彼らが天の星を拝むままにしておかれました。それは預言者の書にこう書いてあるとおりです。

『イスラエルの家よ、
お前たちは荒れ野にいた四十年の間、
わたしにいけにえと供え物を
献げたことがあったか。
お前たちは拝むために造った偶像、
モレクの御輿やお前たちの神ライファンの星を
担ぎ回ったのだ。
だから、わたしはお前たちを
バビロンのかなたへ移住させる。』

わたしたちの先祖には、荒れ野に証しの幕屋がありました。これは、見たままの形に造るようにとモーセに言われた方のお命じになったとおりのものでした。この幕屋は、それを受け継いだ先祖たちが、ヨシュアに導かれ、目の前から神が追い払ってくださった異邦人の土地を占領するとき、運び込んだもので、ダビデの時代までそこにありました。ダビデは神の御心に適い、ヤコブの家のために神の住まいが欲しいと願っていましたが、神のために家を建てたのはソロモンでした。けれども、いと高き方は人の手で造ったようなものにはお住みになりません。これは、預言者も言っているとおりです。

『主は言われる。
「天はわたしの王座、
地はわたしの足台。
お前たちは、わたしに

どんな家を建ててくれると言うのか。
わたしの憩う場所はどこにあるのか。
これらはすべて、
わたしの手が造ったものではないか。」』
かたくなで、心と耳に割礼を受けていない人たち、あなたがたは、いつも聖霊に逆らっています。あなたがたの先祖が逆らったように、あなたがたもそうしているのです。いったい、あなたがたの先祖が迫害しなかった預言者が、一人でもいたでしょうか。彼らは、正しい方が来られることを預言した人々を殺しました。そして今や、あなたがたがその方を裏切る者、殺す者となった。天使たちを通して律法を受けた者なのに、それを守りませんでした。」

（使徒言行録七39〜53）

天地を創造された神様を神殿などという小さな空間に閉じ込めることはできません。「天は神の王座、地は神の足台」と預言者イザヤは言いました。

［1］けれども先祖たちはこの人に従おうとせず、彼を退けエジプトを懐かしく思った。（39〜40）

ステファノの長い弁論の最後の部分です。七十人議会で、彼は生命をかけて語りました。ステファノは神冒涜の罪、神殿けがしの罪、律法破りの罪という三つの罪に問われました。そこで、一つ一つの死罪に対して、旧約聖書全体から、自分は潔白であることを論証いたしました。

神のお住まいは、幕屋も神殿も不充分です。天は神の王座、地は神の足台と言われているように、天と地こそ、神のお住まいです。天地は、神の中にあるのです。

エジプトという都会ではなくて、荒野の集会（原語では教会）において、モーセは、天と地を住いとする神から生命の言葉を受けて、語りました。

けれども、先祖たちはこの神に従わず、退け、エジプトをなつかしく思い、偶像礼拝に走りました。

「わたしたちの先に立って導いてくれる神々を造ってください。エジプトの地から導き出してくれたあのモーセの身の上に　何が起こったのか分からないからです」とアロンに願いました。

［2］モーセがシナイ山に登って降りてくるのが遅いので、民たちは若い雄牛の像を造った。（41～50）

まず、彼らの先祖の偶像礼拝の歴史を語ります。彼らが若い雄牛の像を造ったのはモーセの頃で、この偶像にいけにえを献げ、自分たちの手で造ったものを祭って楽しんでいました。モーセがシナイ山から降りてくるのが遅れたために、イスラエルの民は不安になったのです。若い雄牛の像はエジプトの牛の神々のことです。イスラエルの使命は、エジプトの偶像礼拝を捨てて、イスラエルのまことの神、唯一の創造神を礼拝することでした。にもかかわらず、こうも簡単に、エジプトの子牛礼拝、星礼拝という偶像礼拝に戻ってしまうのはなぜでしょう。エジプトの奴隷根性、偶像礼拝の体質が彼らの中にしっかり根付いていたのでしょうか。いざとなると人間は目に見えるもの、形のあるもの、自分の体にしみついたものに、依存してしまうのです。この体質を克服するということほど難しいことはありません。神様も、そういうイスラエルの民に、ほとほと愛想を尽かし、顔を背け、彼らが天の星を拝むままにしておかれました。預言者アモスの語るとおりです。「イスラエルの家よ。お前たちは荒れ野にいた四十年の間、わたしに、いけにえと供え物を献げたことがあったか。お前たちは、拝むために造った偶像、モレクの御輿や、お前たちの神ライファンの星を担ぎまわったのだ。だから私はお前たちをバビロンのかなたに移住させる」（アモス書五25～27）。神によって与えられた使命を放棄したイスラエルの民は、その罰としてバビロンのかなたに移住させられたのです。

次に、ステファノは、彼らの先祖の礼拝の歴史に触れました。わたしたちの先祖には、荒野に証の幕屋がありました。「証の幕屋」と呼ばれたのは、その幕屋の中に、まことの生ける神を証しする契約の箱を始め、神を礼拝するための、さまざまな用具が置かれていたからです。それらの礼拝用具は全能の神・創造の神を礼拝し、証するための用具に過ぎません。用具がいかに神聖な物であっても、それを礼拝してはならないのです。モーセはこの幕屋を神に命じられるままに造りました。

この幕屋は、それを受け継いだ先祖たちが、ヨシュアに導かれ、目の前から神が追い払ってくださった異邦人の土地を占領する時に運び込んだもので、ダビデの時代までそこにありました。ダビデはヤコブの家のために、神の住まいが欲しいと願っていましたが、神のために家を建てたのはソロモンでした。ダビデは軍人として多くの人の生命を奪ってきましたので、神のすまわれる神殿を建てることを許されませんでした。ダビデはその準備のために用いられましたが、実際に神の神殿を建てたのは、その子ソロモンでした。

「しかし、いと高き方は人の手で造ったようなものにはお住まいになりません」とステファノは語りました。これは、預言者イザヤが言っている通りですと。

「主は言われる。「天はわたしの王座、地はわたしの足台。お前たちは、わたしにどんな家を建ててくれると言うのか。わたしの憩う場所はどこにあるのか。これらはすべて、わたしの手が造ったものではないか」(49～50、イザヤ書六六1～2からの引用)。

ステファノは、ソロモンが造ったあの壮大な神殿も、「天を王座として地を足台」となさる神を入れるには不充分であるといいました。それなのに、あなたがたは、ヘロデ王が建てた巨大な神殿を偶像として礼拝し、しかも神聖であるべき神殿のために重税をイスラエルの人たちから取り立て、高価な牛や羊をいけにえとして献げさせ、お金儲けをしている。高価ないけにえを献げることができず、神殿税も払うことができない貧しい人たちが礼拝を捧げることが出来ない様にしている。そこには、愛と憐れみに富んでおられる生きた神さまはおられないと、ステファノは言いたかったのです。これでは、わたしたちの先祖が犯したとおなじ偶像礼拝の罪をあなたがたが犯していると、ステファノは言いたかったのです。

［3］かたくなで心と耳に割礼を受けていない人たち、あなたたちはいつも聖霊に逆らっています。(51～53)

ステファノの弁論の結論部です。非常に厳しい言葉で締め括られています。ここで突然「聖霊」という言葉が出てきます。これは彼のメッセージ全体の光の中で見ると、「聖書全体の真理」に逆らっていると理解してよいと思います。あなたがたは、あなた方の先祖と同じ過ちを犯していますとステファノは言っています。いったいあなた方の先祖が、迫害しなかった預言者が一人でもいたでしょうか。彼らは正しい方（キリスト）が来られることを預言した人々を殺しました。そして今や、あなたがたがその「正しい方―キリスト」を裏切る者、殺す者となったと。ステファノの言葉は実に厳しいものであります。殉教の覚悟がなければ語れない言葉です。

「天使たちを通して律法を受けた者なのに、それを守りませんでした」とは、ステファノの最後の言葉です。天使たちを通して、律法という神の言葉を受ける大いなる特権に預かったのに、あなた方はそれを守らなかった。ステファノは、この議会における最後の言葉を、大きな悲しみと痛みを持って語ったに違いありません。

ステファノは旧約聖書全体の救いの歴史をきちんと暗記しており、原稿なしでこれをユダヤの国会で、生ける神の言葉として語りました。わたしたちも、信徒伝道者ステファノにならって、旧約聖書全体の真理に通じ、どこにおいても彼のように語れるように、備えておこうではありませんか。「天はわが王座、地はわが足台」といわれる偉大な創造の神さまを、小さな偶像化された神殿や律法主義に閉じ込めることなく、畏れをもって、真の礼拝を、毎週、捧げさせていただきましょう。アーメン。

心の目が開く、天が開く

人々はこれを聞いて激しく怒り、ステファノに向かって歯ぎしりした。ステファノは聖霊に満たされ、天を見つめ、神の栄光と神の右に立っておられるイエスとを見て、「天が開いて、人の子が神の右に立っておられるのが見える」と言った。人々は大声で叫びながら耳を手でふさぎ、ステファノ目がけて一斉に襲いかかり、都の外に引きずり出して石を投げ始めた。証人たちは、自分の着ている物をサウロという若者の足もとに置いた。人々が石を投げつけている間、ステファノは主に呼びかけて、「主イエスよ、わたしの霊をお受けください」と言った。それから、ひざまずいて、「主よ、この罪を彼らに負わせないでください」と大声で叫んだ。ステファノはこう言って、眠りについた。サウロは、ステファノの殺害に賛成していた。

（使徒言行録七54〜八1）

キリストを真に愛する人はキリストのように生き、キリストのように死んでいきます。そういう人は、必ず、キリストの復活の生命にあずかることができます。

［1］人々はこれを聞いて激しく怒り、ステファノに向かって歯ぎしりした。（54）

ステファノの物語は、ステファノの殉教の死でクライマックスに達します。あなたがたの先祖は、正しい方が来られることを預言した人々を殺しました。そして、今や、あなたがたが、その方を裏切る者、殺す者となったという鋭い弾劾の言葉がクライマックスとなります。今や告発した人たちが逆に告発されています。「人々はこれを聞いて激しく怒り」を、新改訳聖書では「はらわたが煮え返る思いで」と訳して、人々の激しい怒りを表現しています。原語では「彼らの心臓が切り裂かれる」というような意味です。人々はステファノが「あなた方の先祖は……」と語っていた時には、にがにがしく思っていたに違いありませんが、「今や、あなたがたがその方を裏切る者、殺す者となった」と言われた時に、彼らの怒りは頂点に達しました。その前に、「かたくなで、心の耳に割礼を受けていない人たち、あなたがたは、いつも聖霊に逆らっています。あなた方の先祖が逆らったように、あなた方もそうしているのです。」とステファノに告発されていますので、彼らの堪忍袋の緒が切れてしまったのです。ステファノは、「正しい方、すなわち、真のメシアであるイエスを、あなたがたは、あなた方の先祖が預言者を殺したように殺した」と告発しました。「その方は、モーセの律法を天使を通して受け、モーセの律法を守り、全うされた。それにもかかわらず、あなたがたはその方を十字架にかけて殺してしまった」。ここまで言われれば、彼らが歯軋りして怒りたけるのも、無理はありません。

［2］「天が開いて人の子が神の右に立っておられるの

が見える」と言った（55〜59）

このように厳しい状況の中で、ステファノは聖霊に満たされ、天を見つめました。そこで、彼は神の栄光と、神の右に立っておられるイエスを見ました。怒り猛る人々から目を離して、天上のイエスを、霊の目で見ることができたのは、彼が聖霊に満たされていたからであると書いたのは、著者ルカです。この一大危機を逆に、天上のイエスを証しする機会に変えたのは聖霊であられたというのがルカの解釈でした。では、このような時に、聖霊に満たされるとは、どういうことでしょうか。55節の御言葉が明らかにしています。

第一に、地獄のような現実の中で、その厳しい現実に捉えられるのではなくて、天上に目を向けて、天を凝視することを意味しています。

第二に、神の栄光と神の右に立っておられるイエスを見ることを意味しています。地獄のような現実を見れば、それにステファノは飲み込まれてしまったのかもしれません。しかし、彼は天上の神の栄光を、聖霊に助けられて見ました。そこに彼の救いがありました。そこに、神の右に立っておられるイエスを見ました。普通は神の右に座して、イエスは神とともに世界と宇宙を支配しておられるのです。ここではなぜ、イエスは神の右に立っておられるのでしょうか。いろいろな解釈がありますが、多くの注解者は、初代教会が始めての殉教者、しかも信徒の殉教者を出そうとしておりましたので、イエスはそれを喜んで歓迎しようとして立ち上がっておられたと理解しております。

第三に、聖霊に助けられて、イエスは「天が開いて人の子が神の右に立っておられるのを見ることが出来ました。」天が開くのが先か、心が開くのが先か、筆者は同時であると思います。もっと大きな問題は、ここで「人の子」という名称がステファノによって用いられていることです。この称号を始めて用いられたのは、イエスご自身でした。（マルコ一四62）これは、預言者ダニエルが、来るべきメシアを預言した言葉です。（ダニエル書七13〜14）「そのメシアはイエスである」というのがイエスのご理解でした。この名称を使ったのは、イエスの他にはステファノだけでした。ステファノは「イエスこそ真のメシアである」と確信していたことを示しています。

「人々は大声で叫びながら耳をふさぎ」とあります。ユダヤ教の人たちは、イエスが、ダニエルが預言したメシアであるとは信じていませんでしたので、ステファノめがけて一斉に襲いかかり、都の外に引きずり出して石を投げ始めました。「都の外」ということは、エルサレムの外ということです。「石を投げ始める」ことが、当時のユダヤ教の死刑の仕方でした。三つの死刑に値する罪を犯したステファノを殺し始めたということを意味しています。（申命記一七5）

ここで問題なのは、ユダヤ教には当時、死刑執行の権利は与えられていなかったことです。そうすると、これは国家権力を背景にしたリンチということになります。なぜローマ帝国は、この私的リンチを黙認したのかが問われますが、ローマ政府は、この件について、何らかの理由で、騒ぎをこれ以上大きくしたくなかったのではないかと思われます。その時、証人たちは自分の着ているものをサウロ（別名パウロ）という若者の足元に置きました。人を殺す石は大きな石でしたので、ユダヤ式の着物が邪魔になったのだと思います。それと後日、旧約学者パウロがステファノの弁明がきっかけになって、回心に導かれ、世界宣教の最も有力な伝道者になりますので、ルカはここで、こういう形でパウロを紹介したものと思われます。

人々が石を投げつけている間、ステファノは主に呼びかけて、「主イエスよ、わたしの霊をお受けください」と言いました。人間は、神から霊を吹き入れられた時に、命をいただき、生きたものとなる。（創世記二7）だから、死ぬ時には、その霊を命の主であるイエスにお返しするというステファノの考えが、ここで明らかにされています。

［3］それから、ひざまずいて「主よこの罪を彼らに負わせないでください」と大声で叫んだ。（60〜八1）

ステファノは死ぬ前に、二つの言葉しか語っていません。苦しいとか、痛いとか、憎しみや恨みの言葉は一言もありません。「主よこの罪を彼らに負わせないでください」。イエスが十字架に架けられて息を引き取られる時に叫ばれたのと同じ、敵を赦す祈りの言葉です。

聖霊に満たされた最高の証は、敵に対する憎しみや、うらみ、敵対心が完全に取り去られて、敵を愛する愛に満たされることです。このことがステファノによって明らかにされています。このような偉大な祈りを祈って、彼は眠りにつきました。「死は一時的な眠りである」というクリスチャンの信仰が、ここで告白されています。ステファノは死んで、イエスと神の永遠の生命、復活の生命を得たのです。終末の日に、死からよみがえる希望を持ってステファノは眠りにつきました。イエスを救い主（メシア）と信じたものは、イエスのように生き、イエスのように、敵対する者を赦して、喜んで死ぬことが出来るのです。アーメン。

福音を告げ知らせながら巡り歩く

その日、エルサレムの教会に対して大迫害が起こり、使徒たちのほかは皆、ユダヤとサマリアの地方に散って行った。しかし、信仰深い人々がステファノを葬り、彼のことを思って大変悲しんだ。一方、サウロは家から家へと押し入って教会を荒らし、男女を問わず引き出して牢に送っていた。さて、散って行った人々は、福音を告げ知らせながら巡り歩いた。フィリポはサマリアの町に下って、人々にキリストを宣べ伝えた。群衆は、フィリポの行うしるしを見聞きしていたので、こぞってその話に聞き入った。実際、汚れた霊に取りつかれた多くの人たちからは、その霊が大声で叫びながら出て行き、多くの中風患者や足の不自由な人もいやしてもらった。町の人々は大変喜んだ。ところで、この町に以前からシモンという人がいて、魔術を使ってサマリアの人々を驚かせ、偉大な人物と自称していた。それで、小さな者から大きな者に至るまで皆、「この人こそ偉大なものといわれる神の力だ」と言って注目していた。人々が彼に注目したのは、長い間その魔術に心を奪われていたからである。しかし、フィリポが神の国とイエス・キリストの名について福音を告げ知らせるのを人々は信じ、男も女も洗礼を受けた。シモン自身も信じて洗礼を受け、いつもフィリポにつき従い、すばらしいしるしと奇跡が行われ

るのを見て驚いていた。（使徒言行録八1～13）

信徒ステファノは殉教の死を遂げました。それからエルサレム教会に対して大迫害が起こりました。そして使徒たちの他は皆ユダヤとサマリアの地方に散って行きました。

［1］ステファノの殉教の死は、ユダヤとサマリアへと教会が発展していく新しい時代をもたらしました。（1～3）

教会の歴史における最初の殉教者は、信徒伝道者ステファノでした。その影響は大きいものがありました。彼の死を境として新しい時代、すなわち世界宣教の時代が来たのです。

「その日」とは、ステファノが殉教の死を遂げた日を言っています。その日に、ユダヤ教によるキリスト教会に対する大迫害が起こりました。この悲劇の日が、教会の大発展の記念の日となったのです。実に不思議なことです。誕生したばかりの教会が大迫害を受ければ、衰退していくのが普通です。逆に大発展するとは不思議です。超自然的な力、聖霊の力が特別に働いていたとしか言いようがありません。

「使徒たちの他は皆ユダヤとサマリアの地方に散って行った」というのも理解し難いです。普通なら、使徒たちがまず迫害を受けるはずではないでしょうか。使徒たちはなぜエルサレムに残ることが出来たのでしょう。多分、使徒たちはヘブライ語を語るユダヤ人であったからではないかと思われます。彼らはユダヤ教の指導者たちと同じような言葉、文化、伝統に生きていたため、ギリシア語を語るユダヤ人ほどの迫害を受けなかったのではないかと思われます。

では、信仰深いヘブライ語を語るユダヤ人はなぜステファノを葬り、彼のことを思って大変悲しんだのでしょうか。彼らは、信仰深かったため、ステファノの信仰に

写真：1320 年 - 1325 年。頭の上にステファノの標章である石を載せている。
ジョット・ディ・ボンドーネ（Giotto di Bondone, 1267? - 1337）

共感し、ユダヤ教の指導者たちのやりかたには必ずしも賛成ではなかったのでしょう。彼らは勇気ある人たちでした。それに反し、サウロ（ローマ式の名はパウロ）は、急進的なファリサイ人で、教会を破壊し、男女を問わず引き出して牢に送っていました。

［2］そこで散っていった人々は福音を知らせながら巡り歩いた。（4～11）

「さて」は「そういうわけで」とも記されるギリシア言です。激しい迫害を受け、やむを得ず散っていったギリシア語を語るユダヤ人のクリスチャンたちは、福音を(原文では御言葉)告げ知らせながら巡り歩きました。「御言葉」はギリシア語で「ロゴス」ですが、この場合は客観的な言葉ではなくて、命や力、愛や喜びを与える生きた言葉、すなわち生きて働いておられたキリストご自身を指しています。ですから、彼らは迫害されても、いや迫害されればされるほど、ステファノのように命と力と喜びに満ちて、喜びと自由の福音を宣言しました。こうして、イエスのように巡回せざるを得なかったのです。

「フィリポはサマリアの町に下っていって、人々に「キリスト」を宣べ伝えました」フィリポは、信徒伝道者で、ステファノと共に執事をして選ばれた七人の執事の一人です（六5「信仰と聖霊に満ちている人ステファノと、ほかにフィリポ、プロコロ、ニカノル、ティモン、パルメナ、アンティオキア出身の改宗者ニコラオを選んで……」）。この働きは信徒たちの働きでした。フィリポはエルサレムから北に下ってサマリアの町に行って、キリストを伝えました。サマリア人はアッシリア人とユダヤ人の混血民族で、ユダヤ人とは不和の関係にありました。このサマリア人たちに、フィリポは「キリスト」を宣べ伝えました。サマリア人はモーセ五書だけを自分たちの正典として受け入れていました。モーセ五書の神を、エルサレムではなくゲルジム山で礼拝していました。しかも、モーセ五書が預言していたメシアを待ち望んでいました。ですから、キリスト（メシア）を宣べ伝え、キリストこそ真のメシアであると彼らに伝えることが、最も有効な伝道の仕方でした。

サマリアの人々は貧しく、しるしや奇跡を信じていました。そういう人々にフィリポはしるしを行いました。それを見た人々は、こぞって彼の話に聞き入りました。実際汚れた霊に取りつかれた多くの人たちからは、その霊が叫びながら出て行きました。多くの中風の患者や足の不自由な人も癒されました。町の人たちは大変喜びました。イエスもしるしや奇跡を行い、悪霊を追い出す癒しのわざをガリラヤやサマリアで行い、「わたしがメシアである」と宣言されました。（ヨハネ四26）

　ところで、この町には以前からシモンという人がいて、魔術を使ってサマリアの人々を驚かせ、偉大な人物を自称し、誇っていました。小さい者から大きい者にいたるまで皆、「この人こそ偉大なものと言われる神の力だ」と言ってシモンに注目していました。人々が彼に注目したのは長い間その魔術に心を奪われていたからでした。

［3］しかし、フィリポが神の国とキリストの名において告げ知らせることを人々は信じ、男も女も洗礼を受けた。（12〜13）

　こうしてサマリアで、フィリポは神の国とイエス・キリストの名について福音を告げ知らせました。人々は信じ、男も女も洗礼を受けました。フィリポは魔術を使うシモンと張り合わず、魔術を排斥せず、魔術に心を奪われている人々を非難することもなく、ただ神の国のすばらしさを語り、イエス・キリストの名の偉大さを語り、福音を告げ知らせました。その結果、男も女も、神の国とイエス・キリストの福音を信じて洗礼を受けたというのですから驚きます。こういう伝道は、神の国とイエス・キリストの喜びの福音の偉大さを身をもって体験した人でなければ出来ません。

　魔術師シモンもあっけに取られ、信じて洗礼を受けたというのですから二度びっくりです。ペンテコステの日と同じ聖霊の偉大な力が、サマリアの地でも働くことが、信徒フィリポによって証明されました。信徒の方は人々の生活をよく知っておられます。生活に密着して伝道し、しかも、魔術をはるかに超える偉大な神の力と、福音の力を確信を持って伝えるならば、必ず生活革命が起ります。サマリアのように、色々な文化が交じり合い、現世的で経済的格差が大きくなってきている日本で、人々の生活をよく知っている信徒の方々が、聖霊に満たされて、勇気と信仰を持って福音を体験的に伝えるならば、人々は男女の差別なく救われ、洗礼を受け得ることを、この物語は雄弁に物語っています。

二十一世紀に生きるわたしたちも、ステファノやフィリポのように聖霊に満たされて、反対や圧迫があっても、大胆に信じて、福音を伝え、人々が癒され、救われて洗礼を受けることを期待しょう。主の御業が拝されますようにいのります。アーメン。

聖霊を受けよ

エルサレムにいた使徒たちは、サマリアの人々が神の言葉を受け入れたと聞き、ペトロとヨハネをそこへ行かせた。二人はサマリアに下って行き、聖霊を受けるようにとその人々のために祈った。人々は主イエスの名によって洗礼を受けていただけで、聖霊はまだだれの上にも降っていなかったからである。ペトロとヨハネが人々の上に手を置くと、彼らは聖霊を受けた。シモンは、使徒たちが手を置くことで、〝霊〟が与えられるのを見、金を持って来て、言った。「わたしが手を置けば、だれでも聖霊が受けられるように、わたしにもその力を授けてください。」すると、ペトロは言った。「この金は、お前と一緒に滅びてしまうがよい。神の賜物を金で手に入れられると思っているからだ。お前はこのことに何のかかわりもなければ、権利もない。お前の心が神の前に正しくないからだ。この悪事を悔い改め、主に祈れ。そのような心の思いでも、赦していただけるかもしれないからだ。お前は腹黒い者であり、悪の縄目に縛られていることが、わたしには分かっている。」シモンは答えた。「おっしゃったことが何一つわたしの身に起こらないように、主に祈ってください。」このように、ペトロとヨハネは、主の言葉を力強く証しして語った後、サマリアの多くの村で福音を告げ知らせて、エルサレムに帰って行った。（使徒言行録八14〜25）

ここにバラバラに分裂してしまった世界の再一致の

可能性があることが理解できます。「聖霊を受けよ」、は、いつの時代でも、教会にとって一番大切なメッセージです。

［1］エルサレムに残った使徒たちは、サマリアにペトロとヨハネを遣わしました。（14～17）

信徒フィリポは、ステファノの殉教がきっかけとなって始まった大迫害により散らされて、サマリアに行き、キリストを宣べ伝えました。キリストの福音は始めてエルサレムを出て、半分異邦人的なサマリアに伝えられました。エルサレム教会はペトロとヨハネをサマリアに遣わし、彼らに聖霊の賜物を按手によって授けました。使徒たちは、それまでユダヤ人と仲が悪かったサマリアの人たちがキリストを救い主と信じて洗礼を受けたと聞いて、その様子を知るため二人の代表をサマリアに送りました。

エルサレム教会の二人の代表が、誕生したばかりのサマリア教会に遣わされたのは、サマリア教会の様子を知るためだけでしょうか。もっと決定的に重要な理由がありました。ユダヤ人とサマリア人は、当時大変仲が悪く対立関係にありました。そこにギリシア語を語る信徒伝道者フィリポが、サマリアに行き福音をつたえると、多くの人たちが信じました。その中には、魔術師であったシモンが入っておりました。このままこの教会を放置しておいたらどうなるでしょうか。大問題が起きてサマリア教会が混乱する危険がありました。さらに、エルサレム教会とサマリア教会が分裂してしまう危険がありました。そこで、エルサレム教会は、これらの問題を未然に防ぐために、二人の代表をサマリアに派遣したと思われます。二人はサマリアに下って行き、サマリアの信徒が聖霊を受けるように祈りました。人々は主イエスの名によって洗礼を受けていただけで、聖霊はまだ誰の上にも降っていなかったからでした。ペトロとヨハネが人々の上に手を置くと、彼らは聖霊を受けました。

さて、ここでいう「聖霊を受けた」ということは何を意味しているのでしょうか。洗礼を受けた時に、人々は聖霊を受けてはいなかったのでしょうか。洗礼を受ける前でも、聖霊の働きがなければ、イエスを救い主と信じることは出来ない筈です。そのように考えますと、サマリアの人々が洗礼を受けた後に「聖霊を受けた経験」は、洗礼を受けたとき聖霊経験とは違うことになります。恐らくこの後の出来事の中で、この出来事を見ていきますと、この聖霊経験は、ペンテコステの時に使徒を含めた百二十名の人たちが経験したような異言を語り、預言をし、興奮状態になった劇的経験を指すものと思われます。このように解釈しますとこの箇所をよく理解できます。

次の問題は按手を受けなければ、この聖霊経験をすることが出来ないかという問題です。ペンテコステの日には按手はありませんでした。聖霊は直接一人一人の上に、一同の上に降ったのです。そうするとこの按手をどのように考えたらよいのでしょうか。「按手」とは、按手するものとされるものとの一体化を一般に意味しております。これは、ペトロたちが代表しているエルサレム教会とサマリア教会との一体化を意味していると考えられます。この按手によって、敵対していたサマリア人たちとユダヤ人たちが、一体化されたことを意味しますし、教会の一致がこれほど重要であると、エルサレム教会の使徒たちは考えていたことが分かります。こうして、この後で誕生する異邦人の教会との一体化も先取りされます。同時に、シモンを代表としている異教的な魔術や星占いや奇跡による教会の崩壊も、避けられる道が開かれたことになります。

聖霊を受ける、あるいは聖霊に満たされるということが、いかに重要なことかが、これでよくわかります。ホーリネス教団は、聖化の経験をウェスレーの伝統に従って非常に重んじます。ウェスレーはこの経験を「キリスト者の完全」という言葉で表現しました。サマリアのクリスチャンたちは、聖霊を受ける事によって、「信仰が完全とされ」、終末的完全に向かって第一歩を踏み出したことになります。

［2］シモン、使徒たちから聖霊の賜物をお金で買おうといたしました。（18〜24）

その時、サヤリア教会独特な出来事が起こりました。すでにフィリポによって洗礼を受けていたシモンが、使徒たちが手を置くことで霊が与えられるのを見て、金を持ってきて言いました。「わたしが手を置けば誰でも聖霊を受けられるように、わたしにもその力を授けてください」と。シモンの正体がばれました。シモンはなぜ聖霊を受けたいのでしょうか。ペトロが、聖霊を授ける権威を持っていると誤解しています。また、お金でその権威を買えると誤解しています。さらにその権威をペトロから授けてもらって、彼が人々に自由に聖霊を与え、人々を支配したり、人々の注意を自分に集めたりしようとしていたのでした。きわめて人間中心、自分中心的な聖霊理解です。

ペトロはそのことを見抜いて一喝しました。「このお金はお前と一緒に滅びてしまうがよい。神の賜物を金で手に入れられると思っているからだ。お前はこのことに何のかかわりもなければ、権利もない。お前の心が神の前に正しくないからだ。」

実に鋭い的確な分析です。さらに言いました。「この悪事を悔い改め、主に祈れ。そのような心の思いでも赦していただけるかもしれないから。お前は腹黒いものであり、悪の縄目に縛られていることが私には分かっている」。悔い改めをすすめ、祈りをすすめています。赦されるかもしれないからとも言っていますし、同時に、シモンの腹黒さをもしっかりと見ています。シモンは答えました。「おっしゃったことが何一つ私の身に起こらないように、主に祈ってください」と。この祈りも自己保身的です。シモンには悔い改める積もりは全くないことがこれで明らかです。

［3］このように、ペトロとヨハネは力強く伝道しながらエルサレムに帰って行きました。（25）

このようにして、サマリア教会、これから生み出される異邦人教会の危機は避けられました。ペトロは、アナニアとサフィラの深刻な問題を解決した霊の力と知恵を、まだ持ち続けていました。ヨハネは、かつてイエスと共にサマリアに行ったときに、人々がイエスを歓迎しなかったので、「天からの火によって彼らを焼き滅ぼしましょうか。」と言いました。彼は、そのサマリアの人々を愛し、和解と赦しと平和の按手を彼らに授けました。

さらにペトロと共に、サマリアと多くの村々で福音を告げ知らせました。ペトロもヨハネも聖霊を受けることによって、このように全く違った新しい人間に変えられていたのです。聖霊に満たされていないシモンと、聖霊に満たされたペトロとヨハネの間には、決定的な違いがあることは明らかです。

まだ色々な問題がこのテキストにありますが、この短いテキストには、教会にとって一番重要なメッセージが記されています。それは、「聖霊を受けよ。聖霊に満たされるときに教会は真の教会となる。まず教会の中に一致が与えられる。しかる後に家庭と社会と世界に一致と平和と和解を与えることが出来る。」というメッセージです。教会の将来構想に最も必要なのはこのメッセージです。悔い改めて、聖霊に満たしていただきましょう。その時に、あなたも教会も家庭も社会も世界も変わるのです。アーメン。

聖霊の導きに従う

さて、主の天使はフィリポに、「ここをたって南に向かい、エルサレムからガザへ下る道に行け」と言った。そこは寂しい道である。フィリポはすぐ出かけて行った。折から、エチオピアの女王カンダケの高官で、女王の全財産の管理をしていたエチオピア人の宦官が、エルサレムに礼拝に来て、帰る途中であった。彼は、馬車に乗って預言者イザヤの書を朗読していた。すると、〝霊〟がフィリポに、「追いかけて、あの馬車と一緒に行け」と言った。フィリポが走り寄ると、預言者イザヤの書を朗読しているのが聞こえたので、「読んでいることがお分かりになりますか」と言った。宦官は、「手引きしてくれる人がなければ、どうして分かりましょう」と言い、馬車に乗ってそばに座るようにフィリポに頼んだ。彼が朗読していた聖書の個所はこれである。

「彼は、羊のように屠り場に引かれて行った。

毛を刈る者の前で黙している小羊のように、
　口を開かない。
卑しめられて、その裁きも行われなかった。
だれが、その子孫について語れるだろう。
彼の命は地上から取り去られるからだ。」

宦官はフィリポに言った。「どうぞ教えてください。預言者は、だれについてこう言っているのでしょうか。自分についてですか。だれかほかの人についてですか。」そこで、フィリポは口を開き、聖書のこの個所から説きおこして、イエスについて福音を告げ知らせた。道を進んで行くうちに、彼らは水のある所に来た。宦官は言った。「ここに水があります。洗礼を受けるのに、何か妨げがあるでしょうか。」〈本に節が欠けている個所の異本による訳文：フィリポが、「真心から信じておられるなら、差し支えありません」と言うと、宦官は、「イエス・キリストは神の子であると信じます」と答えた。〉そして、車を止めさせた。フィリポと宦官は二人とも水の中に入って行き、フィリポは宦官に洗礼を授けた。彼らが水の中から上がると、主の霊がフィリポを連れ去った。宦官はもはやフィリポの姿を見なかったが、喜びにあふれて旅を続けた。フィリポはアゾトに姿を現した。そして、すべての町を巡りながら福音を告げ知らせ、カイサリアまで行った。

（使徒言行録八26～40）

「聖霊の導きに従う」ことほど素晴らしいこと、すごいことはありません。聖霊の導きに従うことによって、不可能と思えた異邦人伝道の道が開かれたのです。

〔1〕さて、フィリポはサマリア伝道の後、天使の命令に従い、荒れた地へ行きました。（26～28）

サマリア伝道で大いに用いられた信徒伝道者フィリポは、天使の命令を受けて、ガザへの道に行きました。そこで、彼は、始めて異邦人に伝道しました。アフリカのエチオピアの女王の高官に、一対一の伝道をしました。初めての異邦人伝道は、主の天使の強い命令によってなされました。人間が考えたり、計画したりして、困難な異邦人伝道は出来ません。主の天使がフィリポに「ここをたって南に向かい、エルサレムからガザへ下る道に行け」と言いました。そこは寂しい所でした。

サマリアの町で、華々しい活躍をしていたフィリポが、このような命令を受けた時に、どのような反応を示したでしょうか。驚いたことにフィリポはすぐ出かけて行きました。驚くべき信仰と服従です。ステファノが殉教し、ギリシア語を話すユダヤ人のクリスチャンたちが地方に散らされて、サマリア伝道がなされました。次は異邦人伝道という特に重要な時ですので、主の天使が、聖霊の特別な導きをフィリポに与えました。フィリポは、事の重大さを理解して、このような即座の服従に至ったものと思われます。ガザはエルサレム南西八キロのところにある寂しく荒れた土地でした。

「折から」は原語では「見よ」です。「見よ、エチオピアの女王カンダケの高官を！　彼はエルサレムに礼拝に来て帰る途中でした。しかも、彼は馬車に乗ってイザヤ書を読んでいました。」「見よ」という言葉に、高官の記事を記す著者ルカの気持ちがうかがえます。この高官は、なぜ遠くエチオピアから馬車に乗ってエルサレムまで礼拝に行ったのでしょうか。エチオピアでは、女王に仕える高官（女王の全財産の管理者）は、女王と過ちを犯すことのないように去勢されていました。申命記二2によると、そういう人は、主の会衆に加わることが出来ませんでした。彼は異邦人ですから、エルサレムでは異邦人の外庭（エルサレム神殿の外庭）からしか礼拝できませんでした。ここに彼の悩みがありました。このような悩みを抱えておりましたので、エチオピアに帰る途中イザヤ書を大きな声を出して朗読していたのです。彼は重い課題をもった熱心な求道者でした。当時の厳しいユダヤ教の律法のもとでは救われませんでしたので、真剣にイザヤ書を読んでいたのです。

［2］次に〝霊〟の命令に従って、エチオピアの女王の高官の馬車と一緒に行きました。（29〜38）

〝霊〟が追いかけて来て「あの馬車と一緒に行け」と言いました。フィリポは疑わないで、すぐにこの霊の命令（導き）に従いました。実に素直です。ですから伝道のチャンスにめぐまれるのです。フィリポは走り寄ると、預言者イザヤの書を朗読していました。「読んでいることがお分かりになりますか」とたずねると、高官は「手引きしてくれる人がなければ、どうして分かりましょう」と言い、馬車に乗って、そばに座るようにフィリポに頼みました。「読んでいることがお分かりになりますか」と質問して、個人伝道に入っているところなど、異邦人に対するアプローチとしては適切です。（日本もユダヤ人から見たら異邦人です。）

ここで一つ疑問がわいてきます。エチオピア人の高官はどうしてフィリポのギリシア語が理解できたのでしょうか。それはアフリカのアレキサンドリヤには当時たくさんの離散のユダヤ人が住んでおり、彼らはギリシア語に訳された聖書（七十訳LXX）を読んでいました。そしてその七十訳の旧約聖書はエチオピア人のユダヤ人の社会にも普及しており、同国の知識人たちも、そのギリシア語の聖書を読んでおりました。したがって、この高官はギリシア語でフィリポと話をすることが出来たのでした。

彼が朗読していた聖書の箇所は、イザヤ書五三7～8でした。「彼は、羊のように屠り場に引かれて行った。毛を刈る者の前で黙している子羊のように、口を聞かない。……」高官はフィリポに言いました。「どうぞ教えてください。預言者はだれについてこう言っているのでしょうか。自分についてですか。だれかほかの人についてですか」。するどい質問です。彼が問うたのは、この箇所の細かい釈義ではありません。単刀直入に「預言者は誰について言っているのですか。自分についてですか。ほかの人についてですか？」とずばりと問うたのです。そこでフィリポは、その聖書の箇所から説き起こして、イエスについて、福音を告げ知らせました。なぜこの高官はイザヤ書五三5～6から読まなかったのでしょうか。この箇所こそイザヤ書のみならず旧約全体のクライマックスと言われ、人間の贖罪について書いてあるところです。恐らく彼の悩みの中心は去勢の問題であり、またそこから出てくる礼拝の中心的仲間に入れてもらえない差別の問題であったからではないでしょうか。

フィリポは、「誰について」という彼の問いに対して、「真のメシアであるイエス」であると答えました。そしてこのイエスの福音を告げ知らせ、キリスト教の中心的メッセージを語りました。去勢されているからと言って、礼拝者の仲間に入れないなどということはありません。

差別されている異邦人のためにも、イエスは、十字架で生命を捨ててくださって、わたしたちの罪を贖い、神の子とし、永遠の生命（復活の生命）を与えてくださいました。この力強し福音をフィリポは告げ知らせました。彼は「イエス・キリストを神の子と信じます」（37・口語訳）と信仰を告白して、洗礼を受けました。フィリポは聖霊の導きのすべてを理解しました。

［3］彼らが水の中から上がると主の霊がフィリポを連れ去りました。（39〜40）

　彼らが水の中から上がると主の霊がフィリポを連れ去りました。そんなことがあり得るのでしょうか。まるで、旧約のエリアのようです。（列王記）彼は喜びあふれて旅を続けました。彼は新しく生まれ変わって、フィリポから自立して、喜びにあふれてエチオピアに帰って伝道しましたので、多くの人たちがクリスチャンになりました。エチオピアは今もキリスト教国です。フィリポはアゾド（アシトド）に姿を現しました。そしてすべての町を巡りながら、福音をつげ知らせ、カイサリアまで行きました。このカイサリアは、フィリポの伝道により、その後、キリスト教の中心地となりました。わたしたちも神の霊の特別な導きが感じられた時には、ためらわず、疑わず、ただちにその導きにしたがって行こうではありませんか。アーメン。

天よりの光と声

　さて、サウロはなおも主の弟子たちを脅迫し、殺そうと意気込んで、大祭司のところへ行き、ダマスコの諸会堂あての手紙を求めた。それは、この道に従う者を見つけ出したら、男女を問わず縛り上げ、エルサレムに連行するためであった。ところが、サウロが旅をしてダマスコに近づいたとき、突然、天からの光が彼の周りを照らした。サウロは地に倒れ、「サウル、サウル、なぜ、わたしを迫害するのか」と呼びかける声を聞いた。「主よ、あなたはどなたですか」と言うと、答えがあった。「わたしは、あなたが迫害しているイエスである。起きて町に入れ。そうすれば、あなたのなすべきことが知らされる。」同行していた人たちは、声は聞こえても、だれの姿も見えないので、ものも言えず立っていた。サウロは地面から起き上がって、目を開けたが、何も見えなかった。人々は彼の手を引いてダマスコに連れて行った。サウロは三日間、目が見えず、食べも飲みもしなかった。（使徒言行録九1～9）

「天よりの光と声」が、初代教会の最大の迫害者サウロを、劇的回心に導きました。サウロの回心により、教会の最大の敵が、最大の味方に変えられました。

［1］サウロ、教会の迫害に意気込んで、大祭司のところに行った。（1～2）

いよいよ、歴史的にきわめて重要な、サウロ（ラテン語名パウロ）の劇的回心物語に入ります。これは、エチオピアの高官の回心物語とは対照的です。異邦人伝道者の第一人者となるサウロの回心は、天からのするどい光と、サウロに呼びかけるイエスの声によりました。サウロの回心の記事はパウロ書簡に六回、使徒言行録に三回記されています。彼の回心の出来事が、いかに重要視されているかが分かります。彼が、キリスト教会の最大の迫害者であったからです。

彼が、いかに徹底した迫害者であったかを、最もよく表している言葉が「なおも」です。エチオピア人の高官が、明確な救いに導かれ、これから異邦人伝道が積極的に展開されるのかという期待は、見事に裏切られました。ファリサイ人サウロが、なおも意気込んで、主の弟子たちを脅迫し、殺そうとしていました。彼は、キリスト教の国家的な大迫害を展開しようとして、大祭司（国家宗教の最高責任者）から、ダマスコの諸会堂宛の手紙を求めました。それは、この道に従う者を見つけ出して、男女を問わず縛り上げ、エルサレムに連行するためでした。

当時、キリスト教という新しいユダヤ教の異端を信じる人たちを、ユダヤ教の人たちは、この道に従う者と呼んでいました。彼らはキリストの教え（教理）を受け入れていただけでなく、全生活を持ってその教えを実践していたのです。特にステファノの殉教の死以来、ギリシア語を語るキリスト教徒たちは、キリストが生きられたように生きようといたしましたので「この道に従う者」と呼ばれたのです。ダマスコは、エルサレムの北約二一〇キロにあるシリアの首都でした。ユダヤ教の会堂は、散らされたユダヤ人によって、ローマ帝国中につくられていました。

［2］ところが、サウロが旅をしてダマスコに近づいたとき、突然天から光がかれの周りを照らした。（3〜7）

この箇所の「鍵の言葉」は「光と声」です。まず「光」ですが、サウロはダマスコに近づいたとき、突然天からの光が彼の周りを照らしました。この「光」について色々な解釈があります。この光は、真昼の強い光であるというのが、最も一般的な解釈です。この解釈では、なぜサウロがこの光を見たときに地に倒れ、三日間も目が見えなくなるほどに苦しんだのか十分説明ができません。もう一つの説明は、この光は外的光よりもむしろ強力な内的光が心の中に突然差し込んできたというものです。この場合は、その内的光とは、どのような光であったかが問われます。

この強力な光というのは、恐らくステファノが、殉教する前に七十人議会でした説教、あの旧約からの長いイスラエルの救いの歴史に関係していると筆者は考えます。サウロは、当時学問の世界では三大都市の一つと言われたタルソ出身で、エルサレムに留学し、当時最高のラビ（ユダヤ教の教師）と言われたガマリエルのもとで、ヘブライ語でユダヤ教を学んだ優れた旧約聖書の専門家でした。その彼が、エルサレムからダマスコに旅する間、繰り返しステファノの説教を考えつづけたとおもわれます。ファリサイ派の旧約解釈とは全く違う解釈でした。そのような時に、十字架上で死んだはずのイエスが、「サウル、サウル、なぜ、わたしを迫害するのか」と呼びかける声を聞いたのですから、彼は天地がひっくり返るほどに驚いたのではないかと思います。死んだ筈のイエスが生きていて、このような私に語りかけるとは、いったいどのようなことなのか。目がみえなくなるほどに、彼は考え苦しんだのではないかと思われます。その意味では、この光と声は、始めは、裁きの光と声であったでしょう。

彼に語りかけたイエスは「なぜ私を迫害するのか」と尋ねました。彼は教会を迫害し、ステファノを迫害しましたが、イエスを迫害した覚えはありません。彼は益々混乱しました。そこで彼は思わず「主よ、あなたはどなたですか？」と叫びました。当然の質問です。まだ、イエスをキリスト（メシア）と信じていないのに、なぜ彼はイエスを「主よ」と呼んだのか、これは難問です。彼の心にはステファノが息を引き取る直前の祈り――耐えられないような肉体的な苦しみの中で「主よ、この罪を彼らに負わせないでください」と祈った祈り――が心に焼き付いていました。徐々に彼の心の中に、内的光が入り、浸透しつつあったのではないでしょうか。

するとイエスからの答えがありました。「わたしは、あなたが迫害しているイエスである。起きて町に入れ。そうすれば、あなたのなすべきことが知らされる。」（5〜6）その時に同行していた人たちは、声は聞こえても、誰の姿も見えないので、ものも言えずに立っていましたと記されています。同行した人たち（サウロのヘルパーたち）は、イエスがサウロに語られた言葉を声として聞いたが、誰一人としてイエスの姿は見ていません。ですから、内的な光を受けて、苦しんでいるサウロの心の苦しみも、彼らは知ることは出来ませんでした。この内的苦しみから、サウロはどのようにして解放されたのでしょうか。

［3］サウロは地面から起き上がって、目を開けたが何も見えなかった。（8）

復活のイエスから、当座何をなすべきかを指示されていました。サウロは地面から起き上がって、目を開きましたが、何も見えませんでした。人々は、彼の手を引いて、ダマスコに連れて行きました。何という、サウロの変わりようでしょうか。男女を問わず縛り上げ、エルサレムに連行しようとしてダマスコに来たサウロは、地面に倒れこんで、立ち上がっても一人では歩けない無力な人間にと成り果てたのです。

サウロは三日間、目が見えず、飲み食いもしませんでした。余りの内面的な苦しみのため、食欲がなく、食べることも飲むことも出来なかったのです。復活されたイエスは、十字架上で死なれ、墓に三日間、埋葬されました。今、サウロはその暗黒の苦しみ、死のような苦しみを三日間経験しました。イエスが、サウロの救いのためにどれほど苦しまれたかを、体験的に知らされたのです。三日間断食して、祈り、どうしたらこの暗黒と死の苦しみから解放されるのかを考えました。

すでに「主よ」とサウロはイエスに呼びかけています。イエスが旧約の神、ヤーウェ（主）ではないかと、ステファノのメッセージを通して知り始めていたのではないかと思います。サウロは神のみ旨に従うクリスチャンたちを迫害していましたが、実は死んでよみがえられた主なる神であられるイエスに背いていたのです。当然、どうしたら救われるのか、断食して祈り、徹底して祈りました。復活されたイエスの導きに従って、ダマスコに行き、アナニアというダマスコの教会の代表に会い、手を置いて祈っていただきました。その時に目が見えるようになり、聖霊と水のバプテスマを受けました。彼はこの教会最大の敵から最大の味方に変えられ、最も困難な異邦人伝道の使命を与えられました。アーメン。

遣わされて行く

ところで、ダマスコにアナニアという弟子がいた。幻の中で主が、「アナニア」と呼びかけると、アナニアは、「主よ、ここにおります」と言った。すると、主は言われた。「立って、『直線通り』と呼ばれる通りへ行き、ユダの家にいるサウロという名の、タルソス出身の者を訪ねよ。今、彼は祈っている。アナニアという人が入って来て自分の上に手を置き、元どおり目が見えるようにしてくれるのを、幻で見たのだ。」しかし、アナニアは答えた。「主よ、わたしは、その人がエルサレムで、あなたの聖なる者たちに対してどんな悪事を働いたか、大勢の人から聞きました。ここでも、御名を呼び求める人をすべて捕らえるため、祭司長たちから権限を受けています。」すると、主は言われた。「行け。あの者は、異邦人や王たち、またイスラエルの子らにわたしの名を伝えるために、わたしが選んだ器である。わたしの名のためにどんなに苦しまなくてはならないかを、わたしは彼に示そう。」そこで、アナニアは出かけて行ってユダの家に入り、サウロの上に手を置いて言った。「兄弟サウル、あなたがここへ来る途中に現れてくださった主イエスは、あなたが元どおり目が見えるようになり、また、聖霊で満たされるようにと、わたしをお遣わしになったのです。」すると、たちまち目からうろこのようなものが落ち、サウロは元どおり見えるようになった。そこで、身を起こして洗礼を受け、食事をして元気を取り戻した。

（使徒言行録九10〜19ａ）

「遣わされて行く」、ここにキリスト教の本質があり、新しい歴史を創造する秘密があります。

［1］ところで、ダマスコにアナニアという弟子がいた。（10〜12）

新しい異邦人伝道の歴史を造った主役は、復活のイエスであり、イエスの「行け」という無鉄砲な命令に勇気を持って従った信徒アナニアであり、アナニアのとりなしにより目からうろこが落ちて開眼したサウロでした。アナニアが「行け」という主の命令に勇気を持って従わなかったら、サウロはどうなったでしょうか。サウロの閉ざされた目は開くこともなく、教会に受け入れられて偉大な異邦人伝道者となることはなかったかも知れません。アナニアは、教会の最大の迫害者サウロを恐れずに、主に遣わされて、サウロのところに行きました。サウロの目は開かれ、異邦人伝道者として立ち上がることが出来たのです。一人の信徒の生命がけの信仰と服従が、偉大な奇跡を産んだのです。サウロの開眼と、救いと、召命のためにアナニア（主は恵み深いの意）を主は備えてくださいました。彼は律法に従って生活する信仰深い人で、そこに住んでいるすべてのユダヤ人の中で評判のよい人でした。（使徒二二12）

幻の中で主が、「アナニア」と呼びかけると、アナニアは「主よ、ここにおります」と言いました。すると主は言われました。「立って『直線通り』と呼ばれる通りへ行き、ユダの家にいるサウロという名のタルソス出身の者を訪ねよ」。とんでもない主のご命令です。アナニアは、サウロがキリスト教の迫害者であって、男女を問わず縛り上げ、エルサレムに連行していた人物であることを知っております。そのサウロに会いに行けという命令には、簡単に従えるでしょうか。よほど安全を確かめてからでないと、いや、それでもこの命令に従うことは容易ではありません。

　主はさらに言われました。「彼は祈っている」と。サウロは何を祈っていたのでしょうか。強い光によって、彼は三日間何も見ることが出来なかったので、目が見えるように祈っていたのでしょうか。ステファノの旧約からのあの壮大な弁明を聞いて、その隠された深い意味が開かれるように祈っていたのでしょうか。サウロのことを「アナニアという人が入ってきて自分のうえに手を置き、元通り目が見えるようにしてくれるのを幻で見たのだ」と、主がアナニアに言っておられるので、アナニアはある程度、安心は出来たかもしれません。

［2］アナニアは主に反論して言った。「その人がエルサレムで悪事を働いたことを聞きました」。（13〜17）

　それでも、まだ色々な疑問や不安が彼の心にはありました。そこで彼は言いました。「主よ、わたしはその人がエルサレムで、あなたの聖なる者たちに対して、どんな悪事を働いたか、大勢の人から聞きました。ここでも、御名を呼び求める人をすべて捕らえるため、祭司長たちから権限を受けています」。おびえるアナニアに、主はなんと言ったのでしょうか。驚くべきことを言われました。「行け。あの者は異邦人や王たち、またイスラエルの子らに私の名を伝えるために、私が選んだ器である。私の名のために、どんなに苦しまなくてはならないかを私は示そう」。アナニアの言い訳など聞く耳を持たない、私の命令に従えばいいのだと言わんばかりです。

　しかし、よく読んでみると、イエス様がサウロに与える、異邦人や王たち、またイスラエルの子らに、イエスの名を伝える世界宣教の使命が隠されています。それだけでなく、ユダヤ人であり、ファリサイ人であるサウロにとって、最も困難な異邦人伝道、それも最も社会的地位の高い王たちや、最もかたくなイスラエルの子らに福音を伝えるために選んだ器であると、イエスはアナニアに打ち明けられました。なんというアナニアに対する信頼でしょうか。それにも勝って何というイエスの、そして神の深い逆説的サウロに対するみこころでしょうか。このことを悟ったアナニアは、イエスの命令に、ただちに従いました。命をかけて従うに足る歴史的命令と、彼は理解し、信じたのです。復活のイエスの説明もすぐれています。同時にアナニアの理解と判断と信仰もすぐれています。

　彼は出かけて行き、ユダの家に入り、サウロの上に手を置いて言いました。「兄弟サウル、あなたがここに来る途中に現れてくださった主イエスは、あなたが元通り目が見えるようになり、また、聖霊で満たされるようにと、私をお遣わしになったのです。」と。「サウロの上に手を置く」ことは、アナニアとサウロが一体となることを示しています。「兄弟サウル」というアナニアの呼びかけに感動を覚えます。アナニアの心は、すでにサウロのクリスチャン迫害の大罪を赦して、主にある兄弟として受け入れていることがわかります。

　そして彼は、自分が主イエスによって遣わされて来た目的を、明確に二つ述べています。一つはサウロの目が元通り見えるようになることです。これだけでも大きな奇跡であり、恵みです。二つ目はサウロが聖霊で満たされるようにということです。憎しみ、脅迫、迫害の霊ではなく、聖なる神とキリストの霊に満たされる時に、始めて世界宣教の使命を果たす霊の力が与えられるのです。その時に、サウルが、確かに神とイエスによって選ばれている世界宣教の器であることが証しされるのです。その時に、サウロの肉の目と共に霊の目が開かれて、復活、昇天された栄光のイエスを見ることが出来、この地上に証し、反映させることが出来るのです。

　そのことを可能にするもの、それがイエスの十字架の愛であり、復活の力なのです。聖霊で満たされていることは、イエスと共にわたしたちの自我が死んで、復活のイエスと共に死からよみがえって、わたしたちの内に、十字架と復活のイエスが生きておられることです。この内におられるイエスが、わたしたちに宣教させてくださるのです。これこそクリスチャンの最高の喜び、生き甲斐なのです。

［3］するとたちまち目からうろこのようなものが落ち、サウロは元どおり見えるようになった。（18〜19）

すると、たちまち目からうろこのようなものが落ちて、肉の目と共に霊の目が見えるようになりました。もはや彼は古い肉的人間ではなく、新しく生まれ変わった人間となったのです。イエスの見方も根本的に変えられました。自分の見方も、他人の見方も、世界、宇宙の見方も全く新しい見方が出来るようになったのです。赦されてこそ、敵対する者を赦し、彼らを兄弟と呼び、兄弟として受け入れることが出来ます。ここに神の国が来たのです。そこで、サウロは身を起こして洗礼を受け、食事をし、元気を取り戻しました。愛と喜びと感謝と希望を持って、神と異邦人、隣人、敵対する人たちの救いのために生き生きと輝いて生きることが出来るように変えられたのです。ハレルヤ。

この人（イエス）こそ神の子である

サウロは数日の間、ダマスコの弟子たちと一緒にいて、すぐあちこちの会堂で、「この人こそ神の子である」と、イエスのことを宣べ伝えた。これを聞いた人々は皆、非常に驚いて言った。「あれは、エルサレムでこの名を呼び求める者たちを滅ぼしていた男ではないか。また、ここへやって来たのも、彼らを縛り上げ、祭司長たちのところへ連行するためではなかったか。」しかし、サウロはますます力を得て、イエスがメシアであることを論証し、ダマスコに住んでいるユダヤ人をうろたえさせた。かなりの日数がたって、ユダヤ人はサウロを殺そうとたくらんだが、この陰謀はサウロの知るところとなった。しかし、ユダヤ人は彼を殺そうと、昼も夜も町の門で見張っていた。そこで、サウロの弟子たちは、夜の間に彼を連れ出し、籠に乗せて町の城壁づたいにつり降ろした。（使徒言行録九19ｂ〜25）

「この人こそ神の子である」というサウロの回心後の最初のメッセージは、サウロの生涯を貫いたメッセージのエッセンスでした。

［1］サウロは数日の間、ダマスコの弟子たちと一緒にいて（19～20）

キリスト教の大迫害者サウロが奇跡的に回心に導かれた出来事を、先週、わたしたちは学びました。彼が回心して何をしたかが、今朝のテキストに記されています。キリスト教の大迫害者が回心し、一瞬にしてキリスト教の大伝道者に変えられました。死からよみがえられた神の子イエスに出会って、イエスこそ神の子であると信じる時に、大回心が起こります。回心とは、わたしたちを支えている根本が変えられることを意味します。このような力を持っているお方は、聖霊以外におられません。「聖霊によらなければ、だれも『イエスは主である』とは言えないのです」と記される通りです。（Ⅰコリント一二3）

サウロは、回心してから、健康が回復するまで数日の間、ダマスコの弟子たちと一緒にいた後、すぐあちこちの会堂で、「この人こそ神の子である」とイエスのことを宣べ伝えました。数日の間にサウロが自分の弟子を持ったことは驚きです。彼の影響力はそれほど強かったのでしょうか。もう一つの驚くべきことは、サウロがすぐに、あちこちの会堂で、「この人こそ神の子である」と宣べ伝えたことです。それまでは、この信仰を持つ人たちを、彼は迫害していました。ところが、サウロは回心すると同時に、自分が迫害してきた者の信仰の中心的真理を告白し伝え始めました。ダマスコの人たちは皆、非常に驚きました。人々はこのサウロを簡単に信用することは出来ませんでした。それを承知の上で、サウロは「この人こそ神の子である」と宣べ伝え始めたのです。何故でしょうか。

彼は、心の底から沸き起こってくる救いの喜びを押えることが出来なかったのでしょう。サウロは、自分はステファノを死に追いやった殺人者、自分は神を裏切った者、イエスを死に追いやった者であることを知って、一時、視力を失い、闇の世界に追いやられました。この罪深い自分の罪をイエスご自身が、負ってくださり、赦してくださったことを知って、心の底から感謝しました。この喜びと感謝こそが、回心してすぐに、最も危険な場所で、福音を宣べ伝えた理由であると思います。

　サウロは、この回心がどのようなものであったかを、フィリピの信徒への手紙に記しています。「……律法に関してはファリサイ派の一員、熱心さの点では教会の迫害者、律法の義については非のうちどころのない者でした。しかし、わたしにとって有利であったこれらのことを、キリストのゆえに損失と見なすようになったのです。そればかりか、わたしの主キリスト・イエスを知ることのあまりのすばらしさに、今では他の一切を損失とみています。……わたしには、律法から生じる自分の義ではなく、キリストへの信仰による義、信仰に基づいて神から与えられる義があります。わたしは、キリストとその復活の力とを知り、その苦しみにあずかって、その死の姿にあやかりながら、何とかして死者の中からの復活に達したいのです。」（三5～11）

［2］これを聞いた人々は皆、非常に驚いて言った。「あれは、エルサレムでこの名を呼び求める者たちを滅ぼしていた男ではないか。」（21～24）

　彼ら腰を抜かさんばかりに驚いて「あれは、エルサレムでこの名を呼び求める者たちを滅ぼしていた男ではないか。また、ここにやって来たのも、彼らを縛り上げ、祭司長たちのところへ連行するためではなかったか。」といいました。彼らは、サウロの言うことを聞く耳を持っていませんでした。それでも、サウロは益々力を得て、イエスがメシアであることを論証し、ダマスコに住んでいるユダヤ人たちをうろたえさせました。普通なら、人々が心を閉ざし、反発し、敵意を持っているような場合には、話すのをやめてしまうのですが、サウロは逆に益々力を得て、イエスがメシアであることを論証しようとしました。

　ユダヤ教を信じている人たちは、かつてサウロがそうであったように、メシア（救い主）はまだ来ていないと信じていました。ところが回心したサウロは、旧約聖書に長い間預言されてきたメシア（油注がれたもの）はイエスであると断言いたしましたので、一時、彼らはうろたえましたが、かなりの日数がたって、ユダヤ人はサウロを殺そうとたくらみました。今度はサウロが迫害され、殺害される立場に立ちました。

「かなりの日数がたって」（23）については、著者ルカは何も記しません。ガラテヤの信徒への手紙には「アラビアに退いて、そこから再びダマスコに戻ったのでした。それから三年後、ケファと知り合いになろうとしてエルサレムに上り、十五日間彼のもとに滞在しました」（一17～18）とサウロ自身が記しています。なぜ三年もアラビアに退いたのか記されていません。あまりにもダマスコでの反発が強かったためと、わずか三日間に起こった劇的回心をよく理解するためであったかと考えます。ステファノが命をかけて見事に旧約聖書全体から、「イエスこそ真のメシアである」と弁証したことを学ぼうとしたのでしょう。また、復活のイエスから与えられた世界宣教の使命についても、預言者たちの召命経験から学びたいと思ったかもしれません。いずれにしろ、さまざまな困難・苦難を予想して、神様との交わりを密にし、祈りの生活を充実させたことでしょう。かなりの日数が経って、ダマスコに帰ってきたところ、ユダヤ人はサウロを殺そうとの陰謀をサウロは知りました。

〔3〕そこで、サウロの弟子たちは、夜の間に彼を連れ出した。（25）

サウロの弟子たちは、夜の間に彼を連れ出し、籠に乗せて、町の城壁づたいに吊り降ろしました。サウロは、なぜステファノのように殉教の死を覚悟して、ダマスコにとどまって、福音を伝え続けようとしなかったのでしょうか。いくつかの理由があったと思います。

第一の理由は、サウロには、復活のイエスによって与えられた世界宣教の使命がありました。

第二に、彼はエルサレムに行って、使徒たちに会い、自分の回心を証しして、エルサレム教会に異邦人伝道者として、受け入れられる必要がありました。全世界の教会の一致とユダヤ人と異邦人の和解のためには、どうしても必要なことでした。

第三に、イエスの名のためにまだ十分に苦しんでいませんでした。

第四に、当時の世界の中心地、ローマに、また世界の果てまで、福音を伝えていませんでした。

第五に、「ローマ人への手紙」のように福音を論証する文書をまだ書いていませんでした。これらの使命を充分果たすことのためには、まだサウロは死ぬわけにはいかなかったのです。

「この人こそ神の子である。」これこそキリスト教の最も重要なテーマです。イエスは、「人にして神、神にして人」という絶対に矛盾しながら融合しておられる真のメシアです。罪人の頭であるサウロの罪を赦して大聖徒と変え、わたしたちの罪を赦し、世界平和と一致をもたらしてくださるお方です。わたしたち一同、この福音宣教の使命に立たせていただきましょう。アーメン。

平和を保ち、主を畏れる

サウロはエルサレムに着き、弟子の仲間に加わろうとしたが、皆は彼を弟子だとは信じないで恐れた。しかしバルナバは、サウロを連れて使徒たちのところへ案内し、サウロが旅の途中で主に出会い、主に語りかけられ、ダマスコでイエスの名によって大胆に宣教した次第を説明した。それで、サウロはエルサレムで使徒たちと自由に行き来し、主の名によって恐れずに教えるようになった。

また、ギリシア語を話すユダヤ人と語り、議論もしたが、彼らはサウロを殺そうとねらっていた。それを知った兄弟たちは、サウロを連れてカイサリアに下り、そこからタルソスへ出発させた。こうして、教会はユダヤ、ガリラヤ、サマリアの全地方で平和を保ち、主を畏れ、聖霊の慰めを受け、基礎が固まって発展し、信者の数が増えていった。

（使徒言行録九26～31）

「平和を保ち、主を畏れる」ことこそ、教会成長の二大要因です。

［1］サウロはエルサレムに着き、弟子の仲間に加わろうとしたが、みなは彼を弟子とは信じないで、恐れた。

（26～27）

ガラテヤ一15～17によりますと、サウロは回心した後すぐ「この人こそ神の子です」と伝道しましたが、すぐにエルサレムには行きませんでした。寂しいアラビアの荒野に三年退いて、旧約聖書をイエスこそメシアであるという光の中で、学び直し、祈り考えました。そして三年後には最も危険な場所、エルサレムの使徒たちのところに行きました。使徒たちの仲間入りをするためでした。予想したとおり、キリスト教の迫害者であったサウロは、簡単には仲間として受け入れられませんでした。今朝のテキストによりますと次のように記されています。「サウロはエルサレムに着き弟子の仲間に加わろうとしたが、みなは彼を弟子だとは信じないで、恐れました。」（九26）かつてはキリスト教の迫害者であったわけですから、当然です。なぜ彼はエルサレムに行かないで、すぐに異邦人伝道をしなかったのでしょうか。エルサレムに行けば、恐れられるだけではなく、ギリシア語を話すユダヤ人たちから「裏切り者」ということで、生命を狙われることは分かっていた筈です。彼のこの不思議な行動をどう説明したらよいのでしょうか。

彼が、エルサレム教会に仲間として受け入れられなければ、彼は孤立してしまいます。世界宣教の使命を成し遂げることは困難となりますし、この窮地を、彼はどのように脱出したのでしょうか。神は逃れる道をお備えくださったのです。ルカは次のように記しています。「しかし、バルナバはサウロを連れて使徒たちのところに案内し、サウロが旅の途中で主に出会い、主に語りかけられ、ダマスコでイエスの名によって、大胆に宣教した次第を説明しました」と。

「バルナバ」は「慰める」という意味です。使徒四36によると、彼はレビ族（祭司族）の一人で、キプロス島生まれの裕福な人で、持っている畑を売り、使徒たちの足元に持ってきて献げた信仰的な人でした。エルサレム教会では非常に尊敬されていました。ですから彼がサウロの手を握って（案内して来たことには、ギリシア語で情のこもった意味がふくまれます）危機の中にあったサウロのために仲介の働きをしました。彼は、使徒たちに、サウロがダマスコの旅の途中で復活の主に出会い、語り掛けられて回心したこと、回心直後ダマスコで大胆に宣教したことを説明しました。使徒たちも、復活されたイエスに出会って、始めて忠実な弟子たちに変えられた経験を持っておりましたので、快くサウロを自分たちの仲間として受け入れたのでした。

　サウロは信徒伝道者ステファノに導かれ、信徒アナニアに助けられ、今また信徒伝道者バルナバのとりなしによってエルサレム教会に仲間として受け入れられました。なぜサウロはそうまでしてエルサレム教会の仲間になろうとしたのでしょうか。復活された主イエスが、使徒たちに「あなたがたはエルサレムから全世界に出て行って、福音を伝えなさい。」と命令しておられたからです。ですから、サウロは万難を排して、最も危険なエルサレムにまず行きました。命を狙われても、エルサレムでまず、ギリシア語を話すユダヤ人たちに議論をしながら、喜びのイエスの福音を伝えたのでした。

［2］**それでサウロはエルサレムで使徒たちと自由に行き来し、主の名によって恐れ、共に教えるようになった。**（28～30）

　バルナバがサウロの保証人になったために、サウロは使徒たちと自由に交わり、生前のイエスの事を尋ねたり、学ぶことも出来ました。クリスチャンになるということは、過去がどんなに罪深くても、十字架と復活のイエスを信じて、新しく生まれ変わることです。この証が立てられておれば、使徒たちと信徒たちにも受け入れられ、自由に交わり、主の名によって恐れずに教えることができるのです。サウロは、かつて仲間たちを何とかして律法の絆から解放しようと、ギリシア語を語るユダヤ人たちにキリストの福音を語りましたが、かえって裏切り者として迫害を受けました。それを知った時、数日前までは恐れていたサウロを、今や、兄弟として受け入れ、親身になって助け、カイサリアまで護衛して行ったということですから、彼らの兄弟意識は本物でした。彼らはサウロをカイサリアから、彼の故郷タルソス行きの船に乗せ、安全を確かめてからまたエルサレムに帰っていきました。こうした本物の兄弟愛を持った教会に、わたしたちの教会もしていただきたいと切望して、来年の教会の標語を「祈り合い、支えあう教会」にしようと考えております。

［3］こうして教会はユダヤ、ガラテヤ、サマリアの全地方で平和を保ち（31）

ルカはこれまでの教会の働きを「こうして教会は」の言葉でまとめ、これまで教会を通して現された聖霊の働きを総括しました。そして、いよいよ本格的な異邦人伝道の働きを書き始めます。まず、ペトロが幻に導かれ、異邦人である百人隊長コルネリウスの回心の物語から書き始めます。

ペンテコステの日に、百二十人の上に聖霊が降臨して教会が誕生しました。それ以来、目覚しい働きがなされ、ユダヤ、ガラテヤ、サマリアといった対立関係にあった三つの地方に教会が建て上げられました。その結果これらの地域の人々は平和を保ち、主を畏れ、聖霊の慰めを受けました。このことが、教会建設（成長）の決定的要因であったとルカは指摘しました。今から二千年前に、ルカがこうした洞察力を持っていたことは驚きです。さまざまな文化・文明が、昔も今も存在しています。この多様な文明・文化の多様性を生かしながら統合するものこそ、聖霊であり、神にして人であられるキリストであり、主にして神であられるお方であると筆者は考えます。

「基礎が固まり」はもともと「家が建て上げられる」ことを意味します。今日、世界も日本も、個人主義的なものによって、真の共同体が破壊されて苦しんでいます。こういう状況にある現代、初代教会のような真の共同体（真の教会）を建設し、証することが急務です。これができれば、教会は発展し、その結果として信徒も増えていくというメッセージではないでしょうか。

教会が真の教会になる時に、教会は成長するのです。真の平和を保ち、神を畏れることこそ、決定的に重要なことです。どのようにしたら真の平和を保ち、神を畏れることが出来るのでしょうか。

その秘訣は、イエスご自身が仲裁者であられたように、わたしたち一人一人が、自分を犠牲として、神と人、人と人の間にある敵意、敵対感情を取り去って、赦し、和解の働きを喜んでさせていただくことです。その時に、そこに平和が実現し、維持されていくのではないでしょうか。その平和、和解、赦しを維持していくために、信仰を持って祈り、主を畏れ、聖霊の慰めを受け続けていこうではありませんか。アーメン。

起きなさい。
イエス・キリストが癒してくださる

ペトロは方々を巡り歩き、リダに住んでいる聖なる者たちのところへも下って行った。そしてそこで、中風で八年前から床についていたアイネアという人に会った。ペトロが、「アイネア、イエス・キリストがいやしてくださる。起きなさい。自分で床を整えなさい」と言うと、アイネアはすぐ起き上がった。リダとシャロンに住む人は皆アイネアを見て、主に立ち帰った。ヤッファにタビタ――訳して言えばドルカス、すなわち「かもしか」――と呼ばれる婦人の弟子がいた。彼女はたくさんの善い行いや施しをしていた。ところが、そのころ病気になって死んだので、人々は遺体を清めて階上の部屋に安置した。リダはヤッファに近かったので、弟子たちはペトロがリダにいると聞いて、二人の人を送り、「急いでわたしたちのところへ来てください」と頼んだ。ペトロはそこをたって、その二人と一緒に出かけた。人々はペトロが到着すると、階上の部屋に案内した。やもめたちは皆そばに寄って来て、泣きながら、ドルカスが一緒にいたときに作ってくれた数々の下着や上着を見せた。ペトロが皆を外に出し、ひざまずいて祈り、遺体に向かって、「タビタ、起きなさい」と言うと、彼女は目を開き、ペトロを見て起き上がった。ペトロは彼女に手を貸して立たせた。そして、聖なる者たちとやもめたちを呼び、生き返ったタビタを見せた。このことはヤッファ中に知れ渡り、多くの人が主を信じた。ペトロはしばらくの間、ヤッファで革なめし職人のシモンという人の家に滞在した。（使徒言行録九32～43）

エルサレムと異邦人との間に異教の町リダとヤッファがありました。サウロがタルソに去った後再び、初代教会の最高責任者ペトロが方々を巡り歩き、リダに住むクリスチャンたちのところに下って来ました。

［1］ペトロは方々を巡り歩き、リダに住んでいる聖なる者たちのところへも下って行った。（32〜35）

ペトロの物語が八25以降とだえていました。再び九32でペトロが登場します。ペトロを通して、福音が、パレスチナ、地中海沿岸、北にカイサリア、アンティオキアに根を下ろす発展の様子を著者ルカは描きます。（九〜一一章）ペトロは初代教会の最高指導者として、迫害を受けた人々が、この地方に伝道した様子を知っておく必要があったでしょう。異教の地での伝道の方法は、どうすれば受け入れられるのかも、知っておきたかったでしょう。それ以上に、異邦人伝道をするためには、異邦人に対する偏見、差別意識から全く開放されているという経験が必要でありました。

そこで、ペトロは、まずリダに、それからヤッファに導かれたのです。

リダは古い小さな町で、エルサレムから北西四〇キロのところにありますし、ここには、すでにエルサレムで迫害されて散らされたクリスチャンたちによって「聖なる者たち」の群れができておりました。信徒伝道者フィリポも、彼の故郷カイサリアに行く途中で、リダやヤッファで伝道したことは充分考えられます。

そこで、ペトロは、中風で八年間も床についていたアイネアに会いました。当時、中風で寝たきりの人たちが多くいました。八年間も寝たきりになりますと、本人も絶望的となり、家族の人たちも沈み込んでしまいます。経済的にも困窮し、四苦八苦の生活をしていたと予想されます。ペトロはこの中風の人に、「アイネア、イエス・キリストがいやしてくださる。起きなさい。自分で床を整えなさい」と言いました。アイネアはすぐ起き上がりました。かつて、イエスご自身が、ガリラヤの貧しい人たちに向かって語られたと同じメッセージです。ペトロ自身が、復活のイエスに出会って、死んだような状態から立ち上がりました。同じように、アイネアもすぐ起き上がったのです。復活のイエスに出会い、癒しを体験した者の言葉には力があります。苦しんでいる者に生命と力を与え、ただちに悲惨な状態から立ち上がらせる驚くべき奇跡を起こします。

リダとシャロン（平地）に住む人は皆、アイネアを見て主に立ち帰りました。「主に立ち帰った」（35）という言葉が、クライマックスです。著者ルカは、この出来事によって何を言おうとしているのでしょうか。異教の貧しい地において、どのように福音を伝えればいいのかという課題です。教義や神学を解き明かすよりも、「イエス・キリストは生きておられる。起きなさい。自分で床を整えなさい」と短く、力づよく語ることです。イエスが癒し主であることを、具体的に、視覚的に見せることです。

また、続くヤッファでの、もっと大きな奇跡の導入として、アイネアのいやしの記事が記されていることも考えられます。

［2］ヤッファにタビタ――訳して言えばドルカス、すなわち「かもしか」――と呼ばれる婦人の弟子がいた。（36～41）

ヤッファという町は、リダから地中海の方向に一五キロのところにあります。そこにはタビタ（訳してドルカスすなわち「かもしか」）と呼ばれた、かもしかのように活発なキリストの弟子がいました。彼女はたくさんの善い行いや施しをしていました。ところが、彼女が病気になって死んだのです。タビタは貧しいやもめたちから尊敬されていましたので、彼女たちはタビタの遺体をきれいに洗い、階上の部屋に安置しました。リダはヤッファに近かったので、弟子たちはペトロがリダにいると聞いて、二人の使者を送り、「急いでわたしたちの元へ来てください」と頼みました。ペトロはそこをたって、その二人と一緒に出かけました。

人々はペトロが到着すると、階上の部屋に案内しました。やもめたちは皆そばに寄ってきて泣きながら、ドルカスが一緒にいたときに作ってくれた数々の下着や上着を見せました。軽んじられ無視されがちな貧しいやもめたちにとって、彼らを愛し、こまごまと面倒をみてくれた、ドルカスの死は大きな痛手であり、悲しみでした。ペトロはこの状態を一瞬にして感じ取り、皆を外に出し、ひざまづいて祈り、遺体に向かって「タビタ、起きなさい」言いました。すると、彼女は目を開き、ペトロを見て起き上がりました。驚くべき奇跡が起こったのです。死んだ人間が生き返ったのです。ペトロは彼女に手を貸して立たせました。

イエスがご在世中、会堂司ヤイロの十二歳の一人娘が死んだ時、会堂司ヤイロの家に行って、「娘よ、起きなさい」と呼びかけられました。霊が戻って、すぐに起き上がりました。（ルカ八49〜55）同じ復活のイエスが、ペトロを通してこの二つ奇跡をなさったのです。この復活のイエスは今も厚木の地でも生きておられます。「起きなさい」というイエスの呼びかけに、信仰を持って答えるならば、死んだようなわたしたちをも甦らせて頂くことが出来るのです。

現代は何事も見せる時代です。死んだような状態から「起きよ」と言われたイエスの御言葉を信じて救われましたとわたしたちの体験した救いをまわりの人たちに見せるならば、そのことが町中に知れ渡り、多くの人たちが主イエスを信じるでしょう。リダやヤッファの町のように異教的な日本においては奇跡を見せる伝道は効果的です。

［3］このことは、ヤッファ中に知れ渡る。（42〜43）

ヤッファに小さなリバイバルが起こった後、ペトロはしばらくの間、ヤッファで皮なめし職人シモンの家に滞在しました。当時、皮なめし職人の職は、死んだ動物の皮を材料にして、靴を作りましたので、汚れた職と見なされ、軽蔑されました。そこに差別が生じ、シモンは肩身の狭い思いで生活していました。そこに、けがれを一番問題にするユダヤ人ペトロが、彼の家に滞在しましたので、シモンは大変喜びました。ペトロは復活のイエスに出会い、聖霊の満たしの経験をペンテコステで経験して以来、そういう偏見、差別意識から解放されていたのです。福音は、人間存在全体に関わるのです。中風の病人の体全体のいやし、死んだドルカスの死からの甦り、という彼女の全存在のいやしによる伝道、これこそ異教国、日本でも最も効果のある伝道であります。イエスは中風の病人を癒し、死んだ者をも生き返らせる。これ以上の力ある福音が、ほかにあるでしょうか。アーメン。

一家そろって、神を畏れる

さて、カイサリアにコルネリウスという人がいた。「イタリア隊」と呼ばれる部隊の百人隊長で、信仰心あつく、一家そろって神を畏れ、民に多くの施しをし、絶えず神に祈っていた。ある日の午後三時ごろ、コルネリウスは、神の天使が入って来て「コルネリウス」と呼びかけるのを、幻ではっきりと見た。彼は天使を見つめていたが、怖くなって、「主よ、何でしょうか」と言った。すると、天使は言った。「あなたの祈りと施しは、神の前に届き、覚えられた。今、ヤッファへ人を送って、ペトロと呼ばれるシモンを招きなさい。その人は、革なめし職人シモンという人の客になっている。シモンの家は海岸にある。」天使がこう話して立ち去ると、コルネリウスは二人の召し使いと、側近の部下で信仰心のあつい一人の兵士とを呼び、すべてのことを話してヤッファに送った。（使徒言行録一〇1～8）

「一家そろって、神を畏れる」、これこそクリスチャンが最も理想とする家庭の姿です。こういう家庭が、初代教会には、なんと異邦人の家庭にあったのです。どうしたら、一家そろって、神を畏れる家庭を作ることが出来るのかが、クリスマスを前にして、異邦人であるわたしたち日本人にとっても、重要な課題です。

［1］さて、カイサリヤにコルネリウスという人がいた。（1～2）

これまで、エチオピア人の回心、サウロの回心物語が記されてきました。コルネリウスの回心は、三つ目の回心物語です。その中では最も長い物語です。なぜ著者ルカは、コルネリウスの回心物語を、こんなにも長く書き記したのでしょうか。それは、異邦人が一家そろって回心し、教会に加わったのは、コルネリウスが初めてであったからです。このことによって、全く新しい時代、異邦人伝道の新しい画期的時代に、教会は突入したのです。

場所はカイサリアで、ヤッファから北へ約四八キロ離れた地中海岸の新興都市でした。ローマの総督が駐在した町でした。「さて、カイサリアにコルネリウスという人がいた。『イタリア隊』と呼ばれる部隊の百人隊長で、信仰心あつく、一家そろって神を畏れ、民に多くの施しをし、絶えず神に祈っていた。」（1）なぜローマ帝国のイタリア隊（六百人の隊員）の百人隊長が、ローマ人の神々ではなく、ユダヤ教の神を熱心に信じ、ことあるごとに祈っていたのでしょうか。

それは、六百人ものイタリヤ隊の百人隊長として生きていくためには、責任が非常に重く、（隊員に何かあった場合には隊長は生命をかけて、その隊員の生命を守らなければなりませんでした。）何か超越的なお方を信じなくては、その責任を全うできないと彼は感じていたようです。ルカ福音書には、ローマの百人隊長の一人の部下が、病気で死にかかった時、彼はイエスが病人を癒しておられるという話を聞いて、ユダヤ教の会堂の長老たちをイエスのところに送って、部下を助けてくださるように頼みました。イエスはその部下を癒してくださったという出来事が記されています。（七2〜10）

この隊長が信仰があつかっただけではなく、一家全員がそろってユダヤ教の会堂の礼拝に出席し、神を畏れ、その信仰を、貧しいやもめに施しをするという形で実践をしていました。神は、この信仰においても優れた異邦人の軍人を、画期的な新しい時代、異邦人伝道の時代を拓くために選ばれたのです。

［2］ある日の午後三時頃、コルネリウスは神の天使が入って来て、「コルネリウス」と呼びかけるのを、幻ではっきり見た。（3〜6）

「午後三時」は、ユダヤ教の午後の祈りの時間でした。ユダヤ教では一日に三回、祈りの時間が決まっていて、信仰の厚い人はこの時間に神殿に向かって祈りを捧げました。ここで、超自然的に、コルネリウスの名前を個人的に呼びかける天使を、コルネリウスは、「幻」ではっきり見ました。旧約聖書では、神様が歴史に介入して、何か特別重要なメッセージを人間に伝える時に、天の使いを信仰の厚い人物に遣わされたことがしばしばありました。この時も、神の救いの歴史において重大な時でしたので、「天使」「幻」を用いて、神様はご自分の御旨を歴史の中に実現しようとなさいました。

　コルネリウスは天使を見つめていましたが、怖くなって「主よ、何でしょうか」と言いました。どうして怖くなったのでしょうか。「モーセは、神を見ることを恐れて顔を覆った」（出エジプト記三6）とありますように、その神の使いを見てコルネリウスは怖さを感じたのではないかと思われます。「主よ、何でしょうか」（4）と尋ねた彼の問いに天使は重要なメッセージを語りました。「あなたの祈りと施しは、神の前に届き、覚えられた。今、ヤッファへ人を送って、ペトロと呼ばれるシモンを招きなさい。その人は、革なめし職人シモンという人の客になっている。シモンの家は海岸にある」（4～6）と。

　天使は「時空」を超えて、四八キロも離れたところに居たペトロを招きなさいと命じられました。ペトロは海岸に建っている、革なめし職人シモンの家の客人になっているとも天使は伝えました。革なめし職人の家が海岸にあることは、直前の記事には記してありません。これは、その職人が汚れた動物の革を扱う職業についていましたので、社会からは隔離され、差別されていたことを表していました。そこにペトロは滞在していたことは、ペンテコステの時に聖霊を受けたペトロが、ある程度までは異邦人に対する差別意識から解放されていたのでしょう。しかし、まだ深い潜在意識の中に、異邦人を差別する意識が残っていました。これが取り去られるもう一つの経験が、ペトロには必要であったのです。

［3］天使がこう話して立ち去ると、コルネリウスの側近の部下で信仰心の厚い一人の兵士を呼び、全てのことを話して、ヤッファに送りました。（7～8）

　天使も信仰心の篤《あつ》い異邦人コルネリウスを選びました。コルネリウスも信仰の篤い側近の部下を選びました。こういう重大なときに、ものをいうのは信仰心です。現代は、人間にとって一番大切な信頼心が欠けています。社会はその基礎から崩壊しつつあります。ユダヤ教の社会においても、神を信頼し、人を信頼する心が欠けつつありましたので、神は異邦人を選ばれて、信頼心が全てのものに優先して重要であることを、まずペトロに教えようとされたのです。

信頼できる人には何でも話せます。信頼されていた側近の部下で、一人の兵士はペトロのところに行き、すべてを正直にペトロに話しました。ペトロはコルネリウスのところに行って、幻の中で経験したことを正直に話し、キリストの福音を信じるようにすすめました。すると、コルネリウスと彼の家族はこぞってキリストの喜びの福音を信じ、罪赦され、神の子となり、神との和解と人との和解の経験をしました。

私も丁度、二十歳の時でした。父親が脳溢血《のういっけつ》で倒れ、兄と妹が肺結核になり、八人の家族全体が絶望的状態に陥りました。私は中学時代、スポーツ万能、特に野球では県下一の名サードなどと言われるところまでいきましたが、それだけでは、この絶望的ニヒルの経験を乗り切ることは出来ませんでした。ある夜のこと、眠ることも出来ず、自殺を考え、思いつめていたときに、突然、天から「我は道なり、眞理《まこと》なり、生命《いのち》なり」という声が聞こえてきました。(ヨハネ一四6)私はこの御言葉を信じた時に、絶望の人生から希望の人生、ニヒルの人生から意味のある人生に導き入れられました。私の心の中にイエス・キリストがご誕生なさった瞬間でした。そして、私の両親と妹、妹の娘が信じて洗礼を受けました。主イエスを信じなさい。そうすれば、あなたも家族も救われます。」(一六31)

一家そろって神を畏れる道が、全ての人、異邦人にも開かれたのです。アーメン。

正しい人で神を畏れ、評判の良い人

翌日、この三人が旅をしてヤッファの町に近づいたころ、ペトロは祈るため屋上に上がった。昼の十二時ごろである。彼は空腹を覚え、何か食べたいと思った。人々が食事の準備をしているうちに、ペトロは我を忘れたようになり、天が開き、大きな布のような入れ物が、四隅でつるされて、地上に下りて来るのを見た。その中には、あらゆる獣、地を這うもの、空の鳥が入っていた。そして、「ペトロよ、身を起こし、屠って食べなさい」と言う声がした。しかし、ペトロは言った。「主よ、とんでもないことです。清くない物、汚れた物は何一つ食べたことがありません。」すると、また声が聞こえてきた。「神が清めた物を、清くないなどと、あなたは言ってはならない。」こういうことが三度あり、その入れ物は急に天に引き上げられた。ペトロが、今見た幻はいったい何だろうかと、ひとりで思案に暮れていると、コルネリウスから差し向けられた人々が、シモンの家を探し当てて門口に立ち、声をかけて、「ペトロと呼ばれるシモンという方が、ここに泊まっておられますか」と尋ねた。ペトロがなおも幻について考え込んでいると、〝霊〟がこう言った。「三人の者があなたを探しに来ている。立って下に行き、ためらわないで一緒に出発しなさい。わたしがあの者たちをよこしたのだ。」（使徒言行録一〇9～23）

救いの歴史の大転換のときに神が用いられた人物は「正しい人で神を畏れ、評判の良い人」という三拍子そろった人でした。

［1］翌日この三人が旅をしてヤッファの町に近づいたころ。（9～10）

歴史の大転換のときに用いられた人は例外なく「正しい人で神を畏れ、評判の良い人」です。イエスのご誕生のときは正しい人ヨセフを神様は用いられ、ヨセフを通して時代を旧約から新約へと変えられました。ユダヤ教的キリスト教から異邦人的キリスト教へと転換するとき用いられた人物は、正しい人で神を畏れる異邦人コルネリウスでした。

異邦人コルネリウスもイエスの父ヨセフもこの三つの条件を備えておりました。では、この三つの条件を備えた人物がいれば危機のとき歴史的大転換が起きるかといえばそうは行かないところに歴史の面白さがあります。色々な条件が組み合わさって、歴史的大転換が起こります。特に「神の時」「神の霊の働き」「人間の側の絶妙な状態」が重要であるように思います。

さて、神様はこの重要な転換のとき、ユダヤ教的キリスト教の代表者ペトロをも超自然的な幻を三回も見させて、彼の異邦人に対する偏見を完全に取り除かれました。また一方コルネリウスは天使からお告げを受けて、三人の使いをペトロのところに遣わしました。

「翌日」というのは、この前の文章に記されているようにコルネリウスが二人の召使と側近の部下で信仰心のあつい一人の兵士とを呼び、すべてのことを話してヤッファに送った「翌日」のことを意味しています。その翌日にこの三人が旅をしてヤッファの町に近づいた頃、ペトロは祈るため屋上に上がりました。昼の十二時頃であったからです。

ユダヤ教では一日三回決まった時間に祈りをささげる習慣がありました。「十二時」というのは二回目の祈りの時間を意味しています。彼は空腹を覚え、何か食べたいと思いました。人々が食事の準備をしているうちに、ペトロは我を忘れたようになりました。これも聖霊の働きによるのではないでしょうか。このような超自然の働きが、非常時には何回も繰り返します。

［2］天が開け、大きな布のような入れ物が四隅でつるされて地上に下りてくるのを見た。（11〜21）

「天が開け」というのも超自然的な現象です。天が開け、ペトロはエクスタシーの状態で、大きな布のような入れ物が四隅でつるされて地上に下りてくるのを見ました。その中にはあらゆる獣、地を這うもの、空の鳥が入っておりました。これらの動物はレビ記一一章に記されている汚れた動物で、食べることが何百年もの間禁じられていました。何百年も食べないできた民族の食習慣を急に変えるということほど難しいことはありません。ユダヤ教では律法の書において異邦人たちは汚れた民として、ユダヤ人たちは忌み嫌い交わらないできました。そのように律法（法律）で正当化されている食習慣を急に「屠って食べなさい」と言われても中々食べることが出来るものではありません。

ですから、ペトロは強く否定して言いました。「主よ、とんでもないことです」。「清くないなどとあなたは言ってはならない」。こういうことが三度もあったというのです。「三度も」ということは完全にということですから、これは主の絶対命令ということになります。この命令を初代教会の代表者ペトロが否定すれば、異邦人伝道の道は絶たれてしまいます。そうなれば、ユダヤ人と異邦人の間にある敵意、憎しみ、偏見、差別は取り除かれないことになります。革なめし業のシモンの家に泊まって汚れた者に対する偏見が取り除かれたように思えたのですが、どっこい、この民族的偏見、差別、敵意の問題は根強く、しつこく、頑固なものがあります。どうしたらこの強固な差別意識をペトロの心の中から、またわたしたちの心の中から取り除くことが出来るでしょうか。もし取り除くことが出来るならば、ユダヤ人と異邦人に間にある敵意が取り除かれて、平和、和解、赦しの道が開かれます。

清くない物、汚れた物は何一つ食べたことがありませんと言って頑固に拒んでいたペトロの耳に「神が清めた物を清くないなどとあなたは言ってはならない」

難問中の難問でした。レビ記一一章に記されている神の言葉と今語られている主の御言葉のどちらの権威が優っているのか、どちらの御言葉に従うべきかペトロは迷いました。ペトロは今見た幻は一体なんだろうかと一人で思案に暮れていると、コルネリウスから差し向けられた人々が、シモンの家を探し当てて、門口に立っていました。これはまた何という絶妙なタイミングでしょうか。

そして「ペトロと呼ばれるシモンと言う方が、ここに泊まっておられますか」と尋ねました。ペトロはなおも幻について考え込んでいると、〝霊〟がこう言いました。「三人のものがあなたを探しに来ています。立って下に行き、ためらわないで一緒に出発しなさい。私があのものたちをよこしたのだ。」これも、〝霊〟の超自然的な介入です。ペトロはその人々のところに降りて言って、「あなた方が探しているのはこの私です。どうしてここに来られたのですか。」と言いました。とまどいながら、しかしそこに彼の上に働く聖霊の導きを認めざるを得ませんでした。

イエスの誕生物語にも東から来た博士たちも、星の光に導かれて、イエスが誕生された場所を探し求めてきました。(マタイ二章)神の特別な啓示がある時に必ず不思議な導きがあるのです。

［3］ すると彼らは言った。「百人隊長のコルネリウス

は正しい人で神を畏れ、全てのユダヤ人に評判の良い人です。（22～23）

「その正しい人で神を畏れ、全てにユダヤ人に評判の良いコルネリウスが、あなたを家に招いて話を聞くようにと聖なる天使からお告げを受けたのです。」彼らはペトロの質問に答えました。ペトロの上にだけでなく異邦人であるコルネリウスにも天使からのみ告げがあったのです。

この歴史的大転換のとき、初代教会の総理と敬虔な異邦人コルネリウスの上に幻をもって、天よりの声によって、霊によって、また絶妙な状況によって、今神は主のみ声と霊の導きを通して、まずペトロの偏見、差別意識を取り去り、汚れたと見なされていた異邦人も、律法によるのではなく、ただ恵みと信仰によって救われる道を開こうとしていました。こうした特別な神の時に、神はユダヤ人の側にも異邦人の側にも、特別に神を畏れ、律法的正しさではなく、信仰的な正しさに生きようとしている人、ペトロとコルネリウスを選び、用いられたのです。その道はすでにイエスの父ヨセフによって開かれていたものでした。

異邦人が救われる「神の時」と「復活のイエスのみ告げ」と「霊の働き」と「絶妙な霊の導き」により、異邦人が救われる道が今大きく開かれようとしているのであります。アーメン。

主の言葉を残らず聞く

それで、ペトロはその人たちを迎え入れ、泊まらせた。翌日、ペトロはそこをたち、彼らと出かけた。ヤッファの兄弟も何人か一緒に行った。次の日、一行はカイサリアに到着した。コルネリウスは親類や親しい友人を呼び集めて待っていた。ペトロが来ると、コルネリウスは迎えに出て、足もとにひれ伏して拝んだ。ペトロは彼を起こして言った。「お立ちください。わたしもただの人間です。」そして、話しながら家に入ってみると、大勢の人が集まっていたので、彼らに言った。「あなたがたもご存じのとおり、ユダヤ人が外国人と交際したり、外国人を訪問したりすることは、律法で禁じられています。けれども、神はわたしに、どんな人をも清くない者とか、汚れている者とか言ってはならないと、お示しになりました。それで、お招きを受けたとき、すぐ来たのです。お尋ねしますが、なぜ招いてくださったのですか。」すると、コルネリウスが言った。「四日前の今ごろのことです。わたしが家で午後三時の祈りをしていますと、輝く服を着た人がわたしの前に立って、言うのです。『コルネリウス、あなたの祈りは聞き入れられ、あなたの施しは神の前で覚えられた。ヤッファに人を送って、ペトロと呼ばれるシモンを招きなさい。その人は、海岸にある革なめし職人シモンの家に泊まっている。』それで、早速あなたのところに人を送ったのです。よくおいでくださいました。今わたしたちは皆、主があなたにお命じになったことを残らず聞こうとして、神の前にいるのです。」（使徒言行録一〇23～33）

「主の言葉を残らず聞く」、これは易しいようで、最も難しいことです。しかし、最も必要なことです。今年のわたしたちの命運はこの一事にかかっています。

［1］それで、ペトロはその人たちを迎え入れ、泊まらせた。（23～24）

主の御言葉を残らず聞こうとする家庭は、主の大いなる祝福を受けます。また、伝道者を喜んで家庭に迎える家は、喜びと祝福に満ちた家になります。

さて、「主の言葉を残らず聞く」とは、どういうことを意味しているのでしょうか。そして、どうしたら、主の言葉を残らず聞くことができるのでしょうか。

その残るものこそ最も重要な部分ではないでしょうか。今朝のテキストには、はっきりした形では、その残るものが何であるか出てきておりません。その残るものは、十一章の最後に出て参ります。それを全身で聞いて、信じ受け入れるときに家庭全体が本質的に、根本的に変えられるのです。それほど重要なメッセージを含む今朝のテキストは、次のような言葉で始まっています。「それで、ペトロはその人たちを迎え入れ、泊まらせた」と。

「その人たち」とは誰のことでしょうか。それは、異邦人でローマ軍百人隊長コルネリウスが、ペトロのもとに遣わした使者たちです。何のために、コルネリウスは、使者をペトロのもとに遣わしたのでしょうか。コルネリウスは、自分と一緒に、彼の家族、知人・友人たちに、ペトロの話を聞かせたいということでした。驚くなかれ、ペトロは、異邦人であるコルネリウスの使者たちを、心から歓迎して、ペトロの泊まっているところに泊まらせたのです。長い間敵対関係にあったユダヤ人と異邦人の和解と赦しと一致の道が、ここに開かれようとしていました。

迎え入れたその人たちとペトロは、それまで一面識もありませんでした。普通はこういう人たちを簡単には受け入れないものです。どうしてペトロと靴なめし業のシモンは、この人たちを、簡単に、しかも心から歓迎したのでしょうか。ペトロもコルネリウスもそれぞれ場所は違いますが、同じ午後三時というユダヤ教の祈りの時間に、天の使いの不思議な導きを得ていたのです。このように、救いの歴史の重要な時には、しばしば超自然的な天よりの導きがあるものです。

ペトロは、翌日、使者たちと共に、コルネリウスがいるカイサリア（ヤッファから六〇キロほど離れている）に出かけました。この重要な出会いの証人となるべきヤッファの兄弟たちを何人か、ペトロは連れて行きました。コルネリウスは、親類や親しい友人たちを集めて、ペトロたちの到着を待ち受けていたのです。家族が根本的に中心から変えられるために、伝道者ペトロの到着を皆で待ち受けるという姿勢は、大切なものです。

［2］ペトロが来ると、コルネリウスは迎えに出て、足元にひれ伏して拝んだ。（25〜32）

コルネリウスは、当時、ユダヤ国を支配していたローマ帝国の側に立つ支配者の一人で、六百人の兵隊の長でした。その彼が自ら出て行って、ペトロを迎え、足元にひれ伏しました。社会的にはペトロよりも高い地位にあるコルネリウスが、なぜユダヤ人であるペトロの足元にひれ伏して拝んだのでしょうか。これはただごとではありません。ペトロは驚いて彼を起こして言いました。「お立ちください。私もただの人間です。」ペトロは、確かにユダヤ人ではありましたが、エルサレム教会の最高指導者でした。それにしても、これはやり過ぎでした。ユダヤ人も異邦人も神の前には、ただの人間であり、また罪人に過ぎません。このように、ペトロは拝まれるものではありません。

ペトロが家に入って見ると大勢の人が集まっておりました。彼は言いました。「あなた方もご存知の通り、ユダヤ人が外国人と交際したら、外国人を訪問したりすることは律法で（法律で）禁じられています。けれども、神はわたしたちにどんな人をも、清くない者とか、汚れている者とか言ってはならないとお示しになりました。それで、お招きを受けた時、すぐ来たのです。お尋ねしますが、なぜ招いてくださったのですか」。ユダヤ人であるペトロにとっては、この経験は大問題でした。すでにペトロは、ペンテコステの日に聖霊を受けていました。また靴なめし業シモンの家に泊まり、ある種の職業に対する偏見や、異邦人に対する偏見から解放されつつありました。しかし、わからないのは、なぜ異邦人であるコルネリウスが、ペトロを、彼の家族や友人、知人たちが大勢いる自分の家に招いたのかです。

コルネリウスは答えました。「四日前の今頃のことです。私が家で、午後三時の祈りをしていますと、輝く服を着た人が私の前に立って、言うのです。「コルネリウス、あなたの祈りは聞き入れられ、あなたの施しは神の前で覚えられた。ヤッファに人を送って、ペトロと呼ばれるシモンを招きなさい。その人は海沿にある革なめし職人シモンの家に泊まっている」と。

コルネリウスはすでにユダヤ教の会堂の礼拝に出席し、割礼（キリスト教の洗礼に当たるもの）を受けて正式なユダヤ教徒にはなってはいませんでしたが、ユダヤ教の律法や倫理、道徳には忠実に従っていました。彼にたった一つ欠けているものは、キリストの福音を信じる信仰でした。コルネリウスと彼の家族・知人たちに残っているものの最大のものは福音の喜びと生命でした。福音の喜びと生命が、彼らに与えられた時に始めて、ユダヤ教に喜びと生命が与えられ、彼の家庭も根本的に、全体的に変えられるのです。

［3］それで、早速あなたのところに人を送ったので

す。(33)

　正直にいきさつを語った後で、コルネリウスは、あらためてペトロたちを歓迎いたしました。そして言いました。「今わたしたちは皆、主があなたにお命じなったことを残らず聞こうとして神の前にいるのです」と。神が、神の使いとして遣わしたペトロの前にいることは、あたかも、神の前にいるような緊張を感じます。コルネリウスは、ペトロの来訪を待っていた最大の理由を最後に述べました。主がペトロに命じられたことの全ては何を指しているのでしょうか。

　それは、この後の記事によりますと、イエス・キリストの十字架と復活であり、イエスの名です。また、一同の上に降った聖霊です。その聖霊は、ペンテコステの日にペトロたちに降った同じ聖霊でです（45「割礼を受けている信者で、ペトロと一緒に来た人は皆、聖霊の賜物が異邦人の上にも注がれるのを見て、大いに驚いた」）。聖霊の満たしを異邦人たちが経験した時に、真の意味で、ユダヤ人と異邦人の間にあった敵意と憎しみ、偏見、差別は取り除かれ、両者は一つとなれるのです。そこに真の罪の許しと和解と平和が実現したと言えます。最後に、残ったもの全てとは、イエス・キリストの福音を信じ、聖霊に満たされることです。その時に、コルネリウス・家族・友人たちと、ペトロたちとの間にあった差別は取り除かれ、両者がキリストの体に属する者とされ、一つとされる新しい道が開かれたのです。アーメン

イエスを信じるものは誰でも救われる

　そこで、ペトロは口を開きこう言った。「神は人を分け隔てなさらないことが、よく分かりました。どんな国の人でも、神を畏れて正しいことを行う人は、神に受け入れられるのです。神がイエス・キリストによって――この方こそ、すべての人の主です――平和を告げ知らせて、イスラエルの子らに送ってくださった御言葉を、あなたがたはご存じでしょう。ヨハネが洗礼を宣べ伝えた後に、ガリラヤから始まってユダヤ全土に起きた出来事です。つまり、ナ

ザレのイエスのことです。神は、聖霊と力によってこの方を油注がれた者となさいました。イエスは、方々を巡り歩いて人々を助け、悪魔に苦しめられている人たちをすべていやされたのですが、それは、神が御一緒だったからです。わたしたちは、イエスがユダヤ人の住む地方、特にエルサレムでなさったことすべての証人です。人々はイエスを木にかけて殺してしまいましたが、神はこのイエスを三日目に復活させ、人々の前に現してくださいました。しかし、それは民全体に対してではなく、前もって神に選ばれた証人、つまり、イエスが死者の中から復活した後、御一緒に食事をしたわたしたちに対してです。そしてイエスは、御自分が生きている者と死んだ者との審判者として神から定められた者であることを、民に宣べ伝え、力強く証しするようにと、わたしたちにお命じになりました。また預言者も皆、イエスについて、この方を信じる者はだれでもその名によって罪の赦しが受けられる、と証ししています。」

（使徒言行録一〇34〜43）

「イエスを信じるものは誰でも救われる」とは何という大きな驚くべき福音でしょうか。「誰でも」とは、世界中のありとあらゆる人がイエスを主と信じさえすれば救われるという意味であります。当時汚れた人たちとユダヤ人たちが考えていた異邦人でさえ、イエスをメシア（救い主）と信じるなら、救われる。異邦人である日本人も、その中の私でさえも、ただイエスをメシアと信じさえするならば、罪赦され、神の子とされ、神と人との和解と平和な関係に入ることができるという驚くべき、これは福音のおとずれを伝えるものなのです。

〔1〕**神は、異邦人を分け隔てなさらないことがよく分かりました、とペトロは口を開いて言った。**（34〜37）

異邦人に福音がペトロの手によって、どのようにしてカイサリア駐在のイタリア人の隊長コルネリウスと彼の家族と友人たちに伝えられたかをわたしたちは学びました。いよいよペトロは、案内されて、異邦人コルネリウスの家に到着いたしました。ユダヤ人と異邦人の和解のとき、主にあって一つになる歴史が大きく動く瞬間が近づいておりました。この歴史的瞬間はどのようにして起こったのでしょうか。幸いなことに人類の記念すべきその瞬間の、救いの出来事が詳しくここに記されているのです。次のような書き出しで、この出来事が記されています。

そこで、ペトロは口を開きこう言った。「神は人を分け隔てなさらないことがよく分かりました。どんな国の人でも、神を畏れて正しいことを行う人は、神に受け入れられるのです。神がイエス・キリストによって――この方こそ、全ての人の主です――平和を告げ知らせて、イスラエルの子らに送ってくださった御言葉を、あなた方はご存じでしょう。……」

ペトロの一言一言が、何と重みのある言葉でしょうか。ですから、使徒言行録の著者ルカは「ペトロは口を開きこう言った」とおもむろに書き出したのです。「神は、人を分け隔てなさらないことがよく分かりました」というペトロの最初の言葉は、彼のこの記念すべき歴史的説教の重要なテーマを一言でずばりと表現しています。ユダヤ人ペトロの信じている神はイスラエル民族の神であるだけではなく、異邦人の神でもあるという宣言であります。ここにまず、旧約の神は天地万物を創造された普遍的神の宣言があります。この神は世界の神、宇宙の神なのであります。同時にこの神は異邦人を汚れた人たちという風に差別する神ではないのです。ユダヤ人も異邦人もこの神の前に平等なのです。

ペトロはそのことは頭では分かっていましたが（特にペンテコステ以降）現実の具体的なさまざまな出来事（特にヤッファでの革なめし職人との出会い、幻を見た経験などを通して）体験的に徐々に分かってきました。まず、エルサレム教会の総理であった、教会の最高指導者の人種的偏見がこのようにして取り除かれたのです。ですから、心の底からペトロは「どんな国の人でも神を畏れて正しいことを行う人は神に受け入れられるのです」と確信を持っていうことができたのです。

ここでもう一つ、異邦人伝道をするときに注意すべき重要なことを学ぶ必要があります。それは、このペトロの説教が、相手が異邦人であることを配慮して、「キリスト」から語り始めたのではなく「神」から語り始めたことです。神論的説法の方が、キリスト論的説法より異邦人に伝道するときには、ずっと分かり易いのです。

しかしペトロが本当に、異邦人の心から人種的偏見を取り除き、全く新しい心を創造できるお方は、十字架と復活のイエス・キリストですので、36節で「神がイエス・キリストによって、――この方こそ、すべての人の主です――平和を告げ知らせて、イスラエルの子らに送ってくださった御言葉を、あなた方はご存知でしょう」と語り始めたのです。これは実に賢明な伝道の仕方です。しかも彼らは「今、わたしたち皆、主があなたにお命じになったことを残らず聞こうとして、神の前にあるのです」。（一〇33）と心を開いてペトロの一言一句を聞き漏らさず、全身耳にして聞こうとしているのです。

［2］つまりナザレのイエスのことです。神は聖霊と力によって、この方を油注がれたものとなさいました。（38～41）

いよいよペトロは、ここでメッセージの本論に入っていきます。短い中でペトロは実にたくみにキリストの公生涯をまとめて紹介しており、しかもイエスの生涯の中心的出来事である十字架と復活のつまずきの真理を大胆にずばりと宣言しています。つくづく感心させられます。ここまでペトロを変えられたイエスの伝道、聖霊の驚くべき力に脱帽です。ペトロは「あなた方はご存知でしょう」と前置きして、イエスの生涯を紹介していますが、これは明らかに、イエスのガリラヤやエルサレムでのお働きについて誰かから聞いて（多分エルサレムへの巡礼者たちから聞いたのではないかと思われます）知っていたことは明らかです。

そこでペトロは実に簡潔に、しかし要点をついてイエスの公生涯のお働きを彼らに紹介いたしました。ペトロはこのように語り始めました。「ヨハネが洗礼を宣べ伝えた後に、ガリラヤから始まってユダヤ全土に起きた出来事です。つまりナザレのイエスのことです。神は聖霊と力によって、この方を油注がれたものとなさいました。」ここが序論部で重要なことにペトロは触れています。イエスは油注がれた者として（昔イスラエルでは王や大祭司、預言者たちに油〈聖霊〉を注いで、彼らが特別に神の力を持つ者であることを公にする習慣がありました）ヨルダン川で洗礼を受け水のバプテスマと共に霊のバプテスマを受けられました。これは、イエスこそ真のメシアであり、天と地を、そして人類、を一つとする使命に生きる救世主であることを明らかにした出来事でした。

　ペトロは簡単にイエスのガリラヤでの伝道の働きを紹介した後、エルサレムで起こった十字架と復活の出来事を自分自身がその現場に立ち会って見た生き証人として、忠実に、しかし、たんたんと証言いたしました。「人々はイエスを木にかけて殺してしまいました。」とは申命記二一22～23に預言されていますように、神に呪われて殺されたことを意味しています。この深い意味は、真理のみたままである聖霊によって霊の目が開かれないと分からない霊の真理です。さらに大きなキリスト教のつまずきはキリストの復活です。この最も重要な、しかし信じにくい真理をペトロはさらりと、「神はこのイエスを三日後に復活させ、人々の前に現してくださいました」と宣言いたしました。そしてペトロはこの復活のイエスと食事をしたと話しました。これは決定的な効果を持つ生きた真実な証です。この真理を信じることによって、ペトロは全く新しい人間に生まれ変わることが出来たのです。

［3］そしてイエスは、御自分が生きている者と死んだ者との審判者として神から定められた者であることを（42～43）

　最後に、復活の主が、「御自分が生きている者と死んだ者との審判者として神から定められた者であることを、民に宣べ伝え、力強く証しするようにと、わたしたちにお命じになりました。」と語りました。

　そして、この偉大な言葉を持って、この大説教を終わりました。「また預言者も皆、イエスについて、この方を信じる者はだれでもその名によって罪の赦しが受けられる、と証ししています」と結論づけました。アーメン。

異邦人に聖霊が降った

ペトロがこれらのことをなおも話し続けていると、御言葉を聞いている一同の上に聖霊が降った。割礼を受けている信者で、ペトロと一緒に来た人は皆、聖霊の賜物が異邦人の上にも注がれるのを見て、大いに驚いた。異邦人が異言を話し、また神を賛美しているのを、聞いたからである。そこでペトロは、「わたしたちと同様に聖霊を受けたこの人たちが、水で洗礼を受けるのを、いったいだれが妨げることができますか」と言った。そして、イエス・キリストの名によって洗礼を受けるようにと、その人たちに命じた。それから、コルネリウスたちは、ペトロになお数日滞在するようにと願った。（使徒言行録一〇44〜48）

歴史上、始めて異邦人の家族たちの上に聖霊が降りました。ここは異邦人のペンテコステとして知られている有名なところです。

［1］ペトロがこれらのことをなおも話し続けていると（44）

今日のテキストは短いところですが、歴史的に、霊的に、大変重要なところです。なぜこの箇所がそんなにも重要なのでしょうか。聖霊がユダヤ人だけではなく、異邦人の上にも降ったからです。かくして異邦人伝道の道が大きく開かれたのです。それまでに、異邦人伝道の大きな障害となっていた異邦人に対する偏見、差別意識が取り除かれて、異邦人とユダヤ人がキリストにあって一つとなる道が開かれたのです。ここに世界平和の道が開かれたと言えるでしょう。

異邦人教会の誕生という重要なこの箇所は、次のような言葉で始まっています。「ペトロがこれらのことをなおも話し続けていると」と。「これらのこと」は直接的には、直前の文章「また預言者も皆、イエスについて、この方を信じる者はだれでもその名によって罪の赦しが受けられる、と証ししています。」（43）を指しています。

「この方を信じる者はだれでも」とは、ユダヤ人が、汚れていると見なしている異邦人でさえもという意味です。イエスの名を信じるなら、ユダヤ人だけでなく、見下され、あなどられ、差別されている異邦人たちの罪も赦され、神との一致、キリストとの一致の道が開かれるのです。これを革命と呼ぶべきでしょうか。それとも神の創造というべきでしょうか。驚くべき新しい時代が来たのです。この神の、キリストによる、全く新しい創造の時代が始まったのです。聖霊が、異邦人の家族や友人たちの上に降ることによって始まったのです。

どのような人たちに、このような驚くべき力を持っている聖霊が降るのでしょうか。「御言葉を聞いている一同の上に聖霊が降った」と記されています。一心不乱に、ペトロの御言葉を聞いている一同の上に聖霊が降ったのです。そして新しい共同体、ユダヤ人も異邦人も一つとなった共同体が創造されたのです。上から注がれた聖霊が、人間には絶対に出来ないことを可能にしたのです。このことを強調するために、ペトロがなおも話し続けているのを中断して」と著者ルカは記したのです。ペトロの話が用いられたことは事実でありますが、それは、「従」であって、「主」となったのは、聖霊降臨そのものであったことが強調されています。御言葉を聞く人間の側の聞く態度も重要ですが、それさえも「従」であります。預言者ヨエルが預言した（ヨエル書三1～5）終末の日が来たのです。

［2］割礼を受けている信者が聖霊の賜物が異邦人の上にも注がれるのを見て、なぜ大いに驚いたのか。（45～47）

異邦人の上にも聖霊の賜物が注がれるのを見て、驚天動地の思いをした人たちは、どのような人たちだったのでしょう。なぜ、それほどに驚いたのでしょうか。目に見えない聖霊が異邦人たちに降ったことを、どのようにして見分けたのでしょうか。

まず、第一の疑問に答えたいと思います。これは、非常に根が深く、ユダヤ人独自の問題から来ています。異邦人の上に聖霊の賜物が降るのを見て、腰を抜かさんばかりに驚いたのは、割礼を受けている信者でした。割礼は、はじめは衛生的意味を持った異教的な習慣でした。（男性のシンボルの先に汚いものがたまらないようにする手術です。）それを、イスラエルの民は、神との契約のしるしとして、生まれて八日目の男の子に割礼を施す宗教的儀式としました。ですから、彼らは割礼を受けていない人たちを、イスラエル人として受け入れることが出来なかったのです。このような習慣が二千年も続いていたわけですので、彼らが腰を抜かさんばかりに驚いたのは当然でした。

第二の疑問に対する解答は、「異邦人たちが異言を話し、賛美をしているのを聞いたからである」と記されている中にあります。ユダヤ人たちの上に聖霊が降った時も、人々は異言（厳密には外国語と訳すべきです）で語りました。しかも、酒を飲んで酔っていると思われたと言いますから、陶酔状態になっていたのでしょう。五旬節に世界各国からエルサレム神殿に巡礼にに来ていた人たちは、ガリラヤ出身の使徒たちが、自分たちの国の言葉を語るのを聞いたことが記されています（二5〜13）。

第三の疑問は、聖霊が彼らの上に降ったことが、信仰的、神学的に何を意味しているかということです。イエスが、ヨハネの手で水のバプテスマを受けた時に、イエスの上に聖霊が鳩のように降られた（マタイ三16）ということと、彼らが受けた聖霊のバプテスマは同じ経験なのでしょうか。そもそも、聖霊とは何なのでしょうか。これは余りにも大きな問題ですので、他の機会に答える事にします。彼らの上に聖霊が降ったということは、異邦人とユダヤ人の差別の壁が打ち破られて、キリストにあって一体となり、和解と平和と一致が彼らの上に訪れたことを意味しました。これは驚くべき神の恵みの奇跡です。

聖霊が彼らの上に降ったことにより、天とコルネリウス（個人）と、彼の家族（共同体）と友人たち（隣人たち）と世界とが一つにつながったのです。このような奇跡が実現されるためには、神の子イエスの十字架上の死よりの復活と、ステファノの殉教の死があったことを忘れてはなりません。ペトロの働きを継承して、パウロが聖霊に満たされ、自我に死んでキリストに生きることによって異邦人伝道をすすめ、キリスト教を世界的宗教としました。世界的宗教の出発点がここにあることを忘れてはなりません。
　そこで、ペトロは「わたしたちと同様に聖霊を受けたこの人たちが、水で洗礼を受けるのを、いったいだれが妨げることができますか」と言いました。ユダヤ人たちと同様に、異邦人が聖霊を受けた事実を経験したペトロは、感動し、納得し、「この人たちが、水で洗礼を受けるのを、いったい誰が妨げることが出来ますか」と言ったのです。聖霊のバプテスマを受けた彼らは、教会の入門式である水のバプテスマを受けて、正式に教会の一員となることが出来るのです。

［3］そして、イエス・キリストの名によって洗礼を受けるようにとその人たちに命じた。（48）

　最後の言葉は、「それからコルネリウスたちは、ペトロに、なお数日滞在するように願った」でした。何のためにでしょうか。彼らには、クリスチャン生活について、キリスト教について、ユダヤ教徒とキリスト教の関係について、キリスト教とこの世について、ローマ帝国との関係について、ペトロからもっともっと、学ぶべきことがありました。聖霊のバプテスマにあづかることは、クリスチャンになり始めたということです。これから多くの試練を経験し、多くの異邦人に伝道し、教会を作り上げ、教会を立て上げなければなりません。何もかもこれからなのです。
　聖霊はわたしたちの最も身近な神であり、嗣業であり、保障であります（エフェソ一14）。また、聖霊はわたしたちの心の目を開いてくださいます。アーメン。

「割礼を受けている信者で、ペトロと一緒に来た人は皆、聖霊の賜物が異邦人の上にも注がれるのを見て、大いに驚いた。」（一〇45）

あなたと家族の者すべてを救う言葉

　さて、使徒たちとユダヤにいる兄弟たちは、異邦人も神の言葉を受け入れたことを耳にした。ペトロがエルサレムに上って来たとき、割礼を受けている者たちは彼を非難して、「あなたは割礼を受けていない者たちのところへ行き、一緒に食事をした」と言った。そこで、ペトロは事の次第を順序正しく説明し始めた。「わたしがヤッファの町にいて祈っていると、我を忘れたようになって幻を見ました。大きな布のような入れ物が、四隅でつるされて、天からわたしのところまで下りて来たのです。その中をよく見ると、地上の獣、野獣、這うもの、空の鳥などが入っていました。そして、『ペトロよ、身を起こし、屠って食べなさい』と言う声を聞きましたが、わたしは言いました。『主よ、とんでもないことです。清くない物、汚れた物は口にしたことがありません。』すると、『神が清めた物を、清くないなどと、あなたは言ってはならない』と、再び天から声が返って来ました。こういうことが三度あって、また全部の物が天に引き上げられてしまいました。そのとき、カイサリアからわたしのところに差し向けられた三人の人が、わたしたちのいた家に到着しました。すると、〝霊〟がわたしに、『ためらわないで一緒に行きなさい』と言われました。ここにいる六人の兄弟も一緒に来て、わたしたちはその人の家に入ったのです。彼は、自分の家に天使が立っているのを見たこと、また、その天使が、こう告げたことを話してくれました。『ヤッファに人を送って、ペトロと呼ばれるシモンを招きなさい。あなたと家族の者すべてを救う言葉をあなたに話してくれる。』わたしが話しだすと、聖霊が最初わたしたちの上に降ったように、彼らの上にも降ったのです。そのとき、わたしは、『ヨハネは水で洗礼を授けたが、あなたがたは聖霊によって洗礼を受ける』と言っておられた主の言葉を思い出しました。こうして、主イエス・キリストを信じるようになったわたしたちに与えてくださったのと同じ賜物を、神が彼らにもお与えになったのなら、わたしのような者が、神がそうなさるのをどうして妨げることができたでしょうか。」この言葉を聞いて人々は静まり、「それでは、神は異邦人をも悔い改めさせ、命を与えてくださったのだ」と言って、神を賛美した。

（使徒言行録一一1～18）

異邦人伝道を終えて、ペトロがエルサレム教会に帰って来ますと、割礼を受けている極右的クリスチャンたちから強い非難を受けました。

［1］さて、使徒たちとユダヤにいる兄弟たちは異邦人も神の言葉を受け入れたことを耳にした。（1～2）

ペトロがこの非難にどう答えるかによって、教会は混乱し分裂するか、それとも混乱が収まりエルサレム教会も異邦人教会も前進するかが決まります。感情的になって答えれば、教会は分裂の道をたどります。祈りと冷静さと真の知恵が必要です。

ここには、前章に記されているペトロが見た幻と、その時に語られた神さまの言葉（一〇9）が、丁寧に記されています。割礼を受けている民族主義的な、右よりのクリスチャンたちが、ペトロを非難したからです。非難は次のようなものでした。「あなたは、割礼を受けていないものたちの所に行き（革なめし職人シモンの家）一緒に食事をした」というものでした。これはユダヤ教では律法（法律）で禁じられていたものでした。

この非難の背後にひそんでいる重大な問題を考えるなら、うっかりした答えはできませんでした。答え方次第によったら、教会は分裂し、エルサレム教会も異邦人の教会も霊的生命を失う危険がありました。そこで、ペトロは、まず、ありのままの事実を語りました。

ペトロはエルサレム教会の最高指導者として、実に適切な答えをいたしました。

［2］そこで、ペトロは事の次第を順序正しく、事実を説明し始めました。（4～16）

彼は、理論的、神学的説明を一切しませんでした。まず、ペトロは、ヤッファの町で祈っている時に見た幻を話りました。「わたしがヤッファの町にいて祈っていると、我を忘れたようになって幻を見ました。大きな布のような入れ物が、四隅でつるされて、天からわたしのところまで下りて来たのです。その中をよく見ると、地上の獣、野獣、這うもの、空の鳥などが入っていました。そして、『ペトロよ、身を起こし、屠って食べなさい』と言う声を聞きましたが、わたしは言いました。『主よ、とんでもないことです。清くない物、汚れた物は口にしたことがありません。』すると、『神が清めた物を、清くないなどと、あなたは言ってはならない』と、再び天から声が返って来ました。こういうことが三度あって、また全部の物が天に引き上げられてしまいました。」(5~10)

「神が清めた物を、清くないなどと、あなたは言ってはならない」という復活の主イエスの御言葉が、ユダヤ人としてのペトロの、異邦人に対する偏見を取り去るための決定的な言葉でした。その言葉が三度あったと記されていることは、このことを示しています。

「そのとき、カイサリアからわたしのところに差し向けられた三人の人が、わたしたちのいた家に到着しました。」この不思議なタイミング、ここにも〝霊〟の導きが感じられます。これでシモンの家に行って食事をすることが正しいと、ペトロが信じた根拠が二つになりました。

三つ目の根拠は、〝霊〟がさらにペトロに「ためらわないで一緒に行きなさい」と言われたことです。ペトロたちが、異邦人コルネリウスの家に行ったことを証言する人たちが、そこに六人も来ていた事です。当時のユダヤの律法によりますと、ペトロを入れて七人の証人がいれば、法律的に、それらの人たちの証言は、法廷で認められたのでした。

四つ目の根拠は、コルネリウスのところに天使が現れてみ告げがあったことでした。

五つ目は最大の根拠です。ペトロが話し出すと、聖霊が異邦人たちの上に降ったことでした。五つの根拠のうちで決定的、最も重要な根拠は最後の二つでした。

今朝のメッセージの題は、「あなたと家族の者すべてを救う言葉」ですから、この聖句の深い意味を説明いたします。コルネリウスの家で、天使が立って彼に今、「ヤッファに人を送って、ペトロと呼ばれるシモンを招きなさい。あなたと家族の者すべてを救う言葉をあなたに話してくれる」(13~14)と告げました。ユダヤ人の教会であるエルサレム教会の総理ペトロが、異邦人の家に行って、直接、個人的人格的にコルネリウスと彼の家族たちに、十字架と復活の主を語りました。彼と彼の家族全員が、その生ける力ある言葉によって救われ、彼らの上に聖霊が降り、洗礼を受けました。ここに絶対的、歴史的意味があるのです。

水曜日の夜にＮＨＫの『歴史が動いた』という番組がありますが、この出来事は、まさに、「救いの歴史が動いた」瞬間でした。それまで長い間、対立してきたユダヤ人と異邦人が、主の十字架と復活の言葉を聞き、救われました。ユダヤ人の代表者ペトロが語り、異邦人の代表的人物コルネリウスと、異邦人共同体の代表コルネリウスの家族たちが、キリストの体である教会に招き入れられたのです。絶対にあり得ないことが起きたのです。ペトロが語った主の言葉によって、父なる神の霊である聖霊によって、異邦人コルネリウスと家族が救われました。ここに、対立しあっている世界のあらゆる民族・宗教・国々の赦しと和解と一致の道が開かれたのです。アーメン、ハレルヤ！　三位一体の神に栄光あれ！

その時、ペトロは「あなたがたは聖霊によって洗礼を受ける」と言っておられた主イエスの言葉を想いだしました。この主イエスの預言は、ペンテコステ時の聖霊降臨の事実と、この異邦人のペンテコステといわれる歴史的事実によって、実現成就いたしました。

［３］こうして、主イエス・キリストを信じるようになったわたしたちに与えてくださったのと同じ賜物を、神が彼らにも与えてくださる（17〜18）

「こうして」は、異邦人たちに、またわたしたちに与えられた聖霊の賜物を指します。神様は、ユダヤ人にも異邦人にも平等に、神の最高・最大の賜物（贈り物）として、聖霊の賜物をお与えくださったのです。これ以上に大きな喜び、栄光、特権はありません。三位一体の神を、心の底から全身全霊を持って賛美します。ですから、ペトロは言いました。「私のような者が、神がそうなさるのをどうして妨げることが出来たでしょうか」と。この言葉を聞いて人々は静まり、「それでは、神は異邦人をも悔い改めさせ、命を与えてくださったのだ」と言って神を賛美しました。

このペトロが「事の次第を順序正しく説明」したのを聞いたエルサレム教会の人々は、沈黙し、神を賛美しました。事実をして、そのまま語らしめるペトロの戦略は大成功を収めました。神の偉大な愛に感動し、イエスの十字架と復活の福音を信じました。彼らは腹の底から悔い改めて、命の根源である神に立ち帰りました、永遠の命を得て、死に打ち勝ちました。イエスの十字架の死、初代教会の最初の殉教者ステファノの死が、驚くべき結果をもたらしたのです。アーメン。

聖霊と信仰とに満ちた人・バルバナ

ステファノの事件をきっかけにして起こった迫害のために散らされた人々は、フェニキア、キプロス、アンティオキアまで行ったが、ユダヤ人以外のだれにも御言葉を語らなかった。しかし、彼らの中にキプロス島やキレネから来た者がいて、アンティオキアへ行き、ギリシア語を話す人々にも語りかけ、主イエスについて福音を告げ知らせた。主がこの人々を助けられたので、信じて主に立ち帰った者の数は多かった。このうわさがエルサレムにある教会にも聞こえてきたので、教会はバルナバをアンティオキアへ行くように派遣した。バルナバはそこに到着すると、神の恵みが与えられた有様を見て喜び、そして、固い決意をもって主から離れることのないようにと、皆に勧めた。バルナバは立派な人物で、聖霊と信仰とに満ちていたからである。こうして、多くの人が主へと導かれた。それから、バルナバはサウロを捜しにタルソスへ行き、見つけ出してアンティオキアに連れ帰った。二人は、丸一年の間そこの教会に一緒にいて多くの人を教えた。このアンティオキアで、弟子たちが初めてキリスト者と呼ばれるようになったのである。そのころ、預言する人々がエルサレムからアンティオキアに下って来た。その中の一人のアガボという者が立って、大飢饉が世界中に起こると〝霊〟によって予告したが、果たしてそれはクラウディウス帝の時に起こった。そこで、弟子たちはそれぞれの力に応じて、ユダヤに住む兄弟たちに援助の品を送ることに決めた。そして、それを実行し、バルナバとサウロに託して長老たちに届けた。（使徒言行録一一19〜30）

これまで、サマリア人伝道、エチオピア伝道、コルネリウス伝道という風に三段階的に、異邦人伝道の準備はなされてきました。この三段階的異邦人伝道の頂点に、アンティオキア教会の誕生が位置づけられます。この異邦人伝道の最大の拠点は、どのようにして出来たのでしょうか。

［1］世界伝道への最大の拠点、アンティオキア教会の誕生（19～21）

ステファノの殉教をきっかけにして起こった迫害のために、人々はフェニキア、キプロス、アンティオキアまで散らされて行きましたが、この人たちは、ユダヤ人以外の誰にも御言葉を語っておりませんでした。しかし、彼らの中のキプロス島やキレネから来た人々が、アンティオキアへ行き、ギリシア語を話す人々にも、主イエスについて福音を告げ知らせました。

当時の世界三大都市（ローマ、アレキサンドリア、アンティオキア）の中の一つであるアンティオキアは、シリアの首都として、セレウコス一世により紀元前三百年に建設されました。近郊の人々を入れればおよそ八十万人の人口にのぼり、「大いなるアンティオキア」と呼ばれていました。そこに何人かのキプロス人とキレネ人が来てギリシア語を語る人々にも語りかけ、主イエスについて福音を告げ知らせました。アンティオキアは、地中海から二四キロ入ったオロンテ川の河口に建設されていて、美しい国際都市でした。しかし、贅沢な生活と不道徳的生活のため、軽視されていました。戦車競技や昼も夜も飽くことなく快楽を追い求める者の町として有名になっておりました。この大都市は気違いじみた競技と賭けと賭博と夜ににぎわう都市でした。この都市は同時にダフネ神礼拝（偶像礼拝）で有名でした。

このような都市でやってきた無名の信者たちが、主イエスについて福音を語りました。彼らは難民でした。苦しい生活の戦いの中で、イエスの喜びの福音に出会い、単純に福音を信じ、イエスを彼らの主といたしました。古い自分にイエスと共に死んで、新しい自分にイエスと共に生き返ったという体験的信仰に彼らは立っていました。この人々の証の言葉を聞いて、空虚な生活を送っていたアンティオキアの人々は、多く主に立ち返りました。無名の信徒の伝道が祝され、用いられて、異邦人伝道の拠点となる異邦人の教会が、ここに歴史上始めて誕生いたしました。この教会はどんどん成長していきました。巨大な都市に集っていた人々は、それぞれの国の伝統、習慣や親族の絆などから、比較的自由だったと思われます。そのため、キリストの福音を信じやすかったのです。

［2］聖霊と信仰とに満ちた人・バルバナの仲介の働き。（22〜26）

　このうわさがエルサレムの教会にも聞こえてきましたので、教会はバルナバをアンティオキアに派遣いたしました。エルサレムの教会はなぜ、教会代表ペトロをアンティオキア教会に派遣しなかったのでしょうか。なぜ、始めて誕生した教会にバルバナがエルサレム教会の代表として送られたのでしょうか。

　「バルバナ」はギリシア語で「慰める」という意味です。彼は、名前の通り慰めたり励ましたり、おすすめをする賜物がありました。それだけではなく、彼はキプロス島出身ですので、異文化をよく理解できました。その意味ではエルサレム教会とアンティオキア教会の間に立って、とりなしの働きのためにうってつけの人物でした。しかも、彼は持っていた畑を売り、その代金を使徒たちの足元に置いて、貧しい人たちを助けていました（使徒四36）。レビ族出身でしたので旧約聖書にも通じており、保守的エルサレム教会の信徒たちからも信用されていたでしょう。さらにアンティオキア教会が信徒運動によって出来たこと、異邦人伝道に深い理解と使命を持っていました。

　聖書が記している彼の最大の特徴は、「立派な人物で聖霊と信仰とに満ちていた」です。「立派な」というギリシア語は「アガソス agathos」、「質的に良い」という意味を持っています。相手の言うことも良く聞き、自分の意見もきちんと言える人物ということでしょうか。「聖霊と信仰とに満ちた人」の原型となっておられる方は、イエスご自身です。イエスはバプテスマのヨハネから洗礼を受けられた時に、同時に聖霊のバプテスマを受けられました。（マタイ三16）イエスの弟子たちは、ペンテコステの日に聖霊に満たされて、立派な人に変えられました。ステファノ、フィリポも信仰と聖霊に満ちていました。バルバナも聖霊と信仰とに満たされて、霊的、社会的、とりなしと伝道の働きをしました。こうして、かれは歴史的に重要な役割をすることになりました。バルナバはアンティオキアに到着すると神の恵みが与えられた有様を見て喜びました。そして、彼らが皆、固い決意を持って主から離れないようにと勧めました。割礼を重んじるエルサレム教会の代表が来ていたらこうは行きません。生まれたばかりの異邦人教会の霊的な生命はなえ、教会は混乱したでしょう。彼はまた、強い意志と決意を持って主を信じ続け、主から離れることのないように励まし、勧めました。

次にバルナバがした重要なことは、タルソスに行って、サウロを探し、見つけ出してアンティオキアに連れ帰ったことです。これは宣教、神学の歴史からもバルバナの重要な仲介の働きでした。サウロ（別のラテン語の名はパウローいと小さいもの意）は、ユダヤ教の右派の人たちから裏切り者と言われ、迫害され、殺されそうになり、彼の故郷、タルソスに九年間避難していたのです。バルバナは、そのことを覚えており、アンティオキア教会の誕生と急激な成長を見て、サウロこそ神の選びの器であると確信したのです。アンティオキア教会のためにも、異邦人伝道のためにも、サウロこそ、その任を負える神の器であるという確信を持って、タルソスにまで足を運んだのでした。バルナバの歴史の流れと、人物の本質を見抜く洞察力には驚くべきものがあります。二人は丸一年「そこの教会」に一緒にいて多くの人をおしえました。「この教会」（26）は、異邦人の教会が、教会（エクレシア：呼び出された者）と呼ばれた最初で、重要な箇所なのです。

また、このアンティオキアで、「弟子たちが初めてキリスト者」と呼ばれるようになりました。「弟子」と「キリスト者」の二語がキーワードです。「キリスト者」は、ここで始めてニックネームとして呼ばれた名です。少し軽蔑の意が込められています。むしろ「弟子」という言葉の方が、彼らのアイデンティティー（本質）を明らかにしています。

［3］預言する人アガボの世界最大の大飢饉の預言に

答えた愛の奉仕。（27〜30）

当時、エルサレム教会には、預言する人々がいて、アンティオキアに下ってきました。その中の一人、アガボが立って、大飢饉が世界中に起こると〝霊〟によって予告しました。果たして、それはクラウディウス帝（写真 ティベリウス・クラウディウス・ネロ・カエサル・ドルスス Tiberius Claudius Nero Caesar Drusus, BC10〜AD54 在位四一〜五四）の時に起こりました。そこでアンティオキアの弟子たちは、それぞれの力に応じて、自発的に、自由に、人種差別の壁を乗り越えて、ユダヤに住む兄弟たちに援助の品を送ることに決めました。そして、バルバナとサウロに託して、使徒たちにではなく、エルサレムの長老たちに届けました。驚くべき異邦人の愛と信仰の実行です。深い感動を覚えます。こういう実践的信仰にアンティオキアの人々は大いにひかれました。

わたしたちも大都市だから、道徳的に退廃しているから、日本人は無宗教だから等と言い訳をしないで、バルバナのように聖霊と信仰とに満ちて、とりなしの業、勧めのわざをさせていただいて、厚木の地を世界の宣教の拠点（センター）としていただこうではありませんか。

アーメン。

熱心な祈りを神にささげる

そのころ、ヘロデ王は教会のある人々に迫害の手を伸ばし、ヨハネの兄弟ヤコブを剣で殺した。そして、それがユダヤ人に喜ばれるのを見て、更にペトロをも捕らえようとした。それは、除酵祭の時期であった。ヘロデはペトロを捕らえて牢に入れ、四人一組の兵士四組に引き渡して監視させた。過越祭の後で民衆の前に引き出すつもりであった。こうして、ペトロは牢に入れられていた。教会では彼のために熱心な祈りが神にささげられていた。（使徒言行録一二1〜5）

絶対絶命の危機に追い込まれた教会は、祈りの武器によってヘロデ・アグッリッパ王の国家権力に勝利しました。

［1］そのころ、ヘロデ王は教会のある人々に迫害の手を伸ばした。（1～3）

　初代教会、一難去ってまた一難と、次々に襲ってくる困難を避けることなく、それらの困難に真正面から聖霊と祈りによって立ち向かっていきました。人種差別の問題、大飢餓の問題を乗り越えた教会は、今度はヘロデ王の強大な国家権力による迫害・弾圧と戦うはめになりました。アンティオキア教会も急速に成長して自立しました。エルサレム教会も、ユダヤ教の会堂から独立して自立しました。その結果、ユダヤ教から弾圧され、迫害されるようになりました。

　ちょうどその頃、ヘロデ・アグッリッパⅠ世は、教会のある人々に迫害の手を伸ばし、ヨハネの兄弟、ヤコブを剣で殺しました。その頃までは、教会はユダヤ教の一派と見なされていました。教会が自立し、教会の特色を鮮明にし始めましたので、教会の存在がユダヤ教にとってもヘロデ・アグッリッパ王にとっても危険な存在に見えてきたのです。ヘロデ王は、まず、エルサレム教会の十二使徒の一人、ヤコブの首を剣で、ローマ人の仕方ではねました。ユダヤ人たちの反応をうかがっていたところ、それがユダヤ人に喜ばれるのを見て、今度はエルサレム教会の最高指導者であるペトロを捕らえようとしました。

　アグッリッパ王は、ユダヤ人に受け入れられるように、ユダヤ人の律法、習慣を守りました。しかし、彼は、ヘロデ大王の孫に当たる者で、彼の中にはエドム人の血が入っており、純粋なユダヤ人ではありませんでした。ですから、彼は割礼を受け、ユダヤ教徒になったわけではありません。ユダヤ教徒たちを支配しやすくするために、ユダヤ人の律法、習慣を守っていたに過ぎません。ペトロを捕らえようとした時期は、ユダヤ国の三大祭の一つ、過ぎ越しの祭りの除酵祭の時でした。除酵祭は、かつてイスラエルの民がエジプトの奴隷であった時、神の十の奇跡によって、エジプトから解放される時、時間が充分なかったので、パンを作る時に酵母を除いて大急ぎで作ったことを記念した祭りですし、世界中からの巡礼者が、エルサレムに最も多く集まる時でした。こういう時期に、ペトロを捕らえ、過ぎ越し祭の後で民衆の前に引き出し、ユダヤ国の秩序をみだす異端者として処刑しようとしたのです。

［2］ヘロデはペトロを捕らえて牢に入れ（4）

　ヘロデはペトロを捕らえて牢に入れ、四人一組の兵士四組に引き渡して監視させました。実に、厳重な警戒をしたものです。これでは、何か奇跡でも起きなければ、ペテロは逃げ出すことは出来ません。いかに、ヘロデ王とユダヤ教の人たちが、ペテロと教会を恐れていたかがわかります。教会が、新しく興り、急激に三千人もの人がユダヤ教から回心して、クリスチャンの数が、驚くべき速さで増えていくのを見ていたからです。これは死ぬか生きるかの戦いなのです。国家にとって、ユダヤ教にとって、これ以上に脅威にならないように、見せしめとして早めに弾圧しようとの意図がありました。

　それまでのキリスト教への迫害・弾圧は、ユダヤ教のファリサイ派やサドカイ派、長老を含めたユダヤの七十人議会からの弾圧でした。今度の弾圧は、ローマ帝国が任命したユダヤ王の弾圧です。これは、ローマ帝国を後ろ盾とした国家権力の弾圧であって、クリスチャンたちが世界中（当時の世界）どこに行っても、キリスト教が弾圧の対象になりえるという恐るべきことが、始まったのです。

　この戦いは、ローマ帝国という巨大な後ろ盾を持った「国家権力」対生まればかりの「教会」の戦いでした。「強力な国家の軍事力」対「教会の霊の武具力」との戦いが始まったのです。当然、勝利はヘロデ王の側にあるように見えます。ところが、現実に勝利したのは、教会でした。驚きであります。最後には、キリスト教はローマの国家宗教となるのです。

　どうしてこのようなことがあり得るのでしょうか。どのようにして教会は、強力なヘロデ王の武力に勝利することが出来たのでしょうか。ローマ帝国の武力に勝利する霊の武具とは、何を指しているのでしょうか。

［3］こうして、ペトロは牢に入れられていた。（5）

四人一組の兵士四組に監視されていたペトロは、どのようにしてその牢から逃れることが出来たのでしょうか。非常に短く結論が記されています。「教会では、彼のために熱心な祈りが神にささげられていた」。これが教会の勝利の秘決です。短的にいえば、「熱心な祈り」です。人間の祈る姿は、人間の姿の中で最も弱い姿です。跪《ひざまず》いて両手を合わせて祈る姿は、万策尽きて、全知全能である神に助けを求める姿です。最も弱く見えますが、その弱さに徹し抜いて、本当に腹の底から天地万物を創造された神、死から甦えられた復活のイエス、真理の御霊（三位一体の神）を信じる時に、最も弱そうに見える人間は、最も強いものに変えられるのです。

　ペトロも教会も、このままでは、窮地に追い込まれ、やがてヘロデの巧妙なしつこい迫害と弾圧に敗れ去ってしまうでしょう。こういう時こそ必死に、捨て身になり、熱烈に、最後のそして最大の望みの綱である三位一体の神に向かって祈る以外に道はないのです。わたしたちの信仰の模範であるイエスは、このような危機に、どのような祈りを捧げられたでしょうか。

　イエスは荒野で悪魔から誘惑を受けられた時、四十日間昼も夜も断食した後、この言葉を持ってサタンと戦われて、勝利されました。（マタイ四1～11）イエスはまたゲツセマネの園において苦しみもだえ、切に祈られました。汗が血の滴るように地面に落ちました。（ルカ二二44）この世で最も困難な異邦人伝道をした使徒パウロは「うめき」の祈りを語っています。（ローマ八23）わたしたちも絶体絶命の窮地の中で苦しみもだえている人々のために、主にある兄弟姉妹の救いのために心を一つにして熱心に祈り続けようではありませんか。神の武具をもって祈ろうではありませんか。神の武具とは、「真理の帯、正義の胸当て、平和の福音の履物、信仰の盾、救いの兜、霊の剣、即ち神の言葉」のことをいいます。このような神の霊的な武具を、しっかり身につけて戦う時にのみ、巨大な国家権力、サタンの力、国家の武力に勝つことが出来るのです。アーメン。

今、始めて本当のことが分かった

ヘロデがペトロを引き出そうとしていた日の前夜、ペトロは二本の鎖でつながれ、二人の兵士の間で眠っていた。番兵たちは戸口で牢を見張っていた。すると、主の天使がそばに立ち、光が牢の中を照らした。天使はペトロのわき腹をつついて起こし、「急いで起き上がりなさい」と言った。すると、鎖が彼の手から外れ落ちた。天使が、「帯を締め、履物を履きなさい」と言ったので、ペトロはそのとおりにした。また天使は、「上着を着て、ついて来なさい」と言った。それで、ペトロは外に出てついて行ったが、天使のしていることが現実のこととは思われなかった。幻を見ているのだと思った。第一、第二の衛兵所を過ぎ、町に通じる鉄の門の所まで来ると、門がひとりでに開いたので、そこを出て、ある通りを進んで行くと、急に天使は離れ去った。ペトロは我に返って言った。「今、初めて本当のことが分かった。主が天使を遣わして、ヘロデの手から、またユダヤ民衆のあらゆるもくろみから、わたしを救い出してくださったのだ。」こう分かるとペトロは、マルコと呼ばれていたヨハネの母マリアの家に行った。そこには、大勢の人が集まって祈っていた。門の戸をたたくと、ロデという女中が取り次ぎに出て来た。ペトロの声だと分かると、喜びのあまり門を開けもしないで家に駆け込み、ペトロが門の前に立っていると告げた。人々は、「あなたは気が変になっているのだ」と言ったが、ロデは、本当だと言い張った。彼らは、「それはペトロを守る天使だろう」と言い出した。しかし、ペトロは戸をたたき続けた。彼らが開けてみると、そこにペトロがいたので非常に驚いた。ペトロは手で制して彼らを静かにさせ、主が牢から連れ出してくださった次第を説明し、「このことをヤコブと兄弟たちに伝えなさい」と言った。そして、そこを出てほかの所へ行った。夜が明けると、兵士たちの間で、ペトロはいったいどうなったのだろうと、大騒ぎになった。ヘロデはペトロを捜しても見つからないので、番兵たちを取り調べたうえで死刑にするように命じ、ユダヤからカイサリアに下って、そこに滞在

していた。(使徒言行録一二6～19)

わたしたちの人生には、しばしば「今、始めて本当のことが分かった」という開眼されるときがあります。人生に行き詰って万事休すと思われた時、初代教会最高指導者ペトロは監視の厳しい牢の中で天使の指示通りに従ったら、その窮地の中から助け出されたのです。

〔1〕ヘロデがペトロを引き出そうとした日の前夜。(6)

肉の力と霊の力の戦い、武力と霊の力、国家権力と祈りの戦いがいよいよ火花を散らしました。使徒ヤコブはヘロデの剣で殺されようとしていました。続いて教会のトップが捕らえられ殺されようとしていました。結局、最後にはこの世の力ヘロデ王の武力が勝利するのでしょうか。祈りの力は敗れ去るのでしょうか。

ヘロデ王がペトロを牢から引き出そうとしていた日の前夜、ペトロは二本の鎖でつながれて二人の兵士の間で眠っていました。番兵たちは戸口で牢を見張っていました。翌日は過ぎ越しの祭りの除酵祭でした。どんなに熱心に祈っても、翌日にはペトロは殺されてしまうのでしょうか。やはり駄目か。世の中では強いものが勝ち弱いものが負けるのでしょうか。

このような厳重な見張りの中でペトロは二人の兵士の間でどうしてこのようにぐっすり眠れるのでしょうか。不思議です。普通なら明日殺されるという状態ならば、不安で眠れないものです。これは一体どうしたのでしょうか。ペトロは死ぬも生きるもキリストのためという悟った信仰に立ってやすらかに眠っていたのでしょうか。番兵たちは戸口で牢を見張っていました。

〔2〕すると、天使がそばに立ち、光が牢の中を照らしました。(7～17)

「すると」の後に原語では「見よ」という言葉が入っています。何かこの絶望的な状況を転換させるような驚くべき出来事が突然起こったのです。そうです。主の天使がそばに立ち、光が牢の中を照らしました。周りは敵ばかり、わたしたちは孤独だと思いがちですが、わたしたちのまわりには目には見えませんが、三位一体の神様が遣わされた天使がおられるのです。こんなに力強いことはありません。そして暗黒、絶望と思われた牢の中に天使は希望の光で牢の中を照らしてくださったのでした。

天使はペトロのわき腹を突っついて起こし、「急いで起き上がりなさい」と言いました。すると鎖が彼の手からはずれ落ちました。すごい天使の力です。天使が「帯を締め、履物を履きなさい」と言ったので、ペトロはそのとおりにしました。また天使は「上着を着てついて来なさい」と言いました。それでペトロは外へ出てついて行ったが、天使のしていることが現実のこととは思われませんでした。幻を見ているのだと思いました。第一、第二の衛兵所を過ぎ、町に通じる鉄の門の所まで来ると、門がひとりでに開いたので、そこを出て、ある通りを進んでいくと、急に天使は離れ去りました。なんともこれは不思議な出来事です。頑丈に出来ている鉄の門がひとりでに開いてしまったのですから、ただごとではありません。

急に天使が離れ去った時にペトロは我に返っていいました。「今、始めて本当のことが分かりました。主が天使を遣わしてヘロデの手から、またユダヤの民衆のあらゆるもくろみから私を救い出してくださったのだ」天使がペトロを牢から一つ一つの難問から助け出しておられる時は、幻でも見ているようで、現実に何が起きているのかを充分理解できなかったことが、我に戻った時に、何が起こったのかをペトロは正しくはっきりと疑いなく理解することが出来たのでした。天使が光を与えてくださっていても、半信半疑であったことが、天使が去った時に神がかったというか、物に取り付かれたような状態から普通の状態に戻って冷静に理性的な自分を取り戻して、それまで充分理解できなかったことをはっきりと理解し自覚することが出来たのです。

こう分かるとペトロはマルコと呼ばれていたヨハネの母の家に行きました。マルコと呼ばれていた母はとても祈りの深い母で、自分の家を神にささげ、そこで礼拝を始め色々な集会が行われていたようです。そこに大勢の人が集まって祈っていました。特にペトロが捕らえられて殺されようとしている危機的な状態でありましたので、いつもよりも多くの人たちが集まって熱心に祈っていたことが想像されます。門の戸を叩くと、ロデという女中が取次ぎに出てきました。ペトロの声だと分かると、喜びの余り門を開けもしないで家に駆け込み、ペトロが門の前に立っていると告げました。ところがこんなうれしいニュースを聞いても人々は「あなたは気が変になっているのだ」と言いましたが、ロデは本当だと言い張りました。それでも彼らは「それはペトロを守る天使だろう」と言い出しました。彼らの祈りが聞かれたというのに、一体これはどうしたというのでしょうか。彼らは疑いながらも祈っていたのでしょうか。まさかあの頑丈な、ヘロデ王の威信をかけて守りを固めていた牢をペトロが突き破って出てきたとは現実的に言って信じられなかったのです。しかし、ペトロは戸をたたき続けました。彼らが戸を開けてみると、そこにペトロがおりましたので、非常に驚きました。

　そこで、ペトロは手を制して彼らを静かにさせ、主が牢から連れ出してくださった次第を説明し、「このことをヤコブと兄弟たちに伝えなさい」と言いました。ここにも、ペトロを牢から連れ出してくださったのは、十字架にかけられ、死から甦った「主」であるという高次の歴史解釈が成されています。十字架と復活の主こそは、歴史と現実を支配しておられるのであって、ヘロデやローマの皇帝ではないというペトロの信仰告白をここに見ることが出来ます。ペトロもこの信仰に立つまでは戦いがあり、天使の導きにより、霊眼が徐々に開かれて、この信仰に至ったと思われます。ここに長居することは危険です。烈火のように怒ったヘロデは、軍隊を引き連れて、ペトロを探していたに違いありません。そこでペトロはそこを出て、ほかの所へ行きました。

［3］夜が明けると兵士たちの間で、ペトロはいったいどうしたのだろうと大騒ぎになりました。（18～19）

ヘロデはペトロを探しても見つからないので、番兵たちを取り調べたうえで死刑にするように命じ、ユダヤからカイサリアに下って、そこに滞在していました。

　教会はヘロデ王の軍事力、国家権力に祈りを持って、すなわち霊力、神の武具によって見事に勝利しました。ヘロデ王の国家権力、軍事力に勝利した信仰とはどのような祈り、信仰であったでしょうか。なぜ主はペトロを救って、ヤコブを殺されるままになさったのでしょうか。イエスはゲツセマネの園で「わたしの思いではなく、神のあなたの思い（意志）が成りますように」と三度祈られて、自分に打ち勝たれて、十字架にかかり、死から甦られたことを想い出していたに違いありません。そのときにはペトロは三度も眠っていましたが、ここでは、この失敗を教訓として霊的に目覚めており、イエスと同じ自分の意志ではなく、神の意志を先行させたのでしょう。でも、まだなぜヤコブが殺されペトロが助け出されたのかという疑問は残ります。そこには神の不思議な歴史的摂理があったのでしょう。異邦人の教会とエルサレム教会とが世界教として発展、展開されているこの時にペトロを殺すわけにはいかなかったのではないでしょうか。いっさい神の摂理の意志におゆだねする信仰に立たせていただきましょう。アーメン。

神の言葉はますます栄え広がる

ヘロデ王は、ティルスとシドンの住民にひどく腹を立てていた。そこで、住民たちはそろって王を訪ね、その侍従ブラストに取り入って和解を願い出た。彼らの地方が、王の国から食糧を得ていたからである。定められた日に、ヘロデが王の服を着けて座に着き、演説をすると、集まった人々は、「神の声だ。人間の声ではない」と叫び続けた。するとたちまち、主の天使がヘロデを撃ち倒した。神に栄光を帰さなかったからである。ヘロデは、蛆に食い荒らされて息絶えた。神の言葉はますます栄え、広がって行った。バルナバとサウロはエルサレムのための任務を果たし、マルコと呼ばれるヨハネを連れて帰って行った。

（使徒言行録一二20〜25）

「神の言葉はますます栄え広がって行った」とは、それまでの初代教会の伝道の有様を要約した言葉です。

［1］ヘロデ王はティルスとシドンの住民にひどく腹を立てていた。（20）

先週の礼拝でわたしたちは、ヘロデ王の世俗的権力（武力）と霊の力との戦いにおいて、霊の力、すなわち教会の祈りの力が勝利したことを学びました。ペトロに逃げられたヘロデ王は番兵を処刑したあと、ユダヤからカイサリアに下って行って、そこに滞在しました（19）。その滞在中、ヘロデ王の急死事件が20節から23節に記されています。

この世俗の事件がどうして聖書にとって重要な事件かというと「主の御言葉がますます盛んになり、広まっていったからです。」ここからその粗筋《あらすじ》とその福音、宣教的な意味を学びましょう。

ヘロデ王はティルスとシドンの住民にひどく腹を立てていた（20）「ティルス」というのはカイサリアの北九五キロのところに、「シドン」約一二〇キロのところにあり、地中海岸のフェニキアの古い町でした。ヘロデ王はこれらの町の通商権と食糧権を持っていました。ヘロデ王は、これらの住民たちとひどい敵対関係にありました。そこで住民たちは、そろって王を訪ね、その侍従（ヘロデ王の私的な僕）ブラストに取り入って、和解（平和）を願い出ました。彼らの地方が、王の国から食糧を得ていたからです。

［2］定められた日に、ヘロデが王の服をつけて座に着き、演説をすると。（21〜23）

「定められた日」とは、当時のローマ皇帝の誕生日で八月一日でした。ヘロデ王はこの日に自分を神の様に見せようとして、昇ってくる朝日に光り輝くようにいたしました。その意味では彼はなかなかの演出家でした。この日はローマ皇帝の治政の安泰のために誓願を立てて祝う祭りでした。その日には、彼の領土からおもだった人、身分の高い人たちが沢山集まってきました。

そこに集まった人々は「神の声だ。人間の声ではない」と叫び続けました、するとたちまち主の天使がヘロデを打ち倒しました。ここで、「打ち倒した」と訳されている言葉は原語では七節で使われている「ペトロのわき腹をつついて起こし」の「つついて」と同じ言葉が使われています。ペトロの場合は「命の危険の中から救い出されるために、天使がペトロのわき腹をたたいたのですが、ヘロデに対して使われたこれと同じ言葉は、彼を打ち倒して息絶えさせるためでありました。それは同じ言葉でも意味は全く正反対の意味において用いられました。そのたった一つの理由は、ヘロデは自分に栄光を帰し、神に栄光を帰さなかったからでした。

　自分に栄光を帰したということが、どうしてこんなにも重く罰せられなければならないでしょうか。それは、ヘロデ王は自分を絶対化し、真の絶対者であられる神の神権を犯し、神に対して背神的であったからです。背信の罪、自己絶対化の罪、高慢の罪は厳重に厳しく罰せられなくては世界と宇宙の秩序が破られ、混沌となってしまいます。神は神であり、人間はどこまで行っても人間であり、たとえ王といえども人間である限り神の支配に服すべき者なのです。人間は神のみ姿に似せられて造られていますので、被造物の中では最も尊い存在として造られています。しかしそれは他の被造物を神のみ旨に従って治めるためであり、仕えるためなのです。この最も重要な真理に反する者は現代においても厳重に罰せられるのです。

　ヘロデは蛆に食い荒らされて息絶えました。ヘロデ王は美味しいものを食べ過ぎて太りすぎ、大腸に蛆がわいて、その蛆が彼の内臓を食い荒らし、ヘロデ王の命は絶えたと言われています。彼の祖父に当たるヘロデ大王も同じように死んでいったと言われています。

　人の上に立つ者にとって、一番大切なことは、神と人とに、僕として仕える謙遜な僕の精神です。公僕の精神を持たない指導者、政治家、官僚、社長、委員長などの立場に立つも者は心して注意すべきと、これは最も重要な真理です。主のため、神のため、教会のため命を捨てていったステファノ、ヤコブこそ最も理想的な指導者なのです。

〔3〕神の言葉はますます栄え広がって行った。（24）

生ける神の言葉、すなわちイエス・キリストの福音を聖霊の力、確信を持って語り、証しする者は必ずや神と主の祝福を語るのです。教会はキリストの体であり、聖霊の宿る所でありますから、迫害を受け困難に直面すればするほど栄え広がっていくものなのです。

わたしたちがどんな迫害、困難に直面しても神の武具を持って戦うならば、わたしたちに敵対できる者はないのです。戦いが終わった後もその勝利の力は神によって与えられたのですから、神に栄光を帰し続けるならば、教会は栄え広がり続けていくのです。この時代の初代教会がその一番良い実例です。

ですから、パウロも第一コリント一〇章31～32節において次のように記しています。「あなたがたは食べるにしろ飲むにしろ、何をするにしてもすべて神の栄光を現すためにしなさい。」と。大預言者イザヤは三一章1～3節において次のように記しています。「災いだ。助けを求めてエジプトに下り、馬を支えとする者は。彼らは戦車の数が多く、騎兵の数がおびただしいことを頼りとし、イスラエルの聖なる方を仰がず、主を尋ね求めようとしない。エジプト人は人であって神ではない。その馬は肉なるものにすぎず霊ではない。主が御手を伸ばされると助けを与える者はつまずき、助けを受けている者は倒れ、皆共に滅びる。」

平時の時も非常時の時も、わたしたちの第一の問題は、わたしたちの都合や時、お金や財産、才能や学歴ではなく、生ける神を信頼して、その十字架と復活のイエスを一体化しているか、神の言葉の繁栄と拡大を第一にしているか、神と主と聖霊（三位一体の神）の力によって、神に栄光を帰しているかであります。第一のものを第一にする時に神の栄光は現わされ、神のみわざは成され、神の国は来るのであります。

今朝早くＮＨＫ教育の『宗教の時間』を見ていましたら、太田愛人《あいと》牧師がローマ書八章28節の御言葉を引用して「神を愛する者たち、つまり、御計画に従って召された者たちには、万事が益となるように共に働くということを、わたしたちは知っています」と語っておられました。神は万事、すなわち悪いこともよい事も災いさえも益（質的に良い）に変えてくださるのです。私は今回経験いたしました自動車事故の経験さえも（私の不注意によるのではありますが）これを益に変えてくださるお方

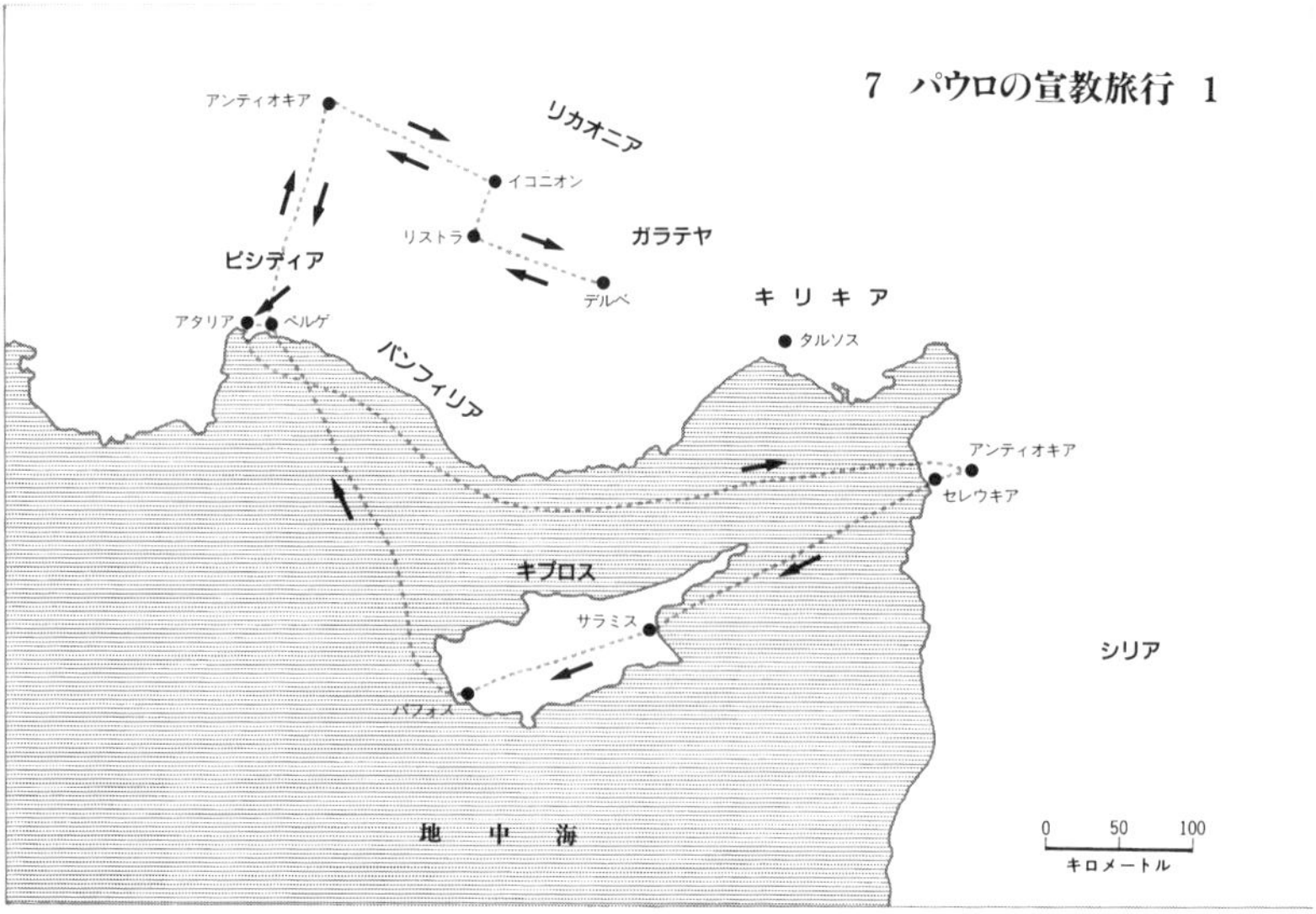

「第１回パウロの伝道旅行」13・１～15・35

であることを信じています。家内と教会の方々、わたしの子供たちには大変ご迷惑をおかけしたことは深く反省し、涙を流して悔い改めさせていただきました。神を愛し、召された者を主は憐れんでくださり、罪を赦し、災いをも神は益に変えてくださいます。

バルナバとサウロはエルサレムのための任務（援助交流）を果たし、マルコと呼ばれるヨハネ（バルナバのいとこ）を連れて帰っていきました。アーメン。

断食して祈る

アンティオキアでは、そこの教会にバルナバ、ニゲルと呼ばれるシメオン、キレネ人のルキオ、領主ヘロデと一緒に育ったマナエン、サウロなど、預言する者や教師たちがいた。彼らが主を礼拝し、断食していると、聖霊が告げた。「さあ、バルナバとサウロをわたしのために選び出しなさい。わたしが前もって二人に決めておいた仕事に当たらせ

るために。」そこで、彼らは断食して祈り、二人の上に手を置いて出発させた。（使徒言行録一三1～3）

旧約時代の最大の人モーセも、シナイ山で神の啓示を受ける時には、四十日四十夜、断食祈祷をしました。全聖書を通して最も偉大な人物イエス・キリストもまた、四十日間、荒野にとどまられ、昼も夜も断食した後、空腹を覚えられました。このような、人間として最も弱い状態の中で、悪魔の誘惑を受けられました。あらゆる誘惑を受けられて、全き勝利を得られました。

［1］アンティオキアの教会には（1）

いよいよ、使徒言行録十三章から、宣教の中心地が、エルサレムからアンティオキアへ、宣教する人物がペトロからパウロへ、宣教の対象がユダヤ人から異邦人へと移ります。十三章一節から三節まではその序論です。この箇所で一番強調されていることは、世界宣教のわざが、単なる人間の発案、計画で始められるべきではなく、聖霊によって始められるべきもの、断食と祈りによって始められるべきものであるということです。

アンティオキアは、当時の世界で、第二番目の大都市でした。新しい都市でしたので、古いものに縛られず、教会は急速に発展しました。この間に、預言者と教師として立つようになった指導者が多く出ました。これらのすぐれた五人の指導者の中には、使徒と言われる者は一人もおりません。使徒と関係のある人物はおりますが、使徒といわれる者はおりません。これら五人の指導者たちは、信徒伝道者ステファノの影響を受けた人たちでした。殉教の精神を持って、熱心にキリストの福音を伝え、教えた人たちでした。

その第一にあげられている人物は、今まで何度も出てきたキプロス島生まれのバルナバでした。彼はエルサレム教会の使徒たちとも深い関係を持っております。パウロを、彼の故郷タルソスに行って探し出し、連れ出してきて、彼と一緒に、一年間アンティオキア教会で働いた仲でした。

次にニゲルと呼ばれたシメオンがおりました。彼はアフリカ出身の黒人でした。三番目の人物はキレネ人のルキオでした。彼も黒人でした。四番目にあげられている人物は領主ヘロデと一緒に育ったマナエンでした。このような社会的に高い地位の人物が、すでに、アンティオキア教会の指導者として活躍しておったことは驚きです。五番目にサウロ（パウロ）の名が記されています。最初に出てきたバルナバと、最後のサウロこそ、これからの異邦人伝道という最も困難な使命のために選ばれました。性格も賜物も対称的な二人です。その他に、預言するもの（旧約の預言者とは違い、預言する賜物を持っている者）や教師たちがおりました。

［2］彼らが主を礼拝し、断食していると（2）

彼らは、人種や社会的地位を越えて、信仰によって一致していました。世界宣教の任務は、常に主を礼拝する教会にゆだねられていました。世界宣教の業は、人間の発案、計画で始められるべきではありませんでした。彼らが主を礼拝し、断食している時に、聖霊が発案、計画されたのでした。

断食とはどのような力があるのでしょうか。　断食をすると、精神を一つのことに集中することが出来ます。精神が透明になります。したがって、断食することは、神の言葉、メッセージ、啓示を受ける準備となります。

旧約最大の人物モーセは、シナイ山で十の戒めからなる契約の言葉を板に書き記す時に、四十日四十夜そこにとどまり、パンも食べず水も飲みませんでした。（出エジプト記三四28）新旧約聖書全体を通して最大の人物であるイエス・キリストもまた、公生涯を始める前に、荒野に行かれ、四十日間、昼も夜も断食しました。そして空腹になった時、悪魔の誘惑を受けました。イエスは食欲、虚栄、偶像礼拝の誘惑に完全に勝利されました。（マタイ四1～11）

ここで、バルナバとサウロ（パウロ）が、世界宣教の任務を、聖霊から受けた時は、彼らが（教会のリーダーたち）が主を礼拝し、断食している時であったことに注意しましょう。礼拝と宣教は密接な関係にあるのです。主に礼拝を捧げているその時に、宣教の霊が注がれました。そして、断食をして、神の言葉を聞こうとしている者たちを、宣教の道へと召し出されるのです。

聖霊は彼らに告げられました。「さあ、バルナバとサウロをわたしのために選び出しなさい。わたしが、前もって二人に決めておいた仕事に当たらせるために」。すでに聖霊によって選び出されていた二人を、礼拝において、全会衆と指導者の前で改めて選び出し、召し出しました。こうして、彼らの個人的召命が、公的なもの、共同体的なものになったのです。こうして、世界宣教の使命は、単に、バルナバとサウロの個人的なものではなく、公的で共同体全体のものとされました。三位一体の神と、その民である共同体全体・教会のものとされて、世界宣教の働きへと押し出されて行ったのです。彼らの宣教活動の業は、聖霊のわざであると同時に教会全体のわざとなるのです。

バルナバとサウロはたった二人ではありますが、その背後には、ご聖霊と、アンティオキア教会全体が、共労者としてひかえているのです。この事実は、バルナバとサウロにとって、どんなにか大きな力、また慰めであったことでしょう。宣教資金の援助も重要であるかもしれませんが、それ以上に重要なのは祈りのサポート、断食による霊的サポートです。

［3］そこで　彼らは断食して、祈り（3）

「そこで彼らは断食をして祈り」とは、指導者たちと会衆の断食と祈りに、礼拝の中で応えて、二人もまた断食して祈り、彼らが全く一体となったのです。そして、教会全体が一つとなって、二人の上に手を置いて祈り、出発させました。

何とすばらしい情景でしょう。送り出す会衆も、送り出される二人も聖霊に満たされ、全く一体となっております。「送り出す」という言葉には「開放する」という意味も持ちます。送り出されたバルナバとサウロは、アンティオキア教会、エルサレム教会との過去的関係から開放され、未来に向うあらゆる可能性へと開放されていくのです。その出来事の可能性の中には、旅行の危険、飢え、などさまざまな危険が含まれていると思います。余程の信仰がないと、また復活のイエスが共におられるという保障、聖霊（身近な神）の日ごとの導きの保障、そして何よりも全能なる父なる神の臨在の保障がないと、この自らを解放し、他者を解放する救いの業をまっとうすることは不可能です。

　アブラハムも故郷の地から出発しました。イスラエルの民も、エジプトを出発しました。イエスもナザレの村から出発されました。そして神の開放の業をされたのです。わたしたちも聖霊と教会に、送り出されて、断食と祈りによって、開放の業のために出発させていただきましょう。アーメン。

聖霊によって送り出される

　聖霊によって送り出されたバルナバとサウロは、セレウキアに下り、そこからキプロス島に向け船出し、サラミスに着くと、ユダヤ人の諸会堂で神の言葉を告げ知らせた。二人は、ヨハネを助手として連れていた。島全体を巡ってパフォスまで行くと、ユダヤ人の魔術師で、バルイエスという一人の偽預言者に出会った。この男は、地方総督セルギウス・パウルスという賢明な人物と交際していた。総督はバルナバとサウロを招いて、神の言葉を聞こうとした。魔術師エリマ――彼の名前は魔術師という意味である――は二人に対抗して、地方総督をこの信仰から遠ざけようとした。パウロとも呼ばれていたサウロは、聖霊に満たされ、魔術師をにらみつけて、言った。「ああ、あらゆる偽りと欺きに満ちた者、悪魔の子、すべての正義の敵、お前は主のまっすぐな道をどうしてもゆがめようとするのか。今こそ、主の御手はお前の上に下る。お前は目が見えなくなって、時が来るまで日の光を見ないだろう。」するとたちまち、魔術師は目がかすんできて、すっかり見えなくなり、歩き回りながら、だれか手を引いてくれる人を探した。総督はこの出来事を見て、主の教えに非常に驚き、信仰に入った。（使徒言行録一三4～12）

　バルナバとサウロは、当時の世界都市の一つと言われたアンティオキア教会から世界宣教のため、聖霊によって送り出されました。

［1］聖霊によって送り出されたバルナバとサウロはセレウキアに下り、そこからキプロス島に向けて船出しました。（4〜5）

ステファノの殉教によって、世界に散らされたすぐれた信徒伝道者たちが、アンティオキアという大都市に集まって来て、活発に伝道しました。その結果、アンティオキア教会は、短期間のうちに急激に発展しました。特に一年間、バルナバとサウロがエルサレム教会から遣わされ、しっかりとした教育、伝道がなされましたので、教会の基礎は固まり、充実しました。教会は、いよいよ異邦人伝道の時は来たと判断し、すでに神によって選ばれていたバルナバとサウロを、「聖霊によって」送り出そうとしていました。

ここで、「教会によって」ではなく、「聖霊によって」と著者ルカは、なぜ言ったのでしょうか。第一に、この二人を教会が、聖霊によって異邦人伝道者として選び出していました。（一三2）。

第二に教会の指導者たちは、礼拝によって断食して祈り、二人の上に手を置いて出発させたからです。礼拝においてこそ、聖霊が最も力強く働かれます。指導者たちも会衆たちも、食を断って祈ったわけですから、特別に聖霊が、この二人の上に集中して注がれたと考えられます。

第三に異邦人伝道は、ユダヤ人伝道よりも何倍も困難な伝道です。この使命をわずか二人の伝道者に託すのですから、彼らと共にいて、どんな問題に直面しても、直ちに、身近にいて助けてくださる聖霊を受けるためでした。困難な問題が起きる度に、本部の教会の指導者たちに、解決を求めていたのでは異邦人伝道は進展しません。

聖霊に送り出されて二人は、アンティオキア教会から北方約六十キロ離れたところにあるセレウキア港に下り、そこからキプロス島に向けて船出しました。なぜ二人は異邦人伝道の第一の伝道地としてキプロス島を選んだのでしょうか。

その第一の理由は、バルナバ（写真）がキプロス島出身であったからです（四36「使徒たちからバルナバ――『慰めの子』という意味――と呼ばれていた、キプロス島生まれのヨセフ」）。

その上、アンティオキア教会にはキプロス島出身が多く、彼らによってキプロス島伝道のために祈りが積まれていました。

さらにキプロス島にはキリスト教伝道の基地になるユダヤ教の会堂がいくつかありました。

それだけではなく、キプロス島には、当時の地中海沿岸からさまざまな人種の人々が集まっていました。そのため、エジプトを始め当時の世界各地で行われている魔術者たちやユダヤ教の偽預言者がこの島で活躍していました。キリスト教が世界教として発展していくためにはどうしてもこうした魔術者たちや偽預言者たちと対決する必要がありました。こうした諸事情から、キプロス島は、異邦人伝道をするには、最もふさわしい場所であったと考えられます。

サラミスに着くとユダヤ人の諸会堂で神の言葉を告げ知らせました。サラミスとは、キプロス島最大の都市で商業・貿易の町として栄えていました。そこには大きなユダヤ教の会堂がありました。ユダヤ教の会堂には、ユダヤ人たちが十家族が集まっていると、一人のラビを招くことが出来ました。そこでは旧約聖書から神の言葉が解かれていました。当時の会堂は、旅行者でメッセージの出来る人が、会堂司の許可を得てメッセージができました。そこで二人は安息日に会堂に行って神の言葉を告げ知らせたのでした。この二人と共に後にマルコによる福音書を書いたヨハネが二人の助手（書記）として連れられていました。マルコはバルナバとは親戚関係にありました。

［2］島全体を巡ってパフォスまで行くと、ユダヤ人の魔術師でバルイエスという一人の偽預言者に出会った。（6～8）

パフォスは島の西端にある最大の首都でした。巡回伝道はかつてイエスがガリラヤ伝道をした時の方法でした。イエスに倣っていると見ることが出来ます。違っているところは大都市で集中的に伝道していることです。

いかにもサウロ（パウロ）的です。パフォスまで行くと、ユダヤ人の魔術師でバルイエスという一人の偽預言者に出会いました。魔術師はモーセの時代にもエジプトにおりました。サウロの時代にも加持祈祷や迷信、呪文を行う魔術師がおりました。偽預言者は、旧約聖書でいう真の預言者たちとは違って、神の代弁者ではなく、人々の欲望や野心、虚栄の代弁者です。当時のユダヤ教には、このような偽預言者がいたようです。「バル」というのは「子」という意味ですから「イエスの子」ということになります。

　この男は地方総督セルギウス・パウルスという賢明な人物と交際していました。この男は、ローマ皇帝によって任命されキプロス島の最高責任者である地方総督にやとわれていました。彼のカウンセラーのような働きをして生活を立てていました。総督は賢明な人物でありましたのでバルナバとサウロとを招いて、神の言葉を聞こうとしていました。ところが魔術師は二人に対抗して（自分の生活の道が断たれるのを恐れて）地方総督をこの信仰から遠ざけようとしました。

　ここにキリスト教の聖霊と悪霊との対決、異教との対決を見ることが出来ます。この戦いにサウロはどのように勝利することが出来たのでしょうか。

［3］パウロとも呼ばれていたサウロは、聖霊に満たされ、魔術師をにらみつけて言った。（9〜10）

「ああ、あらゆる偽りと欺きに満ちた者、悪魔の子、すべての正義の敵、お前は主のまっすぐな道をどうしてもゆがめようとするのか。今こそ主の御手はお前の上に下る。お前は目が見えなくなって、時が来るまで日の光を見ないだろう。」

「聖霊に満たされ」とは何を意味しているのでしょうか。恐らくこの世を支配している悪の霊に対して、「霊の力、権威に満たされて」という意味と思います。ものすごい気迫、形相をしてとも受け取れます。ストレートに、普段言わないようなことを、強力に勇気と正義感とを持ってパウロはこの魔術師を怒鳴りつけたのです。ここで、最も強い言葉は「悪魔の子」です。悪魔の子の上には、神の刑罰が下されて、彼の目は見えなくなり、時が来るまで日の光を見なくなるのです。この時、パウロは、彼自身が復活のイエスに逆らっていたために目が見えなくなってしまった、ダマスコ途上での暗黒の経験を想い起こしていたのではないだろうか。

魔術師は、目がかすんできて、すっかり見えなくなり、歩き回りながら、誰か手を引いてくれる人を探しました。この異教の地で、聖なる霊・神の霊・復活の霊が、この世・異教の世界を支配する悪霊に勝利した瞬間でした。これは、後のパウロたちの異邦人伝道の勝利を予告するものでした。パウロの霊の力はペテロの霊の力に勝るとも劣らぬものであることを実証した瞬間でした。また、この地方の最有力者・地方総督の好意を獲得した瞬間でした。指導権はこの時からバルナバからパウロに移りました。

総督はこの出来事を見て主の教えに非常に驚き、信仰に入りました。総督はパウロから個人伝道を受けて回心したのではありません。彼の目の前で、彼がそれまで信じていた魔術、預言の力よりも、聖霊に満たされてパウロが証した聖霊の力が、はるかに勝れていることを、目の当たりにして回心したのです。現実には、奇跡を見て信仰に入ったのですが、ルカは、彼は「主の教え」に非常に驚いて（仰天し）入信したと記しました。なぜルカはこのように記したのでしょうか。ご利益信仰は永続きしないからです。主の偉大な教え、永遠の命、復活の命だけが長続きする救いを与えるのです。アーメン。

神を畏れる方々

パウロとその一行は、パフォスから船出してパンフィリア州のペルゲに来たが、ヨハネは一行と別れてエルサレムに帰ってしまった。パウロとバルナバはペルゲから進んで、ピシディア州のアンティオキアに到着した。そして、安息日に会堂に入って席に着いた。律法と預言者の書が朗読された後、会堂長たちが人をよこして、「兄弟たち、何か会衆のために励ましの御言葉があれば、話してください」と言わせた。そこで、パウロは立ち上がり、手で人々を制して言った。「イスラエルの人たち、ならびに神を畏れる方々、聞いてください。この民イスラエルの神は、わたしたちの先祖を選び出し、民がエジプトの地に住んでいる間に、これを強大なものとし、高く上げた御腕をもってそこから導き出してくださいました。神はおよそ四十年の間、荒れ野で彼らの行いを耐え忍び、カナンの地では七つの民族を滅ぼし、その土地を彼らに相続させてくださったのです。これは、約四百五十年にわたることでした。その後、神は預言者サムエルの時代まで、裁く者たちを任命なさいました。後に人々が王を求めたので、神は四十年の間、ベニヤミン族の者で、キシュの子サウルをお与えになり、それからまた、サウルを退けてダビデを王の位につけ、彼について次のように宣言なさいました。『わたしは、エッサイの子でわたしの心に適う者、ダビデを見いだした。彼はわたしの思うところをすべて行う。』神は約束に従って、このダビデの子孫からイスラエルに救い主イエスを送ってくださったのです。ヨハネは、イエスがおいでになる前に、イスラエルの民全体に悔い改めの洗礼を宣べ伝えました。その生涯を終えようとするとき、ヨハネはこう言いました。『わたしを何者だと思っているのか。わたしは、あなたたちが期待しているような者ではない。その方はわたしの後から来られるが、わたしはその足の履物をお脱がせする値打ちもない。』（使徒言行録一三13〜25）

幸いなことに、パウロの異邦人の地での最初の説教の記録が、今朝のテキストの中に、緒の部分として残されています。この説教の本論と結論部は、つづく二回で学びます。

［1］パウロとその一行はパフォスから船出してパンフィリア州のペルゲに来たが（13〜15）

パウロと一行は、キプロス島のパフォスから、パンフィリア州のペルゲに来ました。そこから進んで、この地方の一番大きな街、ビシディア州のアンティオキアにやって参りました。ここで始めてパウロの説教が記録されました。これまで、わたしたちが学んだ説教は、ペトロやステファノの説教で、エルサレムやパレスチナでの説教でした。アンティオキアでのパウロの説教は、異邦人世界で語られた始めての説教で、新しい要素を持っていました。この説教は三つに分かれています。今朝はその第一区分を学びます。

「パウロとその一行は」と書き出されています。今までは「バルナバとサウロは」と、バルナバの名前が先に書かれておりました。おそらく、キプロス島がバルナバの故郷であったからであろうと思われます。ところが、キプロス島の西端の街パフォスから船出して、ベルゲに来た時に、パウロの名前が先に書かれ始めたのです。しかも、どういうわけか、そこからマルコと呼ばれたヨハネが、一行から別れてエルサレムに帰ってしまいました。なぜ、ヨハネは送り出されたアンティオキアではなく、エルサレムに急に帰ってしまったのでしょうか。

これについては、注解者が色々と推察していますが、本当のところは分かりません。マルコは、自分の故郷キプロスなら勝手が分かっておるし、知っている人もいるし、バルナバは自分の伯父でもあるし、と思ってバルナバについてキプロス島まではついて来ましたが、パウロはさらに先に行こうとしています。そこでマルコはとまどって、ホームシックにかかって、祖母のいるエルサレム教会に帰ってしまったのだろうという注解者もいます。

ペルゲでパウロが風土病（マラリア）にかかり、急に計画を変更して、けわしい道の多いビシディア州のアンティオキアに行こうとしたので、彼は恐れをなしてエルサレムに帰ったのであろうという注解者もいます。

ここでリーダーシップがバルナバからパウロに変わったので、異邦人伝道について厳しい考えを持つパウロを恐れて帰ったのではないかという人もいます。明確なことは分かりませんが、マルコはここでこの旅行から離脱してしまいました。

しかし、後に、マルコは成長して、パウロとも和解して、共に働くように変えられております。一回、二回挫折しても悔い改めて、また異邦人伝道に復帰したわけです。わたしたちはパウロを非難したり、マルコを軽蔑したりすべきではありません。

パウロとバルナバはベルゲから進んで、ビシディア州のアンティオキアに到着いたしました。そして安息日に会堂に入って席に着きました。アンティオキアという街は、この地方最大の街で、大きなユダヤ教の会堂がありました。パウロたちが会堂に入っていった時、どうして会堂長が、パウロがラビ（ユダヤ教の教師）であることが分かったのでしょうか。恐らく、パウロたちが、ユダヤ人たちが住んでいる地区に行って、ユダヤ人が経営しているホテルに泊まったので、パウロが誰であるか分かってしまい、そのニュースが何らかの形で会堂長の耳に入っていたのでしょう。

律法（モーセ五書）と預言者の書（預言集）が朗読された後、会堂長たちが人をよこして「兄弟たち、何か会衆のために励ましの言葉があれば話してください。」と言わせました。

［2］そこで、パウロは立ち上がり、手で人々を制して言った。イスラエルの人たち、神を畏れる方々は聞いてください（16〜23）

普通、ラビは座って教えます。パウロは、なぜ。立ち上がって教えたのでしょうか。ギリシア人は立って教えるからです。立ったまま「イスラエルの人たちと、神を畏れる人たち、聞いてください」と言って、二つのグループの人たちに語りかけました。「神を畏れる人たち」は、ユダヤ教の会堂に出席して礼拝を守っていた異邦人です。道徳的、倫理的に腐敗、堕落していたローマ帝国の人たちは、ユダヤ人を尊敬して、ユダヤ教の会堂で安息日を守っていました。彼らはユダヤ教を信じ受け入れ、割礼を受けたユダヤ教徒ではありませんでした。パウロは、このような神を畏れる異邦人たちに、聞いて欲しいと思ったのでした。

さて、この聴衆に、パウロはどのような内容の説教を語ったのでしょうか。彼は、当時ユダヤ教の最高のラビと言われたガマリエルの優秀な弟子でした。彼は、ペトロやステファノのような素人の説教家ではなく、プロ中のプロの説教家でした。プロ中のプロであるパウロが、異邦人の世界での始めての説教は、どのような内容であったのでしょうか。ペトロやステファノの説教と比較して詳しく調べることは、大変興味のある研究ですが、ここでは省略いたします。パウロの説教を読んで見ると、二つの特徴を持っていることがわかります。

　第一の特徴は、この説教が、イスラエルの客観的・歴史的事実に基づいた、神中心のイスラエルの救いの歴史を要約していることです。16節から23節の短い文章の中に、「神」という言葉が五回使われています。「この民イスラエルの神は、わたしたちの先祖を選び出し、エジプトで強大になったこの民を、高く上げた御腕をもって、そこから導き出してくださった」とパウロは述べました。当時、世界最強の国エジプトの奴隷であったイスラエルの民を、強い御腕をもって導き出してくださったということが一番強調されています。さらに、この神は、およそ四十年の間、荒野で彼らの行いを耐え忍び、カナンの地では七つの民族を滅ぼし、その土地を彼らに相続させてくださった恵みの神でした。この神は、預言者サムエルの時代まで、裁く者たちを任命しました。その後、人々が王を求めたので、神は、四十年の間、ベニアミン族の者で、キシュの子サウルを王としてお与えになり、次にダビデを王の位につけました。神は、このダビデを最も愛されて、約束に従って、その子孫の中からイスラエルの救い主を送ってくださったのです。

　第二の特徴は、神を中心としたイスラエルの救いの歴史のクライマックスを、救い主イエスとしていることです。これが、パウロの説教の最大の特徴です。この点こそユダヤ教の救いの歴史と決定的に違うところです。

〔3〕ヨハネはイエスがおいでになる前にイスラエルの民全体に悔い改めの洗礼を宣べ伝えました。（24～25）

　パウロは、最後に、旧約時代の最大にして最後の預言者と、当時のユダヤ人たちが認めていたバプテスマのヨハネが、イエスについて語った証言の言葉をもって、第一区分を終えました。「わたしを何者だと思っているのか。わたしは、あなたたちが期待しているような者ではない。その方はわたしの後から来られるが、わたしはその足の履物をお脱がせする値打ちもない。」と。驚くべき証言です。ユダヤ人たちが、ヨハネこそメシアではないかと言った時に、ヨハネ自身はそれを否定して、イエスこそ真のメシアであると証言したのです。このパウロの旧約の救いの歴史全体、旧約全体が約束していたメシアは、バプテスマのヨハネではなく、イエスご自身であるというのです。　アーメン。

この救いの言葉

兄弟たち、アブラハムの子孫の方々、ならびにあなたがたの中にいて神を畏れる人たち、この救いの言葉はわたしたちに送られました。エルサレムに住む人々やその指導者たちは、イエスを認めず、また、安息日ごとに読まれる預言者の言葉を理解せず、イエスを罪に定めることによって、その言葉を実現させたのです。そして、死に当たる理由は何も見いだせなかったのに、イエスを死刑にするようにとピラトに求めました。こうして、イエスについて書かれていることがすべて実現した後、人々はイエスを木から降ろし、墓に葬りました。しかし、神はイエスを死者の中から復活させてくださったのです。このイエスは、御自分と一緒にガリラヤからエルサレムに上った人々に、幾日にもわたって姿を現されました。その人たちは、今、民に対してイエスの証人となっています。わたしたちも、先祖に与えられた約束について、あなたがたに福音を告げ知らせています。つまり、神はイエスを復活させて、わたしたち子孫のためにその約束を果たしてくださったのです。それは詩編の第二編にも、

『あなたはわたしの子、
わたしは今日あなたを産んだ』

と書いてあるとおりです。また、イエスを死者の中から復活させ、もはや朽ち果てることがないようになさったことについては、

『わたしは、ダビデに約束した
聖なる、確かな祝福をあなたたちに与える』

と言っておられます。ですから、ほかの個所にも、

『あなたは、あなたの聖なる者を
朽ち果てるままにしてはおかれない』

と言われています。ダビデは、彼の時代に神の計画に仕えた後、眠りについて、祖先の列に加えられ、朽ち果てました。しかし、神が復活させたこの方は、朽ち果てることが

なかったのです。（使徒言行録一三26～37）

今朝のメッセージ「この救いの言葉」は、わたしたちに送られたのです。アブラハムの時代からイスラエルの民に約束されていた救いの言葉は、イエスにおいて実現し、パウロの説教を聞いている人たちに送られました。

［1］兄弟たち、アブラハムの子孫の方々、ならびにあなたがたの中にいて神を畏れる人たち、この救いの言葉はわたしたちに送られました。（26～29）

最も重要なことは、最初の呼びかけです。ここから、パウロのメッセージの第二部が始まります。「兄弟たち」、アブラハムの子孫の方々のことです。ついで、「神を畏れる人たち」、会堂に集う異邦人たちです。この人々は、このような呼びかけに身を乗り出して聴いたに違いありません。

これまで、「神は」といって、イスラエルの救いの歴史を語ってきました。ここから主語が「エルサレムに住む人々やその指導者たち」（27）に変わります。この人たちは、「イエスを認めず、また、安息日ごとに読まれる預言者の言葉を理解せず、イエスを罪に定めることによって、その言葉を実現させたのです。」これは何という皮肉でしょうか。旧約が長い間にわたって約束し、預言してきたメシアであるイエスを、メシアとして認めませんでした。また安息日ごとに読まれる預言者の救いの言葉を理解できませんでした。逆に、その救いの言葉であるイエスを罪に定め、十字架につけたのです。しかし、彼らのこのように罪深い、神に反逆する行為によって、「救いの言葉」は実現させられたのです。

ここには、歴史を支配する神の逆説的御手がありました。彼らはイエスのうちに死に当たる理由は何も見出せなかったのに、イエスを死刑にするように当時のローマの総督ピラトに求めました。このようにして、イエスについて書かれていることがすべて実現しました。人々はイエスを木から降ろし、墓に葬りました。ここには、最も残酷で矛盾した出来事が、たんたんと記されています。

「イエスを木から降ろし」た。これは、イエスの十字架の死が神に呪われた死であることを意味します。「木にかけられた死体は、神に呪われたもの」という申命記二一章23節の預言の成就です。神に呪われて死なれたイエス、この理不尽な死を経験されたイエスは、どんなに苦しまれ、悩まされたことでしょう。このイエスの死は、罪深いわたしたちが経験すべきものでありました。わたしたちに代わって、イエスは木にかけられ、神に呪われてくださったのです。イエスの死は、実はわたしたちの救いのためであったという逆説が隠されているのです。これは、パウロがダマスコ途上で、復活されたイエスと出会って開眼された経験に基づくものでした。

　ここにキリスト教の中心的真理が隠されています。ここに神の最高の愛が啓示されています。同時に、イスラエルの民に対するイエスの愛、わたしたち一人ひとりに対するイエスの愛であったのです。これは、人の理性だけでは理解しきれません。ただ聖霊のみ助けによって体験させられたものです。

　イエスの死体が墓に葬られたとは、イエスは完全に死なれたことを示しています。イエスの死からの復活は単なる蘇生ではなかったことを意味しています。

［2］しかし、神はイエスを死者の中から復活させてくださったのです。（30～33）

　この「しかし」は偉大な「しかし」です。絶望を希望に、死を生命に、地獄を天国に一瞬にして変える「しかし」です。キリスト教の中心、本質、根本はイエスの死と復活です。これは単なる教え、教理ではありません。イエスが十字架上で死んで、三日目に復活されたということは歴史的事実です。しかし、イエスの十字架と復活が戦による歴史的事実であるだけでは、わたしたちとは何の関係もありません。今から二千年以上も前に、エルサレムにおいてイエスが死なれたという事実が、現代の日本に生きるわたしたちとどういう関係があるのでしょう。生きた親密な関係があります。

　わたしたちは、仏教でいう「生老病死」の問題だけではなく「罪」の問題で悩みます。罪というのは、法律上の罪、道徳的な罪のことだけを言っているのではありません。高慢、憎悪、嫉妬、むさぼり、悪意、殺意、不和、欺き、邪念、侮り、大言、無情等、聖なる神の前における罪、即ち宗教的な罪をいいます。こういう罪は誰でも持っています。これらの罪を持つ人を皆、聖書は罪人と言います。

　こういう罪を、御言葉により、わたしたちの心、良心に働きかける聖霊の働きによって、わたしたちが自覚する時に始めて、イエスが十字架上で流してくださった清い血潮以外に、罪の赦しときよめはあり得ないことが深く自覚されます。その時に、イエスの十字架で流された清い血潮を信じようという信仰が与えられます。まさにその時に、二千年の時間を越え、エルサレムという場所、空間を越えてイエスの死と復活がわたしたちの体験となるのです。罪が示される度毎に「わたしは、キリストと共に十字架につけられています。生きているのは、もはやわたしではありません。キリストがわたしの内に生きておられるのです。」（ガラテヤ二19〜20）と、御言葉を信じます。その時に罪（自己中心）から救われ、解放され、自由にされます。筆者は二二歳の時に、この御言葉を体験し、罪から解放され、自由にされました。そして間もなく献身し、伝道者となりました。

イエスは、ご自分と一緒にガリラヤからエルサレムに上がった人々に四十日にもわたって姿を現されました。その人たちは今、民に対してイエスの証人となっています。パウロは「わたしたちも、先祖に与えられた約束について、あなたがたに福音を告げ知らせています」（32）と言っています。さらに彼は「神はイエスを復活させて、わたしたち子孫のためにその約束を果たしてくださったのです」（33）と言いました。

　復活されたイエスは、今も生きて働いておられます。復活されたイエスは、彼らだけでなく、今日、わたしたちをも死と罪と虚無より救い出し、復活の希望に生きることを可能としてくださるのです。

［3］**つまり、神はイエスを復活させて、わたしたち子孫のためにその約束を果たしてくださったのです。**（34〜37）

　パウロは、ここで旧約聖書から三つの重要な御言葉を引用して、神がイエスを復活させて、わたしたち子孫のためにその約束を果たしてくださったことを証明しました。

第一は、一三33（詩編二7）です。

　あなたはわたしの子、
　わたしは今日あなたを産んだ

この約束は、初め王の即位式に読まれましたが、段々とメシア預言として知られるようになりました。

第二は一三34（イザヤ書五五3）です。

　わたしは、ダビデに約束した
　聖なる、確かな祝福をあなたたちに与える

第三は、一三35（詩編一六10）です。

　あなたは、あなたの聖なる者を
　朽ち果てるままにしてはおかれない

パウロの聴衆にとって、旧約聖書からの引用は、イエスの復活を証明する信頼に値する御言葉でした。この説教は、キリスト教の中心的真理である十字架と復活という逆説的真理を明らかにする重要な説教です。ペテロやステファノの説教と比べると、パウロの説教が、十字架と復活の逆説的真理をしっかり捕らえていることが分かります。この真理を、今ここで信じて、わたしたちの確かな救いの体験とさせていただきましょう。アーメン

イエスを信じる者は皆、義とされる

だから、兄弟たち、知っていただきたい。この方による罪の赦しが告げ知らされ、また、あなたがたがモーセの律法では義とされえなかったのに、信じる者は皆、この方によって義とされるのです。それで、預言者の書に言われていることが起こらないように、警戒しなさい。

『見よ、侮る者よ、驚け。滅び去れ。
わたしは、お前たちの時代に一つの事を行う。
人が詳しく説明しても、
お前たちにはとうてい信じられない事を。』

パウロとバルナバが会堂を出るとき、人々は次の安息日にも同じことを話してくれるようにと頼んだ。集会が終わってからも、多くのユダヤ人と神をあがめる改宗者とがついて来たので、二人は彼らと語り合い、神の恵みの下に生き

続けるように勧めた。（使徒言行録一三38〜43）

「イエスを信じる者は皆、義とされる」。これはピシディアのアンティオキアの会堂でなされたパウロの歴史的大説教の驚くべき結論でした。

［1］だから兄弟たち、知っていただきたい。（38〜39）

わたしたちは、すでに、このパウロの説教の緒論と本論を学びました。今朝は、第三区分、説教の結論部です。第一区分で、パウロは、アブラハムから始まるイスラエルの民の救いの歴史と約束を述べ、それをイエスと結びつけました。第二区分では、イエスの生涯の中心的出来事である十字架と復活を述べました。

「だから、兄弟たち、知っていただきたい。この方による罪の赦しが告げ知らされ、また、あなたがたがモーセの律法では義とされえなかったのに、信じる者は皆、この方によって義とされるのです。」（38〜39）結論を二つの言葉でまとめています。「罪の赦し」と「義認」です。パウロが「兄弟たち」と親しく呼びかけた人たちに、心の底から知って欲しいと願ったことは、第一に「罪の赦し」の恵みでした。パウロ自身が、かつてユダヤ教徒としてクリスチャンたちを迫害し、偉大な信徒伝道者ステファノを、殉教の死に追いやったのでした。ところが、ダマスコの途上で、復活されたイエスに出会い、自分が犯してきた罪を示されました。この絶対に赦されない罪を赦していただき、新しい人間に造り変えられたばかりか、世界宣教という大使命を与えられました。彼は、ユダヤ教徒と敬虔な異邦人に、同じ罪の赦しの恵み受けることを切に願ったのでした。

ユダヤ教徒と神を畏れる異邦人たちは、どんな罪を犯したのでしょうか。罪とは一体何でしょうか。罪は「的はずれ」という意味です。人間は、特に現代人は、共同体が崩壊し、孤独の中で自分中心に生きています。この自分中心、自己絶対化という罪から、あらゆる具体的な罪が起こってきます。わたしも七三年生きてきましたが、今日ほど、毎日のように殺人の罪が犯されることを聞くのは初めてです。最大の罪は、世界万物を（わたしたちの生命をも）創造された神を無視して信じないことです。そして、神様がユダヤ人と異邦人の救いのために、救い主（メシア）として遣わされたイエスを信じないで、十字架に架けて殺してしまったことです。これらの罪を赦していただかなければなりません。

御言葉の光、聖霊のお導きによって、わたしたちが罪を認め、イエスを救い主として告白するならば救われると、聖書に約束されています。「実に、人は心で信じて義とされ、口で公に言い表して救われるのです」（ローマ一〇10）と。罪が赦されて初めて、神との平和と他者（友人、子供、妻、夫）との和解が実現できるのです。その時に真の心の平和が実現します。

仏教では、「生老病死」という四の苦しみからの救いは言いますが、それらの苦しみの原因である罪からの救いはあまり言いません。パウロは十字架で死んだ筈のイエスが、甦って生きておられることを知って、大きなショックを受けて目が見えなくなってしまいました。しかし、罪を悔い改めて、復活されたイエスを信じた時に、暗黒の世界から光の世界に生まれ変わりました。

この経験を別な言葉で表現すると、「義と認められる」すなわち「義認」といいます。モーセの律法やさまざまな掟や規則を守ることによっては、神様に「義とされる」ことはできないのです。救いは与えられないのです、パウロは、律法を守ることによって義とされ、救われようとして、耐え難い絶望の経験をしました。そして、十字架に架かられ、死んで、復活されたイエス・キリストに出会い、イエス・キリストを信じました。ただ信じたことによって、救い出されました。光と希望、喜びと感謝に生きるものとされたのです。そのことをパウロは「信じる者は皆、この方によって義とされるのです」（使徒一三39）と語っています。「信じる者は皆」、ユダヤ人、異邦人の差別なく平等にということです。ユダヤ教のような民族的宗教ではなく、今や世界的・普遍的宗教となったキリスト教の信徒となって、パウロはこの最高の福音を宣言いたしました。

では、「信じる」とはどういうことでしょうか。それは、イエスを、救い主として信頼し、受け入れ、体験し、一体化することです。その前にイエスに対する誤解、偏見、前理解が取り去られることが必要です。聖霊がお導きくださいます。私の救いの経験を想い起こしますと、家庭の色々な問題と、人生の無意味さに耐えられず、死を選ぼうとした瞬間、天が開かれ、「我は道なり、眞理《まこと》なり、生命《いのち》なり」（ヨハネ一四6）と、イエスが語りかけておられる実感を持ち、直感的に、死んだつもりで、だまされた積りで信じる決断をしました。その時に、私は死から生命に移され、新しい人間になったと実感しました。無意味でニヒルであった人生から救われました。世界が、私を祝福し、希望と喜びと光が与えられた実感がいたしました。教会に行ってそのことを証ししました。間もなく洗礼を受け、宣教師の通訳をするという奉仕が始まりました。

［2］それで預言者の書に言われていることが起こらないように警戒しなさい。（40～41）

ここで、パウロは旧約聖書の小預言書ヨエル書一5より、非常に厳しい警告の言葉を、なぜ、引用したのでしょうか。厳い時代の中でも、信じ続けること、時代に振り回されることなく、しっかりと自分を支え、遂にはキリストにある新しい自分が、時代を動かすような信仰を、持ち続けるようにと警告を与えたと思えます。

イエスが、十字架に架かられ、陰府《よみ》の底を突き破って復活され、弟子たちに復活の生命と力を与え、愛と希望と力にあふれ、あらゆる忍耐、困難、迫害を克服して、新しい共同体を造られたように、信じて、たくましく生きよという、この厳しい警告が必要だったと思います。信じることは、古い自分と世の価値観との戦いの人生を始めるということでもあります。「信じる者」は、原語では、「信じ続ける者」という意味です。一回二回信じることは出来るかもしれませんが、信じることが出来ないような地獄の経験をさせられた時に、わたしたちは信じ続けることが出来るでしょうか。

このような試練に耐えるためには、どうしたらよいでしょうか。私はその問いに対する解答は、「わたしは、キリストと共に十字架につけられています。生きているのは、もはやわたしではありません。キリストがわたしの内に生きておられるのです」（ガラテヤ二19ｂ～20ａ）の御言葉の中にあると思っています。わたしは救われて約二年、大学の卒業を前にして、大学のチャペルでの一教授のアッピールに応えて、「自分の体を神に喜ばれる聖なる生けるいけにえとして献げなさい」（ローマ一二1）の御言葉により献身して伝道者の道を選びました。大変厳しい道を選んでしまい、大きく躓き、道を見失ってしまった時、もう一度私をしっかりと信仰に立たせてくださった御言葉がガラテヤ二20でした。それを一言で言えば、キリストと共に古い自分に死んで、キリストと共に新しい自分に生きることです。何度も、何度も躓く度ごとに、この御言葉に帰って、律法との戦い、自分との戦いに勝利させていただいて今日に至っています。

［3］パウロとバルナバが会堂を出る時、人々は次の安息日にも同じことを話してくれるようにと頼んだ。（42～43）

集会が終わっても、多くのユダヤ人と神を崇める改宗者がついて来たというのですから、パウロの説教は、深い感銘を与えたようです。会堂を出る時に、人々は、次の安息日にも同じことを話してくれるようにと頼みました。異邦人伝道の第一回目は、聴衆の良い反応を得ました。二人は、「神の恵みの下に生き続けるようにと勧め」（43）ました。神の律法の下にではなく、徹頭徹尾「神の恵みの下に生き続ける」ということが信仰生活において一番重要なことです。恵みこそが、律法を全うするからです。恵みがあれば律法はいらないということではありません。愛と恵みはわたしたちに生命を与え、律法はわたしたちにバックボーンを与えます。アーメン。

ほんものの信仰

次の安息日になると、ほとんど町中の人が主の言葉を聞こうとして集まって来た。しかし、ユダヤ人はこの群衆を見てひどくねたみ、口汚くののしって、パウロの話すことに反対した。そこで、パウロとバルナバは勇敢に語った。「神の言葉は、まずあなたがたに語られるはずでした。だがあなたがたはそれを拒み、自分自身を永遠の命を得るに値しない者にしている。見なさい、わたしたちは異邦人の方に行く。主はわたしたちにこう命じておられるからです。
『わたしは、あなたを異邦人の光と定めた、
あなたが、地の果てにまでも
救いをもたらすために。』」
異邦人たちはこれを聞いて喜び、主の言葉を賛美した。そして、永遠の命を得るように定められている人は皆、信仰に入った。こうして、主の言葉はその地方全体に広まった。ところが、ユダヤ人は、神をあがめる貴婦人たちや町のおもだった人々を扇動して、パウロとバルナバを迫害させ、その地方から二人を追い出した。それで、二人は彼らに対して足の塵を払い落とし、イコニオンに行った。他方、弟子たちは喜びと聖霊に満たされていた。
（使徒言行録一三49～52）

異教の地でのパウロの説教は大成功でした。その最大の理由は、ユダヤ教の律法的信仰に対してキリスト教の恵みと罪の赦しの福音という「ほんものの信仰」を伝えたからでした。

［1］次の安息日になると、ほとんど町中の人が主の言葉を聞こうとして集まってきた。（44～48）

パウロの説教を聴いた人々の反応は、大変好意的でした。人々は次の安息日にも同じことを話してくれるように頼みました。次の安息日には、ほとんど町中の人が、主の言葉を聞こうとして集まりました。パウロは、旧約聖書の救いの歴史をキリストに結びつけ、罪の赦しと義認という神の恵みを強調しました。旧約聖書をイスラエルの民の救いの歴史として解釈し、その歴史がメシア（救い主イエス）を預言し、約束していると解釈しました。町の人たちは、パウロの説教に驚き、一週間　語り合ったことでしょう。

このイエスが、ユダヤ教の指導者たちとローマ総督ピラトによって、十字架刑に処せられてしまったというメッセージにも驚きました。イエスの死は、このイエスをメシアと信じる者の罪を赦し、神の子とするというのです。さらに、一度死んだイエスが、墓に葬られ、三日目に甦って、今も生きておられ、この復活されたイエスを信じる者

に復活の生命を与えてくださるという、驚くべきメッセージでした。ユダヤ人、異邦人の差別はなく、信じるすべての人は救われる、というメッセージは、敬虔な異邦人たちを喜ばせました。そして一週間後の安息日、ほとんど町中の人が会堂に押しかけてきたのでした。

ところが「ユダヤ人はこの群衆を見てひどくねたみ、口汚くののしって、パウロの話すことに反対し」ました。保守的、原理主義的なユダヤ人たちの反対の動機はねたみでした。ねたみという感情は恐るべき破壊力を持ちます。「口汚くののしった」と記されています。かれらは、イエスが神の呪いを受けて、十字架にかけられて殺されたことをも、ののしったことでしょう。さて、パウロたちは、この感情的な反対にどのように対応したでしょうか。同じように感情的に反論したら、大変なことになってしまいます。一週間前に、会衆はパウロの話を静かに聞いていたのに、いったいどうしたことなのでしょうか。この騒ぎにどう対応するかが、この後の異邦人伝道、教会形成に重大な影響を与えることは、火を見るより明らかです。

［2］そこで、パウロとバルナバは勇敢に語った。（46～48）

パウロとバルナバは、説教することを反対されてどうしたでしょう。彼らは勇敢に語りました。語る前に自分の気持ちを静めました。まず冷静になり、状況をきちんと読み取って、こういう中で、どう語り、行動するべきかを考えました。相手の感情的な行動にあおられて、売り言葉に買い言葉では、よい結果が出ません。自分を取り戻して、相手を恐れず、「神の言葉は、まずあなたがたに語られるはずでした」（46）と語り始めました。パウロにとって思い付きの言葉ではありません。

このことに関しては、ローマ人への手紙九章から一一章にかけて丁寧に論じられています。イスラエル人にまず福音が語られるべきこと。そして彼らがその特権を捨て去った時に、異邦人に福音を語るべきこと。これらを、パウロは、時間をかけて旧約聖書を学び、自分の理解を深め、方針が充分ねられていました。「だがあなたがたはそれを拒み、自分自身を永遠の命を得るに値しない者にしている。見なさい、わたしたちは異邦人の方に行く」（46）という重大な歴史的一大決心がなされました。彼自身が経験した新約のすぐれた恵みを、まず愛する同胞ユダヤ人に伝え、それから彼本来の異邦人宣教の使命を果たす生き方がここに確立されました。ユダヤ人に福音を伝えるということをやめてしまったわけではありません。神の定められたこの伝道の順序をこの時から守り始めたのでした。

　その理由としてあげているのは、イザヤ書四二6とイザヤ書四九6の御言葉です。前の御言葉はイザヤ書の中では最も重要な「僕の歌」が始まるところです。「わたしは、あなたを異邦人の光と定めた」（四二6）「あなたが地の果てにまでも救いをもたらすために。」（四九6の後半：七十人訳）前半の「あなた」は苦難の僕、すなわちメシアを指します。後半の「あなた」は苦難の僕である預言者を指しています。

　ここに「ほんものの信仰」は、伝道の順序・まず第一にイスラエルの人々に福音を伝えるということを理解する人が持っています。第二に「ほんものの信仰」を持っている人は、嫉妬に動かされて伝道をするのではなく、冷静に神の最高の言葉であるイザヤ書四二章以降に記されている客観的な預言者の言葉に従ってするべきであると、パウロは主張しています。

　「異邦人たちはこれを聞いて喜び、主の言葉を賛美した。そして、永遠の命を得るように定められている人は皆、信仰に入った。」（48）改革派の人たちが「予定、選びの信仰」といっている教えが出てきます。「定められている」と訳されているギリシア語は「ととのえられた」とも訳されます。神によってととのえられて、人間がととのえるのです。神の定め（選び）と人間の定め（選び）とが一致した時に人間は選ばれ、救われるのです。ここに「ほんもの信仰」は「神によって定められ、人間によって定めるものである」ことが明らかにされています。

　もう一つの「ほんものの信仰」の特色がここに記されています。こういう切迫した中で、異邦人たちが喜び、賛美したことです。異邦人の信仰もまた本物であることが明らかです。

［3］こうして、主の言葉はその地方全体に広まった。（49〜52）

ユダヤ人の嫉妬や迫害によって、パウロたちと異邦人の信徒によって、主の言葉はその地方全体に広がって行ったのでした。ユダヤ人たちは敬虔な貴婦人たちや町の主だった人々を扇動してパウロとバルナバをその地方から追い出しました。パウロたちのここでの伝道は失敗だったのでしょうか。聖書は、はっきりと失敗ではなかった、むしろ大成功であったことを明白にしています。「弟子たちは喜びと聖霊に満たされていた」（52）という御言葉が実証しています。弟子たちとは、イエスの弟子たち、すなわちパウロの説教を聞いてキリストの弟子になった人たちです。嫉妬に満たされていたのではなく、「聖霊に満たされて」、神が共におられたことを、これは明らかにしています。また、彼らがパウロやバルナバに依存していたのではなく、イエスの弟子となり、聖霊によりたのんで、聖霊による喜びを持って伝道し、生活をしていたのです。この信仰もまた「ほんものの信仰」でした。わたしたちも自立したほんものの信仰に立たせていただきましょう。アーメン。

主が恵みの言葉を証しされた

イコニオンでも同じように、パウロとバルナバはユダヤ人の会堂に入って話をしたが、その結果、大勢のユダヤ人やギリシア人が信仰に入った。ところが、信じようとしないユダヤ人たちは、異邦人を扇動し、兄弟たちに対して悪意を抱かせた。それでも、二人はそこに長くとどまり、主を頼みとして勇敢に語った。主は彼らの手を通してしるしと不思議な業を行い、その恵みの言葉を証しされたのである。町の人々は分裂し、ある者はユダヤ人の側に、ある者は使徒の側についた。異邦人とユダヤ人が、指導者と一緒になって二人に乱暴を働き、石を投げつけようとしたとき、二人はこれに気づいて、リカオニア州の町であるリストラとデルベ、またその近くの地方に難を避けた。そして、

そこでも福音を告げ知らせていた。（使徒言行録一四1～7）

反対・悪意・殺意の中で、パウロたちは、どうして異邦人伝道、世界宣教に成功することが出来たのでしょうか。最大の理由は、主イエスご自身が、律法の言葉ではなく、恵みの言葉を聖霊の力で証しされたからです。

［1］イコニオンでも同じように、パウロとバルナバはユダヤ人の会堂に入って話をした。（1）

ピシディアのアンティオキアの教会から追い出されたパウロとバルナバは、そこから南東に約百キロ離れた「イコニオン」という非常に古い町にやってきました。ここも交通の要所で人口は四万七千人ほどでした。このイコニオンでも、アンティオキア教会で行ったと同じように、ユダヤ人の会堂に入って話をしました。その結果、大勢のユダヤ人やギリシア人が信仰に入りました。パウロたちがメッセージをすると、必ず信じる人とそうでない人が出てしまいます。

ユダヤ教徒の中には、原理主義的なユダヤ教徒、穏健な人たち、改革的な人たちの三種類の人々がおりました。キリストの福音を信じたユダヤ人は、穏健な人たちではなかったかと思われます。ギリシア人は当時ローマ人をも意味していました。ローマ人たちの道徳は堕落していましたので、十戒を中心にした道徳水準の高いユダヤ教に心ひかれて、ユダヤ教の会堂の礼拝に出席する方々が多くいました。ユダヤ人、ギリシア人の差別なく、ただキリストを救い主として信じ受け入れるなら救われるというパウロのメッセージは受け入れ易いものでした。

［2］信じようとしないユダヤ人たちは、異邦人を扇動し、兄弟たちに対して悪意を抱かせた。（2～3）

信じようとしないユダヤ人とはどういうユダヤ人たちでしょうか。アンティオキア教会の嫉妬にかられたユダヤ人でしょうか。そうではなかったようです。このユダヤ人たちは、異邦人を扇動して、兄弟たちに対して悪意を抱かせた人たちでした。とするならば、なぜパウロたちを「兄弟たち」と呼んだのでしょうか。パウロが同じユダヤ人であったためこのように呼んだのでしょうか。あるいは、異邦人ルカがパウロたちを心から尊敬していたので、このように彼らを尊敬の念をこめて「兄弟たち」と呼んだのでしょうか。その真意はわかりません。

「それでも二人はそこに長くとどまり」とあります。ユダヤ人が悪意を持っていたとするなら、パウロたちはこの地に長くとどまることは危険ではないでしょうか。なぜパウロたちは危険を犯してまでも長くとどまったのでしょうか。おそらく、ユダ教から回心したばかりのクリスチャンや、イエスをメシアと信じて救われた異邦人達を、養い教育する必要があったからです。長くとどまれば、パウロたちは、生命の危険にさらされます。ですから、主を頼みとして勇敢に語ったのです。

「主は彼らの手を通してしるしと不思議な業を行い、その恵みの言葉を証しされたのである。」（3）

この言葉は、今朝のテキストの中で最も重要な言葉です。まず注意すべき言葉は「主」が主語となっていることです。主語がパウロでないことに注意することが一番大切なことです。ついつい、いつの間にか、主語が「パウロ」となりがちです。パウロが、伝道者としていかに偉大であるにしても、彼は主の僕《しもべ》に過ぎません。しるしと不思議な業を行ったお方は「主ご自身」でしたエルサレムで、十字架で死に、三日目に死から甦られた主イエスが、聖霊の御力によって、この時も彼らを通して力強く、しるしと不思議を成しておられたのです。パウロたちは、主イエスの僕であり、器に過ぎなかったのです。主が彼らを通してその恵みの言葉を証しされたのです。「証しする」は、原語で「保障する」の意味です。

主が証しされたのは、律法の言葉ではなく恵みの言葉でした。律法は人々を裁き、殺します。しかし、恵みは人々を赦し生かします。人々を生かすのは、主の恵みの言葉です。神の言葉、十字架の言葉、真理の言葉、復活の言葉、福音の言葉です。これらの言葉が人間に力を与え、生命を与えます。癒しと救いとやすらぎを与えます。ユダヤ人と異邦人の間にある差別を取り除き、一致、平和、和解を与えます。教会に一致を与えます。多様性に満ちたこの世界に一致を与えてくれます。

［3］町の人々は分裂し、ある者はユダヤ人の側に、あるものは使徒の側についた。（4〜7）

ところが、信じようとしないユダヤ人たちが、異邦人を扇動し、パウロたちに対して悪意を抱かせましたので、町の人々は分裂しました。ある者はユダヤ人の側に、あるものは使徒の側につきました。恵みの言葉は、この町には一致ではなくて、分裂を与えたとは困ったものです。しかし、真の一致、和解、平和を世界にもたらすことのために、一時的な分裂、不一致が発生するのは止むを得ないのではないでしょうか。

異邦人とユダヤ人が、町の指導者と一緒になって二人に乱暴を働き、石を投げつけようとしました。悪意が殺意に変わっています。この地方の人たちは、近くのガラテヤ人のように熱しやすく、冷めやすい気質を持っていました。イコニオンの会堂にいたユダヤ教のある人たちは、信仰的には超保守的で、新興宗教に見えたキリスト教を排斥するために、町の有力者、指導者たちを動かしました。二人は石投げの処刑を避けようとして、リカオニア州の町であるリストラとデルベ（ガラテヤ州に近いところ）の地方に難を避けました。彼らには、まだまだやるべきことがあったからです

イコニオンに残ったクリスチャンたちは、どうなってしまうのでしょうか。ユダヤ教から回心した人たちは皆、会堂の礼拝に出席していて、旧約聖書には親しんでおりました。彼らは、相当長い期間にわたって、パウロたちから教えられましたので、旧約聖書を、キリスト証言の書として、またイスラエル人と異邦人の救いの歴史として読むことができました。彼らは、独自の集会を持って、新しい信仰に生き続けたと思われます。真のリーダーはご聖霊であられ、キリストであられ、神ご自身であられます。

この三位一体の神が生きて働いておられる限り、新しい群れは生き続けることができました。リストラ、デルベ、その近くの地方でもパウロたちは福音を告げ知らせました。パウロたちの心の中に燃えていた福音の火は、何者も、いかなる迫害も消すことが出来ませんでした。パウロの信仰の中心、核心が次のことばにあらわされて

います。
「あなたがたに〝霊〟を授け、また、あなたがたの間で奇跡を行われる方は、あなたがたが律法を行ったから、そうなさるのでしょうか。それとも、あなたがたが福音を聞いて信じたからですか。それは、『アブラハムは神を信じた。それは彼の義と認められた』と言われているとおりです。」（ガラテヤ三5～6）
「キリストは、わたしたちのために呪いとなって、わたしたちを律法の呪いから贖い出してくださいました。「木にかけられた者は皆呪われている」と書いてあるからです。それは、アブラハムに与えられた祝福が、キリスト・イエスにおいて異邦人に及ぶためであり、また、わたしたちが、約束された〝霊〟を信仰によって受けるためでした。」（ガラテヤ三13～14）
　十字架の呪いを復活の生命に変えてくださる聖霊の働きと、信仰の働きに祝福あれ。アーメン。

喜びで満たしてくださる神

　リストラに、足の不自由な男が座っていた。生まれつき足が悪く、まだ一度も歩いたことがなかった。この人が、パウロの話すのを聞いていた。パウロは彼を見つめ、いやされるのにふさわしい信仰があるのを認め、「自分の足でまっすぐに立ちなさい」と大声で言った。すると、その人は躍り上がって歩きだした。群衆はパウロの行ったことを見て声を張り上げ、リカオニアの方言で、「神々が人間の姿をとって、わたしたちのところにお降りになった」と言った。そして、バルナバを「ゼウス」と呼び、またおもに話す者であることから、パウロを「ヘルメス」と呼んだ。町の外にあったゼウスの神殿の祭司が、家の門の所まで雄牛数頭と花輪を運んで来て、群衆と一緒になって二人にいけにえを献げようとした。使徒たち、すなわちバルナバとパウロはこのことを聞くと、服を裂いて群衆の中へ飛び込んで行き、叫んで言った。「皆さん、なぜ、こんなことをするのですか。わたしたちも、あなたがたと同じ人間にすぎません。あなたがたが、このような偶像を離れて、生ける神に立ち帰るように、わたしたちは福音を告げ知らせているのです。この神こそ、天と地と海と、そしてその中にあるすべてのものを造られた方です。神は過ぎ去った時代には、すべての国の人が思い思いの道を行くままにしておかれました。しかし、神は御自分のことを証ししないでおられたわけではありません。恵みをくださり、天からの雨を降らせて実りの季節を与え、食物を施して、あなたがたの心を喜びで満たしてくださっているのです。」こう言って、二人は、群衆が自分たちにいけにえを献げようとするのを、やっとやめさせることができた。ところが、ユダヤ人たちがアンティオキアとイコニオンからやって来て、群衆を抱き込み、パウロに石を投げつけ、死んでしまったものと思って、町の外へ引きずり出した。しかし、弟子たちが周りを取り囲むと、パウロは起き上がって町に入って行った。そして翌日、バルナバと一緒にデルベへ向かった。

（使徒言行録一四8～20）

リストラでの伝道は、今までとは違って異邦人だけへの伝道でした。そこでパウロたちは伝道の仕方を変えています。異邦人に一番分かりやすい、病人の癒しから伝道を始めました。

［1］生まれつき足が悪く、まだ一度も歩いたことがない男が座っていた。（8～10）

喜びで満たしてくださる神は、パウロを通して、生まれつき足の悪い男を癒してくださいました。パウロの話をじーっと聞いていたこの足の悪い男は、躍《おど》り上がって歩き出し、喜びに満たされました。この神様は生ける創造の神、恵みの神であられます。

　ペトロも使徒言行録三章で、生まれながら足の悪い男を癒しています。癒された男がユダヤ人、異邦人の違いはありますが、両者に共通していることがあります。ペトロもパウロも足の悪い男を「見つめ」たことです。パウロは、足の悪い男に癒されるにふさわしい信仰を認め、「自分の足でまっすぐに立ちなさい」と大声で言うと、その人は躍り上がって歩き出しました。ペトロは「わたしたちを見なさい」と言いました。さらにペトロは言いました。「わたしには金や銀はないが、持っているものをあげよう。ナザレの人イエス・キリストの名によって立ち上がり、歩きなさい」（三6）と。すると、躍り上がって立ち、歩き出しました。両者共通しているのは、足の悪い者が、イエスを信じる信仰に立って、躍り上がって、歩き出したということです。両者とも紹介されたイエスを信じて、躍り上がるような喜びに満たされ、新しい人生を歩み出したことです。もう一つ共通していることは、人々がそれを見てひどく驚いたこと、そして、そこから伝道が始まったことです。

［2］群衆は「神々が人間の姿をとって、わたしたちのところにお降りになった」と言った。（11〜18）

リストラでは、今までとは違って、パウロたちの伝道はユダヤ人の会堂でなされたのではなく、異邦人の町中で行われました。パウロたちの伝道の仕方、説教の仕方が今までとは全く違います。日本も異邦人の地です。ユダヤ教の会堂もなく、多神教的土壌ですので、この箇所から学ぶことは沢山あります。

さて、群衆はそれを見て驚き、声を張り上げて土着の言葉で、「神々が人間の姿をとって、わたしたちのところにお降りになった」と言いました。当時のリストラでは、当時の世界共通語、ギリシア語とラテン語が語られていました。しかし余りにも驚きが大きかったので、思わず土着の言葉、すなわちリカオニアの方言が出たのです。最初の言葉が「神々」ではなく、「神」から始まるのであれば、彼が語ったことはキリスト教のクリスマス・ストーリーと同じでした。ところが出だしの言葉が「神々」でしたので、パウロたちは腰を抜かさんばかりにびっくりしてしまったのです。

彼らはバルナバを「ゼウス」と呼び、パウ

ゼウス（英名・ジュピター）：クロノスの末子。多数の神・半神・英雄の父祖。神々の王、オリュンポスの主神。雷神、天空神。　**ヘルメス**（英名・マーキュリー）：ゼウスの末子。母はプレイアデスの一柱。伝令・商業・泥棒・旅行の守護神。のちに錬金術の神。

ロを「ヘルメス」と呼びました。「ゼウス」はギリシア神話の主神です。バルナバの方が体も大きく、どっしりとしていましたので、「ゼウス」と呼ばれ、パウロはよくしゃべりましたので、雄弁の神「ヘルメス」（ゼウスの末子の名前）と呼ばれました。町の外にあったゼウスの神殿の祭司が、家の門の所まで雄牛数頭と花輪を運んできて、群衆と一緒になって二人にいけにえを献げようとしました。町の人たちが、パウロたちのなした奇跡にいかに驚いたかがここに表されています。

　パウロたちは唯一の神を信じていましたので、人間を神々とする多神教的偶像礼拝を、最も罪深い行為と考えました。服を裂いて、群衆の中に飛び込んで行き、叫んで言いました。「皆さん、なぜ、こんなことをするのですか。わたしたちも、あなたがたと同じ人間にすぎません。あなたがたが、このような偶像を離れて、生ける神に立ち帰るように、わたしたちは福音を告げ知らせているのです。」（15）ここで重要な鍵となる言葉は「生ける神」と「福音」です。

　「生ける神」は、人間の手で作った偶像の神々、すなわち死せる神々に対して、生きた神、今も歴史の中に働いて歴史を支配している神を意味しております。「福音」は、「よき音づれ」のことです。偶像の死せる神を離れて、生きた神に立ち帰ることと悔い改めることが福音です。

　さらに、「この神こそ、天と地と海と、そしてその中にあるすべてのものを造られた方です」（15）とパウロは述べています。生ける神とは創造の神の意です。さらに語ります。「神は過ぎ去った時代には、すべての国の人が思い思いの道を行くままにしておかれました。しかし、神は御自分のことを証ししないでおられたわけではありません」（16～17ａ）と。

　「恵みをくださり、天からの雨を降らせて実りの季節を与え、食物を施して、あなたがたの心を喜びで満たしてくださっているのです。」（17ｂ）このリストラでのパウロの説教は会堂で行った説教とは違って、野外で、しかも、異教の多神教の神々を信じる人たちに対してなされた説教です。その意味では、それまでパウロがしてきた救済史的・キリスト証言的な説教とは違って、神論的、聖霊論的（生ける神に立ち帰るように）説教と言えるでしょう。

　こう言って、二人は群衆が自分たちにいけにえを献げようとするのを、やっとやめさせることができたのです。その意味では、この説教は非常に状況を変えた力ある説教でした。パウロがギリシアのアテネで行ったアレオパゴス（使徒一七22以下）での説教に似ています。これは異教的な聴衆には非常に有効な説教です。

ヤーコブ・ヨルダーンス作「リストラの聖パウロと聖バルナバ」1616 年頃
（St.Paul and St.Barnabas at Lystra）149×233cm　エルミタージュ美術館

［3］ユダヤ人たちがアンティオキアとイコニオンからやって来て、群衆を抱きこむ。（19〜20）

　リストラでの野外伝道は、思いがけないことから突然終わることになります。一六〇キロ以上も離れたアンティオキアとイコニオンから、ユダヤ人がパウロたちを追いかけて来て、群衆を抱きこみ、パウロに石を投げつけました。死んでしまったものと思って、パウロを町の外に引きずり出したからです。弟子たちが周りを取り囲むと、パウロは起き上がって町に入っていきました。おそらく、エルサレムのユダヤ教の指導者たちが、パウロを暗殺しようとして、彼らを遣わしたと思われます。かつて、パウロも、ユダヤ教の大祭司から許可をもらってクリスチャンたちを迫害し、ステファノの殉教の死に立ち会いました。そのパウロが今は異邦人伝道の先頭に立っているのですから、彼らにとって許すことの出来ない裏切り者であったのです。

　それにしても、石投げ刑に処せられ死んだはずのパウロが、どうしてムックと起き上がって町に入り、翌日バルナバと一緒にデルベへと向かうことができたのでしょうか。彼は一時的に気絶していたのではないかと言われています。異邦人伝道は始まったばかりです。彼の異邦人伝道の使命はこれからです。彼のうちに働いておられた復活のイエスが彼を立たせられたのです。アーメン。

神の国に入るには多くの苦しみを受ける

二人はこの町で福音を告げ知らせ、多くの人を弟子にしてから、リストラ、イコニオン、アンティオキアへと引き返しながら、弟子たちを力づけ、「わたしたちが神の国に入るには、多くの苦しみを経なくてはならない」と言って、信仰に踏みとどまるように励ました。また、弟子たちのため教会ごとに長老たちを任命し、断食して祈り、彼らをその信ずる主に任せた。それから、二人はピシディア州を通り、パンフィリア州に至り、ペルゲで御言葉を語った後、アタリアに下り、そこからアンティオキアへ向かって船出した。そこは、二人が今成し遂げた働きのために神の恵みにゆだねられて送り出された所である。到着するとすぐ教会の人々を集めて、神が自分たちと共にいて行われたすべてのことと、異邦人に信仰の門を開いてくださったことを報告した。そして、しばらくの間、弟子たちと共に過ごした。

（使徒言行録一四21～28）

「十字架なしに栄光なし」。誰でも苦しみは避けたいものです。しかし苦しみは絶えません。イエスは十字架の苦しみを避けられませんでした。そこに留まりながら、その苦しみを復活の栄光に変えられました。

［1］二人はデルベで福音を告げ知らせ、多くの人を弟子にした。（21～23）

パウロたちの第一回目の異邦人伝道は、デルベが折り返し点となります。そこで、パウロたちは福音を告げ知らせ、始めて何の障害もなく多くの人をキリストの弟子にしました。この箇所でパウロは異邦人伝道旅行の締めくくりを行いました。この帰り道で、パウロとバルナバがなした仕事は三つありました。

第一は、多くの苦しみを経なくてはならないと言って弟子たちの心を強め、この信仰にしっかりととどまるように勧めることでした。

第二は、教会ごとに長老たちを選び出すことでした。

第三は、母教会アンティオキアに帰って、約二年間の異邦人伝道の感謝と報告をすることでしたパウロたちは、アンティオキア教会から、祈りと断食と按手をもって送り出されました。

この三つのことを念頭に置きながら、見ていきましょう。このデルベの町は、リストラから南東約五十キロのところにありました。ここには反対する者がいなかったこともあり、自由に福音を告げ知らせ、多くの人を弟子とすることが出来ました。母教会・シリアのアンティオキア教会を出てから約二年の間、さまざまな障害や反対にあいながら、パウロたちはここまで伝道してきました。パウロたちは、ひとまずこの辺で切り上げて、母教会に帰ることにいたしました。　距離的には、デルベからパウロの故郷タルソを通ってシリアのアンティオキアに帰る道がずっと近いのですが、リストラ、イコニオン、ピシデアのアンティオキアと来た道を戻り始めました。なにか理由があるのでしょうか。

第一の理由は、「弟子たちを力づけ、『わたしたちが神の国に入るには、多くの苦しみを経なくてはならない』と言って信仰にしっかりとどまるように励ました」(22)から分かります。パウロたちの異邦人伝道は、単なる種まき伝道ではなく、責任を持って『キリストの僕であり、神の民である共同体』を造ることでした。出来たばかりの群れは、困難、迫害にあって、つまづいたり、信仰を落としてしまいかねません。彼らをもう一度問安し、力づけて、神の国に入ったが故に多くの苦しみを受けても、信仰にしっかりととどまるように励ましたのでした。

第二の理由は、「また弟子たちのために教会ごとに長老たちを任命し、断食して祈り、彼らをその信じる主に任せた」(23)と記されている通りです。ユダヤ教から分離して、新しく教会として成長していくためには、どうしても指導者を立てて教会の組織、秩序を作る必要がありました。パウロはユダヤ教出身者でした。ユダヤ教の長老制を採用いたしました。この制度を採用しているのは現代では改革派の人たちです。メソジスト教会、ホーリネス教会は監督制を採用しています。組合教会系の人たちは会衆制に立っています。それぞれ聖書的根拠があり、長所・短所を持っています。わたしたちの厚木教会は監督制に立ちながら、長老制、会衆制のよいところも受け入れています。他にカトリック教会はローマ法王の権威に基づいた制度に立っています。

組織、秩序が強化されますと教会は形骸化、硬直化しがちです。それを避けるためにパウロたちは、断食して祈り、彼らをその信ずる主に任せました。活ける復活の主、十字架の主の御手にお任せする時に、組織は形骸化から脱出し、生命を取り戻し、健全に成長・発展していくことができます。

［2］二人はピシディア州を通り、パンフィリア州へ。（24〜26）

パウロたちの本来の使命は世界宣教にあります。同じ場所にいつまでもとどまっているわけにはいきません。ピシディア州を通り、パンフィリア州へと戻りました。以前に伝道したことのあるベルゲで御言葉を語った後アタリアに下り、そこからアンティオキアへ向かって船出しました。いよいよ、二人は神の恵みにゆだねられて送り出された所に帰っていこうとしていました。

第一回目の異邦人伝道旅行は聖霊に送り出されて行われたのですが、ふり返れば、初めはバルナバの故郷・キプロス伝道、その後はパウロの故郷・タルソに近い場所に行って、主にユダヤ教の会堂を拠点としてイエスの福音を伝えたのでした。まず身近な所、ある程度の経験と知識のある所から始めたことが分かります。これならわたしたちにも出来ないことはない感じがいたします。何もかも計画してその通りに伝道したのではありませんでした。聖霊に導かれながら臨機応変、その時その時の導きにしたがって、伝道していきました。

幸い神の時が来ていたと言いますか、世界共通語であるギリシア語とラテン語が流通していました。また「すべての道はローマに通ず」といわれていた通り、通商路が世界中に発達していました。もう一つパウロたちの世界宣教を可能にしたのは、ユダヤ人たちが世界中にディアスポラ（散らされたユダヤ人）となって、世界の主要都市にユダヤ教の会堂が出来ていたことです。長い期間にわたって迫害されたため、または通商のために、ユダヤ人たちが、世界中に散らされていたことが神のくすしき導きでした。世界宣教、異邦人伝道の時は満ちていたのです。そして最大の力はペンテコステにおいて宣教の霊として聖霊が降っていたことでした。

［3］**到着するとすぐ教会の人々を集めた。**（27〜28）

パウロとバルナバの最後の仕事は、母教会の人々を集めて感謝と報告をすることでした。「神が自分たちと共にいて行われたすべてのことと、異邦人に信仰の門を開いてくださったことを報告した。」（27）わずか二年で七つもの教会を建設したのです。大成功というべき働きです。しかし彼らは一言もわたしたちがなし遂げましたとはいっておりません。神が共にいて彼らを通してなし遂げられたのです。「すべての栄光は主にあれ」です。

伝道の報告をすることによって、報告した者たちは、もう一度励まされ、教えられ、信仰がふるい立たされて、責任ある実現可能な計画を立てて、第二、第三の異邦人伝道を展開することが出来ます。それだけでなく、母教会の人たちが、同じ信仰に立って、祈り、支援することができます。最後に「そして、しばらくの間、弟子たちと共に過ごした」で終わっています。報告を終えてすぐに、そそくさとまた、次の世界伝道旅行に出かけるのではありませんでした。しばらく弟子たちとともに滞在して、祈り、交わり、研修し、充電の時を持って、次の働きのために備えたのです。また母教会の方々に奉仕し、教え、説教する時を持ったのです。

「十字架なくして栄光なし。No Cross, No Crown」わたしたちも充分に備え、聖霊に送り出されて、苦しくも、栄光に満ちた宣教の業に励もうではありませんか。

アーメン。

主イエスの恵みによって救われる

ある人々がユダヤから下って来て、「モーセの慣習に従って割礼を受けなければ、あなたがたは救われない」と兄弟たちに教えていた。それで、パウロやバルナバとその人たちとの間に、激しい意見の対立と論争が生じた。この件について使徒や長老たちと協議するために、パウロとバルナバ、そのほか数名の者がエルサレムへ上ることに決まった。さて、一行は教会の人々から送り出されて、フェニキアとサマリア地方を通り、道すがら、兄弟たちに異邦人が改宗した次第を詳しく伝え、皆を大いに喜ばせた。エルサレムに到着すると、彼らは教会の人々、使徒たち、長老たちに歓迎され、神が自分たちと共にいて行われたことを、ことごとく報告した。ところが、ファリサイ派から信者になった人が数名立って、「異邦人にも割礼を受けさせて、モーセの律法を守るように命じるべきだ」と言った。そこで、使徒たちと長老たちは、この問題について協議するために集まった。議論を重ねた後、ペトロが立って彼らに言った。「兄弟たち、ご存じのとおり、ずっと以前に、神はあなたがたの間でわたしをお選びになりました。それは、異邦人が、わたしの口から福音の言葉を聞いて信じるようになるためです。人の心をお見通しになる神は、わたしたちに与えてくださったように異邦人にも聖霊を与えて、彼らをも受け入れられたことを証明なさったのです。また、彼らの心を信仰によって清め、わたしたちと彼らとの間に何の差別をもなさいませんでした。それなのに、なぜ今あなたがたは、先祖もわたしたちも負いきれなかった軛を、あの弟子たちの首に懸けて、神を試みようとするのですか。わたしたちは、主イエスの恵みによって救われると信じているのですが、これは、彼ら異邦人も同じことです。」すると全会衆は静かになり、バルナバとパウロが、自分たちを通して神が異邦人の間で行われた、あらゆるしるしと不思議な業について話すのを聞いていた。二人が話を終えると、ヤコブが答えた。「兄弟たち、聞いてください。神が初めに心を配られ、異邦人の中から御自分の名を信じる民を選び出そうとなさった次第については、シメオンが話してくれました。預言者たちの言ったことも、これと一致しています。次のように書いてあるとおりです。

『「その後、わたしは戻って来て、
倒れたダビデの幕屋を建て直す。
その破壊された所を建て直して、元どおりにする。
それは、人々のうちの残った者や、
わたしの名で呼ばれる異邦人が皆、
主を求めるようになるためだ。」

昔から知らされていたことを行う主は、
　こう言われる。』
それで、わたしはこう判断します。神に立ち帰る異邦人を悩ませてはなりません。ただ、偶像に供えて汚れた肉と、みだらな行いと、絞め殺した動物の肉と、血とを避けるようにと、手紙を書くべきです。モーセの律法は、昔からどの町にも告げ知らせる人がいて、安息日ごとに会堂で読まれているからです。」（使徒言行録一五1〜21）

「主イエスの恵みによって救われる」。キリスト教の基本の中の基本的真理です。

［1］ある人々がユダヤから下って来て、「モーセの慣習に従って割礼を受けなければ、あなた方は救われない」と兄弟たちに教えていた。

初代教会の分裂を避けるための教会会議がエルサレムで開かれました。その発端は、ユダヤからアンティオキア教会に下ってきたある人々の発言でした。この人たちは、救われて間もない兄弟たちに、「モーセの慣習に従って割礼を受けなければ、あなたがたは救われない」（1）と教えていました。これを放置しておいたらどうなるかを察知したパウロとバルナバは、彼らと話し合っているうちに、意見が対立し、論争になりました。

この件について、使徒や長老たちと協議する必要があると判断した二人は、教会の主だった人たちに相談し、数名の者たちを連れてエルサレム教会に上がることにしました。一五章は、分量と内容から言っても使徒言行録の境目、中心に当たります。初代の指導者ペトロに代わって、パウロが中心人物になります。伝道の舞台も、エルサレムよりも、地中海岸各地の町々の方が多くなってきます。このような大きな転換の様子を記したのが、エルサレム教会会議でした。この後多くの教会会議が開かれましたが、この会議は最初の教会会議でした。

さて、一行は教会の人々から送り出されて、フェニキアとサマリア地方を通り、道すがら、第一回伝道旅行の様子、異邦人が改宗した次第を詳しく伝え、皆を大いに喜ばせました。第二回伝道旅行に出発する前に、教会会議を開き、エルサレム教会とアンティオキア教会が、心を開いてキリスト教において最も重要な問題、すなわち「ユダヤ人も異邦人もただイエス・キリストの恵みと信仰によって救われる。割礼を受けることによって救われるのではない」ということを協議しようとしたことは聖霊の導きでありました。時機もよく、立ち寄った教会の人たちが異邦人伝道の報告を喜んだことに、パウロたちは励まされ、協議することの意義を深く考えました。彼らは、このことが主の御心にかなっていることも確認することも出来ました。

［2］エルサレムに到着すると、彼らは教会の人々、使徒たち、長老たちに歓迎され（4～12）

　エルサレムに到着すると、彼らは教会の人々、使徒たち、長老たちに歓迎されました。この歓迎ムードの中で、バルナバとパウロは、神が自分たちを通して異邦人の間で行われたことをことごとく報告しました。ところが、予想していた通り、ファリサイ派から信者になった人が数名立ち上がって、「異邦人にも割礼を受けさせて、モーセの律法を守るように命じるべきだ」（5）と言いました。保守的なファリサイ派の人たちにとって、千年以上も続けてきた習慣を変えることがいかに難しいか、これは雄弁に物語っています。

　そこで、使徒たちと長老たちはこの問題を協議するために集まりました。当然議論になりました。何回も議論を重ねた後、エルサレム教会の代表であったペトロが立って彼らに語りました。

　ペトロの論点は二つにまとめることが出来ます。

　その第一点は、神は、まずペトロを選んで、異邦人がペトロから福音の言葉を聞いて信じるようになるためでした。（7）ここでペトロは異邦人コルネリウスとその回心のことを考えていたようです。（一〇章）「人の心をお見通しになる神は、わたしたちに与えてくださったように異邦人にも聖霊を与えて、彼らをも受け入れられたことを証明なさったのです。」（8）新しい人類の共同体であるキリストの教会に異邦人が、わたしたちとの間に何の差別もなく受け入れられた経験を、ペトロは証しいたしました。これは半分異邦人であるサマリア人の回心をも含めて、教会史的な事実ですので、非常に説得力があります。

第二点は、もっと個人的な経験をペトロは証ししました。「わたしたちは、主イエスの恵みによって救われると信じているのですが、これは、彼ら異邦人も同じことです。」（11）主イエスの十字架と復活の恵みによってペトロは救われました。割礼を受けること（人間のわざ）によって救われたのではありません。もし、割礼を受けること（「八日目にはその子の包皮に割礼を施す。」レビ記一二3）によって救われるとなれば、異邦人は皆まずユダヤ人にならなければ救われないということになります。救いは極めて民族的なものになり、キリスト教は、脱民族的、人類的、普遍的な宗教になり得なくなってしまいます。そういう意味で、ユダヤ人であるペトロのこの証しは重要です。

「すると全会衆は静かになり」（12）。エルサレム教会の代表がこのような革命的な証しをしましたので、全会衆は静かになったのです。キリスト教が、世界的、普遍的宗教となった瞬間でした。またユダヤ人の教会と異邦人の教会が、分裂を避けられた瞬間でした。しかし全教会の会議によって正式に承認されたわけではありません。もう少し公的な手続きが必要です。全会衆が静かになった瞬間を捕らえて、バルナバとパウロが、異邦人の間で自分たちを通して行われたあらゆるしるしと不思議なわざについて話しました。（名前の順序が逆になっていることに注意）

参考：あなたの神、主はあなたとあなたの子孫の心に割礼を施し、心を尽くし、魂を尽くして、あなたの神、主を愛して命を得ることができるようにしてくださる。（申命記三〇6）

［3］二人が話し終えると、ヤコブが答えた。「兄弟たち、聞いてください。」（13〜21）

今度は議長をしていたイエスの弟であるヤコブが、全体をまとめる発言をいたしました。「シメオン」は、ペトロのユダヤ人としての名前です。ヤコブは、ペトロよりも純ユダヤ人的な立場に立っていました。保守的な人たちのことを配慮して、シメオンと呼びかけたのでしょう。次にヤコブは旧約聖書の預言者アモスの「私の名で呼ばれる異邦人が皆、主を求めるようになるためだ」（アモス書九11〜12）を引用して、ペトロの証言が旧約聖書の真理であり、バルナバとパウロの証言もまた旧約聖書の教えにそっていることを認めました。最後に次のように結論付けました。

「それで、わたしはこう判断します。神に立ち帰る異邦人を悩ませてはなりません」（19）と。保守的なユダヤ人をなだめて、四つの極めて常識的な条件をつけて、安息日にユダヤ教の会堂にきて礼拝している異邦人を配慮いたしました。その四つの条件は、①偶像に供えた汚れた肉、②みだらな行い、③絞め殺した動物の肉、④血、を避けることでした。そしてこの四つの条件を諸教会への手紙に書き記すように求めました。

見事なヤコブの議長ぶりでした。しかしこれが教会全体の決議ではありませんでした。一般の信徒をも入れた最終決議は次のテキストに記されています。次の聖日のメッセージでその最終決議を扱うことにいたします。

愛する兄弟姉妹、このエルサレムの教会会議の仕方は実に行き届いた会議の進め方だと思われませんか。ヤコブの議長としてのまとめ方も見事だと思いませんか。かくして教会の分裂は避けられたのです。聖霊の導きに教会全体が従うとはどういうことか、わたしたちもここから学ぼうではありませんか。アーメン。

聖霊とわたしたちは決めました

そこで、使徒たちと長老たちは、教会全体と共に、自分たちの中から人を選んで、パウロやバルナバと一緒にアンティオキアに派遣することを決定した。選ばれたのは、バルサバと呼ばれるユダおよびシラスで、兄弟たちの中で指導的な立場にいた人たちである。使徒たちは、次の手紙を彼らに託した。「使徒と長老たちが兄弟として、アンティオキアとシリア州とキリキア州に住む、異邦人の兄弟たちに挨拶いたします。聞くところによると、わたしたちのうちのある者がそちらへ行き、わたしたちから何の指示もないのに、いろいろなことを言って、あなたがたを騒がせ動揺させたとのことです。それで、人を選び、わたしたちの愛するバルナバとパウロとに同行させて、そちらに派遣することを、わたしたちは満場一致で決定しました。このバルナバとパウロは、わたしたちの主イエス・キリストの名のために身を献げている人たちです。それで、ユダとシラスを選んで派遣しますが、彼らは同じことを口頭でも説明するでしょう。聖霊とわたしたちは、次の必要な事柄以外、一切あなたがたに重荷を負わせないことに決めました。すなわち、偶像に献げられたものと、血と、絞め殺した動物の肉と、みだらな行いとを避けることです。以上を慎めばよいのです。健康を祈ります。」さて、彼ら一同は見送りを受けて出発し、アンティオキアに到着すると、信者全体を集めて手紙を手渡した。彼らはそれを読み、励ましに満ちた決定を知って喜んだ。ユダとシラスは預言する者でもあったので、いろいろと話をして兄弟たちを励まし力づけ、しばらくここに滞在した後、兄弟たちから送別の挨拶を受けて見送られ、自分たちを派遣した人々のところへ帰って行った。（しかし、シラスはそこにとどまることにした。底本に節が欠けている個所の異本による訳文）しかし、パウロとバルナバはアンティオキアにとどまって教え、他の多くの人と一緒に主の言葉の福音を告げ知らせた。

（使徒言行録一五22〜35）

教会のあり方、生き方を決める最大の原則は、「聖霊とわたしたちは決めました」です。しかし、現実に、教会のあり方、生き方を決めているのは、使徒たちと信徒全体です。とすると、「聖霊とわたしたちは……決めました」とは、どういう意味でしょうか。

［1］使徒たちと長老たちは、教会全体と共に自分たちの中から人を選んだ。（22）

あらゆる教会会議の模範となった、このエルサレム教会会議の議決は、大胆にも「聖霊とわたしたちは、次の必要な事柄以外、一切あなたがたに重荷を負わせないことに決めました」（28）というものでした。テキストの一番重要な言葉を厳密に訳せば、「聖霊とわたしたちにとって、次の必要な事柄以外、一切あなたがたに重荷を負わせないことより重要なことはないように思われます」となります。「エドクセ」というギリシア語は、「思われる」「seem to be」の意味を持ち、このテキストの中で三回使われています。（22、25、28）

「聖霊」に強調点が置かれ過ぎますと、神秘的、権威主義的な教会会議となります。「わたしたち」に強調点が置かれすぎますと、使徒、長老の権威が強くなります。指導者たちと信徒との関係、ユダヤ人教会と異邦人教会の関係は、対等ではなく、上下関係となってしまいます。原語に忠実に訳すと、「これらの弊害を避けることが出来るように思われます。」

　今朝のテキストは、「そこで、使徒たちと長老たちは、教会全体と共に、自分たちの中から人を選んで、パウロやバルナバと一緒にアンティオキアに派遣することを決定した」（22）と始まります。見るところ、教会会議の決定を、異邦人教会であるアンティオキア教会に伝達するために、派遣する人を選んだのは、使徒たちと長老たちでした。「教会全体と共に」とありますので、何らかの形で、教会の信徒たち全員も教会の会議に参加していたことが伺えます。

　重要な結論に到達するためには、激しい意見の対立と論争がありました。総理ペトロが証言し、バルナバとパウロが異邦人伝道について報告しました。最後に、ユダヤ人に十分配慮して、妥当な結論に至りました。このような中に、隠れた形で、聖霊が働いておられたのです。

　エルサレム教会会議の議決について書いた手紙を、異邦人教会に届けるために、代表として「選ばれたのは、バルサバと呼ばれるユダおよびシラスで」（22）した。この二人は、兄弟たちの中で指導的な立場に立っていました。

　教会会議が聖霊の御旨にそったものになるためには、第一に、キリストから権威を与えられている使徒、長老、教師たちが、議員となって問題を検討しなければならないという原則が見えてきます。

［2］使徒たちは、次の手紙を彼らに託した。（23〜29）

　その手紙には、次のように記されていました。「使徒と長老たちが兄弟として、アンティオキアとシリア州とキリキア州に住む、異邦人の兄弟たちに挨拶いたします。」（23）注意すべき言葉は、「兄弟として」です。使徒と長老たちは、異邦人諸教会の人たちを、兄弟と呼びました。ここには、何の差別的態度は見られません。

次に、エルサレム教会からアンティオキア教会に行って、騒ぎを起こし、動揺させた人たちは、使徒たちの指示によるものではなかったことを明らかにします。それだけではなく、エルサレム教会の代表・ユダとシラスを選び、バルナバとパウロを同行させて、文書だけでなく、口頭で説明させることを満場一致で決めました。この微妙な問題を解決するために、エルサレム教会は、相当の神経を使って、礼儀と誠意を尽くした様子がよくわかります。

聖霊の意に沿うための第二のことは、すべてクリスチャンの同意を得たことでした。意見の対立もあり、熱い議論もありました。最後には、「異邦人が救われるために、割礼を受けて、まずユダヤ人になる必要はない。ただ恵みと信仰によって救われる」(11参照)という救いの大原則に、全員が一致いたしました。これが最も重要なことです。かくしてキリスト教は世界宗教、普遍的宗教になり得ました。

［3］**彼ら一同は見送りを受けて出発した。**(20～33)

彼ら一同は、見送りを受けて出発しました。アンティオキア教会に到着すると、信者全体を集めて、手紙を手渡しました。彼らはそれを読み、励ましに満ちた決定を知って喜びました。ユダとシラスは預言するものでしたので、色々な話をして、兄弟たちを励まし、力づけました。ここで、聖霊の意に添うための第三の原則をここから引き出すことが出来ます。

それは、教会の決定の内容は、教会員一人一人を慰め、励ますものでなければないという原則です。「慰める」は、ギリシア語では「パラクレセイ」で、「そばに招く」という意味です。これは「パラクレイシス、parakleisis」「慰めるもの」といわれる「聖霊」に通じる言葉です。教会会議が、慰めに満ちた決議をし、それを礼を尽くし、愛の限りを尽くして、教会員一人一人に伝たちしなければなれません。そうすれば、教会は、神の御旨にそって、聖霊の慰めを得ます。そして、教会員一人一人の徳が高められ、キリストの御かたちが、かたちづくられていきます。ここに、クリスチャン一人一人の成長と、教会全体の真の成長が期待できるのです。

彼らはしばらくここに滞在したあと、兄弟たちから送別の挨拶を受けて見送られ、自分たちを派遣した人々のところへ帰っていきました。問題の扱い方次第では、教会は分裂してしまう可能性がありましたが、この大問題を祈り深く慎重に、しかし大胆に議論し、手順を踏んで処理しました。災い転じて、ユダヤ人教会にも異邦人教会にも祝福となり、教会の一致と平和を保つことができました。

ここで、もう一度今朝のテキストの中心聖句28節に戻りましょう。なぜ、「聖霊とわたしたちに取って、次の必要な事柄以外、一切あなたがたに重荷を負わせないことより、重要なことはないように思われます」と原文では記してあるのかを問いたいと思います。命令調ではなく、謙虚な表現のほうが、読む人たちに受け入れられるからでしょう。また　真理の霊、慰めの霊である聖霊は、クリスチャン一人一人の良心に語りかけ、真理へと導いてくださいます。聖霊の権威を振りまわさない方が、聖霊がより深くクリスチャン一人一人の心の中に確信を与え、教会全体の一致と、個々の教会の多様性が深められると、著者ルカは信じていたからでしょう。聖霊とわたしたちにとって、危機はチャンスです。アーメン。

弱いものを思いやる

数日の後、パウロはバルナバに言った。「さあ、前に主の言葉を宣べ伝えたすべての町へもう一度行って兄弟たちを訪問し、どのようにしているかを見て来ようではないか。」バルナバは、マルコと呼ばれるヨハネも連れて行きたいと思った。しかしパウロは、前にパンフィリア州で自分たちから離れ、宣教に一緒に行かなかったような者は、連れて行くべきでないと考えた。そこで、意見が激しく衝突し、彼らはついに別行動をとるようになって、バルナバはマルコを連れてキプロス島へ向かって船出したが、一方、パウロはシラスを選び、兄弟たちから主の恵みにゆだねら

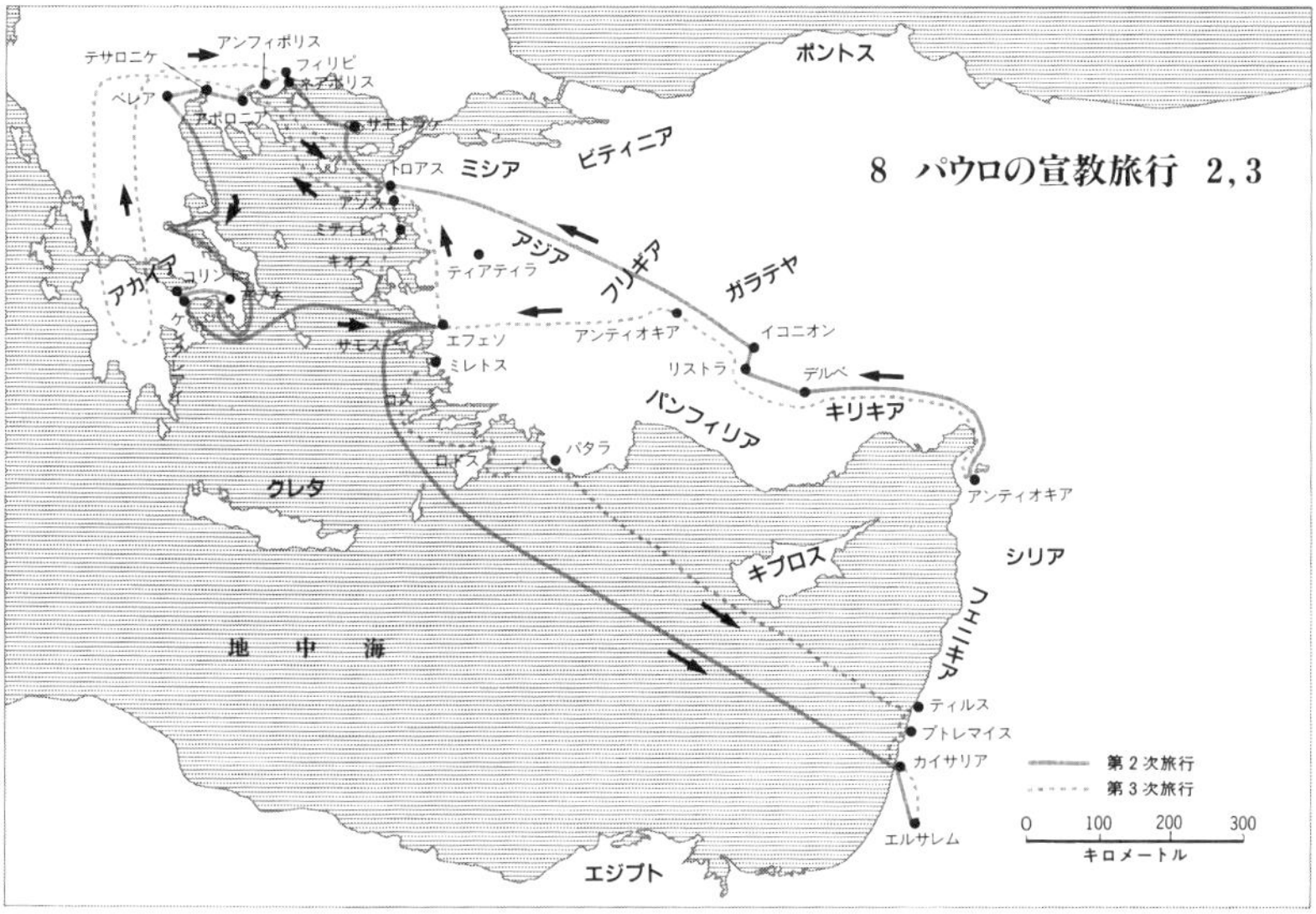

「第２回パウロの伝道旅行」15・36〜18・22

れて、出発した。そして、シリア州やキリキア州を回って教会を力づけた。（使徒言行録一五36〜41）

競争社会と格差社会を迎え、弱いものを思いやることがますます重要になってきます。弱いものが安心して生きることが出来る社会、家庭、教会をどうしたら作ることができるでしょうか。

［1］数日の後、パウロはバルナバに言った。「さあ、前に主の言葉を宣べ伝えたすべての町へもう一度行って」（36）

第二回世界伝道旅行は、パウロがヨーロッパ伝道に初めて足を踏み入れる重要な世界伝道でした。また、それはエルサレム教会会議の決定事項を異邦人教会に伝達する重要な旅行でもありました。パウロとバルナバが第一回目の世界伝道旅行にアンティオキア教会から遣わされるときは、断食と祈りと按手により、聖霊によって送り出されました。

今回は様子が違っていました。パウロたちはエルサレム教会会議からアンティオキア教会に帰り、しばらくとどまって、教え、福音を伝えた後、パウロはバルナバに言いました。「さあ、前に主の言葉を宣べ伝えたすべての町へもう一度行って兄弟たちを訪問し、どのようにしているかを見て来ようではないか」（36）と。このパウロの提案から、歴史的伝道旅行は始まりました。生まれたばかりの小さな弱い異邦人の諸教会を問安しようという愛から出た提案でした。

　このパウロの提案がきっかけとなって、誰をこの伝道旅行に連れて行くべきかという問題で、二人の間に激しい意見のやり取りがあり、対立し、衝突し、分裂してしまったというのですから驚いてしまいます。第一回目の世界伝道旅行、正確には小アジア異邦人伝道旅行では、二人は一致協力して伝道したのに、なぜ、これほどまでに対立し、衝突し、分裂にまでいたったのでしょうか。充分に、検討するに値する問題です。

［2］バルナバはマルコと呼ばれるヨハネも連れて行きたいと思った。（37～38）

　マルコは、バルナバのいとこであったこともありますが、この問題は、二人が対立し、分裂してしまうほどの問題なのでしょうか。エルサレム教会会議では、二人は、教会の分裂を避けるため、あれほど協力的であったのに、今、マルコのことでは、なぜ一致できないのでしょうか。

　パウロの言い分はこうです。前の伝道旅行で、「パンフィリア州で自分たちから離れ、宣教に一緒に行かなかったような者は、連れて行くべきでない」と考えました。親しい間柄ですので、遠慮なく正直に自分の意見を言いました。これから、迫害下にある諸教会を門安し、励まし、強化し、さらに大きなビジョンを持って、ヨーロッパにも宣教の働きを展開しようとしているパウロにとって、マルコは軟弱で、足手まといになると思えたのでしょう。

　それに対して、バルナバは、エルサレム教会に大きい家（一二12「マルコと呼ばれていたヨハネの母マリア」）を提供しているマリアとは親戚関係にあって、彼女の息子マルコはいとこでした。（コロサイ四10「バルナバのいとこマルコ」）マルコを小さい時から知っていました。お母さんやおばあちゃんの信仰を受け継ぎ、才能も豊かな人物であることをパウロよりもよく知っていました。寛容なバルナバから見れば、若い時の一回や二回の失敗は赦されるべきものでしょう。有能な将来のあるマルコをここで切り捨てるわけには行かない、むしろ名誉回復の機会を与えようと考えました。また、前回の伝道旅行の帰りに彼らの故郷・キプロス島に寄らなかったことに、バルナバたちは不満を持っていたのでしょう。今回は、キプロス島から問安を始めることが筋であるにも拘わらず、パウロは、自分の故郷の近くの教会から始めようとしている、許せないとでも思ったのでしょう。

［3］そこで、意見が激しく衝突し、彼らはついに別行動をとるようになって（39～41）

一方パウロは、バルナバは自分の先輩で、恩人でもある。第二回目の長い困難な伝道旅行のことを思うと、バルナバに遠慮し、気を遣いながら一緒に伝道するよりも、エルサレム教会の長老であるシラスと一緒に伝道するほうが、やりやすい。それだけでなく、今後のエルサレム教会との関係を考えると、その方が良いと考えたかもしれません。パウロもここで簡単に妥協するわけにはいかなかったのだと思われます。そこで、意見が激しく衝突し、彼らはついに別行動をとりました。バルナバはマルコを連れてキプロス島へ向かって船出しました。

二人は喧嘩別れしたのでしょうか。この時にはそのように見えたかもしれませんが、不満と意見の違いを抱えながら一緒に伝道するよりも、それぞれの確信に従って、それぞれが聖霊に導かれるままに自由にのびのびと、伝道するほうが、この時は神の導きであったというべきではないでしょうか。

後々マルコが、マルコによる福音書を書くことになったことを考えると、バルナバの寛容と、先見の目と、勇気がマルコを生かしたのです。パウロも、シラスという素晴らしいパートナーを得て、彼の賜物と、ビジョンと、行動力と、長期戦略を十分に生かすことが出来ました。聖霊は、意見対立、衝突の中にも働かれて、より大きな主の働きを成させてくださるのです。この出来事は、一見理解しにくいところがありますが、実は聖霊の働きの多様性、豊かさ、意外性を示していると筆者は解釈しています。

もう一箇所感心させられているのは、「一方、パウロはシラスを選び、兄弟たちから主の恵みにゆだねられて、出発した」（40）という言葉です。第一回目の異邦人伝道にアンティオキア教会からパウロたちが送り出されたときは「彼らは断食して祈り、二人の上に手を置いて出発させた」（一三3）と記されているのに、第二回目の世界伝道に遣わされる時には「兄弟たちから主の恵みにゆだねられて」と、「主の恵みにゆだねられて」派遣されたことの大切さが、実に簡潔に明記されています。深く感動を覚えました。激しい対立と衝突の後に、シラスを選び、宣教に出発したことは、主の恵みであったとはっきりと記しました。争いの後の選びと派遣の中に、聖霊の働きがあり、そこに宣教の力の秘密と、神のくすしき導きがあることが、さらりと記されています。

また、アンティオキア教会との関係が微妙に変わってきていることが示されているように思われます。前人未踏のヨーロッパに踏み込んでいくパウロたちには、アンティオキア教会との関係が弱いほうが、神とキリストと聖霊との関係が強くなり、二人に働く聖霊の導きにしたがって、信仰に立って、敏速かつ適格に、決断し行動できるのです。

今日は父の日です。この日に、父なる神を心から敬いたいと思います。父なる神の子供である子供たちの主体性を重んじて、小さな過ちは赦し、大きな父なる神の愛の心で、弱いものをいたわり、思いやろうではありませんか。また、父なる者は、子育てについて、パートナーと激しく議論してでも、真剣にかかわっていこうではありませんか。アーメン。

教会は強められ成長した

パウロは、デルベにもリストラにも行った。そこに、信者のユダヤ婦人の子で、ギリシア人を父親に持つ、テモテという弟子がいた。彼は、リストラとイコニオンの兄弟の間で評判の良い人であった。パウロは、このテモテを一緒に連れて行きたかったので、その地方に住むユダヤ人の手前、彼に割礼を授けた。父親がギリシア人であることを、皆が知っていたからである。彼らは方々の町を巡回して、エルサレムの使徒と長老たちが決めた規定を守るようにと、人々に伝えた。こうして、教会は信仰を強められ、日ごとに人数が増えていった。（使徒言行録一六1～5）

　誰でも、ひどい目に会った所には二度と行かないものです。ところが、パウロは、殺されそうになったリストラに行って、きびしい試練の中にある信徒の方々を問安しました。

［1］パウロはデルベにもリストラにも行った。（1～2）

　パウロは福音の本質を維持しながら、何とかして、ユダヤ人も異邦人も明確な救いに導こうとしました。ですから、パウロは第一回伝道旅行で伝道した所にもう一度行きました。今回は逆の方向から、デルベにもリストラにも行きました。そして、まだ未熟な教会を問安いたしました。

　パウロは、シラスの他に、若い有能なパウロの後継者になり得る伝道者を求めておりました。そこで、以前に殺されそうになったリストラにパウロたちは行きました。こういう危険なところは避けるものですが、パウロは避けませんでした。すると、そこには、「信者のユダヤ婦人の子で、ギリシア人を父親に持つ、テモテという弟子が」（1）おりました。なぜ、パウロはこの若い（二十歳くらい）テモテを、もう一人のパートナーとして、弟子として選んだのでしょうか。

　第一の理由は一節に記されています。まず、彼の父親がギリシア人であることを皆が知っていたからです。三節の書き方から見て、父親はすでに亡くなっていたようです。Ⅱテモテ一5から分かる通り、母の名はエウニケ、祖母の名はロイスと言いました。二人とも純真な信仰の持ち主で、テモテにもそれが宿っていると確信するとパウロはここで記しています。三人とも、パウロの第一回伝道旅行の時に、ユダヤ教からキリスト教へ回心いたしました。ユダヤ教徒の旧約聖書の徹底した教育はよく知られています。そしてユダヤ教の旧約聖書をキリスト教の正典として受け入れました（もちろんその解釈の仕方はユダヤ教とは違いますが）ので、彼らの信仰は旧約聖書に裏付けられた強いものでした。その上、短い期間でしたが、明確な回心の経験を持ち、なおかつ旧約聖書の専門家であるパウロに導かれましたので、彼ら三人の信仰は確かなものでした。テモテはその上ギリシア人を父親としておりましたので、ユダヤ人の文化とギリシア人の文化、すなわち当時の世界の二大文化を身につけていました。恐らくパウロは、こうした理由で、テモテを、自分の最適のパートナーとして選んだのでしょう。

もう一つの理由として、テモテがリストラとイコニオンの兄弟の間で評判の良い人であったことです。（2）彼の信仰と人柄が、相当広い範囲で評判になっていました。初代教会が十二使徒の働きを助ける七人の執事を選ぶときに、霊と知恵に満ちた評判の良い人を選びました。その第一にあげられた人物が、初代教会最初の殉教者ステファノでした。また第二にあげられている人物が、エチオピアの高官に伝道したフィリポでした。（五3～5）

パウロが考えていた第二回世界伝道の重要性、ヨーロッパをも含む広範な地域を考えると、パウロが慎重に、人物を選んだ理由がよく分かります。イエスも十二使徒をお選びになる時に徹夜祈祷をして選ばれました。（ルカ六12～13）そのように、パウロもまた、テモテを大切なパートナーとして選んだのでした。そして、パウロは、共に伝道することによって彼を教育、訓練していきました。テモテは、パウロの期待に答えて、立派な伝道者として成長することになります。

［2］パウロは、このテモテを一緒に連れて行きたかったので（3）

パウロは、このテモテを一緒に連れて行きたかったので、この地方に住むユダヤ人の手前、彼に割礼を授けました。父親がギリシア人であることを皆が知っていたからです。パウロはエルサレム教会会議では、異邦人が救われるために割礼を受ける必要があるという考えに反対しました。

パウロがテモテに割礼を授けたことは、このエルサレム会議の決定に反する行為ではないのでしょうか。なぜそのような誤解を与えるようなことをしたのでしょうか。同時に、エルサレムの使徒と長老たちが決めた規定を守るようにと人々に伝えています。これは明らかに彼がテモテに割礼を授けたことと矛盾していると考えていないことを示しています。では、なぜパウロはテモテに割礼を授けたのでしょうか。

この疑問を解くためには、テモテの父親がギリシア人であったということが、当時どういう意味を持っていたかを知る必要があります。当時ユダヤ教の世界では、ユダヤの夫人がギリシア人と（異邦人）と結婚することを禁じていました。ユダヤ人は選民であり、異邦人はそうではなく汚れた民であるという差別的な考えがそこにはありました。ですから、テモテが割礼を受けないままでは、ユダヤ教の会堂でメッセージをすることが出来ませんでした。それは、パウロにとっては非常に困るのです。パウロの世界宣教の基本的戦略は、まずユダヤ教の会堂で福音を伝えることであったからです。ユダヤ人に福音を伝えて拒否されたら、異邦人に福音を伝えるというのが、神の福音宣教の順序であり、秩序であるというのが、パウロの基本的理解でありました。パウロはユダヤ人であり、割礼を受けていましたので、問題はなかったのです。テモテは割礼を受けていないということだけで、ユダヤ人の会堂ではメッセージが出来なかったのです。そこで、パウロはまずテモテに割礼を授けて、そのつまづきを取り除こうとしたのです。

テモテの割礼は伝道のためであって、救いの条件ではありません。テモテはすでに恵みにより、信仰によって救いを得ています。キリスト教の大原則を守っていますので、矛盾はないとパウロは考えていました。

［3］彼らは方々の町を巡回して（4〜5）

そういうことで、パウロは方々の町を巡回してエルサレムの使徒たちと長老たちが決めた規定を守るようにと人々に伝えたのでした。パウロは何が本質的問題であるのか、何が方法論的問題であるのかを、はっきり識別し、判断できる指導者でした。

「こうして、教会の信仰は強められ、日ごとに人数が増して」（5）いきました。教会成長運動においては、まず人数が増えることを第一に求めますので、教会は逆に弱くなっていくのです。真の教会の成長は、第一に、内的な信仰が強められることが優先されるべきです。その時に、教会の外的成長が可能なのです。この優先順位が、初代教会では厳格に守られていたことが使徒二47、六7、九31、一六5に記されています。

いつも教会の内的成長の最大の原則、否それ以上の人格的存在である聖霊こそ教会を増加させ、強め建てあげる立役者でもあります。そして、聖霊に満ち溢れた、神に特別に選ばれた人こそ、世界伝道と教会建設の最大の力であります。アーメン。

こうして、教会はユダヤ、ガリラヤ、サマリアの全地方で平和を保ち、主を畏れ、聖霊の慰めを受け、基礎が固まって発展し、信者の数が増えていった。（九31）

マケドニア人の叫びを聞く

さて、彼らはアジア州で御言葉を語ることを聖霊から禁じられたので、フリギア・ガラテヤ地方を通って行った。ミシア地方の近くまで行き、ビティニア州に入ろうとしたが、イエスの霊がそれを許さなかった。それで、ミシア地方を通ってトロアスに下った。その夜、パウロは幻を見た。その中で一人のマケドニア人が立って、「マケドニア州に渡って来て、わたしたちを助けてください」と言ってパウロに願った。パウロがこの幻を見たとき、わたしたちはすぐにマケドニアへ向けて出発することにした。マケドニア人に福音を告げ知らせるために、神がわたしたちを召されているのだと、確信するに至ったからである。（使徒言行録一六6〜10）

「マケドニア州に渡ってきて、わたしたちを助けてください」というマケドニア人の叫びを聞いて、パウロはアジア伝道からヨーロッパ伝道へ伝道方針を変えました。

［1］さて、彼らはアジア州で御言葉を語ることを聖霊から禁じられたので（6～8）

このパウロの決断は、その後のヨーロッパの歴史、世界の歴史を変えてしまうほどに重大な決断でした。今朝のメッセージの短いテキストの中に、この重大な決断が、どのようにしてなされたかが、詳しく記されています。わたしたちも、重大な決断をする時に、この箇所は、そのプロセスを知るために非常に参考になります。

パウロは、第二回伝道旅行をするに当って、ある程度の自分の伝道計画を持っておりました。まず、第一回伝道の時に開拓した教会を問安しました。それから、アンティオキア教会を問安して、アジアの中心地エフェソの西にあるトロアスに向かう予定であったようです。イコニオンからパウロは急に北上して、フリギア・ガラテヤ地方を通りぬけて、ミシアに面した所まで来たのです。なぜ、エフェソのほうに行かず、急に北上したのでしょうか。「アジア州で御言葉を語ることを聖霊から禁じられた」と記されています。これは、どういうことを意味するのでしょうか。次にパウロたちはミシア地方の近くまで行き、ビティニア州に入ろうとしましたが、「イエスの霊がそれを許さなかった」と書かれています。これは聖霊に禁じられたことと、どう違うのでしょうか。

まず、アジア州で御言葉を語ることを聖霊によって禁じられたとは、具体的にどういうことでしょうか。恐らく、パウロは以前に伝道した諸教会を問安した後、アジア州の中心地エペソを中心に伝道しようと考えていたようです。ところが、急に彼の持病（恐らく目病か、てんかんではないかといわれています）が悪化し、ガラテヤで（ガラテヤ四13～14）療養せざるをえなくなりました。それは、まるで、聖霊に禁じられたとしか言いようのない経験ではなかったかと思います。

健康が回復し、ミシア近くまで行きビティニア州に入ろうとした時、今度は「イエスの霊がそれを許さなかった」と記されています。これは、「禁ずる」という強い否定的表現と比べるとおだやかな表現です。恐らく、まだ、パウロはアジアの北の方で伝道しようとしていたのではないかと思われますが、今度は復活のイエスの霊がそれを許さず、神の御旨は別のところにあることを示そうとされたのではないかと思われます。一緒に旅行していたシラスは、預言者でしたので、あるいは彼の預言によって、パウロは北上することを思いとどまったのかも知れません。しかしどこで伝道すべきかは、まだ明確に示されておりません。二度挫折したパウロは迷ったと思います。この重要な時に、挫折し迷うことは、パウロだけでなく、シラスやテモテも、大変不安であったと思います。特に若いテモテは不安であったでしょう。三人とも迷い、不安と戦いながら、最終的には、神様が何らかの方法によって、どこで伝道すべきか最善なところへ導いてくださると信じていたと考えられます。

［2］それで、ミシア地方を通ってトロアスに下った。
（8～9）

　そこで、ミシア地方を通過して、どこまでも道に沿って歩いていき、アジアの西端にある大きな港町トロアスに着きました。その夜、パウロは幻を見ました。これで上からの導きは三度目です。その幻の中で、一人のマケドニア人が立って、「マケドニア州（ヨーロッパに属する地方）に渡ってきて、わたしたちを助けてください」と叫んで、パウロに願いました。「願う《パラカローン》」と訳されている原語は「パラカレオー、parakaleō」といって「嘆願する」という強い言葉です。同じ言葉をパウロはローマ書一二1で使っています。この箇所は共同訳では「勧めます」と記されていますが、ここも、「嘆願します」と訳すべきです。「嘆願します」という言葉のもともとの意味は、物乞いが、道行く人々に頭を下げて、食物を乞うことを意味します。物乞いが必死になって頭を下げて嘆願しているように、マケドニア人は頭を下げて、霊的な物乞いのように貧しい状態にあるわたしたちを助けてくださいと叫んでいるのです。

　「わたしたち」といわれている人たちは、誰を具体的に指しているのでしょうか。恐らくこの人物は、アンティオキア教会出身者であり、ギリシア人の医者ルカではないかと言われています。たまたまルカはトロアスにやってきてパウロに会い、マケドニアの窮状をパウロに訴えたものと思われます。ですから、一人のマケドニア人とはルカのことを指しているのでしょう。病気上がりのパウロは、医者であるルカの診察と治療をこの時に受けたことも考えられます。

〔3〕パウロがこの幻を見た時、わたしたちはすぐにマケドニアに向けて出発することにした。(10)

「パウロがこの幻を見た時、わたしたちはすぐにマケドニアに向けて出発することにした」と書かれています。これまでは、シラスとテモテとパウロの三人で旅行してきたのです。パウロは「わたしたち」という表現はしませんでした。ルカが加わって始めて「わたしたち」という表現を使い始めました。したがって、これ以後の使徒言行録の記事は、歴史家であり医者であり、文学者であるルカが、見たり聞いたりしたことを、生き証人として生き生きと記録することになりました。

パウロは、上よりの導きとして第一に、「聖霊に禁じられる」という否定的な聖霊の導きを頂きました。なぜ、聖霊に禁じられたのか始めはわかりませんでした。ですから、迷い、悩み、とまどいました。不安に思いながらも、パウロは聖霊の導きに従いました。自分の計画、考えを持ちながら、どうしてパウロはそれを捨ててまでも聖霊の導きに従うことが出来たのでしょうか。それは、ガラテヤ二20にありますように、自己否定の霊的経験と訓練を絶えず持っていたから、出来たのだと思います。

第二に彼はミシア地方の近くまで行ったとき、自分の判断に従ってビティニア州に入ろうとしましたが、イエスの霊がそれを許しませんでした。二度の挫折を彼はどのようにして乗り越えたのでしょうか。今度はなぜ「イエスの霊の導き」に変えられているのでしょうか。恐らく復活のイエスの霊が彼のうちにいつも働いておられ、彼は「イエスと共に十字架につけられる」と共に「イエスと共に死から甦る」経験に生きていたからではないかと思われます。

第三に彼は幻に導かれて、アジア伝道を優先する彼の方針を捨てて、ヨーロッパ伝道を優先させるという歴史的にも重大な決意することができました。

そして最後に、彼はこれら三つの超自然的導きの故に、マケドニア人（ヨーロッパ人）に福音を伝えることが「神の召命である」と確信することが出来たのです。この「確信する《スムビバゾンテス》」と記されている原語「スムビバゾー、symbibazō」というギリシア語は「情況を総合判断する」という意味を持ち、聖霊とイエスの霊と幻と神の召しを総合判断して、確信し、この歴史的決断をパウロはしたのでした。わたしたちも重大な決断をする時には、聖霊とイエスの霊と幻と召命に導かれて、総合判断して、歴史的決断をしようではありませんか。アーメン。

生きているのは、もはやわたしではありません。キリストがわたしの内に生きておられるのです。わたしが今、肉において生きているのは、わたしを愛し、わたしのために身を献げられた神の子に対する信仰によるものです。（ガラテヤ二20）

主が心を開かれる

わたしたちはトロアスから船出してサモトラケ島に直航し、翌日ネアポリスの港に着き、そこから、マケドニア州第一区の都市で、ローマの植民都市であるフィリピに行った。そして、この町に数日間滞在した。安息日に町の門を出て、祈りの場所があると思われる川岸に行った。そして、わたしたちもそこに座って、集まっていた婦人たちに話をした。ティアティラ市出身の紫布を商う人で、神をあがめるリディアという婦人も話を聞いていたが、主が彼女の心を開かれたので、彼女はパウロの話を注意深く聞いた。そして、彼女も家族の者も洗礼を受けたが、そのとき、「私が主を信じる者だとお思いでしたら、どうぞ、私の家に来てお泊まりください」と言ってわたしたちを招待し、無理に承知させた。（使徒言行録一六11～15）

主に導かれて始められたパウロたちのヨーロッパ伝道は、主イエスが、一人のやもめである女性リディアの心を、開かれたことによって始まりました。

〔1〕わたしたちはトロアスから船出してサモトラケ島に直航し《ちょっこう》（11～12）

パウロ、シラス、テモテ、ルカという選び抜かれた四人の伝道者は、神がヨーロッパ伝道に導いておられると確信して、ただちにトロアスから船に乗り、サモトラケに直航して、翌日ネアポリスに着きました。とても早く到着しています。多分天候に恵まれたのでしょう。そこから、約十五キロ離れたフィリポに行きました。この地方第一の町で、ローマの植民都市でした。フィリピはアレクサンドロス大王の父、マケドニア王フィリップ二世（写真）が作った町でした。ここにローマの退役軍人を住ませ、ローマ市民がローマで受けていたと同じ特権・貢の免除と鞭打ちや十字架刑等の極刑免除の権利が与えられていました。まさに小さなローマのような町でした。そこにパウロたちは数日滞在しました。

ここにできたフィリピの教会は、パウロの書いた「フィリピの信徒への手紙」から分るように、パウロが最も愛した教会、またパウロを最も助けた教会になりました。そういう教会の生い立ちを学ぶことは、わたしたちに大きな益を与えてくれることでしょう。

〔2〕安息日に町の門を出て祈りの場所があると思われる川岸に行った（13～14）

「安息日に町の門を出て」、ヨーロッパにおけるパウロの伝道方法は、アジアにおける伝道方法と変わることはありませんでした。安息日（土曜日）まで待って、町の中にはユダヤ教の会堂がありませんでしたので、町の門の外に出て行きました。ユダヤ教の女性の信徒たちが、川べりで祈りの場所に集まって、礼拝の時を持っている

フィリップ２世（Philippos Ⅱ, BC382～336）は、古代マケドニア王（在位紀元前359年～同336年）。フィリッポス２世とも表記される。

ことをパウロたちは知っていたからです。ルカはフィリピで医学を学んだことがありましたので、この町の様子をよく知っていました。多分、ルカの案内で、パウロたちは川岸に行って、その場所を探し出しました。そして、ルカたちもそこに座って、集まっていた婦人たちに話しをしました。

　パウロはユダヤ教のラビ（教師）の資格を持っていましたので、多分、ラビが着るガウンを着ていました。それで、パウロが、聖書からのメッセージを頼まれたのではないかと思われます。あるいは、ルカが、パウロを婦人たちに紹介したのかもしれません。そこに、ティアティラ市出身の紫布を商う人で、神を崇めるリディアという婦人も話を聞いていました。ティアティラ市は、パウロが一度は行こうとした北方アジア地方にある町です。貴族や裕福な人、ローマ人、軍人が買い求める高価な紫布を生産することで有名な所でした。リディアは紫布の商人で、神を崇める婦人でした。ティアティラ市は大きな町ですので、ユダヤ教の会堂があり、その会堂で安息日ごとに旧約聖書から話を熱心に聴いていたのであろうと考えられます。後ほどパウロたちを自宅に招いて接待をしておりますので、多分彼女は独身であり、やもめであったかもしれません。フィリピにはローマの退役軍人、ローマ人、貴族や裕福な人が住んでいましたので、リディアがここに来て紫布を商っていたものと考えられます。主が彼女の心を開かれたので、彼女はパウロの話を注意深く聞きました。パウロの名説教が彼女の心を開いたのではなくて、「主が彼女の心を開かれた」のです。なぜ、「主が」という言葉がこれほどに強調されているのでしょうか。ギリシア語では、「主」の前に「ホ」（英語では the にあたる）というギリシア語があります。「その主」と直訳できます。パウロがフィリピに来る前、まだアジアを旅している時に、「イエスの霊が許さなかった」「幻を見させた」「彼を確信させた」「その主」が彼女の心を開かれたのです。しかも当時の社会では軽んじられていた女性の心を、「その主」が何か重要な目的のために開かれたのです。

　「心が開かれた」ということについて、創世記二八16～17には、次のように記されています。「ヤコブは眠りから覚めて言った。『まことに主がこの場所におられるのに、わたしは知らなかった。』そして、恐れおののいて言った。『ここは、なんと畏れ多い場所だろう。これはまさしく神の家である。そうだ、ここは天の門だ。』」これはヤコブが長子の権を兄エサウから騙し取ったため、エサウから命をねらわれたため、ヤコブが母リベカの故郷パダン・アラムに逃げていく途中の出来事です。荒野に野宿し、いつ野獣に襲われるか分らない恐怖と孤独の中で、主なる神に出会った強烈な神との出会いの経験を述べたものです。

新約では、ルカ二四31〜32で、エマオへの途上であった二人の弟子たちが、復活のイエスに出会って、主イエスがパンを裂いて、お渡しになった時、「二人の目が開け、イエスだと分かった」とあります。（同45・心の目を開いて）弟子たちの霊の目が、復活のイエスによって開かれて、初めて共に歩いておられたイエスが、死から甦られたイエスであることがわかったのです。

このように、リディアの霊の目を主が開いてくださったので、彼女はパウロの話を集中して聞くことが出来たのでした。そして、彼女は明確な回心の経験をし、ただちに家族の者たちと共に、洗礼を受けたのでした。パウロたちのヨーロッパ伝道の第一の実は、女性リディアと家族の者でした。リディアとその家族が中心となって、「喜び」を最大の特徴とするフィリピ教会がここに誕生いたしました。

［3］そして、彼女も家族の者も洗礼を受けた。（15）

受洗準備もせずに、リディアと彼女の家族がただちに洗礼を受け、パウロたち四人の伝道者を、彼女の自宅に招待したとは驚きです。リディアと家族の者たちは、故郷のユダヤ教の会堂で、旧約聖書を通しての聖書教育を充分受けておりましたので、日本人がクリスチャンになるのとは全く情況が違っていたことはご理解できます。それと、「主が彼女の心を開かれたから」とはいえ、ただちに伝道者たちを自宅に招待し、奉仕を始めたことも驚きです。商売をしていましたので、お客さんには慣れていました。「無理に承知させた」と最後に記されていますが、原語では「説得した」となっています。余りに救われた喜びが大きかったために、そうせずにはおられなかったのだと思います。強いて言えば、これは愛の強制、聖霊の迫りによる霊的強制とでもいうことができます。そして、彼女の家を拠点としてフィリピ伝道がなされました。わたしたちも心を開いてイエスの福音を信じ、日本では充分受洗の準備をして奉仕、伝道に励もうではありませんか。アーメン。

賛美の歌を歌って神に祈る

わたしたちは、祈りの場所に行く途中、占いの霊に取りつかれている女奴隷に出会った。この女は、占いをして主人たちに多くの利益を得させていた。彼女は、パウロやわたしたちの後ろについて来てこう叫ぶのであった。「この人たちは、いと高き神の僕で、皆さんに救いの道を宣べ伝えているのです。」彼女がこんなことを幾日も繰り返すので、パウロはたまりかねて振り向き、その霊に言った。「イエス・キリストの名によって命じる。この女から出て行け。」すると即座に、霊が彼女から出て行った。ところが、この女の主人たちは、金もうけの望みがなくなってしまったことを知り、パウロとシラスを捕らえ、役人に引き渡すために広場へ引き立てて行った。そして、二人を高官たちに引き渡してこう言った。「この者たちはユダヤ人で、わたしたちの町を混乱させております。ローマ帝国の市民であるわたしたちが受け入れることも、実行することも許されない風習を宣伝しております。」群衆も一緒になって二人を責め立てたので、高官たちは二人の衣服をはぎ取り、「鞭で打て」と命じた。そして、何度も鞭で打ってから二人を牢に投げ込み、看守に厳重に見張るように命じた。この命令を受けた看守は、二人をいちばん奥の牢に入れて、足には木の足枷をはめておいた。（使徒言行録一六16〜25）

窮地に追い込まれたパウロたちは、なんと、賛美の歌をうたい祈ることによって、その窮地から救い出されたのです。罪から救い出された者の賛美と祈りの驚くべき力を、ここに見ます。

〔1〕わたしたちは、祈りの場所に行く途中、占いの霊に取りつかれている女奴隷に出会った。（16～18）

先週のメッセージでは、上流階級の婦人・リディアの回心を学びました。今朝のテキストにはリディアとは全く正反対の下層階級の女奴隷の回心の記事が記されています。占いの霊に取り付かれているこの女は、罪の奴隷の状態から、真に自由になっておりませんでした。リディアは、罪の奴隷から完全に自由になっていました。パウロとシラスも罪から自由になっていました。

リディアは、主が彼女の心を開いてくださり、最も理想的な回心を経験し、ただちに奉仕、伝道する理想的クリスチャンが誕生いたしました。ところが、祈りの場所に行く途中で出会った占いの霊に取り付かれた女性は奴隷でした。この女性はアポロ神に導かれていたと思われます。ギリシア・ローマの迷信が信じられていたと思われ、アポロ神（写真）は、デルフォイで蛇（霊ピトン）に化身したと考えていました。このように取り付かれた人間は、アポロと直接つながった祭司のように未来を予言できると思われていました。プルタルコス（次頁写真 帝政ローマのギリシア人著述家。著作に『対比列伝』（英雄伝）等。Plutarchus, 46?～127?）は、この「霊」ピトンという言葉は「腹話術者」を意味していたと述べています。

フィリピでは、精神的にバランスを欠いている女が、未来を告げることによって、雇い主に利用されていました。彼女は、恐らく神がかり状態になって腹話術（あるいは「口寄せ」のようなもの？）で預言を告げていたのでしょう。このことから、だまされやすい客は、彼女が蛇か神によってメッセージを伝える役割をしていたと信じていたのでしょう。

彼女が、パウロたちを悩ましておりました。ここにヨーロッパの恥部を見ます。この女の主人たちは、彼女の占いを利用して多くの利益を得ておりました。彼女はパ

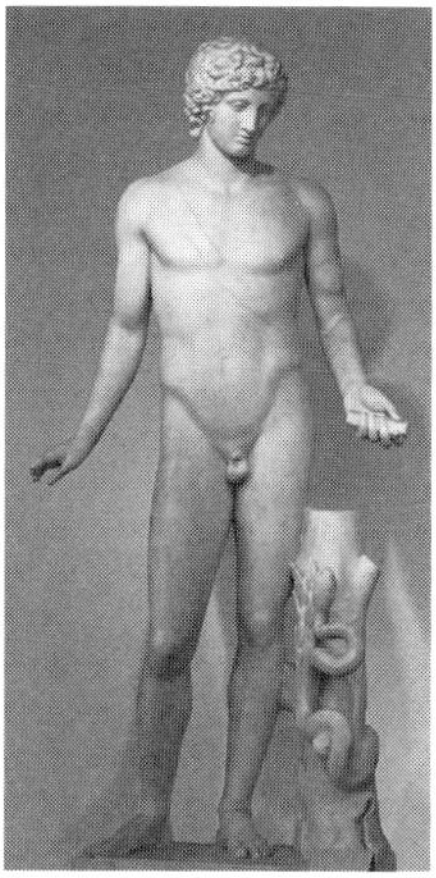

アポローン（古典ギリシア語：Apollōn）は、ギリシア神話に登場する主要な神。オリュンポス十二神の１柱とされ、古典時代のギリシアにおいては理想の青年像と考えられた。主神ゼウスとレートーとの息子で、アルテミスとは双子である。

ウロたちの後ろについてきてこう叫ぶのでした。「この人たちは、いと高き神の僕で、皆さんに救いの道を宣べ伝えているのです。」（17）これはパウロたちの伝道に有利な言葉ではないでしょうか。パウロたちの伝道の宣伝をしていると考えることはできないのでしょうか。テキストを見ると、彼女がこんなことを幾日も繰り返すので、パウロはたまりかねて振り向き、その霊に言いました。「イエス・キリストの名によって命じる。この女から出て行け」（18）と。すると、即座に霊が彼女から出て行きました。明らかに、パウロは、彼女の言葉が少しもキリスト教の宣伝になっていないどころか、町の人たちに誤解を与えると判断して、彼女の力・「悪霊」をキリストの御名によって追い出したのです。

では、彼女の言葉の何が町の人たちに誤解を与えていたのでしょうか。彼女は「いと高き神の僕で、皆さんに救いの道を宣べ伝えているのです」と叫んだのです。彼女の言う通りではないでしょうか。ただ彼女は紹介はしますが「皆さんに」とあるように人事のように描写されています。自分では救いの道に入ろうとはしません。

当時、ギリシア・ローマの神々をも、いと高き神と言っていたのです。その神々に仕える人たちを「神の僕」と言い、彼らの伝えているメッセージは「救いの道」であるとギリシア・ローマの人々には理解されていたのです。パウロたちの伝える救いの道は、それとは全く違っています。イエス・キリストの十字架と復活の福音だけが、罪の奴隷から人々を解放し、救うというのがパウロたちの確信でした。ですから、パウロは、まずこの女奴隷を、その罪の奴隷の悲惨な生活からイエス・キリストの御名によって救い出したのでした。

［2］この女の主人たちは、金もうけの望みがなくなってしまったことを知り（19～21）

ところで、この女の主人たちは、女奴隷の病気が癒されたことを喜ぶどころか、金もうけの望みがなくなってしまったことを知り、パウロとシラスを捕らえ、役人に引き渡すために広場に引き立てて行きました。何も悪いことをしていないパウロたちを、彼らの収入源が断たれてしまったという理由で広場（裁判をするところ）に連れて行って、ありもしない罪状を作って、牢に投げ込もうとしました。

二人を高官（退役軍人）に引き渡してこう言いました。「この者たちはユダヤ人で、わたしたちの町を混乱させております。ローマ帝国の市民であるわたしたちが受け入れることも、実行することも許されない風習を宣伝しております。」（20〜21）まず、当時、四九年にクラウディウス帝（ティベリウス・クラウディウス・ネロ・カエサル・ドルスス、Tiberius Claudius Nero Caesar Drusus）がローマからユダヤ人を排斥する勅令（一八2）を発しておりましたので、民衆の反ユダヤ感情を煽《あお》りたてました。この戦術は見事に成功して、群衆も一緒になって二人を責め立てました。彼らは二人ともユダヤ人であることに目をつけたのです。ルカとテモテはギリシア人でしたので、難を逃れることが出来ました。

［3］群衆も一緒になって二人を責め立てたので、高官たちは二人の衣服をはぎ取り、「鞭で打て」と命じた。（22〜25）

もう一つの罪状は「わたしたちの町（ローマといわれた町を）を混乱させている」という「騒乱罪」に訴えました。大きな利益を失って窮地に追い込まれますと、悪い知恵が次から次へと浮かんでくるものです。高官たちは二人の衣服を剥ぎ取り、「鞭で打て」と命じました。パウロもシラスもローマの市民権を持っていましたので、これは違法でした。きちんと調べればすぐ分ることでしたが、群衆を恐れ迎合したのでしょうか。パウロたちを何度も鞭で打ってから、二人を牢に投げ込みました。看守は二人を一番奥の牢に入れて足枷をはめておきました。

ここで、一つの大きな疑問が起こってきます。なぜパウロもシラスも鞭打たれる前に自分たちが「ローマ市民権」を持つことを高官に知らせなかったのでしょうか。そうすれば、このような迫害を避けることができたと思われます。しかし、そうしたら、迫害の中で賛美を歌って看守が救いに導かれるという奇跡も起こらなかったでしょう。神の御旨はどこにあるか分からないものです。真夜中ごろ、パウロとシラスが賛美の歌を歌って神に祈っていると、他の囚人たちはこれに聞き入っていました。ずいぶん風変わりな囚人がおったものです。どうしてこのような苦しい情況の中で、しかも真夜中に賛美など歌えるのでしょうか。普通ならば意気消沈してつぶやき、不満が吹き出てくるものですが、逆にパウロもシラスも賛美したのですから驚きます。イエスと同じ目に合わされたことを感謝し、賛美したのでしょうか。二人とも、イエスの十字架を想い起こし、主イエスが罪の刑罰である死を受けてくださり、罪の奴隷から解放し、復活の生命にあずからせてくださったことを感謝して、賛美し、神に祈ったに違いありません。私たちも窮地に追い込まれた時に、彼らと共にイエスの死と復活の福音を想い起こして賛美し、祈ろうではありませんか。必ず主の御業が拝せられます。アーメン。

主イエスを信じなさい　あなたもあなたの家族も救われます

真夜中ごろ、パウロとシラスが賛美の歌をうたって神に祈っていると、ほかの囚人たちはこれに聞き入っていた。突然、大地震が起こり、牢の土台が揺れ動いた。たちまち牢の戸がみな開き、すべての囚人の鎖も外れてしまった。目を覚ました看守は、牢の戸が開いているのを見て、囚人たちが逃げてしまったと思い込み、剣を抜いて自殺しようとした。パウロは大声で叫んだ。「自害してはいけない。わたしたちは皆ここにいる。」看守は、明かりを持って来させて牢の中に飛び込み、パウロとシラスの前に震えながらひれ伏し、二人を外へ連れ出して言った。「先生方、救われるためにはどうすべきでしょうか。」二人は言った。「主イエスを信じなさい。そうすれば、あなたも家族も救われます。」そして、看守とその家の人たち全部に主の言葉を語った。まだ真夜中であったが、看守は二人を連れて行って打ち傷を洗ってやり、自分も家族の者も皆すぐに洗礼を受けた。この後、二人を自分の家に案内して食事を出し、神を信じる者になったことを家族ともども喜んだ。

（使徒言行録一六25～34）

共同体が崩壊している現在、これほど必要なメッセージはありません。「先生方、救われるためにはどうすべきでしょうか」は、今日最も切実な問いかけです。

［1］真夜中ごろ、パウロとシラスが賛美の歌をうたって神に祈っていると（25～28）

時はちょうど四九年ごろでした。ローマではクラウディウス帝がユダヤ人をローマから退去させる勅令を出していました。そこで、女奴隷の主人たちは、ローマ植民都市フィリピでも、反ユダヤ主義とローマ主義で訴えることが、市民の同情を買えると計算しました。こうして迫害され、投獄されたパウロたちは、鞭で打たれて痛みに苦しむ中で、真夜中に賛美の歌を歌い祈っていました。すると突然大地震が起きました。たちまち牢の戸がみな開き、すべての囚人の鎖も外れてしまいました。目を覚ました看守は牢の戸が開いているのを見て、囚人たちが逃げてしまったと思い込み、剣を抜いて自殺しようとしました。パウロは大声で叫びました。「自害してはいけない。私たちは皆ここにいる。」当時囚人が牢から逃げた場合、それは看守の責任と見なされ、看守は死刑に処せられました。

［2］看守は、明かりを持って来させて牢の中に飛び込み（29～32）

看守たる者が、なぜ明かりを持ってこさせて、牢の中に飛び込み、パウロとシラスの前に震えながらひれ伏したのでしょうか。四十に一つ足りない鞭打ちの刑を受け、背中は傷だらけで痛む中で、夜中に賛美の歌を歌い神に祈っていたパウロの姿に、看守は驚いたに違いありません。普通なら、苦しみ、うめき、不平を言ったり、呪ったりするでしょう。ところが、パウロもシラスも、背中が痛くて眠れない時に、神を賛美し、敬虔に神に祈っていたのです。

さらに看守を仰天させたのは、彼らが賛美し祈っている時に、大地震が起きたことです。これは、彼らの魔法の祈りが聞かれて、奇跡が起こったと勘違いしてもおかしくない、絶妙なタイミングです。彼らは魔術師だ。大変なことになった。鞭打ちの刑を加えた自分たちが復讐されると、恐れたのでしょうか。それとも、大地震が起きても、恐れずに神を賛美し祈ることが出来る人間になりたいと思って、二人の前にひれ伏し救いを求めたのでしょうか。

恐らく、現実は、彼らの迷信からきている恐れや不安から救われたいと思って「先生方、救われるためにはどうすべきでしょうか」と二人を外に連れ出して問いました。(先生―原語・ギリシア語ではキュリオス kyrios、皇帝やイエスに対して使われる最上級の敬語)二人はすかさず答えました。「主イエスを信じなさい。そうすれば、あなたも家族も救われます」(31)と。このキリストの福音の言葉を語るために、二人は聖霊の導きに従って、アジア伝道の予定を変更してヨーロッパにやってきたのです。看守の動機はご利益的、異教的であったとしても、パウロとシラスはその志を受け入れて、罪の奴隷から解放するキリストの救いへと看守を導きました。

「主イエスを信じなさい」は、英語では「主イエスのうちに信じなさい」すなわち、主イエスと人格的関係を絶えず持ち続ける信仰を持ちなさいと二人は勧めたのです。ギリシア語では「主イエスの上に」信じなさいとなっています。これは、ローマ皇帝を神と信じたり、パウロたちを「主」と信じるのではなく、主イエスの上に信仰を置きなさい。「イエスを主」と信じる信仰だけが、あなたとあなたの家族を救いますと、パウロたちは確信をもって言いました。ここで、「家族」は原語では「家」です。この家の家長は看守です。パウロたちは当時の家長制度を踏まえて伝道したのです。「そして、看守とその家の人たち全部に主の言葉を語った。」(32)これは、看守たちの異教的背景を考えて、受洗を授ける前、ある程度の簡単な準備をしたのでしょう。(リディアはユダヤ教の聖書教育をしっかり受けていました。)

［3］まだ真夜中であったが、看守は二人を連れて行って打ち傷を洗ってやり（33～34）

看守とその家族は、当時のローマの社会では中流階級に属していました。パウロたちの実に適切な伝道と指導により、明確な救いの経験をしました。これでフィリピ教会には、上流社会からの回心者・リディアと、下流社会の回心者・女奴隷と中流社会の回心者・看守たちがそろいました。小さな教会に、短期間の伝道で、三つの社会的階層からの回心者が与えられたことの中に、確かな聖霊の導きがあったと言えるのではないでしょうか。

看守で、二人に鞭打ちの刑を加えた者が、今や同じ神の国に属する兄弟姉妹とされました。真夜中にも拘わらず、二人を連れて行って打ち傷を洗ってやりました。ここに、彼らがキリストの愛と赦しと和解の福音を信じて、変えられた姿を見ます。そして、自分も家族も皆、すぐに洗礼を受けました。洗礼は、彼らがキリストと共に死んで生き返ったことを、公的に証しする一生一回の儀式です。

「この後、二人を自分の家に案内して食事を出し」ました。聖餐の食事とも受け取られる書き方です。聖餐の食事は、一回だけではなく、再臨のイエスに天に引き上げられ、イエスと共に天の聖餐にあずかる時まで預かり続けるべきものです。看守は神を信じる者になったことを家族と共に喜びました。ここにも、フィリピ教会の特徴である「喜び」という言葉が出てきます。囚人が逃げ出して、いつ死刑になるかという不安から解放され、仕事の奴隷、罪の奴隷から自由にされました。家族と共に喜ぶ生涯に変えられました。どんなに大きな感謝であったでしょう。

わたしは、十八歳のときに一人の若い宣教師に出会い、二十歳のときにヨハネ一四6の「われは道なり、眞理《まこと》なり、生命《いのち》なり。我《われ》に由《よ》らでは誰《たれ》にても父の御許《みもと》にいたる者《もの》なし」の御言葉を信じて救われ、受洗を受けました。救われて間もなく、わたしは、脳溢血で倒れて病床にあった父親の救いのために祈りました。初めは宣教師の先生に自宅に来ていただいて、聖書の話をしていただきました。その後導かれてアメリカの神学校に三年留学いた

しました。その間、父の救いを願って、手紙を書き続けました。日本に帰国した時には、すでに詩篇四六1の「神はわれらの避け所また力である。悩める時のいと近き助けである」を信じていつも口ずさんでおりました。早速、横浜教会の尾花晃先生（写真）に来ていただいて、病床洗礼を授けていただきました。父は、ずいぶん苦しいところを通りましたが、すばらしい信仰の歌を残して六一歳で天に召されました。母は八六歳の時、厚木教会で私の手で洗礼を受けました。家族の救いのために、祈り証を続けましょう。主は不思議な導きで家族を救いに導いてくださいます。アーメン。

弱い人たちへの愛の配慮

朝になると、高官たちは下役たちを差し向けて、「あの者どもを釈放せよ」と言わせた。それで、看守はパウロにこの言葉を伝えた。「高官たちが、あなたがたを釈放するようにと、言ってよこしました。さあ、牢から出て、安心して行きなさい。」ところが、パウロは下役たちに言った。「高官たちは、ローマ帝国の市民権を持つわたしたちを、裁判にもかけずに公衆の面前で鞭打ってから投獄したのに、今ひそかに釈放しようとするのか。いや、それはいけない。高官たちが自分でここへ来て、わたしたちを連れ出すべきだ。」下役たちは、この言葉を高官たちに報告した。高官たちは、二人がローマ帝国の市民権を持つ者であると聞いて恐れ、出向いて来てわびを言い、二人を牢から連れ出し、町から出て行くように頼んだ。牢を出た二人は、リディアの家に行って兄弟たちに会い、彼らを励ましてから出発し

た。（使徒言行録一六35〜40）

日本ではこの十年、自殺者が年間三万人を超えています。一万二千人あまりが、六十歳以上の方々であると今朝の新聞は伝えています。弱いものが重んじられる社会こそ、よい社会です。

［1］朝になると、高官たちは下役たちを差し向けて、「あの者どもを釈放せよ」と言わせた。（35〜36）

パウロたちは、ヨーロッパで誕生したばかりの弱い教会、フィリピ教会を重んじました。パウロたちは、体を張って、このフィリピ教会を守ろうと、こまやかな愛の配慮をいたしました。詩編に「いかに幸いなことでしょう／あなたによって勇気を出し／心に広い道を見ている人は。嘆きの谷を通るときも、そこを泉とするでしょう。雨も降り、祝福で覆ってくれるでしょう」（八四6〜7）とあります。今日のテキスト全体は、この御言葉の真理が真実であることを明らかにしています。

パウロたちの後半のフィリピ伝道は、女奴隷の主人たちの不当な訴えにより、群衆が騒ぎ立てたこともあり、パウロたちは裁判を受けることなく逮捕され、鞭打たれ、投獄されてしまいました。そういう中で、つぶやくこともなく、夜中に、賛美し神に祈りました。すると、大地震が起こり、状態は逆転し、看守と彼の家族全員が、イエスを救い主と信じて洗礼を受けました。神の大逆転の業が起こりました。ハレルヤ！　詩編八四6〜7に歌われていたことが現実となったのです。

朝になると、高官たちは下役たちを差し向けて、「あの者どもを釈放せよ」と言わせました。朝になると情況が変わったのです。パウロたちの賛美と祈りが状況を変えたのです。彼らの絶望の中での賛美と祈りが、神さまが喜ばれ、大きな地震を起こされました。最後にパウロたちを用いて、看守とその家族全員を救いに導かれたのです。どんな不当な扱いを受けても、忍耐と祈りをもって、全能である神を静かに待ち望む時に、驚くべき神の奇跡がなされるのです。それにしても、「牢から出て、安心して行きなさい」と言われたのに、パウロたちは喜びもせず、逆に抗議したのは、何故でしょうか。

〔2〕ところが、パウロたちは下役たちに言った。「高官たちはローマ帝国の市民権を持ったわたしたちを。（37～39）

パウロは高官たちに抗議しました。「高官たちは、ローマ帝国の市民権を持つわたしたちを、裁判にもかけずに公衆の面前で鞭打ってから投獄したのに、今ひそかに釈放しようとするのか。いや、それはいけない。高官たちが自分でここへ来て、わたしたちを連れ出すべきだ。」(37)下役たちは、パウロの剣幕に驚いて、この言葉を高官たちに伝えました。高官たちは二人がローマ帝国の市民権を持つことを聞いて恐れ、出向いて侘びをいい、二人を牢から連れ出して、町から出て行くよう頼みました。

なぜ、高官たちは恐れをなして、彼らの方から出向いて行って、囚人である二人に侘びを言ったのか。

ユダヤ人であるパウロとシラスはどうしてローマの市民権を持っていたのか。

高官がこれほどに恐れるローマの市民権を持っていることを、パウロは捕らえられた時に言わなかったのか。これらは、大きな疑問です。これらの問いに一つ一つ答えないとこの箇所を正確に理解することが出来ません。

当時ローマの市民権を持つということは大きな特権でした。ローマの市民権を持つ者を死刑、その中でも最も残酷な十字架の刑に処することは出来ませんでした。また四十に一つ足りない鞭打ちの刑、裁判なしの逮捕・投獄は不当でした。フィリピの高官がそのようなことをしたということを、ローマ帝国が知れば、当然フィリピの高官たちは処罰されます。ですから、高官たちは、態度を一変して、パウロの要求どおり、パウロのところに出向いて謝罪をしたのでした。

次に、パウロとシラスは、どうしてローマの市民権を持っていたのでしょうか。恐らくパウロとシラスの父親たちは、タルソあるいはエルサレムで、ローマ帝国にプラスになるような大きな働きをして、ローマの市民権を与えられたのです。パウロは、タルソからエルサレムに留学しておりました。彼の父親は相当の知識人であり、また大きな資産の持ち主であったのではないかと思われます。シラスの父親についても同じようなことが言えるのではないかと思います。

パウロたちが、逮捕される時に、ローマの市民権を持つことをなぜ言わなかったのでしょうか。いくつかのことを注解者たちは記しています。その主な理由は群衆が騒ぎ出し、これを高官たちが利用したので、パウロたちはそのことを言う機会を失ったというものです。

第二は大きな騒ぎになってしまったので、きちんとした裁判を行うように要求できなかったという理由です。

第三は裁判を開くように訴えたら、その手続きに相当な時間が取られるため、パウロたちは訴えることを避けたのではないかというものです。

第四の理由は群衆が異常な興奮の中にありましたので、後で真実は分る、逮捕・投獄の中にも神様の隠された導き、不思議な聖霊の働きがあるという信仰があったのではないかというものです。（これは筆者の意見です）

［3］牢をでた二人は、リディアの家に行って（40）

パウロたちは、これ以上の抗議をせずに牢を出て、教会の集会所（礼拝、祈り会、聖餐、その他の集会）となっていたリディアの家に行って、兄弟たちに会い、彼らを励ましてから、次の伝道地へと出発いたしました。フィリピの教会は、上流階級に属するリディアと彼女の家族、中流階級に属する看守と彼の全家族、パウロの癒しの業によって救いに導かれた下層階級に属する女奴隷から成る、誕生したばかりの小さな弱い教会でした。パウロはこの教会を守るために、尊大とも思えるような堂々とした態度で、自分たちがローマの市民権を持つことを主張しました。また、礼を失した、不法とをしたフィリピの高官たちの侘びを受け入れ、彼らをローマ政府に訴えることもせず、次の伝道地テサロニケへとしずかに出発いたしました。

パウロたちは彼らが牢に閉じ込められていた間、彼らのために心配して祈っていてくれたことを感謝し、看守とその家族たちが救われた様子など報告しました。こうして。主にある交わりを深め、彼らを励ましました。「励《パレカ》ます《レーサン》」は「パレカレオー parakalēō」と言って、IIコリント一〇3～8に九回出てくる言葉です。苦難の中にある人たちを慰めるという意味に使われています。特に看守たちは看守に責任を放棄した者、裏切り者という目で見られたでしょう。女奴隷も主人たちに大きな損害を与えたものという目で見られたでしょう。そのような苦難の中にある者たちを励まし、慰めました。苦しんだ者の慰めの言葉には力と生命があります。そして、フィリピ教会の牧者としてルカを任命して、小さな群れを守り、導き、教え、養い、育てることを彼に託しました。ルカはパウロたちの信頼に答えて、この群れをすばらしい群れに成長させました。アーメン。

イエスという別の王

パウロとシラスは、アンフィポリスとアポロニアを経てテサロニケに着いた。ここにはユダヤ人の会堂があった。パウロはいつものように、ユダヤ人の集まっているところへ入って行き、三回の安息日にわたって聖書を引用して論じ合い、「メシアは必ず苦しみを受け、死者の中から復活することになっていた」と、また、「このメシアはわたしが伝えているイエスである」と説明し、論証した。それで、彼らのうちのある者は信じて、パウロとシラスに従った。神をあがめる多くのギリシア人や、かなりの数のおもだった婦人たちも同じように二人に従った。しかし、ユダヤ人たちはそれをねたみ、広場にたむろしているならず者を何人か抱き込んで暴動を起こし、町を混乱させ、ヤソンの家を襲い、二人を民衆の前に引き出そうとして捜した。しかし、二人が見つからなかったので、ヤソンと数人の兄弟を町の当局者たちのところへ引き立てて行って、大声で言った。「世界中を騒がせてきた連中が、ここにも来ています。ヤソンは彼らをかくまっているのです。彼らは皇帝の勅令に背いて、『イエスという別の王がいる』と言っています。」これを聞いた群衆と町の当局者たちは動揺した。当局者たちは、ヤソンやほかの者たちから保証金を取ったうえで彼らを釈放した。（使徒言行録一七1～9）

ローマ皇帝が神と崇められていた時に、「イエスという別の王」がおられると主張することは、生命がけの働きでした。パウロたちはこの生命がけの働きをマケドニアの首都テサロニケのユダヤ人の会堂でいたしました。

［1］パウロとシラスはアンフィポリスとアポロニアを経て、テサロニケに着いた。（1～2）

パウロたちはフィリピで最初のヨーロッパ伝道をしました。フィリピを去って彼らはそこから南西に一六〇キロ離れたところにあるテサロニケ（写真、紀元前三一五年前後にマケドニア王アレクサンドロス大王によって創建）というマケドニア州の首都に行きました。パウロの異邦人伝道の戦略はまず大都市に行き福音を伝え、そこからその周辺に福音を及ぼしていくというものでした。いつものようにテサロニケでも、まずユダヤ教の会堂に行き、キリストの福音というダイナマイトを爆発させ、神を畏れる多くの異邦人たちを回心に導き、また高貴な婦人たちを信仰に導きました。

その導く方法は、安息日に、よく聖書を知っているユダヤ人にまず伝道をし、次に神を畏れる異邦人、それからある程度の知性と社会的地位のある婦人たちに伝道しました。パウロはテサロニケから本格的な異邦人伝道と都市伝道を致しました。ローマ皇帝が支配する大都市で堂々ともう一人の王イエスの福音を伝えました。あの偉大なローマもギリシアも滅んでしまいました。しかし、王の王であるイエスの名は永遠に不滅です。

「パウロとシラスはアンフィポリスとアポロニアを経て、テサロニケに着いた」とありますが、「経て」と訳されているギリシア語には「道をかき分けて通る」という意味があります。この道はネアポリス港からフィリピ、アンフィポリス、アギリニア、テサロニケを経てドキキウムに至る全長数一〇〇キロの大路は「エグナチア街道」と呼ばれ、有名なローマの軍事用にして通商用の道路となっていました。

テサロニケの町は数十年前にフィリピ戦役のときの功績により自由都市となっていました。この町の人口は二、三十万人ほどのものでした。フィリピと共にローマ帝国とカイザルとに忠実な町となっていました。パウロはいつものように、ユダヤ人の集まっているところへ入って行き、三回の安息日にわたって聖書を引用して論じ合いました。パウロはやみくもにこの都市で伝道したのではなく、一番旧約聖書を知っているユダヤ人の会堂に行って旧約聖書に基づいて、聖書的説教をしたのでした。しかもそれは論じ合いとありますように議論をし合いながら、聴衆の理性に訴えるメッセージをしかも三回の安息日にわたるメッセージを致しました。では、安息日以外にパウロたちは何をしていたのでしょうか。記してありますようにパウロたちは普通の日は天幕作りをして働いていました。それは、若い教会の信徒の方々に経済的負担をかけないためでした。

［2］メシアは必ず苦しみを受け、死者の中から復活することになっていた（3〜7）

三回の安息日になされた聖書説教の内容はどのようなものであったでしょうか。そのメッセージの内容は次の三点に尽きています。その第一点は、「メシアは必ず苦しみを受ける」というものでした。ここでパウロのいうメシアとはギリシア人やローマ人がいうところの英雄的な人受けする、格好のよいメシアではありませんでした。イザヤ書五三章に記されているような苦しめる神の僕としてのメシアでした。彼のメッセージの内容の第二点は「死者の中から復活する」という内容のものでした。今だかつてギリシア人もローマ人も死から復活して今も生きている人は一人もおりません。イエスだけが全世界の人たちを罪と死と悪から救い出すために十字架上で死んで、葬られ、三日目に墓の中から甦られ、今も生き続けておられるのです。彼のメッセージの第三点は、「このメシアはわたしが伝えているこのイエスである」というものでした。三回の安息日に渡る連続メッセージですからパウロはもっと詳しくこの三点について説明もし、論証もしたはずです。ルカによる福音書二四32「説明してくださったとき」、45「心の目を開いて」（原語では開くと記されている。dianoigō　新約に八回）という言葉と同じ言語が記されています。聖書の深い意味が「開かれて」その意味を深く自覚し、体験したということを意味しています。

　それで、彼らのうちのある者は信じて、パウロとシラスに従いました。従ったということは、信じた人たちはこの二人の信仰に帰依したことを意味しました。さらに神を崇める多くのギリシア人やかなりの数のおもだった婦人たちも同じように従ったとありますので、これはただ事ではありません。事態をそのまま放置できないことが起こったのです。ユダヤ人たちはそれをねたみ、広場にたむろしているならず者を何人か抱きこんで暴動を起こし、町を混乱させ、ヤソンの家を襲い、二人を民衆の前に引き出そうとして捜しました。しかし、二人が見つからなかったので、ヤソンと数人の兄弟を町の当局者たちのところへ引き立てて行って大声で言った。「世界中を騒がせてきた連中がここに来ています。ヤソンは彼らをかくまっているのです。「彼らは皇帝の勅令に背いて、『イエスという別の王がいる』と言っています。」（5〜7）

大変なことになりました。ユダヤ教の指導者たちはこれ以上の被害が会堂に及ばないように、政治的な非常手段に訴えたのです。パウロたちを皇帝の勅令に背いた国家反逆罪に落とし込もうとしたのです。そして彼らをテサロニケの町から追い出そうとしたのでした。

　確かにクリスチャンはローマ皇帝を神として崇めるのではなく、イエスを別の王として、また神として崇めるものです。ローマ皇帝には、復活の生命、永遠の生命をクリスチャンに与えることは出来ません。イエスだけがわたしたちクリスチャンの生命であり力であり希望です。聖霊によって心をそして御言葉を開いていただいて、イエスをメシアとして別の王として信じようではありませんか。

［3］それを聞いて群衆と町の当局者たちは動揺した。（8〜9）

　皇帝の勅令に違反する者がテサロニケの町にいるとなると大事になり、面倒なことになります。そのようにならないように、またパウロたちが二度とテサロニケの町に戻って来れなくするためでしょうか。パウロたちを自分の家にかくまったヤソン（ローマ一六21）や他の者たちから保証金を取った上で彼らを釈放いたしました。

パウロたちは正式に裁判にかけられて有罪にされたわけではありませんので、兄弟たちは直ちに夜のうちに次の伝道地であるベレアに送り出しました。

テサロニケ教会はこの後順調に成長し、発展し他教会を助けました。この教会はマケドニア州とアカイア州にいるすべての信者の模範となりました。心を開き、信じ、従う者は目覚め、絶えず祈り、いつも喜び、感謝できるのです。アーメン。

わたしの協力者テモテ、また同胞のルキオ、ヤソン、ソシパトロがあなたがたによろしくと言っています。（ローマ一六21）

素直に熱心に御言葉を受け入れる

兄弟たちは、直ちに夜のうちにパウロとシラスをベレアへ送り出した。二人はそこへ到着すると、ユダヤ人の会堂に入った。ここのユダヤ人たちは、テサロニケのユダヤ人よりも素直で、非常に熱心に御言葉を受け入れ、そのとおりかどうか、毎日、聖書を調べていた。そこで、そのうちの多くの人が信じ、ギリシア人の上流婦人や男たちも少なからず信仰に入った。ところが、テサロニケのユダヤ人たちは、ベレアでもパウロによって神の言葉が宣べ伝えられていることを知ると、そこへも押しかけて来て、群衆を扇動し騒がせた。それで、兄弟たちは直ちにパウロを送り出して、海岸の地方へ行かせたが、シラスとテモテはベレアに残った。パウロに付き添った人々は、彼をアテネまで連れて行った。そしてできるだけ早く来るようにという、シラスとテモテに対するパウロの指示を受けて帰って行っ

た。（使徒言行録一七10〜15）

「素直に熱心に御言葉を受け入れる」。この三つが弱い教会が強くなる秘訣です。

〔1〕兄弟たちは、直ちに夜のうちにパウロとシラスをベレアへ送り出した。（10〜11）

パウロは、マケドニア州の首都テサロニケにおいて、本格的な異邦人伝道を始めました。ここで、異邦人伝道の方法を確立したように思われます。彼は、異邦人には時間をかけて聖書を引用して論じ合い、「メシア（救い主）」は必ず苦しみを受け、死者の中から復活することになっていた」ことを述べ、最後に、「このメシアは私が伝えているイエスである」と説明しました。その結果、神を畏れる多くのギリシア人や、かなりの数の主だった婦人たちも救いに導かれました。

迫害を受けて逃亡していったベレアの地でも、同じような方法でメッセージを語ったところ、テサロニケ以上の反応がありました。これでパウロはますます自信を得たのではないかと思います。このことを今朝のテキストにそって見て参りましょう。

「兄弟たちは、直ちに夜のうちにパウロとシラスをベレアへ送り出した。二人はそこへ到着すると、ユダヤ人の会堂に入った。」（10）ベレアはテサロニケから西へ七六キロのところにあります。マケドニア州でも、アポロニヤやテサロニケのあった第一、第二地区とは違って、ここは第三地区になっていました。それで、テサロニケからの干渉も避けられるし、ユダヤ教の「会堂」もあるので、ここを次の伝道地にパウロは選んだと思われます。迫害のお陰で、パウロは素晴らしい場所に導かれました。苦しみに合うことはよきことかなですね。それとベレアはエグナチア街道から少しそれていましたので、ここの人たちは擦れておりませんでした。

「ここのユダヤ人たちは、テサロニケのユダヤ人よりも素直で、非常に熱心に御言葉を受け入れ、そのとおりかどうか、毎日、聖書を調べていた。」

「素直で」と訳されている言葉は原語では「生まれが良い」という意味を持ち、「寛大な」とか、「自由な」「偏見がない」「開かれた心」「捕らわれない心」とも訳せる言葉です。「非常に熱心に」は「非常に用意されている」とか「今にも飛びつきそうな」とも訳せる言葉です。彼らは、素直に、かつ非常に熱心に御言葉を受け入れ、その通りかどうか毎日聖書を調べていました。マケドニア州の首都・テサロニケの人たちと違って、ローマに通じるエグナチア街道から少しそれたところに住んでいたベレアの人たちは、素直で、熱心であったのです。

［2］そこで、そのうちの多くの人が信じ、ギリシア人の上流婦人や男たちも少なからず信仰に入った（12～19）

　素直で、なおかつ毎日聖書を調べ探求する熱心な人たちが多くいて、ここは備えられたところでした。素直で探求的な人たちが、上流社会の教養もあり、知的な男女が、パウロが伝えたキリストの福音を信じました。パウロたちはどんなに喜んだことでしょう。しかし、物事はそうとんとん拍子には行かないものです。テサロニケのユダヤ人たちは、ベレアでもパウロによって神の言葉が宣べ伝えられていることを知ると、ここにも押しかけて来て群衆を扇動し、騒がせました。これは一大事です。しかし、兄弟たちの対応は、実に素早いものでした。

　テサロニケのユダヤ人たちの狙いはただ一つ、パウロの伝道活動を邪魔することでした。そこで彼らはただちにパウロを送り出して、海岸の地方へ行かせました。そしてシラスとテモテはベレアに残して、パウロをマケドニア州の外へ、すなわち、アカイア州のアテネへ連れて行きました。ベレヤからアテネまでは三五〇キロ離れており、州も違いますので、ここなら安全だと考えて、彼らはパウロに付き添って行きました。パウロには一人でもアテネに行けた筈ですから、なぜ彼らがアテネまでパウロに付き添って行ったのかが問われます。恐らくまたパウロの持病が出て、彼らは安全を期して付き添って行ったのであろうと思われます。

　もう一つ問われなければならない問題があります。なぜ、パウロはシラスとテモテをベレアに残したのかということです。それは、誕生したばかりの小さな教会のアフターケアをするためであり、彼らが一日も早く自立できるように訓練、教育するためでありました。もちろん、彼らは、ユダヤ教の会堂に出席して旧約聖書に親しみ、旧約聖書を神の言葉として信じていました。問題は、その神の言葉である旧約聖書を、律法的に解釈し、メシアはまだ来ていないと解釈するか、それとも、旧約聖書をメシアを預言している書、また恵みの書として解釈しているかという問題でした。これは大問題でした。十字架は、ユダヤ人にとっては「呪い」としか見ることが出来ません。これを「救い」と信じることは、大きな「つまづき」でした。もう一つの躓きは「復活」です。一度完全に死んだ者が、三日目に復活してイエスは生き続けておられるということは、理性を重んじるギリシア人に大きな躓きです。

パウロのメッセージにより、救いを経験した人たちは、そういう信仰に変った人たちでしたが、その信仰を強化し養い、膨大な旧約聖書を土台として、新約的な強固な信仰を持つ必要がありました。短期間のうちに聖書的教育と深いキリスト経験、聖霊経験を持っていただくことは至難の業でした。幸いなことに、ベレアの若いクリスチャンたちは、人一倍素直で、熱心でしたので、シラスとテモテの危機意識を持ってあたった教育、訓練に、彼らは充分に答えました。その証拠に、このベレア教会から後日すぐれた指導者が出ています。

［3］パウロの付き添った人々は、彼らをアテネまで連れて行った（15）

マケドニア州を離れてアカイア州に来ました。これで、パウロのマケドニアの叫びと幻、全体的状況判断によって始まったヨーロッパ伝道は、一応終結いたしました。（あなたがたはひどい苦しみの中で、聖霊による喜びをもって御言葉を受け入れ、わたしたちに倣《なら》う者、そして主に倣う者となり、マケドニア州とアカイア州にいるすべての信者の模範となるに至ったのです。主の言葉があなたがたのところから出て、マケドニア州やアカイア州に響き渡ったばかりでなく、神に対するあなたがたの信仰が至るところで伝えられているので、何も付け加えて言う必要はないほどです。（Ⅰテサロニケ一6〜8参照）また、ローマ伝道をしますが、ひとまず迫害と逃亡の伝道には別れを告げたことになります。パウロは最後に付き添ってきた人たちに、シラスとテモテに対する伝言として、出来るだけ早くアテネに来るようにと伝えて欲しいと言っておりますので、シラスとテモテのベレア滞在は短いものであったことは明らかです。短い期間でも、素直さと、聖書を調べる忠実さ、危機意識を持っているなら、そして適切な指導者が信徒指導者訓練をしっかりしてくだされば、厚木教会も無牧になることがあったとしても、すぐれた信徒伝道者によって、より強い教会に成り得る可能性があるのです。

　素直な信仰と忠実に聖書を調べる姿勢を持って、十字架と復活の主に従って行こうではありませんか。

アーメン。

真に新しいもの

パウロはアテネで二人を待っている間に、この町の至るところに偶像があるのを見て憤慨した。それで、会堂ではユダヤ人や神をあがめる人々と論じ、また、広場では居合わせた人々と毎日論じ合っていた。また、エピクロス派やストア派の幾人かの哲学者もパウロと討論したが、その中には、「このおしゃべりは、何を言いたいのだろうか」と言う者もいれば、「彼は外国の神々の宣伝をする者らしい」と言う者もいた。パウロが、イエスと復活について福音を告げ知らせていたからである。そこで、彼らはパウロをアレオパゴスに連れて行き、こう言った。「あなたが説いているこの新しい教えがどんなものか、知らせてもらえないか。奇妙なことをわたしたちに聞かせているが、それがどんな意味なのか知りたいのだ。」すべてのアテネ人やそこに在留する外国人は、何か新しいことを話したり聞いたりすることだけで、時を過ごしていたのである。

（使徒言行録一七16～21）

　世界の文化人を相手取ってパウロが伝道したのは、この箇所だけです。非常に貴重なところです。ここで問われているのは、「真に新しいものとは何か」という問題です。

〔1〕パウロはアテネで二人を待っている間に（16～17）

ソクラテス、アリストテレス等のすぐれた哲学者を産み出したかつての輝きはすでに失っていましたが、パウロが訪れた時のアテネは依然として学問、芸術、文化、民主主義の中心でした。ベレアから逃れてアテネに来てみると、パウロは、たった一人であることに気がつきました。しかし、仲間がいようといまいと、たとえ一人であったとしても、パウロはキリストを伝えることはやめませんでした。

学問、芸術、文化、そして偶像の町アテネで、パウロはどのように伝道したのでしょうか。アテネには、計画的に来たのではありません。ベレアで迫害されて、安全を確保するために来ました。パウロは、アテネでパウロとシラスの二人を待っている間に、この町の至るところに偶像があるのを見て憤慨しました。憤慨したことがアテネ伝道のきっかけになったとは不思議ですね。学問を誇る、人口五千の町に、迷信を連想させる約三千に及ぶ偶像があふれていたとは、不思議です。日本で、仏像を拝んでいるように、アテネの町では、神々を形ある芸術品として彫刻し、鑑賞して、拝んでいたのです。ユダヤ人のクリスチャンであったパウロの目には、これらは、旧約聖書で厳しく禁じられている偶像礼拝に見えて、憤慨したのです。

憤慨したパウロは、どのようなメッセージをしたのでしょうか。頭からガミガミと非難するようなメッセージをしたのでしょうか。相手は世界最高のインテリです。直接的な方法は使いませんでした。パウロは、学問の都市アテネでは、会堂でも広場でも人々と論じ合う方法を用いました。広場に居合わせた人々と毎日論じ合いました。毎日論じ合うという方法は、アテネが初めてでした。

パウロは、あらかじめ、アテネに行った時に論じ合う方法を使おうと計画していた訳ではないと思います。アテネには、ベレアでの迫害を避けるために、たまたま来たことを考えると、これは、その場で、その場にふさわしい方法を使ったと思われます。パウロは、臨機応変、その場にふさわしい方法を使えるような、しっかりした準備をしておりました。故郷で、時間をかけて、ギリシア文化、ヘレニズム文化を学んでいました。そして、ユダヤ人にはユダヤ人のように、ギリシア人にはギリシア人のようになることが出来ました。エルサレムで、またタルソスで、充分な訓練を受けていたのです。

［2］また、エピクロ派やストア派の幾人かの哲学者も対論したが（18～20）

アテネの人たちは、知的レベルも高く、色々な考えを持っていました。伝道するには最も難しい人たちでした。こういう人たちに、どのような内容のメッセージを語ったのでしょうか。日本にも同じような状況があることを考えますと、この学びは、日本人であるわたしたちには非常に大切なことが分ります。

当時のアテネの町は、美と芸術、学問の花園でした。今朝のテキストを見ますと、パウロと対論した人たちの中には、エピクロス派やストア派の哲学者が幾人かいたと記されています。エピクロス派の哲学者は、人生において最も価値ある生き方は、快楽（幸福）を得ることであると考える人たちでした。彼らはあらゆるものは、死で終結すると考えます。神様は存在しますが、人間の世界から遠いところにあり、人間に全く関心を持ちません。

ストア派の人たちの考えは、エピクロス派の人たちとは正反対でした。一言で言えば、彼らの考えは禁欲的でした。彼らはあらゆるものが神であり（汎神論的）、神は火の様な霊、すべては神の意志なのだから受け入れなければならないと考えます。彼らは、禁欲と共に厳粛さを重んじました。

その中には、「このおしゃべりは何が言いたいのだろうか」と言う者もいれば、「彼らは外国の神々を宣伝する者らしい」と言う者もいたと記されています。イエスの福音を、単的にインテリに語れば、「このおしゃべりは何が言いたいのだろうか」と言われます。また三位一体の神のことを語れば、「彼らは外国の神々を宣伝する者らしい」と言われます。それでも、パウロは、勇気を持って、自ら体験した「イエスと復活について福音を」告げ知らせました。合理的考え方をする彼らには、死よりの復活の福音は全く理解できなかったに違いありません。「イエスの十字架の福音」も、死から甦られた神であるイエスが、十字架上で彼らの罪の身代わりとして死んでくださったという福音も、福音とは聞こえず、愚かな物語と聞こえたに違いありません。

そこで、彼らはパウロをアレオパゴス（写真、アレスの丘――問題を民主的に評議するところ）に連れて行き、こう言いました。「あなたが説いているこの新しい教えがどんなものか、知らせてもらえないか。奇妙なことをわたしたちに聞かせているが、それがどんな意味なのか知りたいのだ」と。パウロが説いている教えは、奇妙なものに彼らには聞こえましたが、民主主義の中心的場所である評議所で（講演会場としても使われた）ゆっくり聞きたいというのです。

〔3〕すべてのアテネの人やそこに在留する外国人は（21）

アテネの人たちはもちろんのこと、そこに在留する外国人も、何か新しいことを話したり聞いたりすることだけで時を過ごしていたというのですから、さすがアテネは開かれた都市でした。彼らは、それだけ暇でもあったということです。暇がなければ文化は育ちません。アテネの町が新しい教えに開かれていたことが、パウロにとって幸いでした。

そこで、パウロは、神論的なメッセージを語ることが出来たのです。その前に、パウロは「イエスと復活についての福音」・キリスト論的メッセージを語りました。今日は、このキリスト論的なパウロの考えの背後にある、ギリシア人の考える時間的新しさ（時間がたってしまえばすぐ古くなってしまう）とは違う、質的な新しさ（時間がたっても決して古くならない永遠の新しいもの）について、Ⅱコリント五17とヨハネ三7より簡単に考察します。

Ⅱコリント五17には次のように記されています。「だから、キリストと結ばれる人はだれでも、新しく創造された者なのです。古いものは過ぎ去り、新しいものが生じた」と。驚くべき宣言です。これは、エピクロス派の快楽的考えよりも、ストア派の禁欲的考えよりも、はるかにすぐれた新しい教えです。イエスを救い主（メシア）と信じ、イエスに結び合わされ続けるならば、上よりの聖霊によって、全く質的に新しい者に造り変えられるのです。そのことを、イエスは、ヨハネ三6～7に、はっきりと具体的に、ユダヤ教の教師・ニコデモに語っています。「肉から生まれたものは肉である。霊から生まれたものは霊である。『あなたがたは新たに生まれねばならない』とあなたに言ったことに、驚いてはならない。」

死より甦り、今も生きて語り続けておられるイエスを、今ここでわたしたちの救い主として信じるなら、わたしたちは新しく造り変えられるのです。アーメン。

神は天地の主

パウロは、アレオパゴスの真ん中に立って言った。「アテネの皆さん、あらゆる点においてあなたがたが信仰のあつい方であることを、わたしは認めます。道を歩きながら、あなたがたが拝むいろいろなものを見ていると、『知られざる神に』と刻まれている祭壇さえ見つけたからです。それで、あなたがたが知らずに拝んでいるもの、それをわたしはお知らせしましょう。世界とその中の万物とを造られた神が、その方です。この神は天地の主ですから、手で造った神殿などにはお住みになりません。また、何か足りないことでもあるかのように、人の手によって仕えてもらう必要もありません。すべての人に命と息と、その他すべてのものを与えてくださるのは、この神だからです。神は、一人の人からすべての民族を造り出して、地上の至るところに住まわせ、季節を決め、彼らの居住地の境界をお決めになりました。これは、人に神を求めさせるためであり、また、彼らが探し求めさえすれば、神を見いだすことができるようにということなのです。実際、神はわたしたち一人一人から遠く離れてはおられません。皆さんのうちのある詩人たちも、

『我らは神の中に生き、動き、存在する』

『我らもその子孫である』と、

言っているとおりです。わたしたちは神の子孫なのですから、神である方を、人間の技や考えで造った金、銀、石などの像と同じものと考えてはなりません。

（使徒言行録一七22〜29）

パウロは世界の学問、芸術の中心地アテネにおいて、実に巧みな語り口で、彼らの神々は偽りの神であり、まことの神は、聖書の語る天地の主なる神・創造の神・歴史を支配する神であるとメッセージを致しました。

［1］パウロは、アレオパゴスの真ん中に立って言った。（22〜23）

今朝のメッセージのテキストは、パウロが哲学者、裁判官、貴婦人たちを前に、かの有名なアレオパゴスの評議所で語った伝道説教です。それは、インテリ異邦人に語られた唯一の伝道説教です。パウロは、相手の哲学を充分くみ取って語るだけではなく、みごとにキリスト教の真理を伝えています。

パウロはアテネの町を歩きながら、『知られざる神に』と刻まれている祭壇を見つけました。それで「あなたがたが知らずに拝んでいるもの、それをわたしはお知らせしましょう」と語りだしました。この語り出しは、ギリシアの昔から、雄弁術の手本とされる公式どおりでした。パウロはアレオパゴスの真ん中に立って、「アテネの皆さん」と呼びかけました。この呼びかけは、文化都市アテネの人たちのプライドを巧みに取り上げています。「あらゆる点においてあなたがたが信仰のあつい方であることを、わたしは認めます」と言って、彼らが非常に宗教的であることを認めました。

「道を歩きながら、あなたがたが拝むいろいろなものを見ていると、『知られざる神に』と刻まれている祭壇さ

え見つけたからです。それで、あなたがたが知らずに拝んでいるもの、それをわたしはお知らせしましょう」(23)とパウロは言いました。「見ていると」、「見つけたからです」と、じーっと注意深く観察する言葉が、ここで二回使われています。このパウロの注意深い観察力によって、三千余りの神々の中から発見された『知られざる神に』を、説教の題材にして、語りだしたのです。これは、聴衆の注意と関心を強く引いたことは言うまでもありません。三千余りの神の像があったにも拘らず、さらに『知られざる神』の祭壇を持っていたということは、アテネの人たちの心の不安と宗教的無知とを表しています。また『知られざる神』のたたりを恐れていたことも示しています。

［2］世界とその中の万物とを造られた神が、その方です。(24〜28)

『知られざる神』をお知らせしましょうと言って、パウロが彼らに紹介した神とは、どのような神であったのでしょうか。その神は「世界とその中の万物とを造られた神が、その方です」と、聖書に啓示された「天地の主」である真の神を紹介いたしました。ここで、パウロはこの聖書の神の三つの特徴を語りました。

万物を造られた創造の神の第一の特徴は、「この神は天地の主」であると主張致しました。日本人のように、アテネの人たちは多くの被造物を神々として拝んでいましたが、それは間違った神々、偶像の神です。聖書の神は、「天と地を造られた天地の主であられます」と初めから堂々と、まことの神を紹介しました。「この神は天地の主ですから、手で造った神殿などにはお住みになりません」(24)と偽りの神々を否定しました。出だしの丁重な語り口とは正反対の語り方です。それでも、始めからキリストの十字架と復活の福音を持ち出さないで、知られざる神の延長線上にある創造の神について語り始めました。まだ相手に対する配慮が感じられます。さらにパウロはこう言いました。「また、何か足りないことでもあるかのように、人の手によって仕えてもらう必要もありません」(25)と。万物を造られた神は、すべてのことに充足しておられ、人の手によって仕えてもらう必要はないのです。

天地の主なる神の第二の特徴は、すべての人に、命と息とその他すべてのものを与えてくださる特徴を持っています。「すべての人に命と息を与えておられる神」とのパウロの主張の中には、聖書の神は（創世記二7）、アテネ人のように、自分たちは知識人で、それ以外は野蛮人であるという風に人間を分けるようなことはなさらないという意味です。しかも、この神様は、知識のある人に多くのものを与え、そうでない人たちにはわずかなものしか与えないというような、えこひいきをする神様ではありません。

　この神の第三の特徴は「歴史を支配する神」です。この歴史の神は一人の人からすべての民族を造り出して、季節を決め、居住地の境界が決められ、それぞれの民族の歴史が展開されてきました。そして、アダムを造られた神が、歴史の主として、民族と時間と居住地の境界を決定し、支配しておられます。

　そのようなことを、神はどのような目的でなされたのでしょうか。それは、人に神を求めさせるためであり、また彼らが探し求めさえすれば神を見出すことが出来るのです。実際、神はわたしたち一人一人から遠く離れてはおりません。皆さんのうちにある詩人たちも（クレテの詩人）『我らは神の中に生き、動き、存在する』『我らもその子孫である』（28）と言っている通りです。パウロは、最後に、創造の神は遠く離れた天からこの地に住むわたしたちを支配しておられるのではなく、クレテの詩人が記しているように、わたしたちは神の中に生き、動き、存在しているのです。わたしたちは、その子孫なのですと言って、パウロはこの神論的メッセージを締めくくりました。

　身近なところにあった『知られざる神』から説き起こし、天地の主である創造の神、人間の生命の神、歴史の神と神論的に大きく論じ、最後にこの世の詩人の詩を引用して、このまことの神、創造の神はわたしたちの身近な神であると言って、この箇所の神論的メッセージを閉じています。

［3］ **わたしたちは神の子孫なのですから** （29）

　この箇所は、全体の結語の部です。神さまを、人間の技や考えで造った金、銀、石などの像と同じものと考えてはなりませんと言って、パウロははっきりと、具体的に、金や銀や石で造った像を拝んではならないことを指摘いたしました。この説教はここで終わりません。この後で、悔い改めを迫り、最後の審判に触れ、その確認として死者の中からの復活を述べました。

　パウロは、アテネの人の深い宗教心に敬意を払い、『知られざる神』と刻まれた祭壇からメッセージを始め、彼らに理解しやすいように、神論的メッセージを展開いたしました。しかし、最後には、堂々とキリスト教独特の審判の日、死者の復活の教えに言及して、アテネの知識人たちに悔い改めを迫りました。哲学者たちは復活のことを聞いて、パウロをあざけりました。しかし、アレオパゴスの議員ディオニシオ、またダマリスという婦人やその他の人々は信仰に入りました。アーメン。

　……主なる神は、土（アダマ）の塵で人（アダム）を形づくり、その鼻に命の息を吹き入れられた。人はこうして生きる者となった。（創世記二7）

今は悔い改めの時

　さて、神はこのような無知な時代を、大目に見てくださいましたが、今はどこにいる人でも皆悔い改めるようにと、命じておられます。それは、先にお選びになった一人の方によって、この世を正しく裁く日をお決めになったからです。神はこの方を死者の中から復活させて、すべての人にそのことの確証をお与えになったのです。」死者の復活ということを聞くと、ある者はあざ笑い、ある者は、「それについては、いずれまた聞かせてもらうことにしよう」と言った。それで、パウロはその場を立ち去った。しかし、彼について行って信仰に入った者も、何人かいた。その中にはアレオパゴスの議員ディオニシオ、またダマリスという婦人やその他の人々もいた。（使徒言行録一七30～34）

　かつての学問の中心地アテネでのパウロの説教は、出だしはとてもソフトのでしたが、結論はとてもハードなものでした。

［1］さて、神はこのような無知な時代を大目に見てくださいましたが（30～31）

今朝のテキストは、当時の世界最高のアテネの知識人に対して、パウロが語った説教の最後の部分です。この説教の出だしは、とてもソフトでしたが、結論は非常にハードです。結論の出だしは「神はこのような無知な時代を、大目に見てくださいましたが、今はどこにいる人でも皆悔い改めるようにと、命じておられます」（30）という厳しい結論でした。その理由として、パウロが挙げた理由は、先にお選びになった一人の方（すなわちイエス）によって、この世を正しく裁く日をお決めになったからということです。そして、その確実な保障は、キリストの死よりの復活であるというのです。これは、アテネの知識人にとっては、目茶苦茶にきつい結論でした。

さて、私の心に、この箇所について二つの問いがあります。一つは、パウロはここで言っている「今は悔い改めの時」の「今」とは、普通の今ではなく、特別な今です。それは、イエスが裁き主となって、どこに住んでいる人でも、世界の学問の中心地に住んでいる知識人でさえも、イエスは最後の審判者として裁かれる「特別な恐るべき裁きの日」という意味です。

第二の問いは、悔い改めるとは何を意味し、またどうしたら悔い改めることが出来るかということです。この「今」は、同時に「悔い改めの時」なのです。悔い改めるということは、それまで罪を犯していた者が、一八〇度回転して神に立ち返ることを意味しています。これは、人間業では絶対にできないものです。終末の時を先取りして、今、創造の神、天地の主なる神、歴史を支配しておられる神の前に立つ時始めて、神の前に自分の本当の罪深い姿が分るのです。その時に初めて、人間は砕かれ、「罪人になるわれを憐れみ給え」と主の前に立つことができるのです。神はその時にイエスの十字架の救いにあづかることが出来、死よりよみがえり、全く新しい人間に造りかえられるのです。

最高のインテリであるパウロも、ダマスコの途上で、復活のイエスと出会い、三日間目が見えなくなりました。そして、復活のイエスを、彼自身の真のメシアとして信じた時に、もう一度目が見えるようにされました。私も二十歳の時に同じような経験をしました。悔い改めて、イエス・キリストを救い主と信じたとき、罪と死と暗黒の中から救い出されました。

　第三の問いは、イエスの復活が、なぜ悔い改めてイエスの救い主として信じ、神に立ち返った者にとって確実な保障になるかという問いです。わたしたちの救いの保障は、救いの体験ではなく、イエスの死よりの復活という歴史的霊的事実です。そのことを信じたその時に、復活のイエスがわたしたちの霊的経験となり、「我キリストと偕《とも》に十字架につけられたり、最早《もはや》われ生くるにあらず、キリスト我《わ》が内に在《あ》りて生《い》くるなり」（ガラテヤ二20）という素晴らしい転機的復活のキリスト経験をするのです。その時に経験された復活のキリストが、わたしたちの確実な終末的の保障となるのです。その経験を、日々聖書を読み、信仰に立って復活のイエスを新たに体験させていただく時が、わたしたちは、イエスが、いつ再臨されても神の国に入ることが出来るとの確実な保障を持つことが出来るのです。

　神の恵みと信仰の関係について一言書いておく必要があります。わたしたちは、信じるなら救われると、あたかも信仰がすべてであるかのように言われてきましたが、そうではありません。信じる前に、神様が、イエスをお選びになって、イエスが十字架においてわたしたちの身代わりとなって死んでくださり、三日目に死から甦られたのです。この神の恵みが先行しておりますので、わたしたちはその神の恵みを信じることが出来るのです。このことを、わたしの恩師、渡辺善太先生は「恩寵先行、信仰後続」と一言で表現されました。これは、神の恵みと人間の信仰の関係を一言でずばりと表現した明言です。

　十字架と復活こそは、キリスト教独自の教えであります。イエスの十字架は、神であり人であられ、神が特別にイスラエルと異邦人、学あるものと学なきもののため、わたしたち罪人が受けなければならない十字架、死の刑罰を、わたしたちに代わって、あの呪いの十字架の刑を受けてくださいました。このイエスの贖いの御業によって、わたしたちは神に呪われることなく、罪の赦しと、神と人の和解を与えられています。この神様の救いの御業をいくら感謝しても、感謝し尽くすことできません。アーメン。ハレルヤ！

［2］死者の復活ということを聞くと（32〜33）

死者の復活という非合理なことをパウロが言った時に、聴衆は三つの反応を示しました。

一つはあざ笑いでした。特に合理的考え方をする哲学者たちは、パウロを時代遅れの人間としてあざ笑いました。

第二の反応は、「それについては、いずれまた聞かせてもらうことにしよう」というものでした。

第三の反応は、パウロのこの偉大な神学的、理論的、信仰的な説教に心打たれて、神の言葉を信じて、悔い改めるという素晴らしいものでした。そこでパウロはその場を立ち去りました。

［3］しかし、彼について行って信仰に入る者がいた。（34）

パウロは、何とかしてアテネの知識人たちを真の悔い改め、救いに導こうとして、アテネの文化を踏まえた大説教を致しました。それは、比較的長い神学的、学問的かつ具体的な説教でした。アレオパゴス評議所での新しい説教に、人々は興味を示しました。パウロのアテネでの伝道は失敗だったのでしょうか。それとも成功したのでしょうか。

大部分のアテネの知識人たちは、非合理的な復活にパウロが触れた時にあざ笑いました。悔い改めて福音を信じようとはしませんでしたので、失敗であったといえるでしょう。事実、パウロは失望してアテネを去り、次の伝道地コリントに行きました。しかし、アレオパゴスの評議員ディオニシオと、ダマリスという婦人や、その他の人々がパウロについて行って信仰に入ったというのですから、その数は少なくても成功であったということも出来たと思います。特にディオニシオはアレオパゴスの評議員ですから、相当の知性と能力を持っている有力者です。この人物は後にアテネ教会の有力な代表となって活躍いたしました。救われたものの中には婦人も入っておりました。その他色々な方々がはいっておりましたので、成功したというべきであると思います。

後ほど、アテネでの伝道を振り返って、パウロはⅠコリント一20～23において次のように記しております。「知恵のある人はどこにいる。学者はどこにいる。この世の論客はどこにいる。神は世の知恵を愚かなものにされたではないか。世は自分の知恵で神を知ることができませんでした。それは神の知恵にかなっています。そこで神は、宣教という愚かな手段によって信じる者を救おうと、お考えになったのです。ユダヤ人はしるしを求め、ギリシア人は知恵を探しますが、わたしたちは、十字架につけられたキリストを宣べ伝えています。」

アテネで、パウロはソフトに始めて、ハードに説教を終わりました。最後はあざけられても、キリストの福音の中心である十字架、復活を強い終末的な意識を持って語りました。アーメン

人との出会い

その後、パウロはアテネを去ってコリントへ行った。ここで、ポントス州出身のアキラというユダヤ人とその妻プリスキラに出会った。クラウディウス帝が全ユダヤ人をローマから退去させるようにと命令したので、最近イタリアから来たのである。パウロはこの二人を訪ね、職業が同じであったので、彼らの家に住み込んで、一緒に仕事をした。その職業はテント造りであった。パウロは安息日ごとに会堂で論じ、ユダヤ人やギリシア人の説得に努めていた。（使徒言行録一八1～4）

人との出会いがわたしたちの生き方を変えます。パウロは学問の中心地アテネからコリントにやって来ました。

〔1〕その後、パウロはアテネを去ってコリントへ行った。（1〜2）

わたしたちの人生は、誰と出会い、誰と一緒に働くかによって大きく変わります。パウロはアテネでの知識人に対する伝道がうまくいかず、がっかりして、アテネとは全く違う商工業都市コリントに来ました。ここでユダヤ人アキラとプリスキラに出会い、彼の人生は変わりました。コリントはアテネの西約七十キロにある港町でした。小アジアの諸要港とイタリアを結ぶ地形に位置していて、旅行者の往来も激しく、国際的な色彩が濃く、遊蕩気分がみなぎっていました。「コリント風に振舞う」というのは不品行を意味しました。

戦略的に見て、パウロはこの活気あふれる町コリントを、この地域全体の伝道拠点と考えていました。パウロの回心後二十年たって、宣教の先端がギリシアの主要都市コリントにまで達しようとしていたことは驚くべきことでした。ここでポントス州（小アジアのガラテヤ州北方）出身のユダヤ人アキラとその妻プリスキラに出会いました。丁度よい時に、丁度よい人たちに出会いました。人生は出会いで決まるといいます。これでパウロのコリントでの生き方、伝道の仕方が決まりました。後程、この二人について、パウロはローマの教会に「キリスト・イエスに結ばれてわたしの協力者となっている、プリスカとアキラによろしく。命がけでわたしの命を守ってくれたこの人たちに、わたしだけでなく、異邦人のすべての教会が感謝しています」（ローマ一六3〜4）と記しています。

〔2〕職業が同じであったので（3）

職業が同じであったので、パウロは、彼らの家に住み込んで一緒にテント作りの仕事をしました。パウロも、かつてはユダヤ教のラビ（聖書の教師）でしたので、天幕作りをして生活をし、聖書を無料で教えていました。この天幕作りが、コリントでの伝道に非常に役立ちました。アキラとプリスキラは、以前ローマに住んでいました。彼らは、アジアのポントス州の出身者ですが、ローマに来て伝道していたクリスチャンに出会い、その人たちの祈りと伝道によって、復活のイエスに出会い、クリスチャンになっていたのでしょう。ところが、ローマ在住のキリスト教徒とユダヤ教徒たちとが、よく衝突して騒ぎを起こしましたので、紀元四九年クラウディウス帝が、ローマ在住の全ユダヤ人をローマから退去させる命令を出しました。そこでやむを得ず、この二人は、コリントに移り住んで天幕作りをしていたのでした。

人生何が幸いするかわかりません。パウロは、コリントにやってきた時は、衰弱して、恐れに取り付かれ、不安でした。（Ⅰコリント二3）アテネで知識人の求めに応じて「知られざる神に」と題した考え抜かれたメッセージをし、広場で彼らと毎日論じたのでしたが、あざけられ、イエスの福音を信じる者は、知識人の中には一人もおりませんでした。この挫折の経験が、よほどパウロにはこたえたのでしょう。それと、風紀の乱れた大都市コリントを前にして、弱さを感じ、恐れに取り付かれ、ひどく不安であったのでしょう。こういうパウロの弱い姿に接して、パウロもわたしたち同じ人間であることを知り、親しみを感じます。同業者アキラとプリスキラに出会って、彼らの家に住むことができた時には、ホッとしたのではないでしょうか。コリント伝道に関しては先輩、伝道者としては仲間である彼らに、非常に励まされたと思います。パウロは、コリントでは、天幕作りをして、経済的に自立でました。信仰を持ったばかりの人たちに、経済的負担をかけず、外部からの経済的援助に依存しないで伝道できるようになりました。

このことに関してパウロはⅠコリント九11〜12に次のように論じています。「わたしたちがあなたがたに霊的なものを蒔いたのなら、あなたがたから肉のものを刈り取ることは、行き過ぎでしょうか。他の人たちが、あなたがたに対するこの権利を持っているとすれば、わたしたちはなおさらそうではありませんか」と。パウロは当然の権利を用いないで、少しでも、キリストの福音の妨げにならないように、すべてを耐え忍びました。福音を告げ知らせるのは、生活の糧を得るためではなく、そうせずにはいられないからですとも述べています。パウロは、このような考えと気迫をもってコリント伝道をしようとしていたのです。

それまでは、一箇所での伝道期間は短いものでした。

コリントでは一年六か月（使徒一八11）の間とどまって伝道しました。これは大きな変化です。腰を落ち着けて、時間をかけて、信徒の人々がかかえる問題と向かい、取り組んで、生活に根ざす伝道を、ここから始めようとしていたことを物語っています。必要に迫られてこのように伝道、牧会の仕方を、パウロは変えようとしていました。場所と人との出会いによって、どのような伝道でも出来るように、パウロは、長い時間をかけて自己訓練をしていたのです。

［3］**パウロは安息日ごとに会堂で論じ**（4）

毎日天幕作りをしながら、生活をもって、キリストの福音を証しし、安息日（土曜日）毎に、ユダヤ教の会堂で論じ合い、ユダヤ人やギリシア人の説得に努めました。安息日に伝道することは、パウロにとって、真の安息でした。どんなに困難であっても、否、困難であればあるほど、伝道に対する情熱が沸き起こり、伝道することによって安息を得たと思います。

私は十八歳の時に川崎で一人の若い宣教師に出会いました。その宣教師との出会いが私の人生を全く変えてしまいました。二十歳の時に、その宣教師の祈りと導きによって救いに導かれ、洗礼を受けました。ちょうどその頃、通訳をしておられた方が辞めましたので、私にアルバイトとして通訳をするようにと言われました。私は信仰に入ったばかりで、聖書もよく分からなかったのですが、生活にも困っていましたので、その難役を引き受けました。大学を卒業するまで、宣教師の通訳のご奉仕ができたことは、私にとっても大きな祝福となりました。大学卒業と同時に献身して、神学校に入りました。そして、今日、伝道者としての私があります。人との出会いが、わたしたちの人生を、生き方を、伝道の仕方を変えるのです。アーメン。

恐れるな。語り続けよ

シラスとテモテがマケドニア州からやって来ると、パウロは御言葉を語ることに専念し、ユダヤ人に対してメシアはイエスであると力強く証しした。しかし、彼らが反抗し、口汚くののしったので、パウロは服の塵を振り払って言った。「あなたたちの血は、あなたたちの頭に降りかかれ。わたしには責任がない。今後、わたしは異邦人の方へ行く。」パウロはそこを去り、神をあがめるティティオ・ユストという人の家に移った。彼の家は会堂の隣にあった。会堂長のクリスポは、一家をあげて主を信じるようになった。また、コリントの多くの人々も、パウロの言葉を聞いて信じ、洗礼を受けた。ある夜のこと、主は幻の中でパウロにこう言われた。「恐れるな。語り続けよ。黙っているな。わたしがあなたと共にいる。だから、あなたを襲って危害を加える者はない。この町には、わたしの民が大勢いるからだ。」パウロは一年六か月の間ここにとどまって、人々に神の言葉を教えた。（使徒言行録一八5～11）

　復活の主イエスは、コリントで伝道しているパウロに、なぜ「恐れるな。語り続けよ」と言われたのでしょうか。パウロともあろう人が、多くの人々が救われる時に何を恐れたのでしょうか。

［1］シラスとテモテがマケドニア州からやって来ると、パウロは御言葉を語ることに専念し、ユダヤ人に対してメシアはイエスであると力強く証しした。（5～6）

　パウロは、ユダヤ教の人たちの激しい迫害を恐れました。コリントの人たちが多く救われれば救われるほど、ユダヤ教の人たちの迫害は、強くなっていきました。これから、コリントの教会はどうなるのだろうかなどと考えると、彼の心は不安でいっぱいになりました。パウロは、学問の地アテネから、商業の都市コリントにやってきました。そこで、天幕作りを職業とするアキラとプリスキラに出会いました。パウロは、彼らの家に住み込んで、働きながら伝道を始めました。マケドニア州にあるベレア教会やテサロニケ教会からの贈り物（献金）を持って、シラスとテモテが、マケドニア州からやってきました。そこでパウロは天幕作りの仕事をやめて、御言葉を語ることに専念しました。

　ユダヤ人に対して、メシアはイエスであると、力強く証しました。ユダヤ人は旧約聖書に親しんでおりましたので、単刀直入に、旧約聖書に預言されているメシアはイエスであると、パウロは力強く、確信を持って語りました。しかし、彼らが反抗し、口汚くののしったので、パウロは服の塵を振り払って言いました。「あなたたちの血は、あなたたちの頭に降りかかれ。私には責任がない。今後、わたしは異邦人の方へ行く」と。このパウロの言葉は、ローマ人への手紙九3で「わたし自身、兄弟たち、つまり肉による同胞のためならば、キリストから離され、神から見捨てられた者となってもよいとさえ思っています」と記していることと矛盾しないでしょうか。こんなに簡単に、ユダヤ人伝道をあきらめて、異邦人伝道の方に行ってしまってよいのでしょうか。

この疑問に対して、イエスはマタイ一〇14において、こう述べておられます。「あなたがたを迎え入れもせず、あなたがたの言葉に耳を傾けようともしない者がいたら、その家や町を出て行くとき、足の埃を払い落としなさい」と。福音を拒絶する人に、無理やり福音を伝え続けることは、逆効果になります。彼らは益々かたくなになり、パウロを迫害するでしょう。まず愛する同胞ユダヤ人に福音を伝えて拒絶されたのですから、イエスが教えられたように、心を開いている異邦人の方に行って、福音を伝える方が賢明ではないでしょうか。

［2］パウロはそこを去り、神をあがめるティティオ・ユストという人の家に移った。（7～8）

パウロはそこを去り、神を崇めるティティオ・ユストという人の家に移りました。「神をあがめる」とありますので、ユストという人は神をあがめる異邦人で、それまではユダヤ教の会堂で礼拝を守っていた人物で、すでにクリスチャンに回心していた人ではないかと思われます。そこで、パウロは、伝道の拠点をユストの家に移しました。彼の住居は、アキラ夫妻のところにおきながら、こうしたのではないかと思います。ユストの家は、ユダヤ教の会堂の隣にありました。

そのことが幸いしたのでしょう。ユダヤ教の会堂長・クリスポは一家をあげて主を信じるようになりました。これは、パウロにとっては大きな祝福であり、成果でありました。ユダヤ教の人たちにとっては、大きな打撃でありました。このため、ますます、ユダヤ人の反抗・迫害は激しくなることは、火を見るよりも明らかです。パウロはこのことを恐れておりました。

コリントの多くの人々も、パウロの言葉を聞いて信じ、洗礼を受けました。このように見てまいりますと、パウロが思い切ってユダヤ人伝道に見切りをつけて、異邦人伝道に向かった判断は正しかったといわざるを得ません。コリントの多くの人々も、パウロの言葉を聞いて信じ、洗礼を受けました。受洗準備もせずに、こんなに早く異邦人に洗礼を施してよいのかという疑問も感じます。恐らく、この洗礼を受けた人たちは、ユダヤ教の会堂の礼拝に安息日ごとに出席して旧約聖書になじみ、いわゆる神を恐れる異邦人たちであったと想像されます。また、反対と迫害の中でのパウロの伝道、会堂長とその家族の入信という特別に聖霊の顕著な働きの中での多くの人々の回心でした。明確な信仰告白に基づいた回心であり、受洗であったことが推察できます。一方、冷静になった時に、気弱になってプレッシャーになるかと、パウロは恐れたのかもしれません。

［3］ある夜のこと、主は幻の中でパウロにこう言われた。（9〜10）

このような恐れの中にあった時、ある夜、復活の主は幻の中で、パウロに語られました。「恐れるな。語り続けよ。黙っているな。わたしがあなたと共にいる。だから、あなたを襲って危害を加える者はない。この町には、わたしの民が大勢いるからだ」（9〜10）と。恐れの中にあったパウロにとって、最も必要な、力強い励ましの御言葉が聞こえてきました。ヨーロッパ伝道も、幻による導きによって、パウロは明確な決心へと導かれました。コリント伝道の初期の、この重要な時に、幻による主イエスと聖霊の導きは、決定的に重要でした。これが、パウロがコリントで一年六か月の長期にわたって伝道した最大の動機であり、原因となりました。

「恐れるな」という語りかけは旧約聖書の中で、何度も繰り返し語られています。人間とは恐れる存在であるかということをこれは物語っています。「語り続けよ」「黙っているな」恐れが取り除かれて、初めて福音の言葉、神の言葉、十字架と復活の言葉を語り続けることが出来ます。御言葉を語れば語るほど、このような状況の中では、反抗・迫害が激しくなり、黙ってしまう誘惑にかられます。黙すべき時もありますが、この時は、迫害を恐れずに語り続ける時であります。そうすることが、誕生した教会が成長し、敵から自らを守る最善の道となるのです。

その最大の保障は、死を打ち破ってよみがえり、生きてパウロと共におられる復活のイエスの臨在の約束であります。これ以上の保障は他にありません。「だから、あなたを襲って危害を加える者はない。この町には、わたしの民が大勢いるからだ」と、復活の主は語られました。多勢に無勢。少数のクリスチャンたちの小さな群れは、多くの敵対するユダヤ人にはかなわないと思って、気弱になって恐れおののいたパウロにとって、この主の励ましと約束の言葉は、どんなに力強く聞こえたことでしょう。だから、パウロは、一年六か月もの長期にわたって、コリントの六十万の人口を有する都市、悪の力が強く働く商工業都市で、伝道し、大きな教会を建てあげることが出来たのです。引退まであと一年余りとなった筆者の心にも色々な恐れがあります。このパウロに語られた復活の主の御言葉を信じ、最善を尽くして、伝道と教会形成に生命をかけて力を尽くして戦って参ります。

お祈りください。アーメン。

神の見えない支配

ガリオンがアカイア州の地方総督であったときのことである。ユダヤ人たちが一団となってパウロを襲い、法廷に引き立てて行って、「この男は、律法に違反するようなしかたで神をあがめるようにと、人々を唆しております」と言った。パウロが話し始めようとしたとき、ガリオンはユダヤ人に向かって言った。「ユダヤ人諸君、これが不正な行為とか悪質な犯罪とかであるならば、当然諸君の訴えを受理するが、問題が教えとか名称とか諸君の律法に関するものならば、自分たちで解決するがよい。わたしは、そんな

ことの審判者になるつもりはない。」そして、彼らを法廷から追い出した。すると、群衆は会堂長のソステネを捕まえて、法廷の前で殴りつけた。しかし、ガリオンはそれに全く心を留めなかった。（使徒言行録一八12～17）

今朝のメッセージのテキストを一読しただけでは何を言おうとしているのか、よくわかりません。前のテキストとの関係を考えたり、注釈書を読んだり、考えたりしてわかったことは、「神の見えない支配は、ローマ法を通して実現される」ということでした。

［1］ガリオンがアカイア州の地方総督であったときのことである。（12～13）

最近の世界の金融情勢を、新聞やテレビを見ていますと、資本主義の弱点がもろに出て来ているように感じます。弱肉強食の色彩がますます強まっていく感じがしてなりません。人間の極端な自由、欲望を、ローマ法のような世界的、普遍的法律で規制することは出来ないのでしょうか。

哲学者セネカ（写真 ルキウス・アンナエウス・セネカ Lucius Annaeus Seneca, BC1?～AD65）の兄であるガリオンが、アカイア州コリントの地方総督であった時のことでした。パウロが当時（紀元五一年）伝道していたコリントの地で、ユダヤ教の指導者たちが一団となってパウロを襲い、法廷に引き立てて行って、「この男は、律法に違反するようなしかたで神を崇めるようにと、人々を唆しております」と、地方総督ガリオンに訴え出ました。これは、それまでも、テサロニケやベレアで使った彼らの常套手段でした。パウロが、ユダヤ教の律法に違反する形で人々に礼拝をすすめていると言って、騒動を起こしました。この騒動が政治的、社会的騒動とみなされて、パウロがローマ法に反する者として牢獄にぶち込まれることを期待していました。こうして、彼がイエス・キリストの福音を、伝道出来ないようにする魂胆でした。ところが彼らの陰謀は失敗しました。

［2］パウロは話し始めようとしたとき、ガリオンはユダヤ人に向かって言った。（14～16）

彼らの陰謀が失敗した理由の一つは、この前のところで、復活の主が幻の中に現れて、「恐れるな。語り続けよ。黙っているな。わたしがあなたと共にいる。だから、あなたを襲って危害を加える者はない。この町には、わたしの民が大勢いるからだ」（一八9～10）と預言し約束されたからです。

もう一つの理由は、ローマ法を通して、神の見えない歴史支配がなされていたからです。ガリオンはユダヤ人に向かってこう言いました。「ユダヤ人諸君、これが不正な行為とか悪質な犯罪とかであるならば、当然諸君の訴えを受理するが、問題が教えとか名称とか、諸君の律法に関するものならば、自分たちで解決するがよい。私は、そんなことの審判者になるつもりはない」と。さすが、ローマ直属のアカイア州地方総督ガリオンでした。徹頭徹尾、ローマ法を中心とした考え方です。

どこに、ガリオンのすぐれた法律の解釈を見ることが出来るでしょうか。

一つは、ガリオンが今回の問題を、ユダヤ人の律法とか教理、キリストの名（イエスこそメシアであるという名称）の問題として、ユダヤ人の提訴を取り上げなかったことです。当時のローマ帝国は、さまざまな人種、民族から成っていました。ですから、ローマ帝国は、それぞれの文化、宗教を認めていました。ユダヤ教も公認の宗教として認められていました。しかし、一民族の法律、教理、名称を普遍的なものとして認めるわけにはいきませんでした。ですから今回の問題はユダヤ教の問題ですから、自分たちで解決するようにとガリオンは言ったのです。ローマ法の立場から言えば、明快な論理です。

第二に、これまで、キリスト教が、公認の宗教であるユダヤ教の陰に隠れていましたが、ユダヤ教と同等にローマ帝国の公認の宗教として認められた判例となりました。このため、キリスト教の伝道はしやすくなり、ネロ皇帝の迫害までの十二年間、キリスト教はローマ帝国全体に浸透していきました。そこに神の見えない支配、導きを見ることが出来ます。

その三は、ガリオンの主張の中には、明らかに「政教分離」の原則を見ることが出来ます。今から約二千年前に、すでに近代法の原則である「政治と宗教を分離する」ことを、彼が主張したことは驚きです。

ガリオンは彼らを法廷から追い出してしまいました。これは思わぬ展開です。使徒言行録の著者は、この箇所を重要な出来事として書き記したと推察できます。かくして、パウロはユダヤ人たちの危害から逃れることが出来、長期間にわたってコリントで伝道することが出来ました。ガリオンがアカイア州の地方総督であった期間は、わずか二年であったことを考えると、ここに、ローマ法を通して、神と復活のイエスと、聖霊のくすしき導きと支配があったことを認めざるをえません。結果的に、キリスト教はユダヤ教からは独立した世界宗教として発展、展開していくことになりました。

［3］すると、群衆は会堂長のソステネを捕まえて、法廷の前で殴りつけた。（17）

ここでいう群衆は、ユダヤ教の指導者たちとその関係者たち、さらに野次馬をも指しているのでしょう。自分たちの訴えが退けられた腹いせに、回心したもう一人の会堂長を殴りつけました。その先頭に立ったのはいうまでもなく、ユダヤ教の指導者たちだったでしょう。いかにも彼らの悔しさが出ています。しかし、ガリオンはそれに全く心を留めませんでした。ここに法の番人としてのガリオンの姿がよく描かれています。ガリオンは、冷たいと言われるほどにローマ法に忠実でありました。相手が興奮している時に、余計なことを言ったり、やったりすると何が起こるか分かりません。ここは冷たいといわれようとも、法とローマの軍隊が地方総督を守ります。

パウロは、この時、どんな心境だったでしょうか。復活の主の御言葉と約束は真実であると心の底から納得して、励まされ、感謝したことでしょう。彼の恐れは取り去られ、歓喜し、同時に、イエス・キリストの福音を語り続ける情熱と勇気が与えられたでしょう。またすぐれた神学者であるパウロは、見えない神の摂理と支配に感動したことでしょう。また、メシアであるイエスを信じて迫害された会堂長の信仰と忍耐に励まされたこと

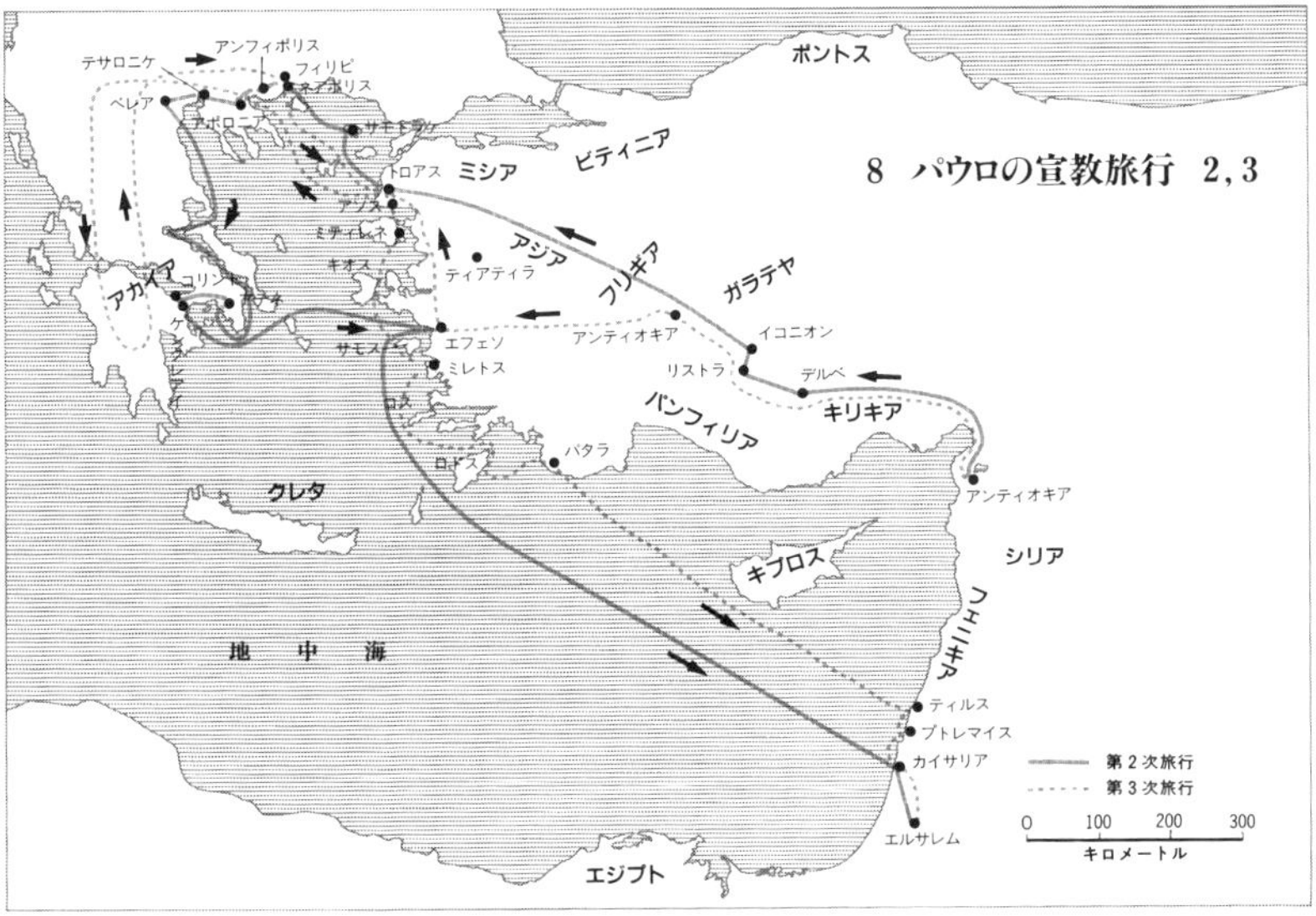

「第3回パウロの伝道旅行」18・23〜21・14

でしょう。

自分の持つローマ市民権を持ち出さなくても、ローマ法に守られたこと、ローマ法に忠実であろうとしたガリオンが適切に処理したことに、神の聖名を崇めたことでしょう。シラスとテモテが一部始終を見ていましたから、彼らにとってかけがえのない訓練の時であったと思います。わたしたちも、神様が法律を通して働かれ、歴史を支配しておられることを固く信じようではありませんか。アーメン。

すべての弟子たちを力づけた

パウロは、なおしばらくの間ここに滞在したが、やがて兄弟たちに別れを告げて、船でシリア州へ旅立った。プリスキラとアキラも同行した。パウロは誓願を立てていたので、ケンクレアイで髪を切った。一行がエフェソに到着したとき、パウロは二人をそこに残して自分だけ会堂に入

り、ユダヤ人と論じ合った。人々はもうしばらく滞在するように願ったが、パウロはそれを断り、「神の御心ならば、また戻って来ます」と言って別れを告げ、エフェソから船出した。カイサリアに到着して、教会に挨拶をするためにエルサレムへ上り、アンティオキアに下った。パウロはしばらくここで過ごした後、また旅に出て、ガラテヤやフリギアの地方を次々に巡回し、すべての弟子たちを力づけた。（使徒言行録一八18〜23）

日本も世界も金融不安で落ち込んでいます。この不安な時代を生き抜くには、どうすればよいのでしょうか。

［1］**パウロは、なおしばらくの間ここに滞在したが、やがて兄弟たちに別れを告げて、船でシリア州へ旅立った。**（18）

今朝のメッセージのテキストは、パウロの第二回伝道旅行の終わりと第三回伝道旅行の始まりが記されている重要な箇所です。パウロが生命がけで世界伝道をした大きな目的の一つは、キリストの体である教会に属するすべてのキリストの弟子たちを力づけるためでした。彼らがキリストにあって一つとなり、平和と和解と赦しの福音を世界中の人々に伝えるためでありました。

コリントでのユダヤ人たちの反対も、地方総督ガリオンが、ローマ法に則って適切に処理したことによって解決しました。パウロは、なおしばらく滞在しました。コリントの教会をシラスとテモテにまかせて、自分はエフェソを経て、エルサレムやアンティオキアの教会に行こうとして、計画を練っていたのではないかと思われます。やがてパウロは、兄弟たちに別れを告げて、船でシリア州（エルサレム、カイサリア、アンティオキア地方を当時シリア州と言っておりました）へ旅立ちました。プリスキラとアキラも同行しました。

パウロは誓願を立てていたので、ケンクレアイで髪を切りました。この誓願は民数記六2〜20に記されているナジル人の誓願を指しているものと思われます。ナジル人とは「聖別された請願者」という意味です。民数記の時代には、主に献身しているナジル人は、ぶどう酒、濃い酒、ぶどう液は一切禁じられています。また主に献身している期間が満ちる日まで、その人は聖なる者であり、髪は切ることはできません。髪は、神の霊の力が注がれる霊の力の源と考えられていました。請願の期間が過ぎると、献身のしるしである髪をそり落とし、その髪を奉納物として祭司に差し出して、その請願から解かれます。再び、ぶどう酒を飲むことが出来ます。これはユダヤ教の規定です。かつてユダヤ教徒であったパウロは、コリントで恐れを感じ、堕落したコリントの町で、神に献身した者として、ナジル人の誓願をたてていたのでしょう。パウロはクリスチャンでしたので、ユダヤ教の儀式に文字通り従おうとしたのではなく、誓願の根本精神に従ったものと思われます。ケンクレアイとはコリントの東の方にある港町で、パウロはそこからエフェソに行く船出しようとしていました。

［2］一行がエフェソに到着したとき、パウロは二人をそこに残して自分だけ会堂に入り、ユダヤ人と論じ合った。（19〜20）

エフェソはアジヤ州の最大の港を持つ商業都市でした。また世界七不思議といわれるアルテミスの神殿（紀元前五五〇年ごろにアケメネス朝ペルシア統治下のエフェソに完成した、アルテミスを奉った神殿）がある偶像の町、風俗の悪い快楽の町でした。漁師出身の使徒が多い中で、パウロは大都市タルソの出身でしたので、都市伝道を得意としました。伝道の戦略の視点からも、意味がありました。大都市で伝道しますと、都市の住民、滞在者、旅人が救われ、その人々が、近隣の町々、村々に行って伝道し、教会を建設することになって、福音は急速に周辺の地域へと浸透していきます。

　パウロは第二回伝道旅行の時、ヨーロッパ伝道に導かれるまでは、エフェソで伝道するつもりでした。ところが御霊に禁じられ、幻のなかで、マケドニア人が「わたしたちを助けてください」（一六9）という叫びを聞きました。これらを踏まえ、最後に総合判断して、エフェソには行かずヨーロッパに向かいました。こうしたいきさつがありましたので、パウロはエフェソで、今度は腰を落ち着けて伝道するのかと思われました。エフェソでの伝道が祝され、なお滞在するようには請われましたが、それを断ってシリア州へと旅立ちました。

一行がエフェソに到着した時、パウロは、二人をそこに残して、自分だけで会堂に入り、ユダヤ人と論じ合いました。なぜパウロは二人をそこに残して、自分だけが会堂に入って伝道したのでしょうか。恐らく、二人がローマから追放されたユダヤ人だったので、何かトラブルが起きることを心配したのでしょう。あるいは、今回はエフェソに長居出来ないので、パウロだけが会堂に入って、人々の反応を見ようとしたのでしょうか。会堂ではまずメッセージをしてから論じますが、ここでは、ただ「論じ合った」と記されています。パウロとユダヤ人の間に、激しいやり取りがあったに違いありません。にもかかわらず、パウロは彼らに歓迎され、福音を信じる者も起こされたのではないでしょうか。かれらはパウロに滞在してほしいと頼みました。しかし、パウロは、エフェソの教会をプリスキラとアキラに託して、シリア州に出発しました。滞在するように頼まれれば、心が動くかもしれませんが、パウロはこれをきっぱり断わり、「神の御心ならば、また戻って来ます」（21）と別れを告げて船出しました。パウロの行動の規範は「神の御心」です。この時のパウロに対する神の御心とは、何であったのでしょうか。一時エフェソを去ってシリア州にあるカイサリア教会、エルサレム教会、アンティオキア教会を訪ねて、第二回伝道旅行の報告をし、感謝し、特にエルサレムの貧しい人たちのために献げられた異邦人教会の献金を届けることでした。エフェソでの伝道は、その後で腰を落ち着けてしようとパウロは考えていたのでしょう。

［3］パウロはしばらくここで過ごした後（23）

パウロの第二回伝道旅行のために祈ってくださった諸教会の方々に挨拶し、報告し、感謝を表わしました。また、すべてのキリストの弟子たちを力づけました。パウロは弟子たちを力づけることを、とても重要視しております。ここにパウロの礼儀正しさ、義理堅さ、何よりもキリストにある深い愛を感じます。しばらくアンティオキア教会に滞在し、第三回世界伝道旅行にパウロは出かけます。「ガラテヤやフリギアの地方を次々に巡回し、すべての弟子たちを力づけた」（23）のです。「力づけた」というギリシア語には、「励ます」「信仰を固くする」「強める」という意味があります。私は、牧師の働きが出来ることを感謝して、毎朝散歩するついでにゴミ拾いをしています。すると「ご苦労様」と言って、感謝の意を表わしてくださる方がおられます。小さな一言ですが、いつも大きな励ましを受け、強められます。皆さん、救いの恵みに感謝して、イエスの弟子たち（クリスチャンたち）、周りの人たちを励まし、愛を注いで参りましょう。そうすれば、自分も、まわりの人たちも、力づけられ、元気が出てきます。アーメン。

メシアはイエスである

さて、アレクサンドリア生まれのユダヤ人で、聖書に詳しいアポロという雄弁家が、エフェソに来た。彼は主の道を受け入れており、イエスのことについて熱心に語り、正確に教えていたが、ヨハネの洗礼しか知らなかった。このアポロが会堂で大胆に教え始めた。これを聞いたプリスキラとアキラは、彼を招いて、もっと正確に神の道を説明した。それから、アポロがアカイア州に渡ることを望んでいたので、兄弟たちはアポロを励まし、かの地の弟子たちに彼を歓迎してくれるようにと手紙を書いた。アポロはそこへ着くと、既に恵みによって信じていた人々を大いに助けた。彼が聖書に基づいて、メシアはイエスであると公然と立証し、激しい語調でユダヤ人たちを説き伏せたからである。（使徒言行録一八24～28）

「メシアはイエスである」という正しい信仰告白に、アポロを導いたプリスキラとアキラの愛のとりなし、これは神の御心に従う一つの有力な実例でした。

［1］**アレクサンドリア生まれのユダヤ人で、聖書に詳しいアポロという雄弁家が、エフェソに来た。**（24～25）

今朝のテキストの中心的メッセージは何か。小さなメッセージはいくつかあるのですが、私の心をとらえるような大きなポイントが見えて来ないのです。こういう時

にこそ祈ろうと思い、祈り瞑想しているうち、見えてきました。パウロは、「神の御心ならば、戻って来ます」（一八21）と言って、エフェソからカイサリアに向かって船出して、エルサレム、アンティオキアの教会を訪れて、またエフェソに戻って来ようとしています。この文脈で読みますと、見えて来ます。アポロにたいして、プリスキラとアキラがしたことは、神の御心を実行した実例です。これは重要なメッセージです。現代に生きるわたしたちにとっても、実に大切なメッセージであることを覚えながら、御言葉に聴きましょう。

　アレクサンドリア生まれのユダヤ人で聖書に詳しいアポロという雄弁家が、エフェソにやって来ました。どうして彼がエフェソにやって来たかは、ここには何も記されておりません。記されているのは、「彼は主の道を受け入れており、イエスのことについて熱心に語り、正確に教えていた」（25）ということです。「主の道を受け入れており」は、主イエスの新しい生きる道を受け入れていた。すなわち「イエスこそメシアである」という使徒たちの主張を受け入れ、信じていたことを意味するのでしょう。しかも、彼はイエスのことについては熱心に語り、正確に教えていたと書かれています。アポロが熱心に、正確に教えていたイエスは、どうもガリラヤのイエスのこと、バプテスマのヨハネが語っていたガリラヤのイエスのことであって、エルサレムで十字架にかかられ、三日目に復活し、昇天されたイエスではないようです。その証拠に、アポロは「ヨハネの洗礼しか知らなかった」（25）と記されています。

　「ヨハネの洗礼」とは「悔い改めのバプテスマ」と呼ばれているものです。（マタイ三11～12）ユダヤ全国から人々がヨルダン川に来て、ヨハネの裁きのメッセージ聞いて、具体的な道徳的・倫理的罪を悔い改めました。アポロの信仰は、ヨハネ的、また旧約の律法的色彩の強いものでした。したがって、アポロは、イエスの昇天後エルサレムで起こった聖霊降臨のことも、教会誕生のことも知らなかったことになります。

当時、アレクサンドリアには約三百万人のディアスポラの（散らされた）ユダヤ人たちが住んでいたことが知られています。その中の若いユダヤ人たちのなかには、母国語であるヘブライ語を読めない者たちが多くおりました。彼らは、七十人のユダヤ教の学者たちが訳したギリシア語の七十訳聖書（LXX）を読んでいました。アポロが読んでいた旧約聖書はこの七十訳聖書であったに違いありません。アポロの時代には、フィロン（写真・Philon Alexandrinus, BC20/30?～AD40/45? ローマ帝国ユリウス・クラウディウス朝時期にアレクサンドリアで活躍したユダヤ人哲学者）という偉大な哲学者、聖書学者が生きておりました。フィロンは聖書の比喩的解釈を専門とする代表的学者でした。アポロはフィロンの影響を受けて、このアレクサンドリアの比喩的解釈すなわち主観的、霊的、信仰的解釈の流れに生きていたと考えられます。一方、シリアのアンティオキアでは、字義的、文法的解釈すなわち客観的聖書解釈が主流でした。

［2］このアポロが、会堂で大胆に教え始めた。（26～27）

このアポロが大胆に教え始めたことを聞いて、プリスキラとアキラはアポロを招いて、「もっと正確に神の道を説明し」（26）ました。大変なことがここでさらっと書かれています。プリスキラとアキラは、アポロのメッセージを聞いて、そのメッセージにはエフェソ教会を根底から崩壊させてしまう危険性を持っていることを感じとりました。しかし、そのことを聴衆の前で注意したり、忠告したりはしませんでした。それは、アポロのプライドを傷つけるだけではなく、大変な混乱が生じる恐れのあることを読み取りました。二人は個人的にアポロを自宅に招き、もっと正確に神の道を説明しました。

さらに驚かされることには、アポロがアカイア州（コリント方面）に渡ることを望んでいたので、兄弟たちが、アポロを励まし、かの地の弟子たちに彼を歓迎してくれるようにと手紙を書きました。プリスキラたちは、アポロに頼まれるままに、相手の立場に立って、アカイア州の教会の方々が彼を歓迎してくれるようにと手紙を書いて頼みました。プリスキラたちは、愛を持ってキリストの代理者として、自分たちの思いではなく、相手の思いを受け入れ、アカイア州の教会のことを思いやって行動しました。これは、究極的には、神の御心を思いやりながら行動したことになります。この時に神の御業がなされ、教会の伝道が進展し、真の教会が形成され、歴史が形成されているのです。

　アポロは、コリントに着くと、既に恵みによって信じていた人々を大いに助けました。プリスキラたちが一歩誤れば、歯車はすべて逆転していたでしょう。難しい状況の中で、よく祈り、神の最善の御心をよく見極め、確信して、自分の思いではなく、相手の立場に立って行動させていただきたいものです。神の御心に従っていると思われる相手の願いが叶えられるように、行動させていただきたいものです。

　イエスもゲツセマネの園で、血の汗がしたたり落ちるような戦いの中で、自分の思いを捨てられて、「わたしの願いではなく、御心のままに行ってください」（ルカ二二42～44）と祈られました。祈りの中で、自我に打ち勝たれて、イエスは十字架の道を選ばれました。イスラエルと異邦人の救いのため、全人類、全被造物の救いのために死なれ、三日目に復活されました。

［3］彼が聖書に基づいて、メシアはイエスであると公然と立証した。（28）

　「激しい語調で」は、原語では、「熱心に、徹底して」という意味です。ユダヤ人たちを「説き伏せたからである」と訳されている箇所は、「議論を熱心に、徹底的にすることによって納得して信じた」ということです。その前に「恵みによって信じた」ことが強調されています。、彼が聖霊に基づいて、「メシアはイエスである」と公然と立証したと記されていますので、アポロの伝道は決して折伏的伝道ではなかったようです。

　アポロもまた神のみ心に従っていたのです。それは、プリスキラとアキラまた弟子たちが、自分の思いを超えて、神の御心に従ったので、アポロも神の御心にしたがって、コリントで、神の御心の中心である十字架と復活の道を生きることが出来たのです。その時に、教会の歴史が形成されるのです。アーメン。

聖霊を受けましたか

アポロがコリントにいたときのことである。パウロは、内陸の地方を通ってエフェソに下って来て、何人かの弟子に出会い、彼らに、「信仰に入ったとき、聖霊を受けましたか」と言うと、彼らは、「いいえ、聖霊があるかどうか、聞いたこともありません」と言った。パウロが、「それなら、どんな洗礼を受けたのですか」と言うと、「ヨハネの洗礼です」と言った。そこで、パウロは言った。「ヨハネは、自分の後から来る方、つまりイエスを信じるようにと、民に告げて、悔い改めの洗礼を授けたのです。」人々はこれを聞いて主イエスの名によって洗礼を受けた。パウロが彼らの上に手を置くと、聖霊が降り、その人たちは異言を話したり、預言をしたりした。この人たちは、皆で十二人ほどであった。パウロは会堂に入って、三か月間、神の国のことについて大胆に論じ、人々を説得しようとした。しかしある者たちが、かたくなで信じようとはせず、会衆の前でこの道を非難したので、パウロは彼らから離れ、弟子たちをも退かせ、ティラノという人の講堂で毎日論じていた。このようなことが二年も続いたので、アジア州に住む者は、ユダヤ人であれギリシア人であれ、だれもが主の言葉を聞くことになった。（使徒言行録一九1〜10）

混沌としている今日、最も重要な問いは、「聖霊を受けましたか」という問いです。私は、毎日この問いに問われて生きています。

［1］**アポロがコリントにいたときのことである。パウロは、内陸の地方を通ってエフェソに下って来て、何人かの弟子に出会う。**（1〜3）

最初に、この問いを、問いかけたのは、使徒パウロです。アポロがコリントにいた時のことでした。パウロは

第二回伝道旅行で、アンティオキアから内陸を通って、アジア最大の都市エフェソに来ました。彼は、何人かのキリストの弟子に出会い、「信仰に入ったとき、聖霊を受けましたか」と問いかけました。エフェソ伝道を始めるにあたり、どうしても問わなければならない問いでした。その理由は「アポロがコリントにいたときのことである」（1）と記されていることから分かります。アポロは、コリントに行く前にエフェソを訪れて、ヨハネの洗礼について会堂で大胆に教えました。（一八24～28）この影響を強く受けた十二人の人たちに、パウロはエフェソに来て出会ったのです。そこで、パウロは彼らに「信仰に入ったとき、聖霊を受けましたか」と問いかけました。彼らは、「いいえ、聖霊があるかどうか、聞いたこともありません」と言いました。

　この答えは、彼らの重大な問題点を浮き彫りにしました。ペンテコステ（五旬節）にエルサレムの二階座敷に集まっていた百二十名の上に、また一人ひとりの上に聖霊が降りました。この時、初めてキリストの体としての教会が誕生いたしました。聖霊は教会の母です。母なる聖霊を知らないことは、彼らがまだ禁欲的、律法主義的なユダヤ教に止まっていることです。罪と悪と死から、解放され、自由にされていないことを示しています。彼らをこのままの状態に放置しておくと、大変なことになるという危機感をパウロは持ったに違いありません。

［2］**そこで、パウロは言った。「ヨハネは、自分の後から来る方、つまりイエスを信じるようにと、民に告げて、悔い改めの洗礼を授けたのです。」**（4～9）

まだ、バプテスマのヨハネの洗礼しか知らないこれらの十二人を、イエス・キリストを主とし、救い主として信じさせるためには、どのように導けばよいのでしょうか。聖霊があるかどうかも分らない人を、どう導いたらよいのでしょうか。この難問に答える明確な救いを彼らが経験する道などあるのでしょうか。

　パウロは、最善の道を、はっきり示しています。パウロはこう言って示しました。「ヨハネは、自分の後から来る方、つまりイエスを信じるようにと、民に告げて、悔い改めの洗礼を授けたのです。」（4）パウロは、彼らがイエスを救い主として信じる最善の道は、「ヨハネの語った言葉によって」導かれることであると、パウロは判断したのでした。「人々はこれを聞いて主イエスの名によって洗礼を受けた」（5）という驚くべき霊の奇跡が、瞬間的に起きました。実に簡潔に記されています。最も適切な言葉を聖霊に満たされて語れば、霊の奇跡はいつでも、どこでも、誰にも起こるのです。

彼らが聖霊を受けたことは、どうして知ることが出来るのでしょうか。聖霊は、見ることも触ることもできません。霊であり、風であり、息であると聖書は記しています。（ヨハネ三5～8、創世記二7）同時に、聖霊は、わたしたちの霊の目を開き（ルカ二四31）イエスがキリスト（救い主）であることを示して、信じさせてくださいます。また、イエス・キリストを信じる時にわたしたちは死より永遠の命へと移され、新しく生まれ変わることが出来ます。（ヨハネ五24）彼らが、確かに聖霊を受けたしるしは、異言（外国の言葉―使徒二4）を語ることであり、預言すること（神の言葉を語る）であることが6節に記されています。

なぜ十二人に聖霊降臨節の時に降ったと同じ現象が、パウロのエフェソ伝道の最初に起こったのでしょうか、このことについては筆者が読んだ十三冊の注解書のどこにも書いてありませんでした。筆者の想像ですが、これは、異邦人教会であるエフェソ教会にも、ユダヤ人の教会と同じように聖霊が降臨して、キリストの体である教会が誕生したこと、したがって、ユダヤ人の教会と異邦人の教会は平等であって、なんらの差別もないことを、異邦人である著者ルカは示そうとしたのであろうと思います。こう考えますと、この箇所は重要であることがわかります。

次に、どうしたらわたしたちは聖霊を受けることが出来るでしょうか。さらに強く言うならば、ヨハネが預言した聖霊のバプテスマ（マタイ三11）を、どうしたら受けることが出来るのでしょうか。そして、人間の三大問題である罪と悪と死から自由になることができるでしょうか。それは、この十二人のように心砕かれて素直になって、イエスをメシア（キリスト）として信じ受け入れることです。そうすれば、この異教の地である日本にも、まことに今も生きて働いておられるキリストが、神の御業・霊の奇跡を、聖霊を通してなしてくださると筆者は信じます。

「この人たちは、皆で十二人ほどであった」（7）と記されています。これは、聖霊を受け、聖霊に満たされた十二人の使徒たちがそうであったように、救われて聖霊に満たされた十二人がいるエフェソ教会が、全小アジアに宣教して多くの教会を建設できることを示しておりました。聖霊に満たされた十二人がいれば、教会は宣教し、世界中にキリストの体である教会を建設することができることを示しているのでしょう。

［3］パウロは会堂に入って、三か月間、神の国のことについて大胆に論じ、人々を説得しようとした。（8〜10）

普通、パウロは「神の国」という表現は使わないのですが、なぜここで「神の国」という表現を使ったのでしょうか。伝道の対象が、会堂のユダヤ教の人たちだったからでしょうか。それもあろうかと思います。パウロはこれまで、神の歴史支配、神の御心を問題にしてきましたので、その文脈で、ここに「神の国」という表現を使ったのではないかと思います。このユダヤ教の会堂で、三か月の間、「神の国」のことについて大胆に論じ、人々と論じ、説得しようとしました。「論じ」、「説得する」とは、旧約聖書に基づいて、ユダヤ人たちと議論し、説得するという人間の理性に訴える伝道をしたことを表しています。パウロは三か月もの間、集中的に論じ・説得することに集中したのてす。しかし、彼の熱心は裏目に出ました。ある者たちは、心を頑なにして信じようとせず、会衆の前でこの道を非難しました。パウロは、彼らから離れ、弟子たちをも退かせ、ティラノという人の講堂で毎日論じることに致しました。災い転じて福と成りました。

パウロは、まずユダヤ人たちに福音を伝え、彼らが福音を拒否した時に場所を変えて、異邦人相手の伝道に集中しました。哲学を講じるこの講堂で、午前十一時から午後四時まで（当時のエフェソの人たちは、この時間は暑いので昼寝をしました）、福音を二年もの長い期間にわたって毎日論じることができました。その結果、「アジア州に住む者は、ユダヤ人であれギリシア人であれ、だれもが主の言葉を聞くことに」(10) なりました。

ティラノの講堂で回心し、訓練され、教育され、聖霊に満たされて、本物の信仰を持った人々が、小アジア全体に散らされて行き、パウロの仕方で伝道しました。またたく間に、いくつもの教会が小アジアに建設されました。商業、産業、宗教、遊び、世俗化の中心地エフェソでの集中的伝道により、小アジア全体にキリストの福音が伝えられました。多くの人たちが罪と悪と死から解放されました。聖霊を受け、聖霊に満たされるなら、今も神の奇跡的御業が、この厚木でも起こります。アーメン。

主イエスの言葉の力

神は、パウロの手を通して目覚ましい奇跡を行われた。彼が身に着けていた手ぬぐいや前掛けを持って行って病人に当てると、病気はいやされ、悪霊どもも出て行くほどであった。ところが、各地を巡り歩くユダヤ人の祈祷師たちの中にも、悪霊どもに取りつかれている人々に向かい、試みに、主イエスの名を唱えて、「パウロが宣べ伝えているイエスによって、お前たちに命じる」と言う者があった。ユダヤ人の祭司長スケワという者の七人の息子たちがこんなことをしていた。悪霊は彼らに言い返した。「イエスのことは知っている。パウロのこともよく知っている。だが、いったいお前たちは何者だ。」そして、悪霊に取りつかれている男が、この祈祷師たちに飛びかかって押さえつけ、ひどい目に遭わせたので、彼らは裸にされ、傷つけられて、その家から逃げ出した。このことがエフェソに住むユダヤ人やギリシア人すべてに知れ渡ったので、人々は皆恐れを抱き、主イエスの名は大いにあがめられるようになった。信仰に入った大勢の人が来て、自分たちの悪行をはっきり告白した。また、魔術を行っていた多くの者も、その書物を持って来て、皆の前で焼き捨てた。その値段を見積もってみると、銀貨五万枚にもなった。このようにして、主の言葉はますます勢いよく広まり、力を増していった。(使徒言行録一九11〜20)

主イエスの言葉の力が、いかに強いものであるかを明らかにしたのが、エフェソでのパウロの目覚しい奇跡でした。

［1］神は、パウロの手を通して目覚ましい奇跡を行われた。（11~12）

　パウロは、アジア州最大の都市エフェソに、三年もの長い間、毎日五時間ティラノの講堂で、アジア全土から来ている人たちに福音を伝えました。目覚しい奇跡をパウロが行いましたので、大勢の人たちが救われて信仰に入りました。「このようにして、主の言葉はますます勢いよく広まり、力を増していった」（20）のです。

　厚木教会でも目覚しい奇跡がいくつか起こっています。これらの奇跡が、主イエスの言葉の力を現すものとして用いられますように、切に祈っています。私自身、三回の脳梗塞を経験し、右半身麻痺しましたが、祈りと、医者の適切な処置と、リハビリによって、歩くことも自転車にも乗ることが出来、毎日曜日のメッセージが出来るところまで癒されました。神様の御恵です。私の他にも、目覚しい奇跡的な癒しを経験しておられる方々がおられます。

　パウロがエフェソでなした目覚しい奇跡を見てまいりましょう。彼が身につけていた手ぬぐいや前掛け（パウロは天幕造りでしたので、汗を拭く手ぬぐいを持ち、前掛けをかけていました）を持って行って病人に当てると、病気は癒され、悪霊どもも出て行くほどでした。ルカによる福音書にも、十二年間出血が止まらない女が、イエスに近寄ってきて、後ろからイエスの服の房に触れると直ちに出血が止まったという目覚しい、癒しの奇跡が記されています。（八43~56）イエスの時代と同様にパウロの時代にも、このような目覚しい奇跡が起きました。そして、このような奇跡が、イエスの福音の宣教に非常に助けとなりました。

　特に、エフェソは迷信が盛んで、アジアの宗教センターといわれました。アルテミス神殿があって、祭りがある時には、小アジア全体から多くの巡礼者がエフェソにやって来て、お守りや厄除け、福寄せなどを神殿で買い求めました。こういう迷信がはびこる都市では、キリストの福音を目に見える形で見せる伝道の仕方が非常に有効でした。

［2］ところが、各地を巡り歩くユダヤ人の祈祷師たちの中にも、悪霊どもに取りつかれている人々に向かい（13〜18）

エフェソには、小アジアで最も重要な港がありました。内陸からローマへの船出も、シリア、エジプトへの交通も、ここを通ってなされました。このことは、エフェソと世界の各地との間にいろいろな関係を生み出していました。その上、エフェソには巨大なアルテミス神殿があり、小アジア全体から、世界中から、実に多くの巡礼者たちが訪れました。このことが、世界宣教のビジョンに燃えて伝道したパウロに取っては、願ってもないチャンスとなりました。

当時、ユダヤ人の祈祷師たちが各地を巡り歩いており、パウロが伝道していたエフェソにもやって来ました。このユダヤ人の祈祷師たちのある者が、悪霊に取り付かれている人々に向かい、試みに主イエスの名を唱えて、「パウロが宣べ伝えているイエスによって、お前たちに命じる」（13）といいました。ユダヤ人の祭司長、スケワという者の七人の息子たちがこんなことをしていました。（ユダヤの国には祭司長は一人しかおりませんので、これは恐らく自称祭司でしょう。）悪霊は彼らに言い返しました。「イエスのことは知っている。パウロのこともよく知っている。だが、いったいお前たちは何者だ」（15）と。

悪霊は、鋭い直感で、偽者を見分けました。本当の信仰から命じる声には、動じない確信と権威があります。「試みに」――すなわち、きくかどうか試しに――ということでは、確信も権威も期待できません。こういう俗的というか、ふざけた信仰は、すぐに悪霊に見破られてしまいました。

悪霊に取り憑《つ》かれている男が、このいんちき祈祷師たちに飛びかかって押さえつけ、ひどい目に遭わせたので、彼らは裸にされ、傷つけられて、その家から逃げ出しました。「このことがエフェソに住むユダヤ人やギリシア人すべてに知れ渡ったので、人々は皆恐れを抱き、主イエスの名は大いにあがめられるように」(17) なりました。七人ものユダヤ人の祈祷師たちが、悪霊に取り憑かれていた男によって、散々な目に遭わされて、這々《ほうほう》の体《てい》で逃げ出して行った姿を多くの人たちが見ておりました。こういう出来事は、ラジオやテレビ、携帯電話やインターネットがなくても、口コミであっという間に町中に知れ渡ってしまうものです。這々の体で

人々は皆、「恐れを抱いた」とありますが、この恐れは、「神を畏れかしこむ畏れ」です。人間の全存在が根底からゆすぶられて、存在の中心から変えられてしまう様な畏れです。悪霊や人間の根本悪、罪、汚れの力を根底から破壊して、わたしたちを、神を崇める者に造り変えてしまう様な畏れです。人々は畏れに覆《おお》われ、捕らわれたのです。全く新しく作り変えられた人間になって、罪と悪を悔い改め、迷信や魔術から解放され、神に対して、喜びと賛美と感謝をささげ、礼拝する自由な人間とされる希望を持たされました。この世の悪魔的価値観を持って、自己中心的に生きる人生ではなく、「最早《もはや》われ生《い》くるにあらず、キリスト我《わ》が内《うち》にありて生《い》くるなり」(ガラテヤ二20) という信仰によって、聖霊によって、新しい人間として生きる道が開かれたのです。

［3］信仰に入った大勢の人が来て、自分たちの悪行《あくぎょう》をはっきり告白した。(18〜20)

このような信仰に入った大勢の人が来て、自分たちの悪行をはっきり告白しました。これはすごい集団改心です。アルテミス神殿で製造されたお守りや厄除け、福寄せの袋などはもういりません。「わがうちに生きるキリスト」が、私をあらゆる災い、罪、悪、汚れから守ってくださいます。「愛、喜び、平和、寛容、親切、善意、誠実、柔和、節制」(ガラテヤ五22) を、聖霊なる神様が、わたしたちのうちに創造してくださるのです。驚くべき神の新創造のわざが、エフェソの大勢の人々のうちになされたのです。

魔術を行っていた多くの者も、その書物を持って来て、皆の前で焼き捨てました。その値段を見積もると銀貨5万枚(今の約三百万円)にもなりました(19)。これこそ、真の悔い改め、救いです。彼らは、罪の具体的な

告白をして、魔術の本を皆の前で焼き捨てました。これらの書物がいかに高価なものであっても、主イエスがわたしたちの救い（罪よりの贖い）のために十字架上でお払いくださった犠牲と比べれば、わずかなものです。イエスがお与えくださる復活の生命、永遠の生命をいただくために、思い切って、喜んで、自発的に、イエスを救い主と信じましょう。その時に、わたしたちは、聖霊と火のバプテスマを受けることが出来るのです。

「このようにして、主の言葉はますます勢いよく広まり、力を増していった。」(20)

パウロの力、パウロの栄光ではありません。主イエスの言葉の力と、主イエスの栄光を、わたしたちの具体的な日常生活の中で、第一にし、ひたすら求めて生きましょう。そして、豊かな聖霊の実を、生活の中に結ばせていただきましょう。アーメン。

新しい生命の道

このようなことがあった後、パウロは、マケドニア州とアカイア州を通りエルサレムに行こうと決心し、「わたしはそこへ行った後、ローマも見なくてはならない」と言った。そして、自分に仕えている者の中から、テモテとエラストの二人をマケドニア州に送り出し、彼自身はしばらくアジア州にとどまっていた。そのころ、この道のことでただならぬ騒動が起こった。そのいきさつは次のとおりである。デメトリオという銀細工師が、アルテミスの神殿の模型を銀で造り、職人たちにかなり利益を得させていた。彼は、この職人たちや同じような仕事をしている者たちを集めて言った。「諸君、御承知のように、この仕事のお陰で、我々はもうけているのだが、諸君が見聞きしているとおり、あのパウロは『手で造ったものなどは神ではない』と言って、エフェソばかりでなくアジア州のほとんど全地域で、多くの人を説き伏せ、たぶらかしている。これでは、我々の仕事の評判が悪くなってしまうおそれがあるばかりでなく、偉大な女神アルテミスの神殿もないがしろにされ、アジア州全体、全世界があがめるこの女神の御威光さえも失われてしまうだろう。」これを聞いた人々はひどく腹を立て、「エフェソ人のアルテミスは偉い方」と叫びだした。そして、町中が混乱してしまった。彼らは、パウロの同行者であるマケドニア人ガイオとアリスタルコを捕らえ、一団となって野外劇場になだれ込んだ。パウロは群衆の中へ入っていこうとしたが、弟子たちはそうさせなかった。他方、パウロの友人でアジア州の祭儀をつかさどる高官たちも、パウロに使いをやって、劇場に入らないようにと頼んだ。さて、群衆はあれやこれやとわめき立てた。集会は混乱するだけで、大多数の者は何のために集まったのかさえ分からなかった。そのとき、ユダヤ人が前へ押し出したアレクサンドロという男に、群衆の中のある者たちが話すように促したので、彼は手で制し、群衆に向かって弁明しようとした。しかし、彼がユダヤ人であると知った群衆は一斉に、「エフェソ人のアルテミスは偉い方」と二時間ほども叫び続けた。そこで、町の書記官が群衆をなだめて言った。「エフェソの諸君、エフェソの町が、偉大なアルテミスの神殿と天から降って来た御神体との守り役であることを、知らない者はないのだ。これを否定することはできないのだから、静かにしなさい。決して無謀なことをしてはならない。諸君がここへ連れて来た者たちは、神殿を荒らしたのでも、我々の女神を冒瀆したのでもない。デメトリオと仲間の職人が、だれかを訴え出たいのなら、決められた日に法廷は開かれるし、地方総督もいることだから、相手を訴え出なさい。それ以外のことで更に要求があるなら、正式な会議で解決してもらうべきである。本日のこの事態に関して、我々は暴動の罪に問われるおそれがある。この無秩序な集会のことで、何一つ弁解する理由はないからだ。」こう言って、書記官は集会を解散させた。（使徒言行録一九21～40）

新しい生命の道を、パウロは、実に賢い三つの方法で明らかにしました。三つの方法とは、第一にエルサレムとローマに行く夢との対決、第二に偶像礼拝との対決、第三に暴徒化した群衆との間接的な対決です。

〔1〕このようなことがあった後、パウロは、マケドニア州とアカイア州を通りエルサレムに行こうと決心し（21〜22）

三年にわたるエフェソ伝道を終えるにあたり、なぜルカはこのエフェソでの出来事を長々と書いたのでしょうか。そのねらいはどこにあったのでしょうか。第一のねらいは、最後にはエルサレムとローマに行く計画を記すことです。第二は偶像礼拝との対決です。日本でも、この問題は大きな問題ですので、興味のある問題です。第三は、キリストの生命の道が、偶像礼拝との関係で、証しされ、生かされたかを示すことでありました。

パウロは聖霊に導かれて、世界伝道をしてきました。同時に祈りの中に長い間、エフェソ伝道を計画し、またローマ伝道をも計画していました。ユダヤ人の祈祷師たちとの問題も一段落ついて、主の言葉がますます勢いよく広まり、力を増して行ったので、パウロはマケドニア州とアカイア州を通りエルサレムへ行こうと決心しました。最後にはエルサレムに異邦人の諸教会で集めた献金を異邦人教会の代表たちと共に持っていった後、パウロは「わたしはそこへ行った後、ローマも見なくてはならない」（21）と言いました。

世界宣教はエルサレムから始まりました。そして、サマリア、小アジア、ヨーロッパ（マケドニア州方面のヨーロッパ）、アカイア州（アテネ、コリント、ケンクレアイ）、エフェソへと進められてきました。パウロが、まずエルサレムに行こうとした理由は、世界宣教の報告をし、感謝することでした。また、エルサレムの教会が経済的に困っていましたので、異邦人教会からの献金を届けようといたしました。（使徒二四19、ローマ一五26〜28）そして最大の理由はユダヤ人の教会と異邦人の教会が分裂することなく、キリストにあって一致するためでありました。この重大な使命を果たした後、パウロは、当時の世界の中心地ローマに、さらにはイスパニアにまで行こうとしていました。「ローマも見なくてはならない」とは、ローマに行くことが神的必然であり、そこに神の御旨があるとの彼の信仰が告白されているのです。ここに彼のローマ行きの夢との対決姿勢を見ることが出来ます。そして、自分に仕えている者の中から、テモテとエラストの二人にマケドニア州のコリント教会のトラブル解決の準備をさせようとしました。彼自身は、もうしばらくエフェソに留まって、コリント人の手紙を書いたり、アルテミス神殿の偶像礼拝との対決、暴徒化した群衆との対決をすることになりました。

［2］そのころ、この道のことでただならぬ騒動が起こった。（23〜34）

「この道」とは、ルター訳のドイツ語では、「新しい道」と訳されています。アルテミス神殿を中心とした偶像礼拝という古い生き方に対して、イエスの福音が新しい生命の道であることを指しています。ヘブライ人への手紙一〇20には「新しい生きた道」と記されています。ここには三年間のエフェソ伝道で、小アジア、ヨーロッパ、エフェソに伸ばして行った新しい生命と霊の力に満ちたキリストの福音と、小アジアおよびその周辺に行き渡った偶像礼拝との対決によって引き起こされた大騒動が記されています。

銀細工師デメトリオが、アルテミスの神殿の銀模型を造り、職人たちにかなりの利益を得させておりました。彼は職人たちを集めて言いました。「諸君、御承知のように、この仕事のお陰で、我々はもうけているのだが、諸君が見聞きしているとおり、あのパウロは『手で造ったものなどは神ではない』と言って、エフェソばかりでなくアジア州のほとんど全地域で、多くの人を説き伏せ、たぶらかしている」（25〜26）と。

前半の彼の主張はパウロの偶像礼拝に対する批判のために、最近利益があまりあがらなくなってきたというものでした。しかし、これでは、エフェソの人たち全体を動かすことが出来ません。そこで、町の人たちが　最も大きな関心を持っているアルテミス神殿がないがしろにされていること、アジア州全体、全世界が崇めているこの女神の御威光さえも失われると、誇張して語りました。

これを聞いた人々はひどく腹を立て、「エフェソ人のアルテミスは偉い方」と叫び出しました。彼らはパウロの同行者であるマケドニア人ガイオとアリスタルコを捕らえ、一団となって野外劇場になだれ込みました。この野外劇場は二万五千人の人たちを収容できました。町の政治や裁判、祭儀（皇帝礼拝の祭儀、その他の行事）を行う場所でした。そこに多くの人たちがなだれ込んだのです。パウロは群衆の中に入っていこうとしましたが、（弁明するためでしょうか）弟子たちは、これは危険だと直感して、そうはさせませんでした。

　その時、パウロの友人で、アジア州の祭儀をつかさどる高官たちもパウロに使いをやって、劇場に入らないようにと頼みこみました。多分パウロは三年の間テイラの講堂で一日四時間もの間、来る人来る人に伝道をしていましたので、町の高官たちと知り合い、彼らの中に親しい友人たちがいて、パウロの生命を守ろうとしたのでしょう。集会は大混乱に陥りました。その時、ユダヤ人が前に押し出して話すように促しました。彼が手で制し、弁明しようとしました。彼がユダヤ人であることを知って、群集は一斉に「エフェソ人のアルテミスは偉い方」と二時間も叫び続けました。

［3］そこで、町の書記官が群衆をなだめて言った。（35～40）

　この騒ぎは、すぐに町の責任者の知るところとなり、町の書記官がやって来て、狂って叫んでいる群集をなだめて言いました。「エフェソの諸君」と語りだして、彼らが崇め信じているアルテミス神殿の偉大さを称えました。これを否定することなどは誰も出来ないことを強調しました。狂い叫んでいた人たちが静かになりましたので、彼はこう言いました。「連れて来た者たちは神殿を荒らしたのでも、我々の女神を冒涜したのでもない」（37）と。職人仲間が訴え出たいのなら、ローマの法律に従って法廷を開いたらよいとはっきり言いました。最後に「本日のこの事態に関して、我々は暴動の罪に問われるおそれがある」（40）と言ったことが決めてとなりました。

　書記官は同じ立場に立って狂った聴衆の心を静めました。聴衆の心と理性と法律に訴えました。「このような無秩序なことをこれ以上続けるなら、最も恐ろしい暴動の罪に問われかねない」という最後の言葉が決め手となって、彼らは解散しました。パウロがあの時、弟子たちと町の高官たちにとどめられなかったならば逆の結果が出たでしょう。常日頃のパウロの生活を通しての証し、町の高官たちの好意、何にも勝って歴史を支配しておられる神と復活のイエスと聖霊が共にいてくださって、騒動は治まったのです。新しい生命の道は静かに勝利したのでした。ローマの夢との対決、偶像との対決、群衆との対決を勝利に導いた神に栄光あれ。アーメン。

言葉を尽くして励ます

この騒動が収まった後、パウロは弟子たちを呼び集めて励まし、別れを告げてからマケドニア州へと出発した。そして、この地方を巡り歩き、言葉を尽くして人々を励ましながら、ギリシアに来て、そこで三か月を過ごした。パウロは、シリア州に向かって船出しようとしていたとき、彼に対するユダヤ人の陰謀があったので、マケドニア州を通って帰ることにした。同行した者は、ピロの子でベレア出身のソパトロ、テサロニケのアリスタルコとセクンド、デルベのガイオ、テモテ、それにアジア州出身のティキコとトロフィモであった。この人たちは、先に出発してトロアスでわたしたちを待っていたが、わたしたちは、除酵祭の後フィリピから船出し、五日でトロアスに来て彼らと落ち合い、七日間そこに滞在した。（使徒言行録二〇1～6）

大騒動の後、パウロは、エフェソに残されるクリスチャンたちを、言葉を尽くして励ましました。望みの綱であるパウロが、三年間のエフェソでの伝道を終えて、エルサレム、ローマへと去って行こうとしていました。

［1］この騒動が収まった後（1）

使徒言行録は、二〇章から最後の部分に入ります。パウロの三年にわたるエフェソの伝道は豊かな実を結びました。パウロは、エフェソを去って、いよいよエルサレムへ、さらにはローマへと、最も困難な伝道の旅へ出かけようとしていました。大騒動を経験した弟子たちをエフェソに残して出発するに当たり、パウロはかれらを呼び集めて励まし、別れを告げてマケドニア州へと向かいました。残される弟子たちの受難の道を思い、心を痛めながら「言葉を尽くして人々を励まし」ました。この短い一言にパウロは深い思いを込めました。

〔2〕そして、この地方を巡り歩き、言葉を尽くして人々を励ましながら（2～4）

マケドニア地方を巡り歩き、「言葉を尽くして人々を励ましながら、ギリシア（アカイア州のおそらくコリント）に来て、そこで三か月を過ごし」ました。パウロが、以前伝道した地方を巡回して最も力を込めたのは、困難と試練のなかにあった人たちを、「言葉を尽くして励まし」たことでした。この「励ます」という語は、ここに二回（1～2）、12節に「大いに慰められた」と三回使われています。三箇所とも「励ます、元気付ける、慰める」などの意味を持つ言葉です。ヨハネによる福音書一四26において用いられている聖霊・パラクレートス（弁護者、助け主、慰め主 parakletos）に通じる言葉です。苦しみの中にあるわたしたちを、誰も助け慰めることが出来ない時、聖霊・パラクレートス（近くで呼ぶ）がわたしたちのそばにいて、わたしたちを助け、慰め、元気づけてくださるのです。

パウロは、すぐに去っていきますが、聖霊・パラクレートスは、弟子たちと共に、弟子たちの内にいてくださって、助け、導き、慰め続けてくださるのです。聖霊の助け・慰めは、人間が言葉を尽くしても届かない人々の心の底まで届きます。聖霊の慰めによって、わたしたちは真の慰めを得ることができます。教会の最大の使命は、孤独の人、悲しんでいる人、悩み苦しんでいる人の近くに寄り添って、聖霊の慰めをもって慰め、励まし、力づけることです。

ギリシアに来て、三か月（五五または五六年の冬?）、パウロは何をしていたのでしょうか。信徒の方々を問安し、慰めの奉仕を続けました。それだけではありません。この期間に、パウロは「ローマ人への手紙」と「コリント人への第二の手紙」を書きました。「ローマ人への手紙」は、ローマに行く前に、自己紹介をしようとしたのではないかと思います。また、ローマは当時の世界の中心でありましたので、パウロは、自分が信じ、世界各地で伝えてきたキリストの福音のエッセンス（本質、全体）を、前もってローマにいるクリスチャンたちに伝えておこうと思ったのでしょう。ローマ人への手紙を読んでいますと、きわめて神学的、論理的であると共に、倫理的、実際的、日常的であります。二千年後の現在読んでも、充分読むに耐えられる内容です。この「ローマ人への手紙」は、何度も世界の歴史を変えてきました。アウグスティヌス、ルター、カルヴァン、バルト、内村鑑三などが、本気に取り組み、彼ら自身も変えられ、彼らの書物を読んだ者たちも変えられました。

「コリント第二の手紙」では、コリントのさまざまな問題を解決に導こうとしました。パウロは手紙を書くことによって、教会を建て上げました。彼が書いた手紙十三通は、新約聖書の正典として教会によって受け入れられ、今も、そして世界が存在する限り、読み続けられることでしょう。そしておびただしい人たちを慰め、励まし続けることでしょう。このわずかな期間に書いた二つの手紙だけで、彼がギリシアに三か月滞在した意味がありました。

パウロがシリア州（エルサレムのあるところ）に向かって船出しようとしていた時、彼に対するユダヤ人の陰謀があったので、マケドニア州を通って帰ることにしました。時期は過越の祭りの時でありましたので、世界各地から熱心なユダヤ教徒の巡礼者たちがケンクレアイの港からエルサレムに行こうとしていました。急進的なユダヤ教徒たちが、パウロをユダヤ教の裏切り者として殺す陰謀があるとの情報をパウロにもたらしました。そこで、パウロは計画を変更して、マケドニア州（ヨーロッパの一部）を通って（遠回りをし、一年遅らせて）エルサレムに行くことにしました。

これが幸いして、パウロは、以前に伝道したベレヤ教会、テサロニケ教会、フィリピ教会を問安することが出来ました。充分な時間を取って、エルサレム教会の貧しい信徒を助けるために、異邦人教会からの Love offering（愛の献金）を集めることが出来ました（ローマ一五25～29）。理由は分りませんが、今朝のテキストにはそのことが書いてありません。ローマ人への手紙一五25～29などを読むと、パウロはなぜ異邦人の教会から献金を集めて、各州の教会の代表たちを選んで献金を持参させたのかが分かります。

その理由は三つほどありました。

第一は異邦人のクリスチャンたちの献身を証しするためでした。エルサレムの教会の方々の祈りと霊的なサポートがあったから、異邦人の教会の方々は救いに導かれ、献身的な信仰を持つことが出来たのです。

第二は、エルサレム地方は砂漠地帯であり、しばしば飢饉があり、経済的に貧しい状態にありましたので、彼らは経済的援助を必要としていました。

第三は、エルサレムのユダヤ人の教会と異邦人の教会が、分裂することなくキリストにあって一つとなり、平和な関係を保ち続けるためでありました。

4節以降に異邦人の教会の七人の代表の名前が記されています。ベレア出身のソパトロ、テサロニケ教会のアリスタルコとセクンド、デルベ教会のガイオとテモテ、それにアジア州出身のティキコとトロフィモ。これにフィリピでルカが加わりますので、代表は八人となります。この後、パウロが捕らえられて囚人となり、裁判にかけられ、エルサレムからローマに護送されるまでの一番困難な時、ルカは医者として、同労者としてパウロに付き添います。このことはパウロに取ってどんなに大きな慰めになったことでしょうか。

［3］**この人たちは先に出発してトロアスでわたしたちを待っていたが**（5～6）

ここに再び「わたしたちは」という言葉がここで二回出てきます。これがフィリポでルカがこの代表団に加わり、この後ルカがパウロと再び行動を共にしたことを明らかにしています（一六17「わたしたち」以来の登場。ルカはフィリピ教会に止まり続けていたことを示す）。除酵祭の後フィリピから船出し、五日でトロアスに来て彼らと落合い、七日間そこに滞在しました。除酵祭は過越祭の後一週間続く祭りです。かつてイスラエルの民がエジプトを脱出する時、パンを発酵させる暇がなくて、固いパンを食べたことを記念する祭りです。

わたしたちは、苦しい窮地に追い込まれた時にも慰めの言葉を語り、お互いに慰め合い、励まし合いましょう。そして、人種を超えてキリストにあって和解と平和と一致を保って参りましょう。アーメン。

生き返った青年に大いに慰められた

週の初めの日、わたしたちがパンを裂くために集まっていると、パウロは翌日出発する予定で人々に話をしたが、その話は夜中まで続いた。わたしたちが集まっていた階上の部屋には、たくさんのともし火がついていた。エウティコという青年が、窓に腰を掛けていたが、パウロの話が長々と続いたので、ひどく眠気を催し、眠りこけて三階から下に落ちてしまった。起こしてみると、もう死んでいた。パウロは降りて行き、彼の上にかがみ込み、抱きかかえて言った。「騒ぐな。まだ生きている。」そして、また上に行って、パンを裂いて食べ、夜明けまで長い間話し続けてから出発した。人々は生き返った青年を連れて帰り、大いに慰められた。（使徒言行録二〇7〜12）

今の日本に必要なのは「偉大な慰め」です。死は最大の不幸です。「死んだものが生き返る」、これは最大の幸福、大きな慰めです。あり得ないことがあり得た喜び、これはクリスマスに通じる喜びです。

［1］週の初めの日、わたしたちがパンを裂くために集まっていると（7）

パウロが、ギリシアのケンクレアイ港からシリアへ船出しようとしていた時に、彼を暗殺しようとする過激なユダヤ人の陰謀を知りました。パウロは急遽、マケドニアを通ってエルサレムに行くことにしました。これが幸いして、彼は、以前開拓した諸教会を問安することができました。災い転じて福となりました。

ギリシアからマケドニアのフィリピへ、フィリピから海路トロアスに来て、弟子たちと落ち合い七日間を過ごすこととなりました。トロアスに来て週の初めの日の夜、トロアスの教会の信徒に集まってもらい、お別れのメッセージと聖餐式の時を持っていました。この時にも、災い転じて福となる出来事が起きました。

「週の初めの日」という言葉で始まっています。この箇所は新約聖書の中では非常に貴重なところです。初代教会の異邦人の教会で、礼拝を、安息日の土曜日ではなく、キリストの復活を記念して日曜日に持つようになっていたことを明記しているからです。これが最初で、唯一の記述です。他にもそれらしいことを書いているところは何箇所かありますが、これほどはっきりと書いているところはありません。

日曜日の夜、彼らが集まっていたのは、パウロやルカたちがパンを裂くため、すなわち聖餐式を持つためと、最後のお別れのメッセージをするためでした。聖餐式礼拝を夜もっていたのは、当時のローマ帝国では奴隷が多く、彼らは、日中は重労働に従事していたからです。もう一つの理由は、パウロたちが、翌日、エルサレムへ出発しようとしていたからです。パウロは、トロアスの教会の人たちと二度と会う日はないと思ったからでしょう。これも話しておきたい、あれも話しておきたい、次から次へと話しているうちに、とうとう話は夜中まで続いてしまいました。

［2］わたしたちが集まっていた階上の部屋には沢山のともし火がついていた（8〜10）

彼らが集まっていた部屋は、信徒の家の三階の部屋で、沢山のともし火がついていました。久しぶりにパウロのメッセージが聞けるというので、沢山の人々が集っていました。エウティコという青年が窓に腰をかけメッセージを聞いていましたが、パウロの話が長々と続きましたので、眠りこけて三階から下に落ちてしまいました。ここには、パウロの「話し」と記してありますが、パウロの話は単なる話ではなく、メッセージを意味しております。原語・ギリシア語では、説教を意味する「ホミリア homilia」という言葉が使われているからです。

説教中に、しかもこれは聖餐式礼拝の説教中に、窓に座っていた青年が地面に落ちて死んでしまうというような事故が起きたら大騒ぎになります。教会の責任問題となり、メッセージも聖餐式礼拝も台無しになってしまいます。ところがパウロは違いました。この青年が座っていた窓は、現代のものとは違い、建物の外に突き出している粗末な窓で、下は地面というような危険なものでした。パウロはすぐ説教を中断して外階段を下りて行き、彼の上にかがみこみ、死んでしまった青年を抱きかかえて言いました。「騒ぐな。まだ生きている」と。

この青年は本当に死んだのではなくて、仮死状態にあったのでしょうか。「起こしてみて見ると、もう死んでいた」と書いたのは医者ルカです。科学者であり、医者であるルカがうそを言うはずはありません。パウロも皆から信用されている伝道者であり、常識豊かな人格者です。彼もうそを言うはずはありません。では、どうして三階から落下して死んでしまった青年が、死から甦ったのでしょうか。奇跡が起こったとしかいいようがありません。

多くの注解者たちは旧約聖書に記されているエリヤの奇跡の記事とエリシャの奇跡の記事を引用して、説明しています（列王記上一七21〜22「……主は、エリヤの声に耳を傾け、その子の命を元にお返しになった。子供は生き返った。」、列王記下四34〜37「……彼女は近づいてエリシャの足もとに身をかがめ、地にひれ伏し、自分の子供を受け取って出て行った。」）。イエスはガリラヤで伝道している時、何度も貧しいガリラヤの人たちのために奇跡をなさいました。これらのことを想い、パウロは深い愛と祈りを持って彼の上にかがみ込み、抱きかかえたのでしょう。その時に神の聖なる霊、キリストの復活の霊が、パウロの体を通して青年の体に流れ込み、青年の死んだ体に瞬間的に働いて、青年は死から甦ったのです。「騒ぐな。まだ生きている」というパウロの力強い信仰の言葉は、その場の暗い沈んだ雰囲気を瞬間的に明るい喜びの雰囲気に変えてしまったと推察できます。

こういう非常事態が発生した時には、わたしたちは慌てふためきますが、こういう時にこそ復活のイエスと全能なる生ける神様を固く信じて、伝道者も信徒の方々も冷静に祈り深く、パウロのように、またルカのように行動すべきであります。神とキリストと聖霊なる神様は、歴史のみならず悲劇的な死の現実、絶望的な現実においても働いてくださるのです。万が一このようにうまく行かなくても、わたしたちはあわてず、信仰に立って行動するなら、三位一体の神は、必ず最善の道を示してくださいます。

［3］そして、また上に行って、パンを裂いて食べ（11〜12）

死んだ青年を生き返えさせるという驚天動地の奇跡をなしたパウロは、何事もなかったように静かにまた上に行って、パンを裂いていたというのですから恐れ入ります。こういう中での聖餐こそ本物の聖餐です。パウロ自身がいつも、死んで（十字架）生きる（復活）信仰に生きていたから、こういうことができるのです。

その後も夜明けまでの長い間話し続けてから出発しました。何というエネルギー、情熱、深い愛でしょうか。パウロに一晩中付き合った信徒の人たちの生きた信仰、パウロを愛する深く強い愛にも驚きます。しかし別れの時は来ました。パウロたちは去って行きました。パウロは「彼は希望するすべもなかったときに、なおも望みを抱いて、信じ」（ローマ四18）たというアブラハムの信仰を証しして去っていきました。

また、「わたしたちは、四方から苦しめられても行き詰まらず、途方に暮れても失望せず、虐げられても見捨てられず、打ち倒されても滅ぼされない」（Ⅱコリント四8〜9）」のパウロの証しは真実であることを証明して去って行きました。人々は生き返った青年を連れて帰り、大いに慰められました。

今朝のテキスト（二〇1〜12）の中に三回慰め（1、2、12）という言葉が出てきます。この大きな慰めは、死からの復活の生命への慰めです。教会の一番大切な使命は悲しんでいる人、絶望している人、苦しみ悩んでいる人たちを、メッセージと聖餐の恵みと癒しの恵みによって「慰めること」であります。アーメン。

嫌われても同胞を愛す

さて、わたしたちは先に船に乗り込み、アソスに向けて船出した。パウロをそこから乗船させる予定であった。これは、パウロ自身が徒歩で旅行するつもりで、そう指示しておいたからである。アソスでパウロと落ち合ったので、わたしたちは彼を船に乗せてミティレネに着いた。翌日、そこを船出し、キオス島の沖を過ぎ、その次の日サモス島に寄港し、更にその翌日にはミレトスに到着した。パウロは、アジア州で時を費やさないように、エフェソには寄らないで航海することに決めていたからである。できれば五旬祭にはエルサレムに着いていたかったので、旅を急いだのである。（使徒言行録二〇13～16）

「嫌われても同胞を愛す。」この難問を抱えて、パウロは三回にわたって世界大伝道旅行をいたしました。この難問の答えを求めて、今朝のテキストを学びましょう。

［1］**さて、わたしたちは先に船に乗り込み、アソスに向けて船出した。**（13）

　パウロは三回にわたってアジア、ヨーロッパの伝道を致しました。特に最後の三年間のエフェソ伝道は苦しみの中にも、豊かな実を結びました。彼は、マケドニア、フィリピ、トロアスを巡回し、慰めの奉仕をして、いよいよエルサレムへ生命の危険を冒して行こうとしました。ここでパウロは不思議な行動をいたしました。ルカたちは先に船に乗り込み、アソスに向けて船出しました。パウロは、この船には乗らず、ただ一人アソスまでの二五キロの山道を歩こうとしたのです。そして、アソスで彼らに合流しようと致しました。

　パウロはトロアスで一晩中、会衆に語り続け、精神的にも肉体的にも疲れていました。エフェソから行ったユダヤ教の暗殺者が待ち受けているエルサレムに行く前に、パウロは独りで祈り、考える時を持とうとしたと推察する注解者もいます。多くの注解はこのテキストを独立して扱うことを断念して、次のパウロのミレトスでの決別説教につなげて、その緒論としています。

　新共同訳は、ここを独立した区分として扱っていますので、筆者は、この箇所は重要なメッセージを伝えようとしていると考えます。最後の文脈を考え、またエルサレム、ローマ、イスパニアへのパウロの長期に渡る伝道計画をも視野に入れて、この箇所が隠れ持っている重要なメッセージを聴き取ることにチャレンジしてみたいと思います。

［2］アソスでパウロと落ち合ったので、わたしたちは彼を船に乗せてミティレネに着いた。（14～15）

パウロが、ルカたちを離れてトロアスからアソスまで独り山道を歩いて行った謎は、この時がどういう時であったか、そしてパウロがミレトスでエフェソの長老たちに語った決別説教の内容を調べれば、解くことができます。14～15節までのテキストによれば、パウロはアソスでルカたちに合流して、ミティレネに着きました。翌日ミティレネを船出し、キオス島の沖を過ぎ、その次の日に、サモス島に寄港し、さらにその翌日にはミレトスに到着しました。ここでパウロたちは、なぜエフェソを通り過ぎてミレトスまで行き、ミレトスから使いを出して、エフェソの教会の長老たち（指導者）を集めて決別説教をしたかです。これは歴史的に非常に重要で、長い決別説教でした。

この決別説教には、第一にパウロの伝道観（18～27）、第二に教会観（28～31）、第三に聖書観（32～35）が述べられています。エフェソ伝道の総括として考え抜かれたものです。パウロがエフェソ教会を建設してきたと同じ教会観を持って、パウロが去った後も、長老たちが教会を建設し続けるように述べたものです。最後に、聖書は神の恵みの言葉であり、恵みの言葉・聖書を生活の規範とすべきことを、彼は証しを入れて述べました。この決別説教の内容は、パウロは生涯にわたって考え、実践してきたものでした。しかし、これをまとめて、順序正しく、論理的に、かつ実際的に体験的に話す必要がありました。そのために、パウロはトロアスからアソスまで山道を独りでゆっくり歩きながら、祈り、考え、まとめたのだと思います。

決別説教は、聖書全体では、きわめて重要です。旧約ではモーセの決別説教を（申命記三一～三二章）、新約ではイエスの決別説教を（マルコ一三章、ルカ二二章14～38、ヨハネ一三～一七章）を学ぶことが重要です。モーセは、百二十年のイスラエル民族の指導者としての百二十年の生涯を終えるにあたって、言っておかなければならないことを、後継者のヨシュアと十二人の長老と全会衆に向かって述べています。この決別説教が、その後のイスラエルと教会と世界の歴史に大きな影響を与えました。イエスの決別説教も、自分を裏切ろうとしている弟子たちに向かって語ったものです。後の教会と世界の歴史を見ますと、イエスの預言の通りに教会と世界の歴史は展開しております。イエスの十字架と復活の終末的出来事は、モーセの死よりもはるかに偉大な意味を持っています。従って、イエスの決別説教の影響力は、モーセやパウロの決別説教以上の強力な影響力を持っていることは言うまでもありません。

　こうした大きな視点と、アソスでのパウロが置かれていた時と場所をも考え、ミレトスでなされたパウロの過去、現在、未来に渡る歴史観の視点から見る時に、パウロがトロアスからアソスまでの山道を独りで(しかし、神とイエスと聖霊を共に)二五キロもの道を歩いた理由が分るような気が致しました。パウロの決別説教の詳しい学びは、これからの三回のメッセージでさせていただきたいと思っていますので、祈り、期待し、お待ちください。

［3］パウロは、アジア州で時を費やさないように、エフェソには寄らないで（16）

　パウロがエフェソには寄らなかった理由として挙げられていることは、五旬祭（ペンテコステ）にはエルサレムに着くために、旅を急いだことです。私は他にも理由があったと思います。使徒二一27を見ると「アジア州から来たユダヤ人たちが神殿の境内でパウロを見つけ、全群衆を扇動して彼を捕らえ」と記されていますし、それだけではなく、彼らはパウロを殺そうとしていた(31)とも記されています。エフェソのユダヤ人が遣わした暗殺団がパウロの生命をねらっていたことは、このことから明らかです。ましてエフェソでとどまっていたユダヤ教のユダヤ人たちは、パウロがエフェソに立ち寄ったらパウロの生命が危険にさらされていたので、パウロたちはエフェソを避けて、ミレトスに行ってエフェソの長老たちを呼び寄せたのではないかと思われます。

　なぜパウロは五旬祭にはエルサレムに着いていたい

と願ったのでしょうか。パウロが律法主義的、神殿中心主義的、商業主義的ユダヤ教は捨て去りましたが、イスラエルの出エジプト、その他の歴史的出来事に根ざしたユダヤ教の習慣を重んじようとしていたことを示しています。心あるユダヤ人から少しでも受け入れられようと、パウロが心がけていたことを、これは示しています。

どんなにユダヤ人から嫌われようとも、ユダヤ人を愛して、一人でもキリストの福音に導こうとパウロはしていました。これがその証拠であると思います。いくらユダヤ人から嫌われても、パウロは、敵対する者を愛するキリストの愛を生きようとしているのです。そしてユダヤ人と異邦人の間にある敵意という障害を取り除いて、両者がキリストにあって一つとなることをパウロは願い、そのことのために生命をかけていたのです。そのためには、エフェソの教会の中に、真のキリストの体である教会を、神の恵みの言葉によって、しっかりと形づくることが必要だったのです。アーメン。

今わたしは〝霊〟に促されて行動する

パウロはミレトスからエフェソに人をやって、教会の長老たちを呼び寄せた。長老たちが集まって来たとき、パウロはこう話した。「アジア州に来た最初の日以来、わたしがあなたがたと共にどのように過ごしてきたかは、よくご存じです。すなわち、自分を全く取るに足りない者と思い、涙を流しながら、また、ユダヤ人の数々の陰謀によってこの身にふりかかってきた試練に遭いながらも、主にお仕えしてきました。役に立つことは一つ残らず、公衆の面前でも方々の家でも、あなたがたに伝え、また教えてきました。神に対する悔い改めと、わたしたちの主イエスに対する信仰とを、ユダヤ人にもギリシア人にも力強く証ししてきたのです。そして今、わたしは、〝霊〟に促されてエルサレムに行きます。そこでどんなことがこの身に起こるか、何も分かりません。ただ、投獄と苦難とがわたしを待ち受けているということだけは、聖霊がどこの町でもはっきり告げてくださっています。しかし、自分の決められた道を走りとおし、また、主イエスからいただいた、神の恵みの福音を力強く証しするという任務を果たすことができさえすれば、この命すら決して惜しいとは思いません。そして今、あなたがたが皆もう二度とわたしの顔を見ることがないとわたしには分かっています。わたしは、あなたがたの間を巡回して御国を宣べ伝えたのです。だから、特に今日はっきり言います。だれの血についても、わたしには責任がありません。わたしは、神の御計画をすべて、ひるむことなくあなたがたに伝えたからです。どうか、あなたがた自身と群れ全体とに気を配ってください。聖霊は、神が御子の血によって御自分のものとなさった神の教会の世話をさせるために、あなたがたをこの群れの監督者に任命なさったのです。わたしが去った後に、残忍な狼どもがあなたがたのところへ入り込んで来て群れを荒らすことが、わたしには分かっています。また、あなたがた自身の中からも、邪説を唱えて弟子たちを従わせようとする者が現れます。だから、わたしが三年間、あなたがた一人一人に夜も昼も涙を流して教えてきたことを思い起こして、目を覚ましていなさい。（使徒言行録二〇17〜31）

〝霊〟に促されて行動する時とは、どういう時でしょうか。なすべき事は分かっているが、それを行う勇気が湧き出てこない危機の時ではないでしょうか。そういう時が、パウロがミレトスでエフェソの長老たちに決別説教をした時でした。

［1］パウロはミレトスからエフェソに人をやって、教会の長老たちを呼び寄せた（17〜18）

今朝は、歴史的に重要なパウロの決別説教の第一部である「パウロの伝道観」について見て参りましょう。どういう考えで彼はそれまで伝道をしてきたのでしょうか。彼の決別説教の第二部は「彼の教会観」、第三部は「彼の聖書観」となっています。エフェソ教会のモデルは、あらゆる教会のモデルであり、日本の教会のモデルでもあります。

このパウロの決別説教は考え抜かれた説教です。パウロはどのような考えで伝道をしてきたのでしょうか。見てまいりましょう。パウロは旅を急いでいたのと、エフェソよりもミレトスの方が安全で、落ち着いてこの重要な決別説教が出来ると判断しました。パウロはミレトスからエフェソに人をやって、教会の長老たちを呼び寄せました。

長老たちが集まってきた時、パウロはこう話しました。「アジア州に来た最初の日以来、わたしがあなた方と共にどのように過ごしてきたかは、よくご存知です。」(18)ここに、パウロのエフェソにおける三年間の伝道の第一の原則が明らかにされています。パウロのエフェソでの伝道は、彼らと共に、彼らの前でなされた裏表のない模範的な伝道でありました。この模範的伝道は、長い間考え抜かれ、厳しい現実の中で最も効果あると実証された伝道でした。理念と実践が一つとなった伝道でした。

〔2〕すなわち、自分を全く取るに足りない者と思い、涙を流しながら（19～20）

その伝道の基本的姿勢を、パウロは、具体的に次のように説明しました。「すなわち、自分を全く取るに足りない者と思い、涙を流しながら、また、ユダヤ人の数々の陰謀によってこの身に降りかかってきた試練に遭いながらも、主にお仕えしてきました」(19)と。ここで最も重要なキーワードは「主にお仕えする」という言葉です。ここに彼の第二の伝道に対する基本的姿勢を見ます。伝道者は一生懸命伝道をすればするほど、教会の内側からの批判と外側からの批判にさらされます。ある時にはほめられる事もあります。伝道者はそのような批判や賞賛の言葉に一喜一憂することなく、ただひたすら主に仕えて（主の奴隷として仕えるの意味）、喜びと感謝に生きることが、最も大切な基本的姿勢であるべきであるとパウロは言いました。

どうしたらこういう生き方が出来るのでしょうか。パウロはその秘訣は、「自分を全く取るに足りない者と思い」(19)と言っています。クリスチャンになる前の彼は、ユダヤ教の律法の最高の教師といわれたガマリエルの第一の弟子でした。しかし、彼は律法の教えに忠実であろうとして、初代教会の信徒の中では最もすぐれた人物であったステファノを迫害し、死に追いやりました。また、何の罪もない多くのクリスチャンたちを迫害し、死に追いやりました。このことがいかに大きな罪であるかを真に悟ったのは、ダマスコへの途上で復活のイエスに出会った時でした。十字架で死んだはずのイエスが、死から甦って、今も生きているということをパウロは知りました。余りのショックに、パウロは、視力を失い、三日間、暗黒の世界におりました。

その後、ダマスコ教会の代表アナニアのとりなしの祈りによって、視力を回復し、洗礼を受け、異邦人伝道者となりました（使徒二六12～18、二二6～16、九1～19を参照のこと）。この経験が原点となって、パウロは自分は罪人の頭である、取るに足りない者であるという意識を持って生きました。主イエスの憐れみによって、異邦人伝道の使命のために生かされている感謝と喜びに、ローマで殉教の死を遂げるまで生き続けました。ここに、彼の真の偉大さがありました。滅び行く魂のために、パウロは涙を流し、ユダヤ人の数々の陰謀による試練に遭いながらも、主にお仕えしました。このパウロの謙遜と愛と忍耐に、筆者はつくづく感心し、脱帽しました。

第三の伝道の原則は、伝道の場所と対象に関するものでした。「役に立つことは一つ残らず、公衆の面前でも、方々の家でも、あなた方に伝え、また教えてきました」（20）という文章の中に記されています。「公衆の面前でも、方々の家でも」という文章に伝道の二つの場所が記してあります。第一の場所は「公衆の面前で」、パウロはキリストの喜びの福音を語りました。「公衆の面前で」ということは、具体的には「午前十一時から午後四時までティラノ（講堂の持ち主の名前）の講堂（現代の日本の文化会館みたいな場所）を借りて、パウロはそこに訪れる人々に、ぶっ通し五時間、伝道をいたしました。この伝道がいかに効果あるものであったかが使徒一九9～10に記されております。もう一つの伝道の場所は、人々の家でした。「方々の家でも」とありますので、恐らくティラノの講堂で知り合った方々の家に行って、個人的に交わったり、個人伝道をしたり、教えたりしたのでしょう。午前中は、パウロは天幕造りをして働いていたわけですから、夜、家庭訪問をして伝道をしたものと思われます。伝道の対象は「あなたがた」すなわちユダヤ人と異邦人たちでした。

第四の伝道の法則は、伝道の内容に関するものでした。ずばり二つの伝道の中心的な内容をあげています。その第一は神に対する悔い改め、第二は主イエスに対する信仰です。この伝道の内容についての体系的説明は、詳しくローマ人への手紙に書いてあります。ここでは本当に中心的で本質的な内容を簡潔に記しています。神についての色々な客観的、学問的な知識は確かに必要です。しかし最も必要にして欠くことのできないものは、より主体的、体験的な神に対する悔い改めです。これが明確でないと、信仰の中心が揺らぎます。そしてわたしたちの主イエスに対する信仰です。「わたしたちの」と言えるほどにわたしたちの奥深いところでの「イエスは主である。神であるイエスはわたしの主であり、救いである」とのわたしたちの胃袋を通った信仰告白を意味します。(主とはギリシア語でキュリオスといいます。イエスとはヘブル語では「神は救いなり」という意味です。)

第五の原則は「伝道の力」についてです。パウロは端的に、「〝霊〟の促し」であると言っています。「促し」と訳されているギリシア語は、「聖霊の縛り」とも「聖霊の束縛」、あるいは「聖霊に捕らえられる」と訳すことが出来ます。非常に強い言葉です。これからパウロが行くエルサレムでは、エフェソから来たユダヤ人たちの陰謀によって、殺されるかもしれないという生命の危険がありました。それでもパウロは、エルサレムの教会に異邦人の教会からの献金をとどけ、異邦人の教会とユダヤ人の教会の和解と平和を建設し、さらにパウロは真のユダヤ人であって、過越の祭り、五旬祭というユダヤ教の重要な習慣、祭りを守っているという証しをたてようとしておりました。これらの、どうしてもしなければならないパウロの困難な責任、義務を果たすために、どうしても必要な力は聖霊の強制、束縛、強力な力でありました。

最後の第六の原則は、「伝道への全き献身と固い決意」でありました。パウロはこの全き献身と決意をこう表現しています。「自分の決められた道を走りとおし、また、主イエスからいただいた、神の恵みの福音を力強く証しするという任務を果たすことができさえすれば、この命すら決して惜しいとは思いません。」（24）不退転の決意、献身の固い意志、それは人間の力をはるかに超えた聖霊の促し、強制、束縛から来るものです。アーメン。

受けるよりは与えるほうが幸いである

そして今、神とその恵みの言葉とにあなたがたをゆだねます。この言葉は、あなたがたを造り上げ、聖なる者とされたすべての人々と共に恵みを受け継がせることができるのです。わたしは、他人の金銀や衣服をむさぼったことはありません。ご存じのとおり、わたしはこの手で、わたし自身の生活のためにも、共にいた人々のためにも働いたのです。あなたがたもこのように働いて弱い者を助けるように、また、主イエス御自身が『受けるよりは与える方が幸いである』と言われた言葉を思い出すようにと、わたしはいつも身をもって示してきました。」このように話してから、パウロは皆と一緒にひざまずいて祈った。人々は皆激しく泣き、パウロの首を抱いて接吻した。特に、自分の顔をもう二度と見ることはあるまいとパウロが言ったので、非常に悲しんだ。人々はパウロを船まで見送りに行った。（使徒言行録二〇32～38）

「受けるよりは与えるほうが幸いである。」イエスの生き方の要約です。世の中の人たちと正反対です。この激動する時代に可能でしょうか。できれば　なんと幸いな生き方でしょう。

［1］そして今、神とその恵みの言葉とにあなたがたをゆだねます。（32）

パウロはエフェソ教会の長老たちへの決別説教について三つのことを話しました。第一に伝道観、第二に教会観、第三に聖書観です。最後の聖書観が最も重要なテーマであると私は思います。聖書は神の言葉です。それは恵みの言葉です。この真理の上に、わたしたちの伝道観も教会観も立っているからです。聖書こそは神の言葉、恵みの言葉であるという真理こそが、キリスト教のすべての真理の前提です。この大前提が崩れたら、キリスト教は根底から崩れてしまいます。

パウロは、三年間、エフェソの教会の一人一人のために、夜も昼も涙を流してキリストの福音を教えてきました。今や、パウロは、エフェソでの伝道と教会形成の働きを終えて、エルサレムそしてローマへと行こうとしていました。彼は、二度と再び、エフェソには戻らないことが分っておりました。パウロは、エフェソ教会の指導者として、長老たちを任命いたしました。しかし、真の意味で、教会を建てあげる力は、「神の恵みの言葉」にあります。

そこでパウロは「そして今、神とその恵みの言葉とにあなたがたをゆだねます」(32)といいました。「あなたがた」とは、パウロの目の前にいたエフェソ教会の長老たちです。彼らは、パウロがまごころを込めて建てあげたエフェソの教会を受け継いで、牧会伝道をしようとしていました。パウロは、二度とエフェソに戻ってこないかも知れません。しかし、「神とその恵みの言葉」は不変です。この世で最も信頼できるものは、「天地は過《す》ぎゆかん、然《さ》れど、我《わ》が言《ことば》は過《す》ぎ往《ゆ》くことなし」（マタイ二四35）とイエスが言われた聖書の御言葉です。

「ゆだねる」と訳された原語は「与えきってしまう」「手渡す」「ゆだねる」「信頼しきる」「すすめる」等とも訳せます。この危機的な時、「最も信頼できるもの、ゆだね切ることが出来るもの、与え切って心配する必要のないもの」は、神の言葉とその恵みの言葉であったのです。

これだけ信頼し信用できるものは、神の言葉をおいてこの世界に存在しないというのがパウロの聖書信仰でした。この「神とその恵みの言葉」は、「あなたがたを造り上げ、聖なる者とされたすべての人々と共に恵みを受け継がせることができるのです」(32)とパウロは言っています。「造り上げ」は、土台をまず据《す》えて、その上に家を建てあげる時に使われるギリシア語が使われています。その目的は、ペンテコステの日に教会に注がれた聖霊に満たされて、聖なるものとされた全ての人々と共に恵みを受け継がせることです。

かつて、パウロはファリサイ派に属し、律法にとらわれて、クリスチャンたちを迫害しました。このパウロにとって「恵み」という言葉がどんなに貴重な、そして偉大な力ある言葉であったことでしょう。その恵みの言葉は、一代限りではなく何世代にもわたって、聖なる者とされた人々に受け継がせる霊の力を持っていることを、彼は固く信じていました。パウロは、彼らをこの御言葉に、ゆだね切ったのです。わたしたちもこのパウロの聖霊信仰に見習いたいものです。

［2］わたしは、他人の金銀や衣服をむさぼったことはありません。（33～35）

強い聖書観を持つことの重要性を強調したパウロは、ここで、「わたしは、他人の金銀や衣服をむさぼったことはありません」（33）と語り始めました。このパウロの発言の意図はどこにあるのでしょうか。

パウロは次のように説明いたしました。「ご存じのとおり、わたしはこの手で、わたし自身の生活のためにも、共にいた人々のためにも働いたのです」（34）と。彼は、彼自身の生活のためだけではなく、共にいた人々のためにも、朝早く起きて、ゴツゴツした手で天幕造りをしたのです。「共にいた人々」とは誰のことか、つづくパウロの発言によって明らかになります。それは弱い者たちのことです。弱い者が誰を指しているのかは、はっきりしませんが、多分、立場の弱い人、貧しい人、働きたくても働けない病気の人をさしているのだと思います。「助けるように」と訳されている原文は、「助けなければならない」という相当強い言葉「デイ」が使われています。

パウロは教会のために働いているわけですから、教会からその奉仕に対する「謝礼」をいただいてよいわけですが、それまでに述べた理由によって、まだ生まれたての教会に経済的負担をかけまいとして、肉体労働をしたようです。この箇所の結論部で、パウロはイエスの御言葉を引用して、「『受けるよりは与える方が幸いである』と言われた言葉を思い出すようにと、わたしはいつも身をもって示してきました」（35）といいました。

パウロが、働く者の当然の権利を放棄して、朝早く起きて肉体労働をしたその決定的理由が記されています。「受けるよりは与えるほうが幸いである」というイエスの御言葉を生活の基準として、従っていたのです。「パウロは他人の金銀や衣服をむさぼっている」という人たちの批判を押さえるためでもなく、自分の独立心を満足させるためでもありません。教会の弱い方々を助けるため、受けるよりは与えるほうが幸いであるから、彼は、きつい肉体労働をして伝道をし、教会を建て上げようとしたのです。こうしてイエスの生き方に習ったほうが、本当のキリストの愛の共同体である教会が建てあげられると彼は信じていたのです。

倫理的、実際的、具体的な問題についても、パウロは「神とその恵みの言葉」を基準にしていたことが分かります。マネー・ゲームをしてでもぼろ儲けしようというような自由競争の原理（むさぼりの原理）で生きることは、愛の共同体を破壊するものです。

［3］このように話してから、パウロは皆と一緒にひざまずいて祈った。（36〜38）

おそらく、パウロは、アブラハムのようにひれ伏して祈っていたと思います。（創世記一七3）ここでは、パウロは、長老たちと一緒にひざまずいて祈りました。ひざまずくことは、人間的な考え、この世の生き方を否定して、全能の父なる神、十字架のイエスの恵み、主の憐れみを、共同体として求めたということです。

「人々は皆激しく泣き、パウロの首を抱いて接吻した。」（37）長老たちはパウロの決別説教に感動したのでしょう。それ以上に彼の生き様に感動したのでしょう。「特に、自分の顔をもう二度と見ることはあるまいとパウロが言ったので、非常に悲しんだ」（38）のです。パウロは身を切られるように悲しいことであったと思います。しかし、パウロと共におられた十字架と復活の主は、残される長老たちとも共におられて、「神とその恵みの言葉」の力を証ししてくださいます。

また、パウロのように、長老たちも身をもってイエスを生きることを許してくださるのです。そして、偶像の町エフェソに、キリストの体という愛の共同体が建て上げられていくことでしょう。アーメン。

アブラムはひれ伏した。神は更に、語りかけて言われた。（創世記一七3）

共にひざまずいて祈る

　わたしたちは人々に別れを告げて船出し、コス島に直航した。翌日ロドス島に着き、そこからパタラに渡り、フェニキアに行く船を見つけたので、それに乗って出発した。やがてキプロス島が見えてきたが、それを左にして通り過ぎ、シリア州に向かって船旅を続けてティルスの港に着いた。ここで船は、荷物を陸揚げすることになっていたのである。わたしたちは弟子たちを探し出して、そこに七日間泊まった。彼らは〝霊〟に動かされ、エルサレムへ行かないようにと、パウロに繰り返して言った。しかし、滞在期間が過ぎたとき、わたしたちはそこを去って旅を続けることにした。彼らは皆、妻や子供を連れて、町外れまで見送りに来てくれた。そして、共に浜辺にひざまずいて祈り、互いに別れの挨拶を交わし、わたしたちは船に乗り込み、彼らは自分の家に戻って行った。（使徒言行録二一1～6）

　「共にひざまずいて祈る」ことの中に祈りの力の秘密があります。パウロは、何が起こるか分からないエルサレムに行こうとしております。彼は、見送りに来た人たちと共に、浜辺でひざまずいて祈りました。

［1］わたしたちは人々に別れを告げて船出し、コス島に直航した。（1）

　パウロは、使徒二〇36でも皆と一緒にひざまずいて祈っています。二一5でも共にひざまずいて祈っています。イエスもルカ二二41でひざまずいて祈っておられます。これは偶然の一致とは考えられません。時と場所と目的はそれぞれ違いますが、それぞれ、非常に危機的な時に、重要な場所で、同じような目的でひざまずいて祈っています。三つの祈りを比較してみますと、類似点と相違点を見出すことが出来ます。

　共通している点は、三つとも危機的な時の祈りです。相違点は場所と状況です。二〇36では、ミレトスで、エフェソ教会の長老たちと共に、最後の別れを惜しんで、共にひざまずいて祈っています。二一5では、ティルスの浜辺で、パウロたちに一週間宿を提供した家族が、パウロたちと共にひざまずいて祈っています。ルカ二二41〜42では、ゲツセマネの園で、イエスが、石を投げて届くほどの所で、弟子たちから離れて、ひざまずいて祈られました。

「父よ、御心なら、この杯をわたしから取りのけてください。しかし、わたしの願いではなく、御心のままに行ってください」と。この祈りは、イエスが十字架にお架かりになられる直前に祈った祈りです。

もう一つパウロの危機的な祈り（エルサレムに行って殺されるかもしれないという危機）と、イエスが間もなく捕らえられて殺されようとしている危機におけるイエスの祈りの間には、平行関係があることが重要です。この件はまた後程取り上げます。私たちの人生は、船出の人生です。パウロは、ミレトスで、エフェソの教会の長老たちと二度と再び会うことはない別れを告げて、船出し、コス島に直航しました。（コス島はミレトスから南に七五キロ離れたところにあります）。翌日、ロドス島に着き（南東一〇〇キロのところ）、そこからパタラに渡り（六五キロ離れたところ）、フェニキアに行く船に乗って出発しました。ミレトスからフェニキアまで約九一五キロありました。

［2］キプロス島が見えてきたが、それを左にして通り過ぎ、……ティルスの港に着いた。（3〜4）

ティルスは口語訳ではツロと訳されています。ツロ・フェニキアと言われており、地中海沿岸では、貿易で栄えた大きな港町でした。ここで、船は荷物を陸揚げして、積荷をすることになっていました。荷物の揚げ降ろしで一週間はかかることになっていました。

ここまで、客観的に船旅を描写しているだけで、三節が取られており、今朝のメッセージのテキストの半分のスペースが用いられています。これは、歴史家ルカの正確かつ客観的描写です。この三節は、危機的時代に生きる私たちの生活にどのように関係しているのでしょうか。テキストの前後の文脈の中で、4〜6節まで読んで、祈り、考え、瞑想しているうちに、ヒントが与えられました。

そうだ、パウロのエルサレム行きは、イエスのエルサレム入場、十字架、復活の記事と、平行して書かれていると気付きました。どんどん光が与えられて、ここには、実に百年に一度といわれる危機の時代に生きるわたしたちに関わる重要なメッセージが記されていることがわかりました。

テキストにそって、ルカが記す物語を見ていきましょう。４節には、「わたしたちは弟子たちを探し出して、そこに七日間泊まった」と記されています。七日間は、船の荷物を降ろしたり積んだりする期間です。パウロたちは、この時間を最も有意義に過ごすために、キリストの弟子（クリスチャン）を探し出す努力をしました。どうでしょうか。わたしたちは、どこかに旅行して、その町にクリスチャンがいるかどうか、教会があるかどうか探し求めたことがあるでしょうか。キリストの弟子というのですから、キリストの教えに忠実に生きている人たちです。そういう人たちは目立ちますので、すぐに探し出すことが出来たのです。当時どのようにしてこの町にクリスチャンたちが住むようになったのでしょうか。ステファノの殉教の死で散らされた人たちが、この町にまで逃げてきて住み込んでいたのです。迫害を通ってきたキリストの弟子と言われるこの人たちは、真のキリストの愛に満たされていました。親しい交わりを通して、何でも話すことができる仲となりました。パウロは、何のためにエルサレムに行くのかを彼らに話しました。すると彼らは預言の賜物を持っていたのでしょう。〝霊〟に動かされて、エルサレムに行かないようにとパウロに繰り返して言いました。パウロも〝霊〟に導かれてエルサレムに行こうとしていました。これは両者とも〝霊〟に導かれておりますので、「絶対と絶対の争い」すなわち宗教戦争になる危険性がありました。ところがパウロたちはそこを去ってエルサレムへの旅を続けることにしました。

［3］滞在期間が過ぎたとき、わたしたちはそこを去って旅を続けることにした。（5〜6）

次に、驚くべきことが書かれています。「彼らは皆、妻や子供を連れて、町外れまで見送りに来てくれた。」（5）

さらに驚くべきことは「共に浜辺にひざまずいて祈り」（5）と書いてあります。彼らはお互いに〝霊〟に動かされていたのですが、パウロに働いていた聖霊の導きのほうがより強く深かったので、この町のクリスチャンたちは、それ以上反対せずパウロに働かれた聖霊の働きを重んじ、その導きに従い、浜辺まで見送り、「共にひざまずいて祈った」のでした。これがキリストにある本当の愛であり、霊の導きです。

どうしてこのようなことが出来たのでしょうか。「共にひざまずく」とは、お互い神の前におのれを捨てて、へりくだり、より高い霊によって満たされていたからではないかと思います。彼らは、ゲツセマネの園において、十二弟子たちから少し離れて（独立して距離を置いて）、ひざまずいて祈られたイエス・キリストと同じ信仰で生きていたのです。反対しながら、争いながら、しかし、最後には、相手の中に働く聖霊の導きの方が、より高く、より強い導きであることが信じられるのです。その時に、意見の相違を越えて、キリストにあって一緒に相手の生き方に敬意を払うことができました。そればかりか、パウロたちのために祈り、サポートし、協力する――これぞ本物の信仰者の姿です。

最後に、どうして、ティルスのキリストの弟子たちが心の底から納得したか、その理由を考えましょう。イエスのエルサレムにおける生き方と、エルサレムに向かうパウロの生き方の中に、彼らが平行関係を見たからではないかと思われます。イエスは、早い時期から、エルサレムに向かう決意を固めておられていました。（ルカ九51「イエスは、天に上げられる時期が近づくと、エルサレムに向かう決意を固められた。」）イエスは子ろばに乗って、真のメシア、主の僕としてエルサレムに入場されました。（同一九35～38）イエスは、弟子たちに捨てられ、イスラエルの指導者たちに殺されました。イスラエルの人たちと異邦人たちの罪を赦し、贖い、三日目に死から甦られたのです。パウロは、実に、この十字架にお架かりになり、三日目に復活されたイエスにならって、生きていたのです。

ティルスにいるイエスの弟子たちは、このパウロの信仰と生き方を真に理解しました。だからこそ、人々が見ている中で、パウロたちと共に、妻や子供と共に、ひざまずいて神を礼拝し、祈ることができたのです。ここに、キリストの教会の一致と、赦しと、和解と、平和があります。アーメン。

主イエスのため死も覚悟する

わたしたちは、ティルスから航海を続けてプトレマイスに着き、兄弟たちに挨拶して、彼らのところで一日を過ごした。翌日そこをたってカイサリアに赴き、例の七人の一人である福音宣教者フィリポの家に行き、そこに泊まった。この人には預言をする四人の未婚の娘がいた。幾日か滞在していたとき、ユダヤからアガボという預言する者が下って来た。そして、わたしたちのところに来て、パウロの帯を取り、それで自分の手足を縛って言った。「聖霊がこうお告げになっている。『エルサレムでユダヤ人は、この帯の持ち主をこのように縛って異邦人の手に引き渡す。』」わたしたちはこれを聞き、土地の人と一緒になって、エルサレムへは上らないようにと、パウロにしきりに頼んだ。そのとき、パウロは答えた。「泣いたり、わたしの心をくじいたり、いったいこれはどういうことですか。主イエスの名のためならば、エルサレムで縛られることばかりか死ぬことさえも、わたしは覚悟しているのです。」パウロがわたしたちの勧めを聞き入れようとしないので、わたしたちは、「主の御心が行われますように」と言って、口をつぐんだ。（使徒言行録二一7～14）

死を覚悟して生きる人ほど強い人はありません。パウロはイエスのために死を覚悟して、敵意のうずまくエルサレムへ行こうとしました。

［1］わたしたちはティルスから航海を続けてプトレマイスに着き（7～8）

最低まで落ちた経験を持った人は強くなります。パウロの強さの秘密は、最も弱い経験、すなわち自我に死んだ経験を、ダマスコ途上で経験し続けたところにあったのではないかと思います。世界と日本の不況も三月あたりがどん底になるのではないかという人もいます。こういう世相の中にあって、わたしたちは、自我に死んで、キリストに生きるしっかりとした経験を持ち、また持ち続けることが必要であると思います。

　このテキストで、「わたしたち」とは、ルカを始めとするパウロ、異邦人教会の代表者を指します。彼らは、パウロがアッピールして異邦人教会から集めた献金を、エルサレムの教会に持参しようとしておりました。この献金は、親教会であるエルサレム教会への感謝献金でありました。パウロは、エルサレム教会の方々に、異邦人伝道のために祈ってもらったので、その伝道の実である異邦人教会の代表を連れて行って、直接証しして、感謝の意を示そうとしたと思われます。また、当時のエルサレム教会が、時の経過と共に、救われた恵みの経験だけでは不充分であって、異邦人キリスト者も割礼を受け、ユダヤ教の食事規定も守るべきであるというように、段々と律法的に傾いていることを耳にし、エルサレム教会と異邦人教会が分裂することを恐れたと思われます。異邦人教会とエルサレムの教会が親しく交わって、両者が一致することを願って異邦人教会の代表を連れて行ったものと思われます。

　その「わたしたち」は、ティルスから航海を続けてプトレマイスに着き（ティルスから南方四〇キロメートル）兄弟たちに挨拶して彼らのところで一日を過ごしました。当時のキリストの弟子たちは例え一日でも主イエスにある兄弟たちとして宿と食事を提供し、親しく交わりの時を持ったことが分ります。そして、お互い、どんな困難にでも耐えて、喜びを持って生きることが出来たのです。

　翌日、プトレマイスを発って、カイサリアまでの五〇キロメートルの道を歩いて、そこに泊まりました。「例の七人の一人である福音宣教者フィリポ」とは、エルサレム教会の初代執事七人の一人であったにフィリポです。やもめたちに対する日々の分配のことで、ギリシア語を話すユダヤ人から、ヘブル語を話すユダヤ人に対して苦情が出た時に、十二人の使徒たちは全て弟子たちを呼び集めて、彼らの了解を得て、〝霊〟と知恵に満ちた評判の良い人を七人選びました。そしてその七人に、それらの仕事をまかせて、使徒たちは祈りと御言葉の奉仕に専念することにしました（使徒六1～6）。その七人の中でもステファノ、フィリピは、人々に広く知られるようになりました。ステファノが殉教の死を遂げた時に散らされて、フィリポは、ユダヤの総督が居住しているカイサリアに移り住んで伝道していました。使徒たちと区別するために、福音宣教者フィリポと言われたのです。一行はそのフィリポの家に泊まったのです。

［2］この人には預言をする四人の未婚の娘がいた。
（9～13）

　幾日か滞在して、お互いに交わりを深め、どういう目的でエルサレムに行くとか、お互いが知り合った頃、アガボという預言者が、ユダヤから下ってきました。前に、アンティオキアで、大飢饉が世界中に起こると〝霊〟によって予告した人物です（使徒一一27～28）。そしてその予告は見事に適中いたしました。

　そのアガボが、ルカたちが泊まっているところに来て、パウロの帯を取り、自分の手足を縛って言いました。「聖霊がこうお告げになっている。『エルサレムでユダヤ人は、この帯の持ち主をこのように縛って異邦人の手に引き渡す。』」と。このような具体的な預言の仕方は旧約聖書時代の預言者の預言の仕方で、大変現実味をおびた真に迫った預言の仕方です。この預言に力づけられて、ルカたちは土地の人と一緒になって、パウロにエルサレムには上がらないようにとしきりに頼みました。

　それまでは、パウロ先生があんなにも確信しているので、遠慮して黙っておりましたが、今回は預言することを専門にする預言者の言葉でもあり、我慢していたものが爆発してしまい、土地の人たちと一緒になって、エルサレム行きをやめるようにパウロに熱心に頼みました。アガボは、聖霊が直接こう言いますと、聖霊の権威をかざして預言を致しました。その上ルカたちも異邦人の代表者たちも土地の人と一緒になって、エルサレムには上がらないようにとパウロに頼みました。

［3］そのとき、パウロは答えた。「泣いたり、わたし

の心をくじいたり、いったいこれはどういうことですか。」（13〜16）

多勢に無勢、しかもアガボは聖霊の権威を盾にしています。普通ならこれで決まりなのですが、パウロは「ウン」とは言いません。またイエスがペトロに言ったように「サタンよ、去れ」とも言いませんでした。パウロはこう言いました。「泣いたり、わたしの心をくじいたり、いったいこれはどういうことですか。主イエスの名のためならば、エルサレムで縛られることばかりか死ぬことさえも、わたしは覚悟しているのです。」と。

「私の心をくじいたり」（英語では「クラッシュしたり」）と言っていますので、さすがのパウロも動揺し、くじけそうになりました。しかしパウロは思い直して、正直に勇気を持って、彼らの言うことには、従いませんでした。絶対対絶対の宗教戦争に発展していくのでしょうか。ルカたちはパウロの預言が変わらないことを悟り、「主の御心が行われますように」（14）と言って口をつぐみました。ルカたちは自分たちの考えを捨て、主イエスの御心が行われるようにと自分たちの主張を取り下げました。四人のフィリポの娘たちも、預言者アガボも引きました。

イエスもゲツセマネの園で、「わたしの願いではなく、御心のままに行ってください」（ルカ二二42）と祈って、イスラエルと異邦人の救いのために十字架の道を選ばれました。イエスでさえも迷われました。パウロが迷うのは当然です。しかし、すぐ信仰にたってパウロは神の御心に従いました。動揺しながら、迷いながら、しかし長い間考え、祈り、確信し、覚悟した信仰は貫徹されました。アーメン。

数日たって、彼らは旅の準備をしてエルサレムに上がりました。「旅の準備をして」はギリシア語では、「正装を整える」という意味を持つ言葉です。緩んだ帯を締めなおして、しっかりと戦う決心をしてエルサレムへと向かったのです。

「カイサリアの弟子たちも数人同行して」（使徒二一16）いました。死ぬ覚悟をしてエルサレムに向かうパウロたちと、危険を分かち合う覚悟を持った人々が数人同行したとは、驚き慰められます。彼らはパウロの一行を、

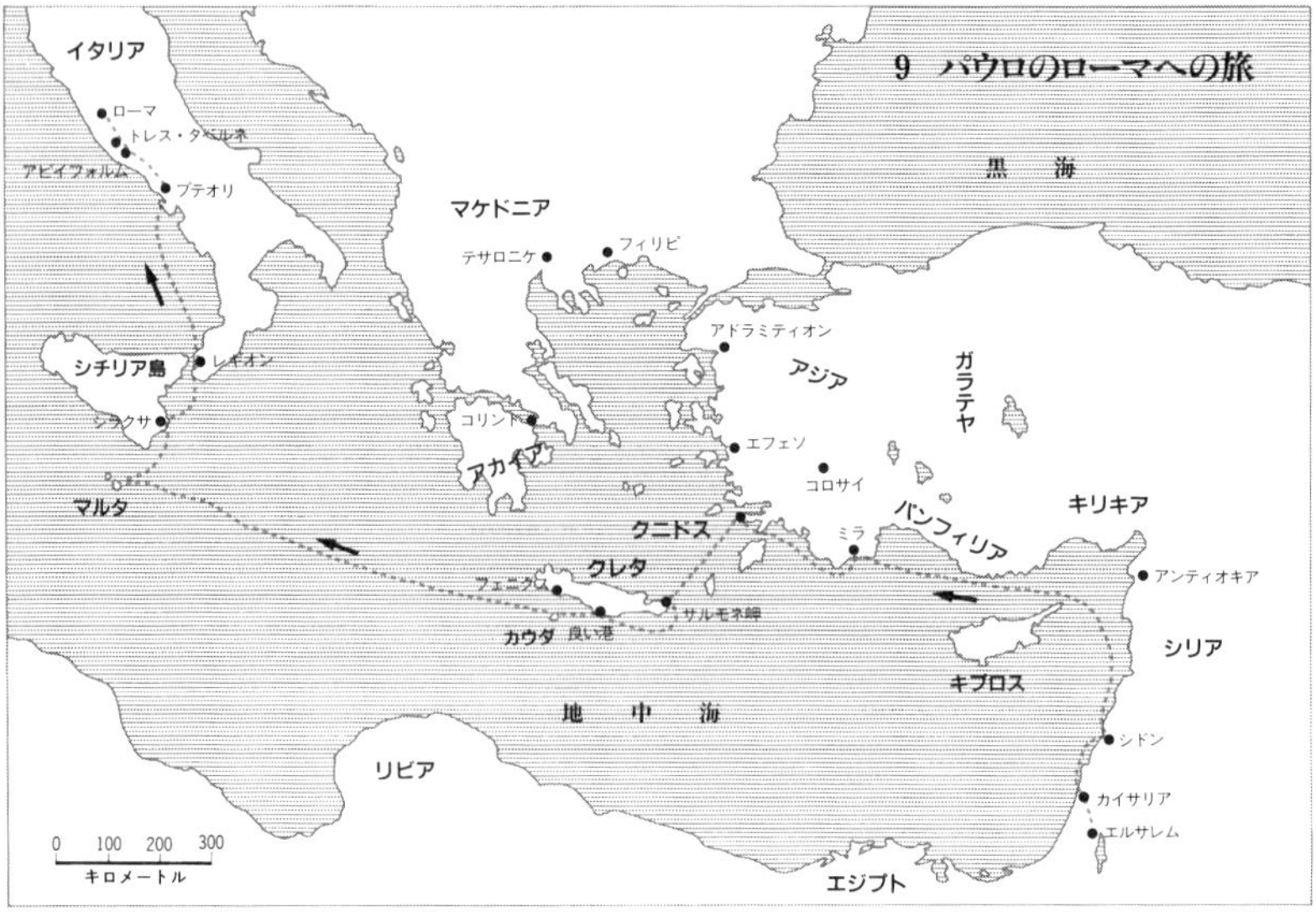

「パウロのローマへの護送ルート」21・15〜28・31

ムナソンの家に泊まるように配慮し案内しました。感激です。ムナソンはキプロス島の出身で以前から弟子でありました。ムナソンはバルナバ（慰めるもの）と同じヘレニスティック（ギリシア的）クリスチャンであったことがわかります。「ずっと以前から」とありますので、当時のエルサレムの教会が、律法的ユダヤ教的色彩が強くなる以前からということです。バルナバのように、福音的で愛と霊に満ちた人でありました。

　パウロもルカも異邦人教会の代表者たちも、このムナソンの家で、どんなにか、くつろぎ、やすらぎ、慰められたことでしょう。この愛の精神こそ、神とキリストと聖霊から出たものです。「神《かみ》もし我らの味方ならば、誰《たれ》か我らに敵せんや。」（ローマ八31）

　キリストのため、神のため、ユダヤ人と異邦人の救いのために、生命を捨てる覚悟を持っている人ほど強い人はありません。アーメン。

自由と愛

わたしたちがエルサレムに着くと、兄弟たちは喜んで迎えてくれた。翌日、パウロはわたしたちを連れてヤコブを訪ねたが、そこには長老が皆集まっていた。パウロは挨拶を済ませてから、自分の奉仕を通して神が異邦人の間で行われたことを、詳しく説明した。これを聞いて、人々は皆神を賛美し、パウロに言った。「兄弟よ、ご存じのように、幾万人ものユダヤ人が信者になって、皆熱心に律法を守っています。この人たちがあなたについて聞かされているところによると、あなたは異邦人の間にいる全ユダヤ人に対して、『子供に割礼を施すな。慣習に従うな』と言って、モーセから離れるように教えているとのことです。いったい、どうしたらよいでしょうか。彼らはあなたの来られたことをきっと耳にします。だから、わたしたちの言うとおりにしてください。わたしたちの中に誓願を立てた者が四人います。この人たちを連れて行って一緒に身を清めてもらい、彼らのために頭をそる費用を出してください。そうすれば、あなたについて聞かされていることが根も葉もなく、あなたは律法を守って正しく生活している、ということがみんなに分かります。また、異邦人で信者になった人たちについては、わたしたちは既に手紙を書き送りました。それは、偶像に献げた肉と、血と、絞め殺した動物の肉とを口にしないように、また、みだらな行いを避けるようにという決定です。」そこで、パウロはその四人を連れて行って、翌日一緒に清めの式を受けて神殿に入り、いつ清めの期間が終わって、それぞれのために供え物を献げることができるかを告げた。（使徒言行録二一17～26）

自由にこそ真の生きる喜びがあります。しかし自由が行き過ぎると放縦となり、金融破綻、世界同時不況などというとんでもないことになります。自由と束縛のバランスを取り、幸いな人生、世界とするには、どうしたらよいのでしょう。他者の救いのために喜んで苦難を受けるキリストに倣って生きることであります。

［1］わたしたちがエルサレムに着くと、兄弟たちは喜んで迎えてくれた。（17〜19）

パウロは、三回の世界伝道旅行を終えて、世界伝道旅行の出発点であるエルサレムに帰ってきました。異邦人教会の代表者たちを連れて、生命がけで帰ってきました。異邦人伝道者として、最後の受難の時を迎えようとしています。福音書のイエスの受難物語は、全体の四分の一のスペースを費やして書かれています。パウロの受難物語も、使徒二一17から始まって、使徒言行録の四分の一が費やされています。使徒言行録の著者ルカは、この長いパウロの受難物語で何を言おうとしたのでしょう。

第一にルカが言おうとしたことは、キリストの福音による自由と、エルサレム教会と異邦人教会の一致です。

第二は、自由でありながら、一人でも救いたいという愛のために、ユダヤ人の習慣に従うことでした。

パウロは、真の自由と愛という二つの目的のために、キリストに倣って弱い者の救いのために受難の生涯を生きました。この受難の生涯をどのように生きたかを、今朝のテキストから学びましょう。

「わたしたちは」は、ルカを始めパウロ、異邦人教会の代表たちを含みます。色々な人々に、エルサレム行きを反対されたにもかかわらず、神の導きを信じて遂にエルサレムに着きました。まずエルサレム教会に行きました。主にある兄弟たちは喜んで迎えました。パウロも久しぶりのエルサレムの帰還ですから、多くの苦難が待ち受けているにもかかわらず、ひとまず、ほっとしたことでしょう。これは実質上の歓迎会でした。

翌日、パウロは、ルカたちを連れてヤコブを訪ねました。そこには長老たちが皆集まっていました。初代教会の代表者はペトロでしたが、その代表がヤコブ（イエスの弟）に代わっています。ヨハネも見当たりません。パウロが不在の間に大きな変化が起こったのでしょうか。パウロは挨拶を済ませてから、自分の奉仕を通して、神が異邦人の間で行われたことを詳しく説明しました。これが第二回目の集会です。パウロの異邦人伝道の報告会と思われます。あれだけ大きな働き・異邦人伝道をしたにも拘わらず、パウロは驕らず、「自分の奉仕を通して神が異邦人の間で行われたこと」と言いました。パウロは、徹底して神に仕える奉仕者で、神の器に過ぎないことを述べています。このパウロの謙虚さにわたしたちも学びたいものです。伝道は、わたしたちの業であり、教会の業である前に、神の業です。ですから、現代の多くの人たちが、このことを「ミシオデイ（神の宣教）」と言っています。

多分この時に、パウロは異邦人教会の代表者たちが同席する中で、ヤコブに、長老たちが見守る中で、異邦人諸教会からの献金を渡したと思われます。もちろん、その前に献金をしてくださった異邦人教会の名前と代表者の名前を紹介したことでしょう。またその献金が献げられたいきさつ、趣旨などもパウロは述べたのでしょう。長くなるので、著者ルカは省略したと考えられます。

［2］これを聞いて、人々は皆神を賛美し、パウロに言った。（20～25）

ここからは第三の集会には入ります。ヤコブたちは、パウロの異邦人伝道のすばらしい報告を聞いて神を賛美しました。この後、エルサレム教会の人々は「兄弟よ」と、パウロに語りかけました。静かで丁重な語り出しですが、その内容は大変深刻なものでした。

「神を賛美する」とは、ルカ二20、五25～26によりますと、神が訪れて、驚くべきわざを成してくださったことに驚いて、神を心から喜びと感激をもって賛美することを意味します。ですから、これは彼らの、真実な賛美でした。そこで彼らは次のように言いました。「ご存知のように、幾万人ものユダヤ人が信者になって、皆熱心に律法を守っています。この人たちがあなたについて聞かされていることによると、あなたは異邦人の間にいる全ユダヤ人に対して、『子供に割礼を施すな。慣習に従うな』と言って、モーセから離れるように教えているとのことです。いったい、どうしたらよいでしょうか」と。パウロに相談するような言い方をしました。

このような極端なことを言っている人たちは、エフェソからやって来て、パウロを殺害しようとしている人たちでした。この問題はエルサレム教会にとって重大な問題でした。彼らも困りきっていたのです。パウロに相談しながら、一応彼らで話し合って導き出した結論を言いました。

「だから、わたしたちの言うとおりにしてください。わたしたちの中に誓願（ナジル人の誓願）を立てた者が四人います。この人たちを連れて行って一緒に身を清めてもらい、彼らのために頭をそる費用を出してください。そうすれば、あなたについて聞かされていることが根も葉もなく、あなたは律法を守って正しく生活している、ということがみんなに分かります。」（23～24）彼らは正直に自分たちの本心を語りました。彼らの本心は、小アジアから来て、パウロを誤解し殺そうとしている人たちの誤解を解くことにありました。

さらに、彼らは、かつてのエルサレム教会会議で決定した異邦人教会が守るべきことを、もう一度確認しました。「また、異邦人で信者になった人たちについては、わたしたちは既に手紙を書き送りました。それは、偶像に献げた肉と、血と、絞め殺した動物の肉とを口にしないように、また、みだらな行いを避けるようにという決定です。」（25）このことについては、パウロはすでに同意していましたので、問題はありませんでした。

［3］そこで、パウロは四人を連れて行って（26）

この箇所は、今朝のテキストの結論部です。パウロは彼らの提案に異議を唱えることなく、「四人を連れて行って、翌日一緒に清めの式を受けて神殿に入り」と記されています。パウロは彼らの提案を受け入れたのです。パウロは、まちがえれば、生命を奪われかねない、このような危険な提案を、なぜ受け入れたのでしょうか。

その理由をＩコリント九19にパウロは次のように記しています。「わたしは、だれに対しても自由な者ですが、すべての人の奴隷になりました。できるだけ多くの人を得るためです。」さらに、ここで次のように言っています。「ユダヤ人に対しては、ユダヤ人のようになりました。ユダヤ人を得るためです」。結論として同九23で彼らはこのように言い切っています。「福音のためなら、わたしはどんなことでもします。それは、わたしが福音に共にあずかる者となるためです。」すごい言葉です。パウロの生命がけの言葉です。敵対する同胞を愛する愛に満ちた言葉です。

わたしたちも、この新しい年、このように自由を制約されても、生命がけの覚悟を持って、敵対するような同胞を愛して伝道をしていこうではありませんか。アーメン。

危機一髪、窮地から助けられる

七日の期間が終わろうとしていたとき、アジア州から来たユダヤ人たちが神殿の境内でパウロを見つけ、全群衆を扇動して彼を捕らえ、こう叫んだ。「イスラエルの人たち、手伝ってくれ。この男は、民と律法とこの場所を無視することを、至るところでだれにでも教えている。その上、ギリシア人を境内に連れ込んで、この聖なる場所を汚してしまった。」彼らは、エフェソ出身のトロフィモが前に都でパウロと一緒にいたのを見かけたので、パウロが彼を境内に連れ込んだのだと思ったからである。それで、都全体は大騒ぎになり、民衆は駆け寄って来て、パウロを捕らえ、境内から引きずり出した。そして、門はどれもすぐに閉ざされた。彼らがパウロを殺そうとしていたとき、エルサレム中が混乱状態に陥っているという報告が、守備大隊の千人隊長のもとに届いた。千人隊長は直ちに兵士と百人隊長を率いて、その場に駆けつけた。群衆は千人隊長と兵士を見ると、パウロを殴るのをやめた。千人隊長は近寄ってパウロを捕らえ、二本の鎖で縛るように命じた。そして、パウロが何者であるのか、また、何をしたのかと尋ねた。しかし、群衆はあれやこれやと叫び立てていた。千人隊長は、騒々しくて真相をつかむことができないので、パウロを兵営に連れて行くように命じた。パウロが階段にさしかかったとき、群衆の暴行を避けるために、兵士たちは彼を担いで行かなければならなかった。大勢の民衆が、「その男を殺してしまえ」と叫びながらついて来たからである。（使徒言行録二一27～36）

人生には窮地に追い込まれて、万事休すと思えることがあります。危機一髪、窮地から助けられた時の感謝、喜びは何ものにもたとえ様がありません。

［1］七日の期間が終わろうとしていたとき、アジア州から来たユダヤ人たちが神殿の境内でパウロを見つけ（27～29）

あの時死んでいてもおかしくなかったという時が、わたしたちの人生にはままあります。しかし、どういうわけか危機一髪、不思議な形で助けられ、生かされています。この中に、何か神様の御心があるに違いありません。その神様の御心とは何なのだろうかと、考えさせられます。死ぬべき者が、危機一髪助けられたのです。この神様の計り知れない恵みにお応えして、神様の御用に、役立ちたいと心から思います。今朝のメッセージは、このことをわたしたちに伝えようとしています。

「七日の期間が終わろうとしていたとき」、これは、パウロが誓願を立てた四人と一緒に清めを受けた期間を指します。その七日間の清めの期間が終わった時、アジア州（エフェソ）から来たユダヤ人たちが、神殿の境内でパウロを見つけ、全群衆を扇動して彼を捕らえて叫びました。「イスラエルの人たち、手伝ってくれ。この男は、民と律法とこの場所を無視することを、至るところでだれにでも教えている。その上、ギリシア人を境内に連れ込んで、この聖なる場所を汚してしまった」（28）と。ユダヤ国の三大祭りの一つペンテコステ（七週の祭り、収穫祭）で、世界中から沢山の巡礼者がエルサレムに集まっていました。当時、世界中に、ディアスポラと言って散らされたユダヤ人がおりました。パウロに強いうらみと憎しみと殺意を持って、エフェソからやって来たユダヤ人たちは、このようなディアスポラの人たちでした。

ここで、彼らがパウロに帰した四つの罪状が、いかに重大な罪であるかを明らかにしなければ、日本人はこの記事を全く理解できないと思います。まず、「無視する」と訳されているギリシア語は「反する」という強い意味を持つことを知る必要があります。彼らの訴えによりますと、パウロはこの時、死罪に値する三つの重大な宗教的罪を犯しているというのでした。その三つは、「聖なるイスラエルの民に反する罪」と、「聖なるモーセの律法に違反する罪」、「聖なる神殿に違反している罪」です。もう一つ、これは明らかに誤解でしたが、エフェソ出身の異邦人・トロフィモとパウロが一緒に神殿にいたということでした。異邦人は神殿に入ることは出来ないという律法を犯したと誤解したのです。これを入れて四つの死罪に値する罪を犯したということで、パウロにリンチを加えて殺そうとしたのです。

〔2〕それで、都全体は大騒ぎになり、民衆は駆け寄ってきてパウロを捕らえ、境内から引きずり出した。（30～34）

彼らが大きな声で叫んだだけで、エルサレム全体が、こんなに簡単に大騒ぎになるのでしょうか。大きな祭りの時は、小さな騒ぎがすぐに大きな騒ぎになりがちです。特に、四つもの死罪に値する罪を犯した者がいるという訴えには、民衆は敏感に反応しました。民衆は駆け寄ってきて、パウロを捕らえ、境内から引きずり出しました。そして、門はすぐ閉ざされました。神殿警備隊も敏速に反応しました。

彼らがパウロを殺そうとしていた時、エルサレム中が混乱に陥っているという報告が守備大隊長のもとに届きました。守備隊長である千人隊長は、直ちに兵士と百人隊長を率いて駆けつけました。大きな国家的な祭りの時には、ローマの守備隊がアントニア要塞に宿営し、宿舎には千人ほどのローマ兵が寝泊りして見張っていました。ローマの千人隊長の下に百人隊長がおり、その配下に七六〇の歩兵と二四〇の騎兵がおりました。彼らは闘う以外は、神殿領域での平和を守り、祭りの間に町で起こる暴動を鎮める責任を負っていました。ですから、エルサレム中が混乱に陥ったとの報告が入ったときに、直ちに千人隊長は、百人隊長を率いて兵士を連れて現場に駆けつけることができたのです。

群集は千人隊長と兵士を見ると、パウロを殴るのをやめました。千人隊長は近寄ってパウロを捕らえ、二本の鎖で縛るように命じました。そしてパウロが何者であるのか、また何をしたのかと尋ねました。しかし、群衆はあれやこれやと叫びたてていました。千人隊長は騒々しくて真相をつかむことが出来ないので、パウロを兵舎に連れて行くように命じました。パウロは危機一髪のところで窮地の中から、異邦人である千人隊長と百人隊長とローマ兵とローマ法によって助け出されました。

　パウロは、おそらく、エフェソからのユダヤ人らが群衆を扇動して彼を捕らえ、暴力を加えた時、殺されるのではないかと死の覚悟をしたと思います。同時に、なすべき使命が残されているなら助けられるという一抹の希望を持っていたに違いありません。後程、パウロは弁明のチャンスが与えられて、生まれながらにしてローマの市民権を持つタルソの出身であることを主張しました。ローマ市民権を持つ者を、裁判にもかけずにリンチで殺すことは出来ませんでした。このようにして、パウロは危機一髪のところで窮地の中から救われました。異邦人である千人隊長と百人隊長とローマ兵とローマ法、ローマ市民権によって命拾いをいたしました。これらの背後に神の助けと守りがありました。またパウロには果たすべき使命が残されていたのです。ローマに、さらにはイスパニア（スペイン）にまで行って福音を伝えるビジョンを、パウロは、持っていました。神はこのビジョン、祈りを覚えておられたのです。

［3］パウロが階段にさしかかったとき、群衆の暴行を避けるために（35～36）

　パウロが階段にさしかかった時、群衆の暴行を避けるために、兵士たちは彼を担いで行かなければなりませんでした。「階段にさしかかった時」と書かれていますが、「この階段」とは、アントニアの要塞に通じる階段のことです。大勢の民衆が、「その男を殺してしまえ」と叫びながら着いて来たからであると、その理由が記されています。パウロの受難はこのようにして使徒二六章に至ってクライマックスに達します。前にも記しましたように、パウロの受難は、イエスのエルサレムにおける受難物語に平行して書かれています。イエスも、群衆の「この男を殺せ」という罵倒をあびせられました。（ルカ二三18、ヨハネ一九15）

　初代教会の最初の殉教者ステファノもまた、イエスと同じように、聖なるイスラエルと、聖なるモーセの十戒と、聖なる神殿に違反する者として、排除され（殺してしまえとは取り除く、排除するとの意）、殺されました。パウロも苦労に苦労を重ねてキリストの福音を異邦人に伝えてきましたが、最後にラディカルなユダヤ人たちに憎まれ、怨まれて殺されそうになりました。イエスは、このようなユダヤ教の指導者の憎しみに会いながらも、彼らを愛して、「父よ、彼らをお赦しください」（ルカ二三34）と祈って死んでいかれました。ステファノの最後の死ぬ間際の祈りも、彼を死に追いやった人々（その最高責任者はパウロでした）のために、「主よ、この罪を彼らに負わせないでください」（使徒七60）でした。

わたしも今年の2月19日（木）の夜、奉仕が重なったため、一過性の狭心症になり、危ないところまでいきましたが危機一髪で助けられました。この主の憐れみに感動し、同胞の救いのために残された命を主に喜んでお献げいたします。アーメン。

パウロの正直な証し

パウロは兵営の中に連れて行かれそうになったとき、「ひと言お話ししてもよいでしょうか」と千人隊長に言った。すると、千人隊長が尋ねた。「ギリシア語が話せるのか。それならお前は、最近反乱を起こし、四千人の暗殺者を引き連れて荒れ野へ行った、あのエジプト人ではないのか。」パウロは言った。「わたしは確かにユダヤ人です。キリキア州のれっきとした町、タルソスの市民です。どうか、この人たちに話をさせてください。」千人隊長が許可したので、パウロは階段の上に立ち、民衆を手で制した。すっかり静かになったとき、パウロはヘブライ語で話し始めた。「兄弟であり父である皆さん、これから申し上げる弁明を聞いてください。」パウロがヘブライ語で話すのを聞いて、人々はますます静かになった。パウロは言った。「わたしは、キリキア州のタルソスで生まれたユダヤ人です。そして、この都で育ち、ガマリエルのもとで先祖の律法について厳しい教育を受け、今日の皆さんと同じように、熱心に神に仕えていました。わたしはこの道を迫害し、男女を問わず縛り上げて獄に投じ、殺すことさえしたのです。このことについては、大祭司も長老会全体も、わたしのために証言してくれます。実は、この人たちからダマスコにいる同志にあてた手紙までもらい、その地にいる者たちを縛り上げ、エ

ルサレムへ連行して処罰するために出かけて行ったのです。」（使徒言行録二一37〜二二5）

　絶体絶命の窮地に追い込まれた時の「一言」が、情況を全く変えてしまいます。死か生かを決めたのは、「ひと言お話ししてもよいでしょうか」と、千人隊長に言ったパウロの一言でした。

［1］パウロは兵営の中に連れて行かれそうになったとき、「ひと言お話ししてもよいでしょうか」と千人隊長に言った。（二一37〜39）

　パウロの一言の正直な証しの力は驚くべき力を持っています。初代教会の偉大な信徒伝道者にして殉教者ステファノは、イスラエルの歴史を語ることによって自分の立場を弁明しました。いざという時には、自分の救いの体験に基づいた生きた正直な証しが、一番力を持っています。今朝はパウロの正直な証しと題してメッセージさせていただきます。

「パウロは兵営の中に連れて行かれそうになったっとき」とは、どういう時でしょうか。「兵営の中」は、アントニア要塞の中です。連れ込まれてしまえば、暴徒と化した民衆に話しかけ、弁明する機会を失ってしまいます。パウロは暴徒と化した者たちに、打ちたたかれて苦しい中ではありましたが、「ひと言お話ししてもよいでしょうか」（37）と千人隊長に言いました。すると千人隊長は「ギリシア語が話せるのか」と尋ねました。リンチを受けていた重罪人が、立派なギリシア語を話したので、彼は驚いたのです。彼は続いて尋ねました。「それならお前は、最近反乱を起こし、四千人の暗殺者を引き連れて荒れ野へ行った、あのエジプト人ではないのか。」これは、紀元五四年頃反乱を起こし、フェリクスが総督だった時代に、エルサレムを脅かしたエジプトの偽預言者のことを指しています。

　パウロは正直に言いました。「わたしは確かにユダヤ人です」（39）と。パウロはこのようにして千人隊長とローマ兵士たちに守られ、安全を確保しながら、民衆に対して弁明のチャンスを得ました。彼は当時のローマ帝国では、三つの学問都市の一つであったタルソスの出身でしたので、きちんとしたギリシア語を話すことが出来ました。とっさの機転で彼がギリシア語で話しかけたことが、千人隊長の心を開いたのです。そこで彼は簡単に自己紹介をしました。「わたしはキリキア州のれっきとした町、タルソスの市民です。どうかこの人たちに話をさせてください。」千人隊長に頼みました。自分にさまざまな重い罪を帰して殺害しようとした人たちに、パウロは何を話そうとしたのでしょうか。

［2］千人隊長が許可したので、パウロは階段の上に立ち、民衆を手で制した。（二一40〜二二4）

ここで、パウロは、四つの弁明の中の最初の弁明を、ユダヤ人に対してしています。一言、千人隊長にギリシア語で話しかけたことによって、民衆に殺されることなく、生命を守られて安全な中で弁明できたことは幸いでした。千人隊長は、パウロが立派なギリシア語を話し、タルソス出身のユダヤ人と聞いて、何か事情があるのではないかと思い、パウロに話すことを許可しました。

パウロは階段の上に立ち、民衆を手で制しました。荒れ狂っていた民衆がすっかり静かになりました。このパウロの人格的力はどこから来るのでしょうか。千人隊長にローマ皇帝が与えている権威の後ろ盾があったことは、大きな助けになりました。あれだけ痛めつけられても、ものともせず、起き上がって弁明しようとするパウロの気迫もあったでしょう。またパウロがヘブライ語で語り出したので、人々がますます静かになったことも事実です。しかし、私は、それらを超えた霊の力が、パウロの内面、人格に働いていたと思います。エフェソの長老たちの祈りの力、それまでにパウロが多くの窮地を経てきた経験の力も働いていたのでしょう。いずれにしても、ただ手で制するだけで、これだけの人格的影響力を与える人物は、イエスを除いて、パウロの他に見ることは出来ません。

なぜパウロはヘブライ語で話し始めたのでしょうか。パウロを襲った男たちは、エフェソ在住のディアスポラ（散らされたユダヤ人）でしたから、ギリシア語はしゃべれるはずでしたので、ギリシア語でもよかったのです。恐らくパウロはヘブライ語を話すユダヤ人にもこの弁明を聞いて欲しいと思ったに違いありません。それに、ヘブライ語は当時アラム語と言って、ローマ帝国の東部で語られた言葉でした。この地方からも、沢山の巡礼者があったと推察されます。

　パウロは、もう一度「キリキア州のタルソスで生まれたユダヤ人です」と正直に言っています。「タルソス」が二回繰り返して使われておりましたので、パウロはタルソスで生まれたことを誇りとしていたことが分ります。小さい時にエルサレムに留学させられ、ガマリエルという当時最も有名なリベラルなファリサイ派のラビのもとで学び、パウロは第一の弟子でした。パウロは、リベラルなファリサイ派の頭主ヒレルの孫であったことが知られていました。その子供であったパウロの父は、教育熱心で、パウロを小さい時からエルサレムに留学させ、モーセの律法を厳しく学ばせたようです。

　パウロは「今日の皆さんと同じように、熱心に神に仕えていました」（3）とパウロは言いました。パウロが一番言いたかったことは、このことだと思われます。第一に彼が強調していることは、彼がユダヤ人、しかもタルソスのユダヤ人であったことです。タルソスの、しかも三代にわたる有名なヒレルの子孫であることは、生まれながらにしてローマ市民権を持つことを意味しておりました。生まれながら市民権を持っている人物を、裁判もせずにリンチで殺害することは出来なかったのです。それから、パウロは、小さい時から、経済的に豊かで、教育熱心な家庭に育ったことが強調されています。

　さらにパウロは、「わたしはこの道を迫害し、男女を問わず縛り上げて獄に投じ、殺すことさえしたのです」（4）と正直に言っています。こうしたことは、中々言えないものです。パウロは、律法に熱心で、どんなに名門の家に生まれても、人間は救われないことを言いたかったのだと思います。パウロは、律法に熱心な余り、大祭司から許可を取り、クリスチャンたちを迫害しました。その中には、かの有名な殉教者ステファノが入っていました。彼は、そのステファノを殺した罪責によって、復活のイエスとダマスコの途上で出会い、赦され、伝道者になりました。律法主義的なユダヤ教から救われ、自由な人間に変えられたのです。パウロは、この証しをしたいために、正直に自分が迫害者であったことをも話しました。

［3］このことについては、大祭司も長老会全体も、わたしのために証言してくれます。（5）

「実は、この人たちからダマスコにいる同志にあてた手紙までもらい、その地にいる者たちを縛り上げ、エルサレムへ連行して処罰するために出かけて行ったのです」（5）とパウロは正直に証ししました。これは、宣教の霊であり、同時に証しの霊である聖霊に満たされないと、中々ここまでは言えないものです。恥は我がもの、栄光は主のものという信仰に徹していないと、ここまで正直な証しはできません。わたしたちも聖霊に満たされて、キリストと一体になり、どんな迫害、困難をも、ものともせず、殉教の覚悟をもって、ステファノやパウロのようにキリストをメシア（救い主）として告白してまいりましょう。アーメン。

突然、天からの光があった

「旅を続けてダマスコに近づいたときのこと、真昼ごろ、突然、天から強い光がわたしの周りを照らしました。わたしは地面に倒れ、『サウル、サウル、なぜ、わたしを迫害するのか』と言う声を聞いたのです。

『主よ、あなたはどなたですか』と尋ねると、『わたしは、あなたが迫害しているナザレのイエスである』と答えがありました。一緒にいた人々は、その光は見たのですが、わたしに話しかけた方の声は聞きませんでした。『主よ、どうしたらよいでしょうか』と申しますと、主は、『立ち上がってダマスコへ行け。しなければならないことは、すべてそこで知らされる』と言われました。わたしは、その光の輝きのために目が見えなくなっていましたので、一緒にいた人たちに手を引かれて、ダマスコに入りました。

ダマスコにはアナニアという人がいました。律法に従っ

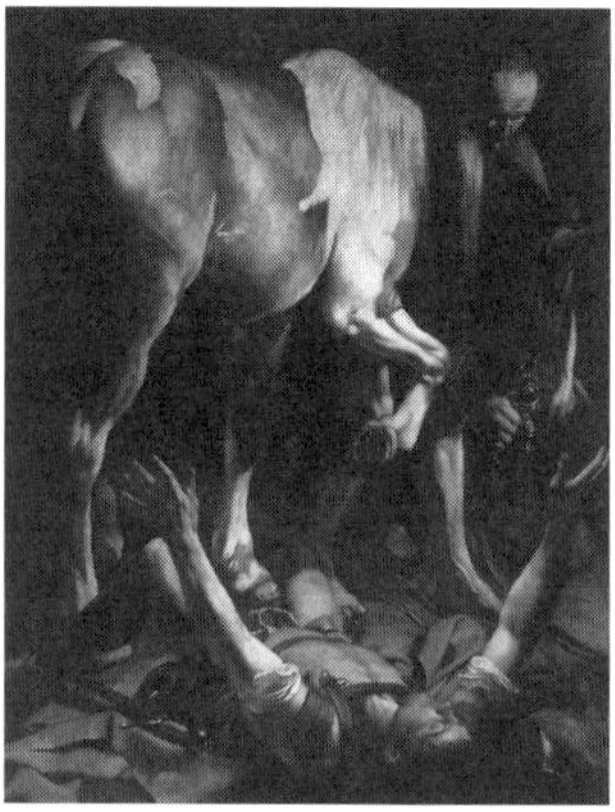

ミケランジェロ・メリージ・ダ・カラヴァッジオ（Michelangelo Merisi da Caravaggio、1571～1610年）**聖パウロの回心**（Conversione di sa Paolo）1600年、230×175cm、サンタ・マリア・デル・ポポロ聖堂チェラージ礼拝堂

て生活する信仰深い人で、そこに住んでいるすべてのユダヤ人の中で評判の良い人でした。この人がわたしのところに来て、そばに立ってこう言いました。『兄弟サウル、元どおり見えるようになりなさい。』するとそのとき、わたしはその人が見えるようになったのです。アナニアは言いました。『わたしたちの先祖の神が、あなたをお選びになった。それは、御心を悟らせ、あの正しい方に会わせて、その口からの声を聞かせるためです。あなたは、見聞きしたことについて、すべての人に対してその方の証人となる者だからです。今、何をためらっているのです。立ち上がりなさい。その方の名を唱え、洗礼を受けて罪を洗い清めなさい。』」（使徒言行録二二6～16）

「突然、天からの強い光」があって、パウロは回心へと導かれました。彼の生涯は、律法中心から、恵み中心の人生に変えられました。

［1］旅を続けてダマスコに近づいたときのこと、真昼のごろ突然、天から強い光がわたしの周りを照らしました。（6～9）

パウロはエルサレムに来て、ユダヤ教によれば、死に値する四つの重い宗教的罪を犯し、群衆のリンチを受け、殺されそうになりました。この危機一髪の時、パウロの冷静な一言によって、群衆は静かになりました。パウロは、命がけで何を弁明をしようとしたのでしょうか。彼は、罪と悪と死から救ったものは、律法、刑罰ではなくて、神の恵み、赦し、復活の生命であると、自分の回心の経験を語って、命がけで弁明しました。

使徒言行録には、三回、パウロの回心（写真）の経験が記されています。第一回目は九章3～19節で、第二回目は、今朝のテキストに、第三回目は二六章12～18節です。今朝のテキストは、その三回の回心経験の中で、真ん中

に記されているものです。

　彼の回心の経験がどういう時に起こったのでしょうか。パウロがこのキリストの道を信じている人たちを迫害し、男女を問わず、縛り上げて獄に投じ、殺すことさえしていた時に、突然起こりました。この迫害を承認する手紙を、大祭司から同志宛にもらい、それを持って、ダマスコに向かう途上のことでした。ダマスコにいるキリスト者たちを縛り上げ、エルサレムへ連行して処罰しようとしていたのです。

　そのことをルカは次のように記しています。「旅を続けてダマスコに近づいたときのこと、真昼ごろ、突然、天から強い光がわたしの周りを照らしました。」(6)「天からの光」という表現は、三つの記事に共通して出てきます。パウロの回心の経験の第一の特徴は、その経験が、上より、天に起源を持つ光であったことを強調しようとしていることです。ここではその光は「強い光」であったと記されています。どのくらい強い光であったかということを、九9で「三日間、目が見えず、食べも飲みもしなかった」と記しています。筆者は、これは罪もないクリスチャンたちを、パウロが迫害したり、死に追いやったことに対する神の刑罰であったと思います。それだけでなく、「わたしは世の光である」(ヨハネ八12)と言われたイエスの審判の光とも理解できると思います。

　次に、パウロは言いました。「わたしは地面に倒れ、『サウル、サウル、なぜ、わたしを迫害するのか』と言う声を聞いたのです。」なぜ復活のイエスは、「パウロ、パウロ」と言われないで、「サウル、サウル」と言われたのでしょうか。サウルは、パリサイ人としてのパウロの名前です。まだ回心していない、律法に忠実な余り、クリスチャンたちを迫害しているパウロの罪を責めるためでしょうか。パウロはイエスを迫害しているわけではないのに、なぜ「わたしを」とイエスは言われるのでしょうか。イエスが、教会と自分を同一視されてこう言われたのです。「主よ、あなたはどなたですか」と尋ねると、「わたしは、あなたが迫害しているナザレのイエスである」と答えがありました。一緒にいた人々は、その光は見たのですが、わたしに語したかけた方の声は聞きませんでした。」これがパウロの答えでした。

〔2〕「主よ、どうしたらよいでしょうか」と申しますと、主は、「立ち上がってダマスコへ行け。」（10～13）

ダマスコへ行きさえするなら、すべてそこで知らされると、イエスは答えられました。パウロは次にこう言っています。「わたしは、その光の輝きのために目が見えなくなっていましたので、一緒にいた人たちに手を引かれて、ダマスコに入りました。」（11）エルサレムから、さっそうと、異端者イエスをメシアと信じるクリスチャンを逮捕しようと、馬に乗って来たパウロが、目が見えなくなり、他人に手を引かれてダマスコに入りました。何と変わり果てた様でしょうか。力にあふれたパウロは、目を打たれて本当に弱い者とされてしまいました。

ダマスコにはアナニアという人がいました。律法に従って生活する信仰深い人で、そこに住でいるすべてのユダヤ人の中で評判の良い人でした。そこで、ダマスコ教会の代表としてパウロのところに遣わされて、彼のそばに立って言いました。「『兄弟サウル、元どおり見えるようになりなさい。』するとそのとき、わたしはその人が見えるようになったのです。」（13）驚くべき奇跡が起こったのです。

アナニアは、はじめ、パウロがダマスコの教会を迫害するために、エルサレムからダマスコに向かっていると聞いてパウロを恐れていました。そのアナニアが、ここでは、パウロを全く恐れることなく、彼に近づいて『兄弟サウル、元通り見えるようになりなさい。』と言ったのですから驚きました。そして、アナニアの言葉の通り、視力が元に戻ったのですから、びっくりしました。アナニアは長い間モーセの律法について学んでいますが、このようなことは一度も経験したことはありませんでした。

〔3〕アナニアは言いました。「わたしたちの先祖の神が、あなたをお選びになった。」（二二14）

アナニアは語りました。「わたしたちの先祖の神が、あなたをお選びになった。」その目的を三つ語りました。

（1）御心を悟らせ
（2）あの正しい方に会わせて
（3）その口から声を聞かせるため

アナニアはこの三つの目的を、パウロが「見聞きしたことについて、すべての人に対してその方の証人となる者だから」（15）であると理解いたしました。アナニアは律法に従って生活する信仰深い人で、評判がよい人であるばかりでなく、勇気のある人でした。彼は、ダマスコ教会を代表する者として選ばれた人でした。その目的は見事に果たされたのです。

アナニアは言いました。「今、何をためらっているのです。立ち上がりなさい。その方の名を唱え、洗礼を受けて罪を洗い清めなさい。」（16）パウロは立ち上がって、イエスの名を唱え、洗礼を受けて罪を洗い清めていただきました。ここで、信徒アナニアが、伝道者に洗礼を施したということになりますので、今のわたしたちの習慣とは違うではないかという疑問も湧いてまいります。また洗礼と聖化とパウロの場合は同時であったように記されていますが、論理的に考える現代人にはこれも理解し難いことであるかもしれません。パウロのような巨大な人物の場合には、常識を超えることがしばしば起こるのではないかと思われます。

現代のような異常な時代には、むしろ常識を超え、異常と思われるような霊的出来事が起こることの方が歓迎されるのではないでしょうか。今までの常識、教理に合わないからと言って議論しているよりも、現実的に主の御業がわたしたちのうちに起こり、その正しさが日常の生活の中で証しされているなら、それを、神とイエスと聖霊の御業として受けたものと思います。

アーメン。

パウロ、異邦人のための宣教者となる

「さて、わたしはエルサレムに帰って来て、神殿で祈っていたとき、我を忘れた状態になり、主にお会いしたのです。

主は言われました。『急げ。すぐエルサレムから出て行け。わたしについてあなたが証しすることを、人々が受け入れないからである。』わたしは申しました。『主よ、わたしが会堂から会堂へと回って、あなたを信じる者を投獄したり、鞭で打ちたたいたりしていたことを、この人々は知っています。また、あなたの証人ステファノの血が流されたとき、わたしもその場にいてそれに賛成し、彼を殺す者たちの上着の番もしたのです。』すると、主は言われました。『行け。わたしがあなたを遠く異邦人のために遣わすのだ。』」（使徒言行録二二17～21）

「行け、私があなたを遠く異邦人のために遣わすのだ」（21）。主イエスの御言葉によって、迷うパウロが異邦人のための宣教者にかえられました。パウロが変われば世界は変わるのです。私が変われば家庭も教会も世界も変わります。

［1］さて、わたしはエルサレムに帰って来て、神殿で祈っていたとき（17～18）

パウロは、なぜ、この世で一番困難な異邦人への伝道者になったのでしょうか。パウロは、色々弁解して、自分は、異邦人への伝道者には一番ふさわしくない者ですと言っていました。それにも拘らず、彼が異邦人の伝道者として召されたのはなぜでしょう。もう一つ興味ある疑問は、使徒言行録九15に、パウロが異邦人に主イエスの名を伝えるために主が「選んだ器である」と記されていますが、いつ選ばれたのかは記されていません。こうした大変興味ある問題を見て参りましょう。

「さて、わたしはエルサレムに帰って来て」（17）。このエルサレム帰還は何時のことでしょうか。前後関係からいうと、ダマスコへの途上で回心した後のことを指しています。ガラテヤ一18と結び合わせて考えると、問題がでてきますが、ここでは素直に前後関係に従って解釈します。パウロは、ダマスコからもう一度エルサレムに帰って来て、これからのことについて導きをいただこうと考えて、神殿で祈っていました。

それまでキリスト者たちを迫害していたサウルが、復活のイエスに出会って、全く新しい人に作り変えられました。そこで、これからどのように生きていくべきか、祈り考えるのに最もふさわしい場所は、エルサレムにある神殿でした。ここで、悩み考えていた時に、パウロは「我を忘れた状態になり、主にお会いしたのです」（17～18）と書いてありますので、「夢うつつになって」とか「有頂天になって」ということではなく、むしろその逆です。「冷静になって」、「本当の自分に立ち返って」主に出会う経験をしたということではないでしょうか。

その時に、主は言われました。「急げ。すぐエルサレムから出て行け。わたしについてあなたが証しすることを、人々が受け入れないからである。」（18）これは矛盾した主の言葉です。パウロはエルサレムに行くことが主の最善の御心であると信じて、人々の反対を押し切ってエルサレムにやって来ました。そしてこのようなひどい目にあっています。それを、このエルサレムから急いで出て行けとは納得いかないと、パウロが思ってもおかしくありません。どうしてですかと、パウロは、反論したのではないかと思います。そこで、主はその理由を言われました。「わたしについてあなたが証しすることを、人々が受け入れないからである」（18）と。

律法を守るユダヤ人として、律法を厳格に守るユダヤ人に何とかして受け入れてもらおうと、涙ぐましい努力を、パウロはしていたのです。このパウロの努力を認めてくださるどころか、急いでエルサレムを出て行けと言われる主のご命令を、パウロは、始め理解できませんでした。

［2］**わたしは申しました。「主よ、わたしが会堂から会堂へと回って……」**（19～20）

主が一番問題にしておられたことは、殺されてもエルサレムにとどまって、頑なユダヤ人に伝道しようとしているパウロの姿勢です。パウロは主に聞きました。「主よ、わたしが会堂から会堂へと回って、あなたを信じる者を投獄したり、鞭で打ちたたいたりしていたことを、この人々は知っています。また、あなたの証人ステファノの血が流されたとき、わたしもその場にいてそれに賛成し、彼を殺す者たちの上着の番もしたのです。」（19～20）

パウロの心にかかっていた最大の問題は、ステファノの殉教の死でした。何の罪もない偉大な信徒伝道者を死に追いやったのは、パウロだったからです。この罪責は、一生、彼の心を悩ませました。その罪は、ステファノが祈ったように赦されましたが、彼の心の中には赦されても赦すことのできない自分がいました。そんなお前に異邦人伝道をする資格があるのかと、彼を責める古いもう一人の自分がおりました。しかし一方、十字架のイエスの死によって罪赦された者として、罪の赦しの福音を異邦人にも伝えたいという新しい自分が葛藤していたのではないかと思われます。そのような葛藤、罪責、苦しみを取り去り、ふっ飛ばしてしまうような、有無を言わせぬ、主の断固とした命令の言葉が語られました。

［3］**すると主は言われました。**（21）

「行け。わたしがあなたを遠く異邦人のために遣わすのだ」と。「急げ。」「出て行け。」「行け。」三回とも命令です。エルサレムに行けという主の導きと、エルサレムを出て行って異邦人に福音を伝えよとの矛盾した主の二つの命令の間で、パウロは板ばさみになっています。この板ばさみの悩みから解放される道はただ一つ、主の断固とした命令に服従することでした。主の御言葉に従っていくうちに、段々とその御言葉の中に隠されている御言葉の深い意味、ご計画、ご経綸が開かれてくるのです。

パウロは、リベラルなパリサイ派の最も優れたラビ、大ラビといわれたガマリエルの高弟でした。ですから旧約聖書に精通していました。旧約聖書の中、特にイザヤ書四二章には、主の僕の預言が記されております。「彼は国々の裁き（救いの経綸）を導き出す」（1）と預言されています。異邦人に対する救いの預言は、旧約聖書の重要なメッセージであることをパウロは学びました。パウロは、そのことについて、ローマ書九～一一章にわたって記しています。

後年パウロは、こういう聖書全体の救いの歴史を、ステファノが殉教の死を遂げる前にした説教（使徒七1～53）を参考にして学びました。そして、世界宣教は、聖書全体の重要にして欠くことのできない教えであることを知りました。復活のイエスの「行け」との命令に生命がけで従ったことを心から感謝いたしました。

わたくしも東京聖書学院で四四年聖書を教え、厚木で三五年、伝道牧会をさせていただき、来年引退の時を迎えます。あと何年生かされるか分りませんが、残る生涯、もう一度がたがたな体ですが、この体を全き献げものとして、神におささげして、ゼロからの開拓を、世界宣教の幻を持ってさせていただけたらこれ以上の感謝、光栄はないと思っています。

「急げ。出て行け。行け」とのご命令に、この一大危機の中にある世界にあって、命がけで従って行こうではありませんか。うつの時代と言われる今日、うつと共に仲良く、楽しく賛美を持って生きていくことの出来る人生を踏み出そうではありませんか。御言葉に従うことによって、私が変われば、家庭も教会も社会も世界も変わります。赦しと和解、平和と共生の世界に変わります。

アーメン。

ローマ市民権、パウロを助ける

パウロの話をここまで聞いた人々は、声を張り上げて言った。「こんな男は、地上から除いてしまえ。生かしてはおけない。」彼らがわめき立てて上着を投げつけ、砂埃を空中にまき散らすほどだったので、千人隊長はパウロを兵営に入れるように命じ、人々がどうしてこれほどパウロに対してわめき立てるのかを知るため、鞭で打ちたたいて調べるようにと言った。パウロを鞭で打つため、その両手を広げて縛ると、パウロはそばに立っていた百人隊長に言った。「ローマ帝国の市民権を持つ者を、裁判にかけずに鞭で打ってもよいのですか。」これを聞いた百人隊長は、千人隊長のところへ行って報告した。「どうなさいますか。あの男はローマ帝国の市民です。」千人隊長はパウロのところへ来て言った。「あなたはローマ帝国の市民なのか。わたしに言いなさい。」パウロは、「そうです」と言った。千人隊長が、

「わたしは、多額の金を出してこの市民権を得たのだ」と言うと、パウロは、「わたしは生まれながらローマ帝国の市民です」と言った。そこで、パウロを取り調べようとしていた者たちは、直ちに手を引き、千人隊長もパウロがローマ帝国の市民であること、そして、彼を縛ってしまったことを知って恐ろしくなった。（使徒言行録二二22～29）

「ローマの市民権」は、世界宣教者パウロの伝家の宝刀でした。パウロは、この宝刀を、最後の最後まで使いませんでした。使った時の切れ味は抜群でした。

［1］パウロの話をここまで聞いた人々は、声を張り上げて言った。（22～24）

パウロは、エルサレムで、これまでも何度か群衆に殺されそうになりかけましたが、彼は伝家の宝刀であるローマの市民権を使いませんでした。千人隊長が、どうして人々がこれほどまでにパウロに対してわめきたてるのかを知るために、鞭でたたいて調べようと言った時に、パウロは自分がローマ帝国の市民権を持っていることを初めて主張しました。何故でしょうか。また、パウロの話をここまで聞いた人々が、急に荒れ狂ってパウロを殺そうとしたのは何故でしょうか。こういう問題意識を持って今日のテキストを見て参りましょう。

まず、22節から見て参りましょう。パウロの話をここまで聞いた人々は、声を張り上げて言いました。「こんな男は、地上から除いてしまえ。生かしてはおけない。」(22) 彼らは、わめき立て、上着を投げつけ、砂埃を空中に撒き散らすほどですから、異常です。人々が、これほどまで怒り狂うのはなぜでしょう。復活のイエスが、パウロを異邦人のために遣わすと言われた話を聞いただけで、群衆は怒り狂い、パウロを殺そうとしました。彼らが全存在をかける信念・価値観が、根底から否定され、揺り動かされたためでしょう。群衆を怒らせた原因は、パウロの弁明全体の中に明らかにされています。根本的原因は三つありました。

その一は、パウロがクリスチャンになる前も後も律法に熱心であったことです（二二3～4）

その二は、その律法は、「義なる方」イエスを主人とするものであって、パウロの熱心も、ユダヤ教徒の熱心も、的外れの罪であったと述べたこと。

その三は、パウロが、ユダヤ人が頑なで、その罪を悔い改めようとしないため、異邦人伝道に遣わされるといったためです。

この三つは、決定的な形で彼らを心底から怒らせました。千人隊長はローマ人ですから、群衆の怒りを理解できませんでした。それで、彼は、ひとまずパウロを兵営に入れて、鞭で打ちたたいて調べるようにローマ兵に命じました。

［2］**パウロを鞭で打つため、その両手を広げて縛ると、パウロはそばに立っていた百人隊長に言った。**（25〜28）

この鞭打ちの刑は、拷問のためのもので、両手を広げて縛られました。鞭の先に骨や重しがついておりましたので、四十回打たれると、しばしば、囚人は死に至りました。死んでしまってはイエスから与えられた異邦人伝道の使命が果たせません。ここで初めて、パウロは、伝家の宝刀を抜きました。百人隊長に、「ローマ帝国の市民権を持つ者を、裁判にかけずに鞭で打ってもよいのですか」（25）と決定的質問をしたのです。これを聞いた百人隊長は千人隊長に報告しました。「どうなさいますか。あの男はローマ帝国の市民です」（26）と。

千人隊長はパウロのところへ来て言いました。「あなたはローマ帝国の市民なのか。わたしに言いなさい」と。パウロは「そうです」（27）と言いました。千人隊長が「わたしは、多額の金を出してこの市民権を得たのだ」と言うと、パウロは「わたしは生まれながらローマ帝国の市民です」（28）と言いました。恐らく、パウロの曽祖父が、ローマ帝国に対して何らかの貢献してローマ市民権を与えられたのでしょう。ですから、パウロは生まれながらのローマ市民であったのです。ローマ市民権を持つ者を、裁判をせずに処罰してはならないのです。またローマの極刑である十字架刑にもすることはできません。

千人隊長は多額の金を出してこの市民権を買い取ったのです。通常はなかったのですが、市民の権利を与える候補者の名簿に自分の名が載せられるように、多額の金銭を使って役人を買収することはありました。ただ、クラウディウス帝（紀元四一～五四）の統治下においては、こうした市民権の取引がありました。千人隊長の名がクラウディウス・リシア（二三26）ですので、恐らく、彼はこの皇帝が統治していた時に、こうした方法で市民権を手に入れたのでしょう。新しくローマ市民になった者は、一般にその時代の統治者の名前をつけたのでしょう。

多額のお金でローマ市民権を得た千人隊長は、パウロが生まれながらのローマ市民であることに、驚き恐れました。ローマの市民権を持つパウロを、裁判もせず、鞭打ちの刑を加えかけていたからです。間一髪のところでパウロは助けられました。パウロは、なぜローマ市民権を今まで使わなかったのでしょうか。恐らく、ローマ帝国には、キリスト教の原則に反するようなもの――奴隷制度、男女の差別、貧富の格差、皇帝礼拝等――が沢山あり伝道の初期段階であったので市民権の利用を慎んだのではないでしょうか。もう一つの理由として考えられるのは、ローマの市民権を、安易に使うと効果が上がらなくなってしまうからではないでしょうか。土壇場で使うからこそ効果的ではないかと思います。

［3］そこで、パウロを取り調べようとしていた者たちは、直ちに手を引き（29）

千人隊長も、ローマ帝国の市民であるパウロを縛ってしまったことを知って恐ろしくなりました。拷問するために縛ったわけですから、ローマ政府にこの事が知られて厳罰を受けることを恐れました。ローマ帝国は法律の国ですから、ローマの市民権の威力を、人々は知っていたのです。

キリストの福音宣教のために死ぬ覚悟をしていたパウロが、なぜ助かろうとしたのでしょうか。パウロは、エフェソでの騒動があった後、マケドニア州とアカイア州を通り、エルサレムに行こうと決心し、「わたしはそこへ行った後、ローマも見なくてはならない」（一九21）と言っていることからわかります。異邦人伝道が、パウロの最後の使命であるならば、当時の世界の中心・ローマに行くことは、パウロの悲願であったと思われます。「全ての道はローマに通ず」といわれます。どんなことをしてでもローマに行きたい。そして、ローマ教会の兄弟姉妹に会って、世界中から集まっている方々、言葉、民族、人種、文化が違っても、皆主にあって一つであることを確認し、確信して、主に感謝したいと思ったことでしょう。それまでは、何としても生き続けなければならないのです。最後の最後にパウロは伝家の宝刀・ローマの市民権を使い、死から助け出されたのです。アーメン。

良心に従って神の前に生きる

翌日、千人隊長は、なぜパウロがユダヤ人から訴えられているのか、確かなことを知りたいと思い、彼の鎖を外した。そして、祭司長たちと最高法院全体の召集を命じ、パウロを連れ出して彼らの前に立たせた。そこで、パウロは最高法院の議員たちを見つめて言った。「兄弟たち、わたしは今日に至るまで、あくまでも良心に従って神の前で生きてきました。」すると、大祭司アナニアは、パウロの近くに立っていた者たちに、彼の口を打つように命じた。パウロは大祭司に向かって言った。「白く塗った壁よ、神があなたをお打ちになる。あなたは、律法に従ってわたしを裁くためにそこに座っていながら、律法に背いて、わたしを打て、と命令するのですか。」近くに立っていた者たちが、「神の大祭司をののしる気か」と言った。パウロは言った。「兄弟たち、その人が大祭司だとは知りませんでした。確かに『あなたの民の指導者を悪く言うな』と書かれています。」（使徒言行録二二30〜二三5）

「わたしは今日に至るまで、あくまでも良心に従って神の前に生きてきました」（1）と言える人は何と幸いな人でしょう。この最も幸いな生涯こそ、使徒パウロの生涯でした。わたしたちも金融危機が最も悪化している今日こそ、パウロのように、良心に従って神の前に生きましょう。

［1］翌日、千人隊長は、なぜパウロがユダヤ人から訴えられているか……（30）

金融危機によって引き起こされた危機が、経済、社会、教育の諸分野に拡大して、段々本格化してきております。「貧すれば鈍《どん》する」といいます。このような時こそ、わたしたちは、パウロにならって「良心に従って神の前に生きる」べきであります。パウロの良心は、回心して全く新しく造り変えられていました。人が見ていても見ていなくても、神の前に、神に向かって、神によって与えられた使命に生きていくことが、現代、最も求められています。

「翌日」は、千人隊長が殺気立った群衆の中からパウロを助け出した日の翌日です。パウロが群衆によって殺されそうになったのは、何故かを知ろうとして、千人隊長はパウロを解放してイスラエルの七十人議会（イスラエルの最高議決機関）を召集しました。パウロをそこに連れて行き、パウロを犯罪人としてではなく、ユダヤ人から事情を聞くためでした。ユダヤ議会は法廷としてパウロに判決を下すことは出来ませんでした。そこで千人隊長は、パウロに鎖をつけず議会に出させ、自分もそこに出席しました。

［2］そこで、パウロは最高法院の議員たちを見つめて言った。（1〜3）

「議員たちを見つめて言った。」やましいことがない時には、相手を見つめることが出来ます。そして「兄弟たち」と語り出しました。パウロは、議員たちと同等の立場で、堂々と話し始めました。実際に、パウロは、かつて七十人議会の議員の座に座っていた者でした。「私は、今日に至るまで、あくまでも良心に従って神の前に生きてきました。」（1）

宗教改革者マルティン・ルター（写真・Martin Luther, 1483〜1546）も、カトリックの教会堂に立って、「我ここに立つ。神よ助けたまえ」と言って、自分の信じるところを良心に従って語り、その主張をまげませんでした。ルターのキリスト教は、良心の宗教と言われました。パウロのキリスト教もまた良心の宗教でした。

では、クリスチャンの良心とは何を意味するのでしょうか。クリスチャンの良心とは、聖霊によって新しく作り変えられた心を意味しています。そのクリスチャンの良心は、彼の人生の神から与えられた羅針盤です。この羅針盤によって、彼は人生を正しく歩くことが出来るのです。神の前に歩くとは、人の顔色を見て歩くことではなく、神の顔を見て、神の光を反映しながら、神の御心に従って歩くことです。

すると、大祭司アナニアは、パウロの近くに立っていた者たちに、パウロの口を打つように命じました。パウロは大祭司に向かって言いました。「白く塗った壁よ、神があなたをお打ちになる。あなたは、律法に従ってわたしを裁くためにそこに座っていながら、律法に背いて、わたしを打て、と命令するのですか。」（3）「神があなたをお打ちになる」。これは、神は、神の声を聞き従わない者を「打つ」（申命記二八22）より取られています。「あなたの神、主の御声に聞き従わず、今日わたしが命じるすべての戒めと掟を忠実に守らないならば……打つ」、と旧約聖書は繰り返し警告しています。

「白く塗った壁」という表現はエゼキエル書一三10〜16が背景となっています。またイエスの時代の法律学者とファリサイ人たちを、あなたたち偽善者は不幸だ。白く塗った墓に似ているからだ。外側は美しく見えるが、内側は死者の骨やあらゆる汚れで満ちている」（マタイ二三27）と、イエスは厳しく批判されています。大祭司は、裁判官の立場に立っているわけですから、まだ犯罪者と決まっていない人を、法律に反してたたいてはならないのです。

［3］近くに立っていた者たちが、「神の大祭司をののしる気か」と言った。（4〜5）

この箇所は、今朝のメッセージのテキストの結語部になっています。神が立てられた大祭司をパウロがののしっているように聞こえましたので、近くに立つ者たちが、「神の大祭司をののしる気か」と注意したのです。大祭司は大祭司のガウンを着ていますので、間違いようがありません。パウロはこの大祭司が、この宗教的最高の地位を、高いお金を出して買ったことを知っていたので、このように言ったのでしょうか。それとも、著者ルカが、パウロの生涯をイエスの生涯に模写して「白く塗った壁よ」と、厳しい言葉で大祭司を批判したのでしょうか。

パウロは、「兄弟たち」と再び呼びかけています。司会をしていた人物が大祭司であるということを、何らかの理由で、知らなかったので、大祭司であると知りませんでしたと、出エジプト記二二27を引用して詫びたのでしょうか。御言葉をわざわざ引用しておりますので、大祭司に敬意を払って詫びたのではなく、神の言葉に敬意を払って詫びたという印象をわたしは受けております。パウロはかつてリベラルなファリサイ人でしたので、クリスチャンになってからも、旧約聖書の言葉を、キリスト教を証しする神の言葉として、その神的権威を認めていました。

パウロも、かつては、最高法院議員の一人でした。キリストを救い主と信じる人々を捕らえるために、ダマスコへ向かう途上で、復活のイエスに出会って大回心を経験しました。神の言《ことば》と霊によって全く新しく変えられた良心を持って、「兄弟たちよ」と呼びかけて、議員たちに、イエスがキリスト・メシアであると証言できたことを深く感謝したにちがいありません。パウロは、わたしは「今日に至るまで、あくまでも良心に従って神の前に生きてきました」と言い切ることができたことを、どんなに感謝したことでしょう。彼のこの堂々たる落ち着いた態度、気迫、発言はどこから出てくるのでしょう。「古い人を脱ぎ捨て、心の底から新たにされて、神にかたどって造られた新しい人を身に着け」ているからこそこのような力ある証しができるのです。（エフェソ四22～24）

わたしたちも、今日百年に一度の世界的金融と経済社会の一大危機の中にあって、堂々と恥じることなく、またひるむことなく、霊に満たされ、良心に従って神の前に生きて行こうではありませんか。アーメン。

勇気を出せ。ローマでも証しせよ

パウロは、議員の一部がサドカイ派、一部がファリサイ派であることを知って、議場で声を高めて言った。「兄弟たち、わたしは生まれながらのファリサイ派です。死者が復活するという望みを抱いていることで、わたしは裁判にかけられているのです。」パウロがこう言ったので、ファリサイ派とサドカイ派との間に論争が生じ、最高法院は分裂した。サドカイ派は復活も天使も霊もないと言い、ファリサイ派はこのいずれをも認めているからである。そこで、騒ぎは大きくなった。ファリサイ派の数人の律法学者が立ち上がって激しく論じ、「この人には何の悪い点も見いだせない。霊か天使かが彼に話しかけたのだろうか」と言った。こうして、論争が激しくなったので、千人隊長は、パウロが彼らに引き裂かれてしまうのではないかと心配し、兵士たちに、下りていって人々の中からパウロを力ずくで助け出し、兵営に連れて行くように命じた。その夜、主はパウロのそばに立って言われた。「勇気を出せ。エルサレムでわたしのことを力強く証ししたように、ローマでも証しをしなければならない。」（使徒言行録二三6～11）

「勇気を出せ。エルサレムでわたしのことを力強く証ししたように、ローマでも証しをしなければならない」（11）と、復活のイエスはパウロのそばに立って言いました。その夜、パウロは、ユダヤ国の最高法院の議員たちの騒動によって引き裂かれそうになったところを、再びローマの千人隊長に助け出されました。

［1］パウロは、議員の一部がサドカイ派、一部がファリサイ派であることを知って（6～7）

パウロは、最高法院で、「キリストこそ真の救い主です」と証しすることができました。この証しをするには、ユダヤ最高法院は、世界で一番の難しい場所でした。異邦人であるローマの千人隊長のお陰で、絶好のチャンスが与えられたのです。そこには、ユダヤ国の最高法院の指導者たちが集まっておりました。パウロも、かつては、ユダヤ国の最高指導者の一人でした。しかし、彼はクリスチャンたちを迫害するために、ダマスコへ向かう途上で、復活のイエスに出会い、大回心をしました。パリサイ派のユダヤ教徒からキリスト教徒に回心しました。これはユダヤ教徒の目から見れば、裏切りの行為でした。

ですから、パウロは、何度も、熱烈なユダヤ教徒（原理主義者）から憎まれ、迫害を受けてきたのです。

議場では、大祭司からは反感を持たれ、口をたたかれて、キリストが旧約聖書が証し、預言しているメシアであることを、なかなか証しすることが出来ませんでした。こういう時には、どうしたらよいのでしょう。この時、彼の頭に一つのことがひらめきました。6節に記されています。「パウロは、議員の一部がサドカイ派、一部がファリサイ派であることを知って、議場で声を高めて言った。『兄弟たち、わたしは生まれながらのファリサイ派です。死者が復活するという望みを抱いていることで、わたしは裁判にかけられているのです。』」（6）

パウロは、かつて、このユダヤ国の最高法院の議員でしたので、この二派のことをよく知っていました。サドカイ派の人たちは、祭司であり、貴族であり、地主でしたので、裕福でした。彼らは、ローマ帝国との共存をはかりつつ、ユダヤ人社会の支配体制維持に努めました。彼らのユダヤ教理解は、エルサレム神殿中心で、復活、霊、天使などは認めず、世俗的、儀式的、政治的なものでした。それに対してファリサイ派のユダヤ教理解は、律法を中心とするものでした。彼らは一般の信徒たちに律法を教え、倫理的、道徳的、教育的でした。また、彼らは、復活、霊、天使、終末を信じていました。

パウロは、このように、二派の状態をよく知っていましたので、この議場で、キリストを、旧約聖書が預言し、またメシア（救い主）として証しするための最善の方法は、次のように述べることであると、霊感を受けて思いついたのです。「兄弟たち、わたしは生まれながらのファリサイ派です。死者が復活するという望みを抱いていることで、わたしは裁判にかけられているのです。」（6）

［2］**サドカイ派は復活も天使も霊もないと言い、ファリサイ派はこのいずれをも認めているからである。**（8～10）

サドカイ派の人たちは、合理主義者であり、非合理的なものは一切信じませんでした。ですから、エルサレム神殿が、紀元七十年にローマ軍によって破壊されてしまうと、サドカイ派は、ユダヤ教の歴史から消え去ってしまいました。ファリサイ派は律法を中心としていましたので、神殿が消滅してもユダヤ教のお教えは会堂と共に歴史に残ったのです。

　パウロが、「わたしは……律法に関してはファリサイ派の一員（フィリピ三5）で、死者が復活するという望みを抱いていることで、わたしは裁判にかけられているのです」と、議場で言いましたところ、ファリサイ派とサドカイ派との間に論争が生じ、最高法院は分裂しました。サドカイ派は復活、霊、天使もないと言い、ファリサイ派はこれを認めているからであるとルカは説明しています。

　そこで、騒ぎは大きくなりました。ファリサイ派の数人の律法学者が立ち上がって激しく論じ、「この人には何の悪い点も見いだせない。霊か天使かが彼に話しかけたのだろうか」（9）と言いました。パウロが、このようになることを予想したかどうかは分かりません。結果としては、彼が無罪であることが、ファリイ派の人たちによって承認されました。もっと重要なことは、パウロの回心が、「霊か天使かが彼に話しかけたのだろうか」（9）と彼らが言ったことでした。これは、パウロの回心の証しが、ファリサイ派の人たちの考えにマッチしたものであることを明らかにした箇所です。パウロの咄嗟《とっさ》のひらめきは成功したというべきではないでしょうか。

　こうして、論争が激しくなったので、千人隊長はパウロが彼らに引き裂かれてしまうのではないかと心配し、兵士たちに、パウロを人々の中から力づくで助け出し、兵営に連れて行くように命じました。パウロは、再度、危機一髪のところを、千人隊長によって、ローマ市民権のお陰で助け出されました。パウロは生まれながらのローマ市民ですので、こういう時に彼を保護しないと、千人隊長自身がローマの法律で厳しく罰せられます。千人隊長は、自分の安全のためにも、パウロを力づくでも助け出して、兵営に連れて行くように命じたのでした。

［3］その夜、主はパウロのそばに立って言われた。（11）

　パウロにとって、「キリストがメシアであり、主であられる」ことを証しすることが最も難しいところは、エルサレムの議会でした。そこで証しできたことには、三つの理由がありました。

その主たる理由の第一は、千人隊長がユダヤ国の最高法院を開いてくれたことと、その最高法院にパウロ自身が出席できたことです。

第二の理由は、パウロの咄嗟の機転です。あるいは瞬間的な霊の導きのおかげでした。

第三の理由は、復活、霊、天使を信じるファリサイ派の人たちの論争と証言のお陰でした。

パウロは、議会において、願っていた通りキリストを証し出来たわけですから、元気づけられていたはずです。それなのに、なぜ、その夜、復活の主が、パウロのそばに立たれて「勇気を出せ」と言われたのでしょうか。昼間の騒動で疲れ、弱気になっていたのでしょうか。これから、ローマまで果たして安全に行けるのだろうか。世界の中心・ローマで、きちんとした裁判を受けることが出来るのだろうか、などと考えていたのでしょうか。

主は言われました。「勇気を出せ。エルサレムでわたしのことを力強く証ししたように、ローマでも証しをしなければならない」（11）と。

この証し「しなければならない」という言葉は、原語のギリシア語では「デイ dei」と言って、「神的必然」を表わす言葉です。証しすることが難しいエルサレムで力強く（充分に）証ししたように、ローマでも力強くキリストを証しすることができます。復活のイエスが共におられるなら、どんなに難しい所ででも、パウロのように、わたしたちも力強く、かつ充分に証しをさせていただけるのです。異邦人伝道の使命、神の与え給う使命、導きは、復活の主と聖霊のみ助けによって、必ず実現されるのです。アーメン。

人知を越えた神の助け

夜が明けると、ユダヤ人たちは陰謀をたくらみ、パウロを殺すまでは飲み食いしないという誓いを立てた。このたくらみに加わった者は、四十人以上もいた。彼らは、祭司長たちや長老たちのところへ行って、こう言った。「わたしたちは、パウロを殺すまでは何も食べないと、固く誓いました。ですから今、パウロについてもっと詳しく調べるという口実を設けて、彼をあなたがたのところへ連れて来るように、最高法院と組んで千人隊長に願い出てください。わたしたちは、彼がここへ来る前に殺してしまう手はずを整えています。」しかし、この陰謀をパウロの姉妹の子が聞き込み、兵営の中に入って来て、パウロに知らせた。それで、パウロは百人隊長の一人を呼んで言った。「この若者を千人隊長のところへ連れて行ってください。何か知らせることがあるそうです。」そこで百人隊長は、若者を千人隊長のもとに連れて行き、こう言った。「囚人パウロがわたしを呼んで、この若者をこちらに連れて来るようにと頼みました。何か話したいことがあるそうです。」千人隊長は、若者の手を取って人のいない所へ行き、「知らせたいこととは何か」と尋ねた。若者は言った。「ユダヤ人たちは、パウロのことをもっと詳しく調べるという口実で、明日パウロを最高法院に連れて来るようにと、あなたに願い出ることに決めています。どうか、彼らの言いなりにならないでください。彼らのうち四十人以上が、パウロを殺すまでは飲み食いしないと誓い、陰謀をたくらんでいるのです。そして、今その手はずを整えて、御承諾を待っているのです。」そこで千人隊長は、「このことをわたしに知らせたとは、だれにも言うな」と命じて、若者を帰した。

（使徒言行録二三12～22）

「人知を越えた神の助け」としかいえない不思議な助けがあります。何もしないでボヤッとしていて、そのような助けに預かることはあり得ません。与えられた使命に集中していて、行き詰ったような時に、普段信じている神様が、奇想天外な形で、わたしたちを助けてくださるのです。

［1］夜が明けると、ユダヤ人たちは陰謀をたくらみ（12～13）

「人の心には多くの計らいがある。主の御旨のみが実現する」と箴言一九21に記されています。今朝のメッセージのテキストは、この真理を雄弁に物語っています。

パウロはエルサレムで三回も殺されそうになりましたが、不思議な神の導き・摂理によって助け出されました。ローマでも証しをするという神の必然が、着々と実現されていきます。

　最高法院でのパウロの証しは、ファリサイ派の人たちには効果がありましたが、サドカイ派の人々には逆効果でした。パウロが最高法院で証しをすると、議場が大混乱し、パウロが引き裂かれそうになりました。パウロは、再びローマの千人隊長によって助け出され、兵営で一晩を過しました。夜が明けると、ユダヤ教の原理主義者たち四十人余りが、陰謀をたくらみ、パウロを殺すまでは飲み食いしないという誓いを立てました。人間は、色々と悪巧みをしますが、それらのものは全て、神の見えざる御手によってつぶされ、神の最善のご計画のみが実現されていくのです。次にこのことを第二区分の本論において見て行きましょう。

［2］彼らは、祭司長たちや長老たちのところへ行って、こう言った（14～19）

極端な原理主義者（テロリスト）は、祭司長や長老たちのところに行って、言いました。「わたしたちは、パウロを殺すまでは何も食べないと、固く誓いました。ですから今、パウロについてもっと詳しく調べるという口実を設けて、彼をあなたがたのところへ連れて来るように、最高法院と組んで千人隊長に願い出てください。わたしたちは、彼がここへ来る前に殺してしまう手はずを整えています。」

　パウロの最高法院における証は、霊や天使や復活を信じるファリサイ派の人たちは受け入れられたようです。一方、そういうものを全く信じない唯物主義者であり、世俗主義者であり、権力主義者であるサドカイ派の人たちや長老たちにとっては、パウロの証しは、全く逆の効果をもたらしました。彼らは、パウロはユダヤ教とユダヤ国家を裏切る者であり、生かしておくわけにはいかない危険な人物であると判断して、パウロを殺害しようと固く誓ったのでした。このまま放っておけば、パウロは彼らに殺されてしまいます。ローマに行って、異邦人にキリストの福音を伝えることが出来なくなります。異邦人伝道の歴史、世界宣教の歴史における最大の危機を迎えました。

その意味では、16節の「しかし」は偉大な「しかし」です。状況を逆転する力を持つ「しかし」です。この陰謀を、パウロの姉妹の子が聞き込み、兵営の中に入って来てパウロに知らせました。絶体絶命の危機的情況を逆転させるために用いられた器は、パウロのお姉さんの息子、若い甥でした。このパウロの甥は、この箇所に一回だけ出てくる人物です。どうしてこの時機にエルサレムにいたのか、どのようにして、最高法院の議員たちの最高機密情報を聞き出したかは、ルカは一切触れていません。彼は、かつてのパウロと同じように、タルソからエルサレムに留学していたのかもしれません。いずれにしても、神の不思議な導き、ご計画によって、彼は、パウロの生涯にとって、世界宣教の歴史にとって、最も重要な役わりをしました。神の不思議な導き、摂理をここに見ます。

パウロの甥は、兵営の中に入り、パウロにその情報を知らせました。パウロは、百人隊長の一人を呼んで言いました。「この若者を千人隊長のところへ連れて行ってください。何か知らせることがあるそうです。」パウロは、重要な情報を得たのですから、飛び上がりたいほど嬉しかったに違いありません。しかし、ルカは、一切そのようなことは書き記さず、ただ千人隊長のところへ連れて行ってくださいと頼んだだけです。パウロが、いかに千人隊長と神様を信頼しておったかを見ることが出来ます。

百人隊長は、若者を千人隊長のもとへ連れて行き、こう言いました。「囚人パウロがわたしを呼んで、この若者をこちらに連れてくるようにと頼みました。何か話したいことがあるそうです。」千人隊長は、若者の手を取って人のいない所へ行き「知らせたいことは何か」と尋ねました。千人隊長はさすがです。青年の様子から、重要なパウロに関する情報を持ってきたことを察して、人のいない所に連れて行きました。青年が何の気兼ねもなく、秘密の情報を話せるように配慮したのです。

［3］若者は言った。「ユダヤ人たちは、パウロのことをもっと詳しく調べるという口実で」（20～22）

若者は言いました。「ユダヤ人たちは、パウロのことをもっと詳しく調べるという口実で、明日パウロを最高法院に連れて来るようにと、あなたに願い出ることに決めています。どうか、彼らの言いなりにならないでください。彼らのうち四十人以上が、パウロを殺すまでは飲み食いしないと誓い、陰謀をたくらんでいるのです。」（20～21）若者は、手短に、要点をかいつまんで言いました。この若者の情報が千人隊長に届かなかったら、大変なことになるところでした。彼らの陰謀にうっかり乗せられていたら、千人隊長は、大変苦しい立場に置かれるところでした。パウロは生まれながらローマの市民権を持っている人物です。それが何を意味していたかを、一番よく分かっていた人物は、この千人隊長でした。ですから、パウロは、四十人の最高法院のメンバーが彼の暗殺をたくらんでいるとの情報を得た時、甥の青年に多くを語らなかったのは、ローマ市民権を持つ者を守るために、千人隊長は、最善をすると確信していたからです。

千人隊長は、「このことをわたしに知らせたとは、だれにも言うな」（22）と命じて、若者を帰らせました。ローマ市民権を持つ者に対しては、その特権を守り保護しなければ、ローマの法律によって厳重に処罰されることを、彼はよく知っていました。また、イスラエルの指導的立場の人たちから、ローマ皇帝に訴え出られたら、自分の地位を失う心配もありました。そこで、若者に口止めをし、よく考えて、パウロの身の安全を守るために最善を尽くそうと決心しました。23節を読むと、千人隊長は「今夜九時カイサリアへ出発できるように、歩兵二百名、騎兵七十名、補助兵二百名を準備せよ」と命じ、馬を用意させて、パウロを安全に総督フェリクスのもとへ護送させています。

神様は、若いパウロの甥と異邦人の千人隊長を用いられて、危機一髪、最大の危機からパウロを助け出し、ローマでもキリストを証しできる道を開いてくださいました。

パウロの甥から秘密の情報を得た時に、パウロは、実に適切な信仰的総合判断を致しました。こういう切迫した情況の中で、冷静になって、パウロ自身が最高の判断を下しました。このことが、人智を越えた、神の助けを引き出した人間の側における最大の要因であったと、筆者は考えます。

ここでに、キリスト教倫理において最も重要な「信仰的総合判断」についてひと言記させていただきたいと思います。パウロはフィリピの信徒への手紙一9～10において次のように祈っております。

「わたしは、こう祈ります。知る力と見抜く力とを身に着けて、あなたがたの愛がますます豊かになり、本当に重要なことを見分けられるように。」

わたしたちも、今日の危機の時代に、何が本当に重要なことかを見分ける信仰的総合判断力が与えられるように祈ろうではありませんか。アーメン。

神の約束を実現する導き

千人隊長は百人隊長二人を呼び、「今夜九時カイサリアへ出発できるように、歩兵二百名、騎兵七十名、補助兵二百名を準備せよ」と言った。また、馬を用意し、パウロを乗せて、総督フェリクスのもとへ無事に護送するように命じ、次のような内容の手紙を書いた。「クラウディウス・リシアが総督フェリクス閣下に御挨拶申し上げます。この者がユダヤ人に捕らえられ、殺されようとしていたのを、わたしは兵士たちを率いて救い出しました。ローマ帝国の市民権を持つ者であることが分かったからです。そして、告発されている理由を知ろうとして、最高法院に連行しました。ところが、彼が告発されているのは、ユダヤ人の律法に関する問題であって、死刑や投獄に相当する理由はないことが分かりました。しかし、この者に対する陰謀があるという報告を受けましたので、直ちに閣下のもとに護送いたします。告発人たちには、この者に関する件を閣下に訴え出るようにと、命じておきました。」さて、歩兵たちは、命令どおりにパウロを引き取って、夜のうちにアンティパトリスまで連れて行き、翌日、騎兵たちに護送を任せて兵営へ戻った。騎兵たちはカイサリアに到着すると、手紙を総督に届け、パウロを引き渡した。総督は手紙を読んでから、パウロがどの州の出身であるかを尋ね、キリキア州の出身だと分かると、「お前を告発する者たちが到着してから、尋問することにする」と言った。そして、ヘロデの官

邸にパウロを留置しておくように命じた。

（使徒言行録二三23〜35）

「神の約束を実現する導き」を信じる信仰に立つと、真っ暗な世界が、希望に満ちた明るい輝く世界に一変します。

［1］千人隊長は百人隊長二人を呼び、「今夜九時カイサリアへ出発できるように、歩兵二百名、騎兵七十名、補助兵二百名を準備せよ」と言った。（23）

今朝のメッセージのテキストを読みましても、表面的には「神の約束を実現する導き」という言葉は見られません。天使も出てきません。また何か奇跡が起こって、神の約束が実現されたことも書いてありません。書かれていることは、千人隊長が百人隊長二人を呼んで、エルサレムに駐屯するローマ兵の半分を、パウロの護衛隊として準備させ、カイサリアに出発させたことです。千人隊長は、総督フェリクスがパウロをヘロデ官邸に留置することが一番安全であると、考えました。なぜこれほどまでの護衛が必要だったのでしょうか。

千人隊長クラウディウス・リシアが、パウロは生まれながらのローマ市民であることと、パウロはローマ法に触れる犯罪を犯していないことを確信していたからです。千人隊長リシアは、四十人ものテロリストからパウロを守るには、これほどの厳重な護衛が必要だと考えたのです。しかし、この背後には、「ローマでも証しをしなければならない」という使命をパウロに与えた復活のイエスの御意思が働いていると思われます。

［2］クラウディウス・リシアが総督フェリクス閣下に御挨拶申し上げます。（26〜32）

フェリクス総督は、以前にサマリアで統治したこともありました。五二年頃、彼はユダヤ地方総督に昇進しました。彼は皇帝クラウディオの寵愛を受け、奴隷の身分から解放された人でした。この総督に千人隊長は次のような手紙を書きました。「クラウディウス・リシアが総督フェリクス閣下に御挨拶申し上げます。この者がユダヤ人に捕らえられ、殺されようとしていたのを、わたしは兵士たちを率いて救い出しました。ローマ帝国の市民権を持つ者であることが分かったからです。そして、告発されている理由を知ろうとして、最高法院に連行しました。ところが、彼が告発されているのは、ユダヤ人の律法に関する問題であって、死刑や投獄に相当する理由はないことが分かりました。しかし、この者に対する陰謀があるという報告を受けましたので、直ちに閣下のもとに護送いたします。告発人たちには、この者に関する件を閣下に訴え出るようにと、命じておきました。」(26～30)この手紙で千人隊長が主張していることは、次の四つのことです。

　第一は、四十人の過激なユダヤ最高法院の指導者たちがパウロを殺そうとしていたところを助け出したのかという理由を述べました。その理由はただ一つです。パウロがローマ帝国の市民権を持つからです。ローマ帝国の市民権を持つ者の生命を裁判にもかけずにリンチ（私刑）で奪ってはならないのです。もしそのようなことが起れば、千人隊長の責任が問われます。このことを千人隊長は恐れました。たとえテロリストたちが、ユダヤ国の最高権力者・祭司長の許可書を持っていても、ユダヤ国はローマの植民地ですから、ローマの市民権を持つ者を死刑にはできませんでした。それを無視して、ローマ市民権を持つ者を殺せば、ユダヤ国とローマ帝国の戦争に発展する危険さえはらんでいました。

　第二の重要な理由を千人隊長は述べました。パウロが告発された理由に関することです。千人隊長がパウロを最高法院に連行して調べた結果わかったことは、彼が告発されていることはすべてユダヤ人の宗教法に関する問題であって、ローマ法には何一つ触れていないことです。

　第三は、それでも、パウロを殺害するという陰謀があるという報告を受けたので、パウロをエルサレムに置くことは、パウロに取って危険であるばかりではなく、エルサレム、強いてはユダヤの国の治安、そしてローマ帝国とユダヤ国との関係を決定的な形で悪くする危険があると千人隊長は判断しました。ユダヤ地区の総督フェリクッスが居住しているカイサリアにパウロを護送して、おなじカイサリアにあるヘロデ官邸にパウロを留置することが一番安全であると考えました。

　第四は、告発人たちに、パウロに関する件をフェリクッス閣下に訴え出るようにと命じておいたことです。

さて、歩兵たちは命令通りに、パウロを引き取って、夜のうちにアンティパトリスまで（四十キロ）連れて行き、翌日、騎兵たちは護送を任せて兵営に戻りました。四十キロ離れたところに護送すれば一安心と考えて、歩兵たちはエルサレムの兵営へ戻ってきました。歩兵、補助兵が四百名というのは、四十名のテロ集団のテロ行為からパウロを守るために、当時必要とされた人数であったようです。

［3］騎兵たちはカイサリアに到着すると、手紙を総督に届け、パウロを引き渡した。（33〜35）

このように、復活のイエスの約束の言葉は、着々と実現されつつありました。千人隊長の心の中には、ミスはしたくない、手柄は立てたいという思いがあったに違いありません。しかし、彼はこのような打算的な思いに打ち勝ちました。エルサレムの治安を守るよりも、ローマの市民を守ることを最優先すべきであると考えました。この中にも神様のお働きがありました。一人の青年・パウロの姉妹の息子の助け、そこにも神の見えざる導きと守りの御手がありました。

パウロの適切な、素早い信仰的総合判断が、確かに神の約束を実現する導きを引き出しました。また千人隊長の素早い決断力、万全を期してパウロをまずアンティパトリスまで護送し、次に騎兵でカイサリアへ護送するという二段階に分けた護送の仕方、ここにも神様の知恵を見て取れます。

また、彼のフェリクッス総督への手紙も、要点をついて適切でした。何にも勝って、千人隊長の知恵は、若者から情報を得てすぐ、夜の九時にカイサリアへパウロたちを出発させたことにありました。かくして、ユダヤ国家とローマ帝国の戦争という大きな危険を避けることが出来ました。救いの歴史と世界の歴史を導いておられる三位一体の神の御心を実現する僕として、一人の異邦人、千人隊長が用いられたことは、不思議としか言いようがありません。

この箇所にも、前回のメッセージの箇所と同様に、勇気を出せ。エルサレムでわたしのことを力強く証ししたように、ローマでも証しをしなければならない」（二三11）とパウロに語られた復活のイエスの御言葉が、一つ一つの出来事の背後にあって働いておられると言わざるを得ません。

厚木教会へ本部から副牧師の方をお遣わしいただき、私は、来春、厚木教会の牧師を引退し、長谷《はせ》でゼロからの開拓を決心するまでの復活の主のお導きの中に「神の約束を実現する導き」を痛感いたします。まだまだ大きな障害、壁がありますが、「勇気を出せ、厚木でキリストのことを力強く証ししたように長谷《はせ》でも証ししなければならない」という御声に一歩一歩従って行きたいと願っています。皆さん、この言葉に生命をかけて従ってまいりましょう。アーメン。

偽りの論告とパウロの答弁

五日の後、大祭司アナニアは、長老数名と弁護士テルティロという者を連れて下って来て、総督にパウロを訴え出た。パウロが呼び出されると、テルティロは告発を始めた。「フェリクス閣下、閣下のお陰で、私どもは十分に平和を享受しております。また、閣下の御配慮によって、いろいろな改革がこの国で進められています。私どもは、あらゆる面で、至るところで、このことを認めて称賛申し上げ、また心から感謝しているしだいです。さて、これ以上御迷惑にならないよう手短に申し上げます。御寛容をもってお聞きください。実は、この男は疫病のような人間で、世界中のユダヤ人の間に騒動を引き起こしている者、『ナザレ人の分派』の主謀者であります。この男は神殿さえも汚そうとしましたので逮捕いたしました。〈底本に節が欠けている個所の異本による訳文：そして、私どもの律法によって裁こうとしたところ、千人隊長リシアがやって来て、この男を無理やり私どもの手から引き離し、告発人たちには、閣下のところに来るようにと命じました。〉閣下御自身でこの者をお調べくだされば、私どもの告発したことがすべてお分かりになるかと存じます。」他のユダヤ人たちもこの告発を支持し、そのとおりであると申し立てた。総督が、発言するように合図したので、パウロは答弁した。「私は、閣下が多年この国民の裁判をつかさどる方であることを、存じ上げておりますので、私自身のことを喜んで弁明いたします。確かめていただけば分かることですが、私が礼拝のためエルサレムに上ってから、まだ十二日しかたっていません。神殿でも会堂でも町の中でも、この私がだれかと論争したり、群衆を扇動したりするのを、だれも見た者はおりません。そして彼らは、私を告発している件に関し、閣下に対して何の証拠も挙げることができません。しかしここで、はっきり申し上げます。私は、彼らが『分派』と呼んでいるこの道に従って、先祖の神を礼拝し、また、律法に則したことと預言者の書に書いてあることを、ことごとく信じています。更に、正しい者も正しくない者もやがて復活するという希望を、神に対して抱いています。この希望は、この人たち自身も同じように抱いております。こういうわけで私は、神に対しても人に対しても、責められることのない良心を絶えず保つように努めています。さて、私は、同胞に救援金を渡すため、また、供え物を献げるために、何年ぶりかで戻って来ました。私が清めの式にあずかってから、神殿で供え物を献げているところを、人に見られたのですが、別に群衆もいませんし、騒動もありませんでした。ただ、アジア州から来た数人のユダヤ人はいました。もし、私を訴えるべき理由があるというのであれば、この人たちこそ閣下のところに出頭して告発すべきだったのです。さもなければ、ここにいる人たち自身が、最高法院に出頭していた私にどんな不正を見つけたか、今言うべきです。彼らの中に立って、『死者の復活のことで、私は今日あなたがたの前で裁判にかけられているのだ』と叫んだだけなのです。」フェリクスは、この道についてかなり詳しく知っていたので、「千人隊長リシアが下って来るのを待って、あなたたちの申し立てに対して判決を下すことにする」と言って裁判を延期した。そして、パウロを監禁するように、百人隊長に命じた。ただし、

自由をある程度与え、友人たちが彼の世話をするのを妨げないようにさせた。（使徒言行録二四1〜23）

パウロは、大司祭アナニアの弁護士テルティロのおべっかと偽りの訴えを受けて、ローマの法廷に、たった一人で立ちました。神と人に対して、堂々と理を尽くして弁明しました。わたしたちも見習いたいと切望します。

［1］五日の後、大祭司アナニアは、長老数名と弁護士テルティロという者を連れて下って来て、総督にパウロを訴え出た。（1〜3）

パウロは、エルサレムからカイサリアへ護送されて五日後、裁かれるために、総督フェリクスの前にただ一人立ちました。このローマの法廷には、エルサレムからパウロを告訴するために来た大祭司と、ユダヤ国の長老数人と、弁護士がおりました。パウロは、たった一人で第一回目の裁判を受けました。

相手は、ユダヤ国家の最高の権力者・大祭司アナニアと、長老数名と、ローマの法律とユダヤの律法に精通した弁護士テルティロでした。パウロは、一人で神と人との前に立ち、偽りの訴えに対して、堂々と良心にしたがって答弁を致しました。実に見事な姿です。パウロが呼び出されると、テルティロは告発を始めました。「フェリクス閣下、閣下のお陰で、私どもは十分に平和を享受しております」（2〜3）という言葉から始まって、おべっかを使い、フェリクスのいろいろな改革を称賛しました。

［2］さて、これ以上ご迷惑にならないように手短に申し上げます。（4〜21）

次のようにパウロを訴えました。

第一の訴えは、「この男は疫病のような人間で、世界中のユダヤ人の間に騒動を引き起こしている者」（5）であるというものでした。当時、メシア運動は熱狂的なものになり、ローマの安定を乱していました。

第二の訴えは、パウロは「ナザレ人の分派」（5）、すなわちサドカイ派のユダヤ教から見れば異端でした。パウロはその首謀者であるというのです。ユダヤ教はローマ公認の宗教ですが、「ナザレ人の分派」はそうではなく、ローマの安定を乱すものですと主張しました。

第三の訴えは、さらに強烈なものでした。「この男は神殿さえも汚そうとしましたので逮捕いたしました」（6）と訴えました。この行為はユダヤ教の法律によれば死刑に値するものです。ほかのユダヤ人たちもこの告発を支持しました。

この時、総督が、パウロに発言するように合図をしましたので、彼は答えました。「私は、閣下が多年この国民の裁判をつかさどる方であることを、存じ上げておりますので、私自身のことを喜んで弁明いたします」（10）と。

第一の訴えには、パウロは次のように答えました。「確かめていただけば分かることですが、私が礼拝のためエルサレムに上ってから、まだ十二日しかたっていません。神殿でも会堂でも町の中でも、この私がだれかと論争したり、群衆を扇動したりするのを、だれも見た者はおりません。そして彼らは、私を告発している件に関し、閣下に対して何の証拠も挙げることができません。」（11～13）

第二の訴え、パウロが、ナザレの異端の首謀者であるということに対しては、次のように語っています。

「彼らが『分派』と呼んでいるこの道に従って、先祖の神を礼拝し、また、律法に則したことと預言者の書に書いてあることを、ことごとく信じています。更に、正しい者も正しくない者もやがて復活するという希望を、神に対して抱いています。この希望は、この人たち自身も同じように抱いております。」（14～15）

すなわち、ユダヤ教の三つの命題である「1・唯一の神」、「2・旧約聖書の正典性」、「3・復活の教え」を信じています。ですから、キリスト教は、ローマに公認されているユダヤ教と同じように、公認の宗教として扱われるべきであると、パウロは主張したのです。

この主張はきわめて重要です。ここでパウロは改めて、このローマの裁判にのぞむ基本的態度について述べています。パウロは、「神に対しても人に対しても、責められることのない良心を絶えず保つように努めています」（16）と言っています。この態度こそ、激動する時代に生きているわたしたちクリスチャンの持つべき基本的態度ではないでしょうか。御言葉というゆるぎない基準を持つとともに、責められることのない良心を絶えず保つように努めることが大切です。相手は多勢、パウロはたった一人、しかし、確かな信仰と良心を持って戦っていたのです。

最後の第三の訴えには、このように答えています。「私は、同胞に救援金を渡すため、また、供え物を献げるために、何年ぶりかで戻って来ました。私が清めの式にあずかってから、神殿で供え物を献げているところを、人に見られたのですが、別に群衆もいませんし、騒動もありませんでした。」(17~18) ここでパウロは、訴えの背後にある重大な事情を明らかにしました。それはこうです。「ただ、アジア州から来た数人のユダヤ人はいました。もし、私を訴えるべき理由があるというのであれば、この人たちこそ閣下のところに出頭して告発すべきだったのです。さもなければ、ここにいる人たち自身が、最高法院に出頭していた私にどんな不正を見つけたか、今言うべきです。彼らの中に立って、『死者の復活のことで、私は今日あなたがたの前で裁判にかけられているのだ』と叫んだだけなのです。」(19~21)

これが今回の事件の核心であったのです。アジア州とはエフェソです。パウロが三年の間、初めはユダヤ人の会堂を中心に伝道をし、追い出されてからはティラノの講堂(一九9)で、また人々の家を訪ねて、パウロは実に熱心に伝道いたしました。そして、またたく間にアジア全土にキリストの福音は伝えられました。その時にも、パウロは、ユダヤ教の原理主義的な人たちから迫害を受けました。この熱狂的なユダヤ人たちが、アジア州から追いかけてきて、パウロをいろいろな理由をつけて殺そうとしたのです。

[3] フェリクスは、この道についてかなり詳しく知っていたので (22~23)

この実に難しい裁判を、フェリクスはどうしたでしょうか。フェリクスはこの道についてかなり詳しく知っていましたので、実に賢い決断をしました。彼は次のような決断を下しました。「千人隊長リシアが下って来るのを待って、あなたたちの申し立てに対して判決を下すことにする」(22) と、裁判を延期いたしました。そしてパウロを監禁するように百人隊長に命じました。ただし、自由をある程度与え、友人たちが彼の世話をすることを妨げないようにさせました。これは、千人隊長リシヤが手紙の中で、パウロがローマの市民権を持つことを、総督に知らせていたからです。

このようにしてパウロを訴えた者たちは、ユダヤ教で最も強い権力をもつ祭司長、長老たち、そして弁護士でしたが、パウロは、たった一人で堂々と、自らの身の潔白を信仰と良心に従って証明し、キリストを証ししました。見事という他はありません。確かに裁判長が、ローマ法とユダヤ教の律法とをよく知っている総督であったことは幸運でした。しかし、それ以上に、「エルサレムでわたしのことを力強く証ししたように、ローマでも証しをしなければならない」（二三11）と語られた主イエスが、目に見えないところで、絶えず導いておられたことも事実でありました。

わたしたちも、どんな窮地に追い込まれても、ただ一人、信仰と良心をもって使命に立って、身の潔白を主張し、キリストを証ししようではありませんか。アーメン。

正義と節制と来るべき裁き

数日の後、フェリクスはユダヤ人である妻のドルシラと一緒に来て、パウロを呼び出し、キリスト・イエスへの信仰について話を聞いた。しかし、パウロが正義や節制や来るべき裁きについて話すと、フェリクスは恐ろしくなり、「今回はこれで帰ってよろしい。また適当な機会に呼び出だが、パウロから金をもらおうとする下心もあったので、度々呼び出しては話し合っていた。さて、二年たって、フェリクスの後任者としてポルキウス・フェストゥスが赴任したが、フェリクスは、ユダヤ人に気に入られようとして、パウロを監禁したままにしておいた。

（使徒言行録二四24～27）

総督フェリクスは妻のドルシラと一緒に来て、パウロを呼び出し、キリスト・イエスへの信仰について話を聞きました。

［1］数日の後、フェリクスはユダヤ人である妻のドルシラと一緒に来て（24）

今朝のテキストは短くわずか4節ですが、25節の「正義や節制や来るべき裁き」という言葉は、当時も、今日も非常に重要な御言葉です。これは、パウロが、総督フェリクスとユダヤ人の妻に語った言葉です。裁判が終わった数日後、フェリクスはユダヤ人である妻ドルシラと一緒に来て、パウロを呼び出し、キリスト・イエスへの信仰について話を聞きました。どうして、総督夫妻は、キリスト・イエスへの信仰について話を聞きたいと思ったのでしょうか。

その理由は、彼の奥さんがユダヤ人であることにありました。総督フェリクスの妻ドルシラは、ヘロデ・アグリッパ一世の娘です。父アグリッパ王が、このカイサリアで虫に噛まれて死んだ時、六歳の子供でした。（一二20〜23）兄の世話で、エメサの王アジススに嫁ぎました。ところが、フェリクスが総督として赴任すると、彼はドルシラにひとめぼれして、キプロス生まれの魔術師を使って離婚をそそのかし、ついに自分の妻にしてしまいました。ですから、彼女は、父が殺した使徒ヤコブ、父が投獄したのに脱獄した使徒ペトロ、父の非業の死などの思い出から、キリスト教にかなりの関心を寄せていたでしょう。（使徒一二1〜9）また彼女の暗い過去から見ても、何か宗教的な求めがあったのかもしれません。

［2］しかし、パウロが正義や節制や来るべき裁きについて話すと（25〜26）

パウロが、「正義や節制や来るべき裁き」について話すと、フェリクスは恐ろしくなり。「今回はこれで帰ってよろしい。また適当な機会に呼び出すことにする」と言いました。

なぜ、パウロは、このように総督夫妻がいやがる正義とか節制とか来るべき裁きについて話したのでしょうか。自分の立場をわきまえて、当たり障りのない主題を選んで話さなかったのでしょうか。

たぶん、パウロは、二人の過去をよく知っており、彼らの心の奥に秘められている深い必要に応えようとしたのではないかと思われます。何とか、彼らを不義と不節制な乱れた生活から救い出そうとしたのではないでしょうか。そして、最も恐ろしい最後の審判から彼らを救い出そうとしたように思います。しかし結果は逆でした。彼らは良心の呵責によって、神の最後の審判が恐ろしくなってしまいました。

　パウロは、ローマの法廷で、国家の最高の指導者、大祭司アナニアやユダヤ国の支配者階級に属する長老たちや、ユダヤ国とローマ帝国の法律に通じている弁護士の前で、たった一人で、冷静に堂々と答弁しました。総督は感心して、パウロの答弁を聞いていたに違いありません。そこでパウロはその秘訣を明らかにしようとして、最後の審判に触れたのかも知れません。

　あるいはこういう意図もありました。使徒ヤコブは殺され、ペトロは投獄されるという終末的な出来事が起こっていましたので、パウロは、終末意識が非常に強くなり、死ぬ覚悟で伝道をしていました。ですから、何をも恐れず、総督夫妻に大胆に語ったに違いないとも解釈できます。

　もうひとつの意見は、パウロは、純粋に総督夫妻を滅亡の中から救いに導こうとしたとも思われます。

　もう一つは、主がアナニアに、パウロについて「行け。あの者は、異邦人や王たち、またイスラエルの子らにわたしの名を伝えるために、わたしが選んだ器である」（九15）と預言されたことの成就として、このような出来事がここに記されているという意見です。

　いずれにしても、パウロの総督夫妻に対する伝道は成功しませんでした。その理由として、フェリクスは、「パウロから金をもらおうとする下心もあった」（26）と記されています。まだまだフェリクスは、パウロから釈放金をもらおうという不純な思いから解放されていなかったことを、はっきりとルカは記しております。囚人から釈放金をもらうという悪い習慣が、ローマの法廷でも行われていたことが、ここに記されています。

　パウロはどうしてこのように、堕落したユダヤ国の法廷とローマの法廷において、自らの潔白で純粋でかつ堂々たる姿を証しできたのでしょうか。それは、パウロが「正義と節制と来るべき裁き」を先取りして生きていたからです。すなわちもう一つの法廷、神の法廷、来るべき最後の法廷をめざして、否それを先取りして今日の経験をして彼は生きていたのです。

良心的に生きるとはどういうことをいうのでしょうか。良心とは、原語では「共に意識すること」です。何とともに意識するかと言いますと、「神と共に意識すること」が「良心的に生きること」を意味します。パウロは一人で戦っていましたが、実は神の前に、神と共に戦っていたのです。

［3］さて、二年たって、フェリクスの後任者としてポルキウス・フェストゥスが赴任したが（27）

二年もの間、パウロはきちんとした裁判を受けることもなく留置場に放置されておりました。パウロが異邦人のクリスチャンたちからの献金をエルサレム教会に持って来たことを聞いた総督は、パウロは沢山のお金を持っていると誤解して、パウロから釈放金を得ようとして何回も呼び出しては話し合っていました。パウロはローマの市民権を持つ者として、そのような賄賂を使ってまで釈放してもらおうとはしませんでした。そうこうしているうちに二年が過ぎてしまいました。

これが、フェリクスのお金の要求に応じなかったパウロに対する仕打ちでした。パウロは終末意識に満たされ、一時も早く解放されて、ローマに行って、キリストの福音を語りたいと切望していました。復活のイエスが、傍らに立たれて語られた「ローマでも証しをしなければならない」（二三11）との御言葉に従いたいと思ったに違いありません。こういう場合には生かされていることを感謝して、じーっと神の時を待つ他はありません。焦っては自滅してしまいます。待つことによってしか学べないことがあります。待つことによって忍耐を学び、また御言葉を深く学び、自分自身を深く掘り下げることができます。

二年たって、フェリクスの後任者、ポルキウス・フェストゥスが赴任してきました。この新しい総督は実に有能な総督でした。すぐに法廷を開く準備を始めました。

フェリクスはユダヤ人に気に入られようとして、パウロを監禁しておきました。彼はパウロの生き方とは全く正反対の生き方をしていました。結局、彼はユダヤ人たちにローマの皇帝に訴えられて、生命を落とすことになりました。

わたしたちもパウロに習って、「正義と節制と来るべき裁き」を待ち望んで生きていきましょう。またそれらを先取りして生きていきましょう。わたしたちも、パウロのごとく、来るべき裁きをおぼえつつ、良心的に、正々堂々として生きていきたいと願います。アーメン。

神の摂理と共に生きる

フェストゥスは、総督として着任して三日たってから、カイサリアからエルサレムへ上った。祭司長たちやユダヤ人のおもだった人々は、パウロを訴え出て、彼をエルサレムへ送り返すよう計らっていただきたいと、フェストゥスに頼んだ。途中で殺そうと陰謀をたくらんでいたのである。ところがフェストゥスは、パウロはカイサリアで監禁されており、自分も間もなくそこへ帰るつもりであると答え、「だから、その男に不都合なところがあるというのなら、あなたたちのうちの有力者が、わたしと一緒に下って行って、告発すればよいではないか」と言った。フェストゥスは、八日か十日ほど彼らの間で過ごしてから、カイサリアへ下り、翌日、裁判の席に着いて、パウロを引き出すように命令した。パウロが出廷すると、エルサレムから下って来たユダヤ人たちが彼を取り囲んで、重い罪状をあれこれ言い立てたが、それを立証することはできなかった。パウロは、「私は、ユダヤ人の律法に対しても、神殿に対しても、皇帝に対しても何も罪を犯したことはありません」と弁明した。しかし、フェストゥスはユダヤ人に気に入られようとして、パウロに言った。「お前は、エルサレムに上って、そこでこれらのことについて、わたしの前で裁判を受けたいと思うか。」パウロは言った。「私は、皇帝の法廷に出頭しているのですから、ここで裁判を受けるのが当然です。よくご存じのとおり、私はユダヤ人に対して何も悪いことをしていません。もし、悪いことをし、何か死罪に当たることをしたのであれば、決して死を免れようとは思いません。しかし、この人たちの訴えが事実無根なら、だれも私を彼らに引き渡すような取り計らいはできません。私は皇帝に上訴します。」そこで、フェストゥスは陪審の人々と協議してから、「皇帝に上訴したのだから、皇帝のもとに出頭するように」と答えた。（使徒言行録二五1～12）

「神の摂理と共に生きる」というクリスチャンの最高の生き方は、現代のような不安定な時代には、最も安定した最高の生き方です。

［1］フェストゥスは、総督として着任して三日たってから、カイサリアからエルサレムへ上った。（1～3）

パウロは、二年間もカイサリアの留置所に監禁されたまま放置されていました。ここにも神の摂理がありました。この間に、総督フェリクス夫妻に対して、正義と節制と来るべき裁きについて、預言者のように証しができました。二年後、今度は、有能なポルキウス・フェストゥスが、フェリクスに代って総督に就任いたしました。

新しい総督は（五二年に就任）、前任者と違ってできぱきしておりました。彼は、当時のエルサレムやガリラヤの大変困難な状況をきちんと捉えておりました。その証拠に、エルサレムについての情報を集めて研究しておりました。総督に着任して三日後、カイサリアからエルサレムへ上った総督は他にはおりませんでした。パウロの問題も、きちんと裁判を再開して解決しないと、この地方をしっかり統治できないことを、彼はよく知っていたのです。

総督フェストゥスが、エルサレムに行くと、祭司長やユダヤ人のおもだった人々は訴え出て、パウロをエルサレムへ送り返すよう計らってくれるように、総督に頼みました。途中でパウロを殺そうと陰謀を企んでいたのです。二年も経っているのに、彼らのパウロに対する憎しみは消えませんでした。

［2］ところがフェストゥスは、パウロはカイサリアで監禁されており、自分も間もなくそこへ帰るつもりであると答え（4～11）

ここで総督フェストゥスが、彼らの訴えに応じていれば、パウロはユダヤ人たちの手で殺されていたかも知れません。そして、神の摂理は全うされず、パウロのローマ行きもあり得なかったでしょう。フェストゥスは、彼らの訴えに対して、実に適切な応答をいたしました。パウロはカイサリアで監禁されており、自分も間もなくそこに帰るつもりであると答えて、「だから、その男に不都合なところがあるというのなら、あなたたちのうちの有力者が、わたしと一緒に下って行って、告発すればよいではないか」（5）と言いました。いかにも正論です。総督は、殺意にあふれているユダヤ国の最高権力者たちの訴えをうまくかわしました。

「フェストゥスは、八日か十日ほど彼らの間で過ごしてから……」（6）と記されています。ここを注意深く読みます。八日か十日ほどエルサレムで過ごしてからではなく、彼らの間でと記されています。「彼らの間で」ということは、「ユダヤの支配階級の人たちの家に行って、彼らと交わり」、八日か十日ほど友好関係をもつ努力をしてからということです。フェストゥスは相当ユダヤ人指導者たちに気を遣っていることが分かります。同時に、これは、フェストゥスの姿勢は、民衆の方には向いていなかったことも示しています。しかし、これらのことは、パウロにとっては、実に幸運でした。ここに、聖霊のくすしい導きがあったと言えます。

フェストゥスは、八日か十日ほど彼らの間で過ごしてから、カイサリアへ下り、翌日、裁判の席に着いて、パウロを引き出すよう命令しました。パウロは出廷すると、エルサレムから下って来たユダヤ人たちが、彼らを取り囲んで、重い罪状をあれこれ言いたてました。しかし、それを立証することが出来ませんでした。カイサリアの法廷は、ローマの法廷です。ローマの法に触れる犯罪をパウロは犯しておりません。この状況は以前とまったく変わりませんでした。

これに対して、パウロは「私は、ユダヤ人の律法に対しても、神殿に対しても、皇帝に対しても何も罪を犯したことはありません」（8）と弁明しました。あることないことを取り立てて、まず。ユダヤの律法、すなわちモーセの十戒をはじめとする道徳法、社会法、宗教法にてらしてもパウロは何も罪を犯していません。神聖な神殿に異邦人を連れ込んだりしますと死刑となりますが、そういう重大な罪もパウロは犯しておりません。犯しているというなら、ユダヤ人たちはその証拠を法廷に提示すべきですが、彼らにはそれは、出来ませんでした。皇帝に対しても、パウロは何の犯罪も犯しておりませんでした。（例えば騒乱罪）

しかし、フェストゥスは、ユダヤ人に気に入られようとして、パウロに「お前は、エルサレムに上って、そこでこれらのことについて、わたしの前で裁判を受けたいと思うか」（9）と言いました。これは、以前、ユダヤ指導者たちに言ったことと矛盾する発言でした。パウロもとまどったと思います。ですから、パウロは「私は、皇帝の法廷に出頭しているのですから、ここで裁判を受けるのが当然です。よくご存じのとおり、私はユダヤ人に対して何も悪いことをしていません。」（10）これは、フェストゥスも分かっている答えです。なぜこういう矛盾したことを総督は言ったのでしょうか。ユダヤ人たちにも気に入られようとしたのです。有能でありながら、自分の信念を貫けない総督の弱さが出ています。

パウロは、もう一度自分の固い決意を述べました。「もし、悪いことをし、何か死罪に当たることをしたのであれば、決して死を免れようとは思いません。しかし、この人たちの訴えが事実無根なら、だれも私を彼らに引き渡すような取り計らいはできません。私は皇帝に上訴します。」（11、上訴権の発動）このパウロの言葉は決定的でした。おそらく、歴史的、全人類史的に最も重要な発言です。ここに追い込んだのは、フェストゥスの優柔不断な態度です。パウロは、裁判官としての総督に不信をいだきました。パウロは、ローマ市民が持つ皇帝への上訴権を用いました。

この瞬間、パウロは、ユダヤ国の最高権力者たちにも、総督にも手の届かないところに置かれました。この道こそ、神の最高の摂理の道でした。最も安全かつ合法的な形でローマに行ける道でした。神の導き、聖霊の導きとは何とくすしいことでしょう。

［3］そこで、フェストゥスは陪審の人々と協議してか

ら（12）

このような歴史的、全人類的決断は、他動的であると共に自動的なものです。どうしたら、このようなくすしき神の摂理を正確にキャッチし、それと共に生きることが出来るのでしょうか。ユダヤ国の最高権力者たちのような偏見や憎しみや世俗的価値観を持って生きるのではなく、またフェストゥスのように自分の信念をまげてまで優柔不断に生きるのではなく、真理の確信、神の摂理と聖霊の導きに生命をかけて従う時に、向こうから道は開かれて行くのです。

イザヤ書四六章11～13節に記されているように、神様のご計画は実現し、わたしたちを輝かせてくださるのです。わたしたちもパウロと共に、神の最高最善の摂理の道を、堂々と良心的に歩んで参りましょう。アーメン。

東から猛禽《もうきん》を呼び出し
遠い国からわたしの計画に従う者を呼ぶ。
わたしは語ったことを必ず実現させ
形づくったことを必ず完成させる。
わたしに聞け、心のかたくなな者よ
恵みの業から遠く離れている者よ。
わたしの恵みの業を、わたしは近く成し遂げる。
もはや遠くはない。
わたしは遅れることなく救いをもたらす。
わたしはシオンに救いを
イスラエルにわたしの輝きを与えることにした。
（イザヤ書四六11～13）

イエスは生きている

数日たって、アグリッパ王とベルニケが、フェストゥスに敬意を表するためにカイサリアに来た。彼らが幾日もそこに滞在していたので、フェストゥスはパウロの件を王に持ち出して言った。「ここに、フェリクスが囚人として残していった男がいます。わたしがエルサレムに行ったときに、祭司長たちやユダヤ人の長老たちがこの男を訴え出て、有罪の判決を下すように要求したのです。わたしは彼らに答えました。『被告が告発されたことについて、原告の面前で弁明する機会も与えられず、引き渡されるのはローマ人の慣習ではない』と。それで、彼らが連れ立って当地へ来ましたから、わたしはすぐにその翌日、裁判の席に着き、その男を出廷させるように命令しました。告発者たちは立ち上がりましたが、彼について、わたしが予想していたような罪状は何一つ指摘できませんでした。パウロと言い争っている問題は、彼ら自身の宗教に関することと、死んでしまったイエスとかいう者のことです。このイエスが生きていると、パウロは主張しているのです。わたしは、これらのことの調査の方法が分からなかったので、『エルサレムへ行き、そこでこれらの件に関して裁判を受けたくはないか』と言いました。しかしパウロは、皇帝陛下の判決を受けるときまで、ここにとどめておいてほしいと願い出ましたので、皇帝のもとに護送するまで、彼をとどめておくように命令しました。」そこで、アグリッパがフェストゥスに、「わたしも、その男の言うことを聞いてみたいと思います」と言うと、フェストゥスは、「明日、お聞きになれます」と言った。（使徒言行録二五13〜22）

「イエスは生きている」。何という力強い響きでしょう。十字架で死なれたイエスが今も生きておられ、死んだような人たちを生かし続けておられるのです。

［1］数日たって、アグリッパ王とベルニケが、フェストゥスに敬意を表するためにカイサリアに来た。（13〜15）

パウロは歴史的、人類史的発言をして数日たったある日、アグリッパ王の妻ベルニケが、総督フェストゥスに敬意を表するためにカイサリアに来ました。このアグリッパ王は、あの幼児イエスを殺そうとしたヘロデ・アグリッパ一世の息子で、ヘロデ大王の曾孫、ヘロデ・アグリッパ二世であります。ベルニケは彼の妹で、結婚、離婚、再婚、また兄やローマ皇帝ティトゥス（写真ティトゥス・フラウィウス・ウェスパシアヌス Titus Flavius Vespasianus, AD39~81）との同棲など、みだらな生活をした女性でした。

アグリッパ王がフェストゥスに敬意を表すために、早々にカイサリアに来たことは、何を意味しているのでしょうか。それは、政治家が、神の民の方に顔を向けて政治をしているのか、それともこの世の覇権者の方に顔を向けて政治をしているのかを表ししているのです。いうまでもなく、彼は神の民の方ではなく、この世の覇権者の方を向いて政治をしていたのです。少しでもよい印象をフェストゥス総督に与えて、ローマ皇帝によい報告をしてもらって、出世したいと考えて、いち早く新しい総督のところを表敬訪問したのです。

彼らが幾日もそこに滞在していたので、フェストゥスは、パウロの件を王に持ち出して言いました。「ここに、フェリクスが囚人として残していった男がいます」（14）と。多分、彼らが幾日も滞在していましたので、お茶飲み話にパウロのことを話題に乗せ、前任者フェリクスよりも自分の方が総督として優れていることを誇りたかったのではないかと思います。また、アグリッパ王はユダヤ人のことをよく知っていますので、今後パウロをどうすべきか、彼の意見を聞こうとしたのかもしれません。そこで、手短に、パウロがなぜカイサリアで裁判を受けるようになったかを次のように話しました。

「わたしがエルサレムに行ったときに、祭司長たちやユダヤ人の長老たちがこの男を訴え出て、有罪の判決を下すように要求したのです。」（15）

［2］**わたしは彼らに答えました。『被告が告発されたことについて、原告の面前で弁明する機会も与えられず……』**（16~21）

フェストゥスは、ユダヤ国の指導者たちに、ローマ帝国の慣習がいかに優れているかを次ぎのように説明しました。『被告が告発されたことについて、原告の面前で弁明する機会も与えられず、引き渡されるのはローマ人の慣習ではない』と。それで、彼らが連れ立って当地へ来ましたから、わたしはすぐにその翌日、裁判の席に着き、その男を出廷させるように命令しました。告発者たちは立ち上がりましたが、彼について、わたしが予想していたような罪状は何一つ指摘できませんでした。パウロと言い争っている問題は、彼ら自身の宗教に関することと、死んでしまったイエスとかいう者のことです。このイエスが生きていると、パウロは主張しているのです。」（16〜19）と。

　ここで、フェストゥスは、ユダヤ人の指導者たちとパウロとが言い争っている問題は、彼ら自身の「宗教」に関することだと言っています。この「宗教」と訳されている言葉は「迷信」とも訳せる言葉です。ここに、フェストゥスのユダヤ教とキリスト教に対する軽蔑の態度を読み取ることが出来ます。さらに、彼は、問題の中心であるイエスの死に触れました。彼は十字架でイエスが死なれた意味を全く理解しませんでした。また理解しようともしませんでした。さらに彼が理解できないのは、そのイエスが生きているというパウロの主張でした。一回死んだ者が、どうして死から甦って今も生きていると言えるのか、彼にはまったく理解できませんでした。理解できないどころか、そんなことを信じているパウロやクリスチャンたちは愚かな者であり、狂っているのではないかと思っていたに違いありません。

「イエスは生きている。」この真理こそキリスト教の中心の真理です。パウロが生命を懸けていた真理です。パウロも、初めはこのことが全く理解できませんでした。この真理に生命を懸けているステファノとクリスチャンたちを迫害し、殺害していました。しかし、パウロがダマスコの途上で復活のイエスに出会った時に、彼の価値観、人生観が一八〇度変えられました。この真理は、人間の理性にとっては躓きです。理解できないものです。聖霊の光が与えられ、霊の目が開かれる時に初めて信じることが出来るものです。パウロはこの真理を信じた時に、全く新しい人間に造り変えられました。この真理を信じることにより、パウロは、ステファノとクリスチャンたちを迫害に追いやった罪さえ赦され、復活の生命、永遠の生命と永遠の希望が与えられたのです。ここに、どのような困難にも負けないパウロの力の秘密が隠されています。

フェストゥスは続けて言いました。「わたしは、これらのことの調査の方法が分からなかったので、『エルサレムへ行き、そこでこれらの件に関して裁判を受けたくはないか』と言いました。しかしパウロは、皇帝陛下の判決を受けるときまで、ここにとどめておいてほしいと願い出ましたので、皇帝のもとに護送するまで、彼をとどめておくように命令しました。」（20～21）

ここでは、フェストゥスが、ユダヤ人に気に入られようとして、パウロに「お前は、エルサレムに上って、そこでこれらのことについて、わたしの前で裁判を受けたいと思うか」と言ったために、パウロが「皇帝に上訴します」と言った事実については、アグリッパには何も言いませんでした。自分の不利になることは、トップに立つ人は言わないものです。

フェストゥスは古い世界、世俗の世界に生きる代表者、パウロは新しい世界、「義と節制と来るべき裁き」という新しい世界に生きる代表者です。パウロは死を超えた永遠の世界に生き、フェストゥスは滅び行く世界に生きていました。

［3］そこで、アグリッパがフェストゥスに、「わたしも、その男の言うことを聞いてみたいと思います」と言うと（22）

「明日、お聞きになれます」と言いました。アグリッパはユダヤ教のことをよく知っていましたし、雄弁なフェストゥスの話を聞いて好奇心がかきたてられたのではないかと思います。このようにして、マタイ一〇18において、イエスが預言された御言葉が実現しつつあったのです。「また、わたしのために総督や王の前に引き出されて、彼らや異邦人に証しをすることになる。」

主イエス・キリストは、二千年後の今も、教会の中に、聖餐の中に、罪赦されて神の子とされたわたしたちの心と体の中に生きておられます。「神の霊によって導かれる者は皆、神の子なのです。あなたがたは、人を奴隷として再び恐れに陥れる霊ではなく、神の子とする霊を受けたのです。この霊によってわたしたちは、『アッバ、父よ』と呼ぶのです。この霊こそは、わたしたちが神の子供であることを、わたしたちの霊と一緒になって証しし

てくださいます。」（ローマ八14～16）

神の霊に満たされて、「イエスは今も生きておられます」とパウロと共に生命をかけて証しし、生きてまいりましょう。アーメン。

あなたはわたしが選んだ器

翌日、アグリッパとベルニケが盛装して到着し、千人隊長たちや町のおもだった人々と共に謁見室に入ると、フェストゥスの命令でパウロが引き出された。そこで、フェストゥスは言った。「アグリッパ王、ならびに列席の諸君、この男を御覧なさい。ユダヤ人がこぞってもう生かしておくべきではないと叫び、エルサレムでもこの地でもわたしに訴え出ているのは、この男のことです。しかし、彼が死罪に相当するようなことは何もしていないということが、わたしには分かりました。ところが、この者自身が皇帝陛下に上訴したので、護送することに決定しました。しかし、この者について確実なことは、何も陛下に書き送ることができません。そこで、諸君の前に、特にアグリッパ王、貴下の前に彼を引き出しました。よく取り調べてから、何か書き送るようにしたいのです。囚人を護送するのに、その罪状を示さないのは理に合わないと、わたしには思われるからです。」（使徒言行録二五23～27）

「あの者は……わたしが選んだ器である」（九15）と、復活のイエスはダマスコのアナニアに告げられました。この預言は今朝のテキストにおいて成就しました。

［1］**翌日、アグリッパとベルニケが盛装して到着し**（23）

ある人たちは、パウロがローマ皇帝に上訴したことに、眉《まゆ》をひそめます。アグリッパ王は「あの男は皇帝に上訴さえしていなければ、釈放してもらえただろうに」（二六32）と言いました。フェストゥスも「彼が死罪に相当するようなことは何もしていないということが、わたしには分かりました」(25) と言いました。まるで、パウロはローマに行きたくて、無理にローマ皇帝に上訴したように思えます。しかし、このような見方は、全く事実に反します。総督フェストゥスが、パウロをそこに追い込んだのです。この問題は、使徒言行録の中では、最も重要なクライマックス的な出来事です。軽々しく扱ってはなりません。

今日のテキストが、いかに重要な箇所であるかを見ていきましょう。パウロは二年もの間、カイサリアの留置場に監禁されていました。パウロはローマ市民権を持っていましたので、ある程度の自由が与えられていました。ルカを始め、弟子たちと面会して、これからのことなど話し合ったと推察されます。パウロの最終目的は、ローマに行って、キリストの福音を異邦人たちに伝えることでした。ローマ皇帝に上訴したことが、いろいろな意味で最善ではなかったかと、話し合ったと思われます。途中、暗殺される心配もなく、ローマの兵隊に守られ、安全にローマに行くことができます。

パウロは、カイサリアで裁判を受けて、地方法廷の無力さをいやというほど体験しました。パウロはローマに向かって進むためならば、いくらでも待つことが出来ましたが、もう一度エルサレムに戻って、フェストゥスの前で裁判を受け直すというような後ろ向きのことには耐えられません。このようなことを強いられるなら、合法的な手段を使って、彼本来の使命を果たそうと致しました。

アグリッパ王が、「わたしも、その男の言うことを聞いてみたいと思います」(22) といった翌日、彼の希望はかなえられ、パウロと会見できることになりました。アグリッパとベルニケが盛装して到着し、千人隊長や町の主だった人々共に謁見室に入ると、フェストゥスの命令でパウロが引き出されました。「盛装」というギリシア語は、ファンタシアスと言って、ファンタジー、すなわち幻想、虚飾、はなやかさを意味する言葉です。外側は、はなやかに着飾ってということでしょう。ここまでが今朝のテキストの序論で、24~25節までが本論になります。

[2] フェストゥスは言った。「アグリッパ王、ならびに列席の諸君、この男を御覧なさい。」 (24~25)

フェストゥスが「この男を御覧なさい」と言った時、同席していた人々は鎖につながれた囚人パウロに注目しました。確かに囚人であることは一目でわかりますが、いかにも威厳がありました。内面から出てくる輝きがあります。盛装して出てきたアグリッパやベルニケとは大違いです。永遠なるお方、死を突き破って今も生きておられる復活のイエスを見つめて生きているパウロと、この世の栄光、野心、この世のはかないものに心を奪われて生きるアグリッパとベルニケとは、大きな違いがありました。

フェストゥスは、さらに言いました。「ユダヤ人がこぞってもう生かしておくべきではないと叫び、エルサレムでもこの地でもわたしに訴え出ているのは、この男のことです」（24）と。「ユダヤ人がこぞって」と言いましたが、これは、オーバーな表現で事実に反しております。正確には、ユダヤ人の指導者たち、厳密に言えば、祭司長、サドカイ派の人たち、長老たちです。いうならば、ユダヤ国の宗教的最高指導者、祭司たち（貴族たち）、金持ちの地主たちです。パリサイ人であったパウロとは、サドカイ派の人たちは全く立場を異にし、互いに対立する立場にありました。パウロは次の章で詳しく学びますように、ダマスコに行く途上で、復活のイエスに出会い、全く新しい人間に造りかえられていました。パウロはウソは言えませんでしたが、フェストゥスは、ユダヤ人はすべて（こぞって）とウソを言いました。しかし、パウロはそのウソを正すこともなく、黙って聞いていました。彼は自分の囚人である立場をわきまえていたのです。それ以上に、彼は、沈黙すべき時と、語るべき時を、きちんと判断していたのです。

「しかし、彼が死罪に相当するようなことは何もしていないということが、わたしには分かりました」とフェストゥスは言いました。ではなぜ、彼はエルサレムに戻って、ユダヤの最高法院で、もう一度私の前で裁判を受けようなどと提案するのでしょうか。パウロが、ローマの法律に触れることは何もしていないという確信があるなら、総督として毅然とした態度をとるべきではなかったでしょうか。

彼は続けて言いました。「この者自身が皇帝陛下に上訴したので、護送することに決定しました」と。フェストゥスの言い方では、パウロが一方的に、皇帝に訴え出たように聞こえますが、これも事実に反します。フェストゥスに追い詰められて、やむを得ず、パウロはローマの市民として与えられている特権を用いて、ローマ皇帝に上訴したのでした（使徒二五9～11）。二年間パウロは、ローマに行くことを、ルカたちと語り会い、祈り合いました。その願いが、不思議な御霊の導きによって、フェストゥスに追い込まれてローマ皇帝に上訴せざるを得ないという形で実現しようとしていました。これは、使徒言行録の中では、最も重要な出来事です。また、これは、世界の救いの歴史の中で最も重要な出来事になろうとしていました。

［3］しかし、この者について確実なことは何も閣下に書き送ることはできません。（26～27）

「この者については確実なことは、何も陛下に書き送ることはできません」と、フェストゥスはアグリッパ王にかたりました。この「陛下」という言葉は、決定的に重要です。原語であるギリシア語では、「キュリオス」と書かれています。「キュリオス」とは、キリスト教では「神であるイエス」を意味しています。この言葉が、ローマ皇帝の称号として用いられています。ローマ帝国は、いろいろな民族が統合されて構成されていました。それぞれの民族は、それぞれの神々を信じていました。ローマ帝国が統一した国家となるためには、どうしても、それらの神々を統合する神が必要でした。そして、その神がローマ皇帝である必要がありました。後ほど（ネロ皇帝の時代に）クリスチャンたちは、皇帝礼拝を拒否したために迫害され、多くの殉教者を出すこととなりました。

最後に、フェストゥスは、ユダヤ国の事情を一番よく知っているアグリッパ王に、囚人パウロをローマに送るために必要な罪状書きをつくることを、手伝ってくれるように願いました。「アグリッパ王、貴下の前に彼を引き出しました。よく取り調べてから、何か書き送るようにしたいのです。囚人を護送するのに、その罪状を示さないのは理に合わないと、わたしには思われるからです」（26～27）という言葉でこの個所は終わっています。

わたしたちもパウロのように、今も生きておられる復活のイエスを「主」（キュリオス）として、毅然として、なおかつ光り輝いて、キリストを証しする使命に生き抜いていこうではありませんか。アーメン。

「主は言われた。「行け、あの者（パウロ）は、異邦人や王たち、またイスラエルの子らにわたしの名を伝えるために、わたしが選んだ器である。わたしの名のためにどんなに苦しまなければならないかを、わたしは彼に示そう。」（使徒九15〜16　アナニアに語られた言葉）

パウロ恐れずに自分の過去を告白する

　アグリッパはパウロに、「お前は自分のことを話してよい」と言った。そこで、パウロは手を差し伸べて弁明した。

「アグリッパ王よ、私がユダヤ人たちに訴えられていることすべてについて、今日、王の前で弁明させていただけるのは幸いであると思います。王は、ユダヤ人の慣習も論争点もみなよくご存じだからです。それで、どうか忍耐をもって、私の申すことを聞いてくださるように、お願いいたします。さて、私の若いころからの生活が、同胞の間であれ、またエルサレムの中であれ、最初のころからどうであったかは、ユダヤ人ならだれでも知っています。彼らは以前から私を知っているのです。だから、わたしたちの宗教の中でいちばん厳格な派である、ファリサイ派の一員として私が生活していたことを、彼らは証言しようと思えば、証言できるのです。今、私がここに立って裁判を受けているのは、神がわたしたちの先祖にお与えになった約束の実現に、望みをかけているからです。わたしたちの十二部族は、夜も昼も熱心に神に仕え、その約束の実現されることを望んでいます。王よ、私はこの希望を抱いているために、ユダヤ人から訴えられているのです。神が死者を復活させてくださるということを、あなたがたはなぜ信じ難いとお考えになるのでしょうか。実は私自身も、あのナザレの人イエスの名に大いに反対すべきだと考えていました。そして、それをエルサレムで実行に移し、この私が祭司長たちから権限を受けて多くの聖なる者たちを牢に入れ、彼らが死刑になるときは、賛成の意思表示をしたのです。また、至るところの会堂で、しばしば彼らを罰してイエスを冒涜するように強制し、彼らに対して激しく怒り狂い、外国の町にまでも迫害の手を伸ばしたのです。」

（使徒言行録二六1～11）

誰にも言えないような過去を、パウロは、アグリッパ王の前で、ローマの高官の前で、何ものをも恐れずに告白しました。復活のイエスが、その勇気を与えてくださいました。何とかして、彼らに、復活のイエスを信じて欲しいと願ったからです。

［1］アグリッパはパウロに、「お前は自分のことを話してよい」と言った。そこで、パウロは手を差し伸べて弁明した。（1～3）

このパウロの弁明は、アグリッパ二世の前での最後の弁明です。アグリッパ二世は、ヘロデ王家の中でも、特にユダヤ教の律法に詳しい知識を持っていました。ですから、これは、弁明というよりも、キリストの福音とは何かを明らかにした証しです。アグリッパ二世、千人隊長や町の主だった人々の前に、明らかにした、パウロの証しともいうべきものです。ここに、パウロは、「異邦人や王たち、またイスラエルの子らにわたしの名を伝えるために、わたしが選んだ器である」との復活のイエスの予言が実現しました（使徒九15）。パウロは、イスラエルが長い間待ち望んできた死人の復活の希望の故に、ユダヤ人から訴えられていることを明らかにしました。

パウロは、王から話してもよいとの許可が出たので、「手を差し伸べて」自分のことを弁明しました。「手を差し伸べる」ことは、当時の弁明する時の習慣でした。パウロはまず、「アグリッパ王よ」と呼びかけました。つづいて、「私がユダヤ人たちに訴えられていることすべてについて、今日、王の前で弁明させていただけるのは幸いであると思います」（2）と感謝の意を表しました。これはパウロの実感であったと思います。ユダヤ教のことを、誰よりも知っているアグリッパ二世に弁明できることの幸いをパウロは実感していました。それと共に「あの者は、異邦人や王たちに、……私の名を伝えるために、私が選んだ器である」と、復活の主がアナニアに語られたその時が今来たことを知って、パウロは感謝し、主をほめたたえたと思います。

その理由として、パウロは、「王は、ユダヤ人の慣習も論争点もみなよくご存じだからです」と言っています。「それで、どうか忍耐をもって、私の申すことを聞いてくださるように、お願いいたします」(3)と丁重に願いを述べました。彼は、ユダヤ教のこと、ユダヤ人の慣習などに通じている王に、時間をかけて理解してほしいと思い、「忍耐をもって、聞いてくださるように」と事前にことわったと思われます。4節から本論に入ります。

［2］**さて、私の若いころからの生活が、同胞の間であれ、またエルサレムの中であれ、最初のころからどうであったかは、ユダヤ人ならだれでも知っています。**(4〜7)

いよいよここから、パウロは、自分の過去について話し始めました。「彼らは以前から私を知っているのです」(5)と。パウロは、イエスを救い主(メシア)として信じてから、特に復活のイエスを主と信じてから、どのように自分が変わったかを知ってもらいたかったのです。これは、正式な裁判ではありませんので、自分の証しを中心に弁明が出来るとパウロは判断したのです。ここに、伝道に熱心なパウロの姿が見えます。パウロは、王を初め、異邦人の高官、町の有力者たちに、パウロが経験し救いの恵みを知ってほしいと、切に願ったのでした。

彼はまず次のように自分を紹介しました。「私たちの宗教の中でいちばん厳格な派である、ファリサイ派の一員として私が生活していたことを、彼らは証言しようと思えば、証言できるのです」(5)と。パウロは、まだ若かったにもかかわらず、著名なラビ、ガマリエルの高弟であり(二二3)、最高法院の議員でもありました。律法に熱心であったパウロは、大祭司からの、クリスチャンたちを迫害する許可書をもって、クリスチャンたちを迫害していました。

さらに、パウロは次のように言いました。「今、私がここに立って裁判を受けているのは、神が私たちの先祖にお与えになった約束の実現に、望みをかけているからです。私たちの十二部族は、夜も昼も熱心に神に仕え、その約束の実現されることを望んでいます。王よ、私はこの希望を抱いているために、ユダヤ人から訴えられているのです。」（6〜7）パウロが言っていることが本当なら、パウロは、ユダヤ人の先祖の約束に実に忠実です。訴えられるような悪いことは何もしていないことになります。サドカイ派の人たちやユダヤの長老たちは、なぜ怒り狂ってパウロを殺害しようとしたのでしょうか。

約束の実現とは何を示しているのでしょうか。それは、死人の、死からの復活の希望の実現を示しております。当時のファリサイ人たちは、死者の復活を信じていましたので、パウロは何ら訴えられる理由はないことになります。では、どこにパウロが訴えられて、殺されなければならない理由があるのでしょうか。これが今朝のテキストの最大の問題点です。

［3］神が死者を復活させてくださるということを、あなたがたはなぜ信じ難いとお考えになるのでしょうか。
（8〜11）

この問いが、今朝のテキストの最大の問いです。ここに、ユダヤ教とキリスト教とが別れざるを得なかった問題が隠されています。実はパウロも、「あのナザレの人イエスの名に大いに反対すべきだと考えて」（9）、クリスチャンたちを迫害し、ステファノをはじめ多くのクリスチャンたちを死に追いやったのです。パウロは語りました。「それをエルサレムで実行に移し、この私が祭司長たちから権限を受けて多くの聖なる者（クリスチャン）たちを牢に入れ、彼らが死刑になるときは、賛成の意思表示をしたのです。また、至るところの会堂で、しばしば彼らを罰してイエスを冒涜するように強制し、彼らに対して激しく怒り狂い、外国の町にまでも迫害の手を伸ばしたのです。」（10〜11）

これが、誰にも知られたくない回心する前のパウロの過去です。なぜパウロは自分が人殺しであり、大罪人であったことを、ここで告白しているのでしょうか。それは、次の個所で明らかにされます（12〜18）。ダマスコ途上で復活のイエスに出会い、十字架に死なれたイエスが、甦られて生きておられることを知ったからです。その時には、あまりにも大きなショックを受け、三日間も視力を失い、暗黒の中につき落されました。旧約聖書に預言されてきた復活の希望は、イエスにおいて実現したことを悟ったのです。ユダヤ人たちが、十字架に架けて殺したイエスこそは、死から甦られた真のメシアであることを知ったのでした。

これは、パウロの全存在が根底から変えられた大事件でした。否、パウロだけではありません。イエスをメシアと信じる異邦人にも、全存在の根底が変えられてしまう大きな、力ある出来事となったのです。異邦人の歴史、人類の歴史をも変える大事件となりました。

ユダヤ教の人たちは、「旧約聖書に約束されてきたダビデ王の子孫として来られるメシアは、今もまだ来ていない」と信じています。回心したパウロ、ならびにクリスチャンたちは、「ナザレのイエスこそ、旧約聖書に預言されてきたメシアである」と信じているのです。パウロは、旧約聖書に預言されてきたメシアは、復活のイエスであると信じました。このため、パウロはユダヤ教を裏切った者として、サドカイ人、長老たちに生命を狙われたのです。それでも、パウロは、生命をかけて「イエスはメシア（救い主）である」と信じ、証ししました。このイエス・キリストによって罪赦され、神の子とされ、永遠の生命が与えられたと信じたのです。わたしたちも、信仰をもって、パウロに倣いましょう。その人には、永遠の生命、復活の生命が与えられます。アーメン。

パウロ天からの光を見る

「こうして、私は祭司長たちから権限を委任されて、ダマスコへ向かったのですが、その途中、真昼のことです。王よ、私は天からの光を見たのです。それは太陽より明るく輝いて、私とまた同行していた者との周りを照らしました。わたしたちが皆地に倒れたとき、『サウル、サウル、なぜ、わたしを迫害するのか。とげの付いた棒をけると、ひどい目に遭う』と、私にヘブライ語で語りかける声を聞きました。私が、『主よ、あなたはどなたですか』と申しますと、主は言われました。『わたしは、あなたが迫害しているイエスである。起き上がれ。自分の足で立て。わたしがあなたに現れたのは、あなたがわたしを見たこと、そして、これからわたしが示そうとすることについて、あなたを奉仕者、また証人にするためである。わたしは、あなたをこの民と異邦人の中から救い出し、彼らのもとに遣わす。それは、彼らの目を開いて、闇から光に、サタンの支配から神に立ち帰らせ、こうして彼らがわたしへの信仰によって、罪の赦しを得、聖なる者とされた人々と共に恵みの分け前にあずかるようになるためである。』」

（使徒言行録二六12～18）

「パウロ天からの光を見る」。パウロは、この天よりの光を見た時から、キリスト教の迫害者からキリスト教の宣教者に、ラディカルに変えられました。

［1］こうして、私は祭司長たちから権限を委任されて、ダマスコへ向かったのです（12～13）

パウロの回心の記事は、使徒言行録に三回も出てきます。ここは、三回目の記事です。他の二つにはない重要なことが、この三回目の記事の最後に出てきます。

パウロを根底から変えた「天からの光」とは、どのような光であったのでしょうか。また、パウロが、その光を見て劇的に変えられたのはなぜでしょうか。細かい説明をしながら、この興味ある根本的な問いに答えていきたいと思います。

前回、パウロはアグリッパ二世の前で自分の過去を告白しました。その理由は、王、ローマの高官たち、町の主だった人たちに、天からの光を見た回心の証しをしたかったからでした。ここで、パウロは、この回心の経験を次のように語っています。「こうして、私は祭司長たちから権限を委任されて、ダマスコへ向かったのですが、その途中、真昼のことです。王よ、私は天からの光を見たのです」と。（12～13）

天からの光を、パウロは、「それは太陽より明るく輝いて、私とまた同行していた者との周りを照らしました」と語っています。この地域は、真昼の太陽の光が鋭く、暑いので、外出するのを控えるのですが、パウロたちは、ダマスコ地方のクリスチャンたちの迫害をしようとして、余程意気込んでいたのでしょう。真昼、暑い最中、歩いていた時（あるいは、ろばか馬に乗っていた時）太陽よりも明るく輝やく光が、パウロと同行者たちとの周りを照らしたのです。

［2］私たちが皆地に倒れたとき、「サウル、サウル、なぜ、わたしを迫害するのか。」（14～16）

写真：ダマスコ途上のパウロ

この太陽よりも明るい、鋭く輝く光を見た時、「私たちが皆地に倒れた」（14）と記されています。この光は、一行がその光を見た時に、地に倒れるほどに強い光であったことがわかります。その時に他の回心の記事では、「突然、天から強い光がわたしの周りを照らしました」（二二6）と記されています。パウロと同行者たちが地に倒れてしまうくらい強い光であったことが分かります。

地に倒れた時、「『サウル、サウル、なぜ、わたしを迫害するのか。とげの付いた棒をけると、ひどい目に遭う』と、私にヘブライ語で語りかける声を聞きました」（14）と記されています。ここに、光と共に「サウル、サウル」（パウロの回心する前の名前）と彼に呼びかける声がしました。しかもそれは、当時語られていたアラム語でした。ここに、光が何であったのか、光はどういう意味を持つかを知るヒントがあります。

その声は、「なぜ、わたしを迫害するのか」と語りました。パウロは、まだその声の主が誰であるか分かりませんでした。特に分からなかったのは、「わたしを迫害するのか」という言葉でした。パウロは「主よ、あなたはどなたですか」と問いました。まだ、パウロはその声が誰の声であるのか分かっていないわけですから、「主よ」（ギリシア語で「キュリオス」となっています）と呼びかけることは出来ないはずですが、余りにも権威のある声であったためについ「主よ」と言ってしまったのでしょうか。この個所は筆者には理解が出来ません。「わたしは、あなたが迫害しているイエスである」（15）という答えは驚くべきものでした。使徒二二8には「ナザレのイエス」であると記されています。「ナザレのイエス」とは、イエスに対する蔑称でした。「イエス」は、「主は救い」という意味でした。

パウロの第一の疑問は、その声の主は誰かということでした。声の主は、パウロがその方を迫害していると言っています。パウロは、イエスの教会を迫害しましたが、声の主を迫害した覚えはありませんでした。「イエスである」と訳されているところは、ギリシア語では、「エゴエイミ」です。これは、出エジプト記三19に出てくる「わたしは『ある』」、あるいは『なる』」とも訳せる神の名前に用いられている言葉です。「ある」は「存在の神」の意であり、「なる」は「奴隷の苦しみの中にあるイスラエルの民のところにまで降って行き、苦しんでいる民と一体となられる恵みの神」という意味です。「歴史の神」にして「恵みの神」です。パウロは旧約聖書の学者でしたので、その声の主は旧約聖書の歴史の神、恵みの神であられると理解したかも知れません。

もし、その方がイエスであるとすると、どうなるでしょう。十字架に架けられて死んだイエスが今も生きているということになります。これは一大事です。イエスがもし死から生き返られて、今も生きておられ、その方が神ご自身であるなら、パウロは大罪人となってしまいます。彼がしてきたことは神の御心に従っていたのではなく、神の御心に逆らっていたということになります。これ以上のショックがこの地上にあるでしょうか。使徒九8～9には、「サウロは地面から起き上がって、目を開けたが、何も見えなかった。人々は彼の手を引いてダマスコに連れて行った。サウロは三日間、目が見えず、食べも飲みもしなかった」と記されています。

「起き上がれ。自分の足で立て。わたしがあなたに現れたのは、あなたがわたしを見たこと、そして、これからわたしが示そうとすることについて、あなたを奉仕者、また証人にするためである」（二六16）と、その声はパウロに命じました。地に倒れていたパウロに対して、イエスは「起き上がれ。自分の足で立て」と命じられました。そして。なぜイエスがここに現れなさったのか、その目的、理由をパウロに告げられました。それは、パウロを迫害者、クリスチャンの殺害者から、イスラエルと異邦人たちのために、神とイエスの奉仕者、また証人（殉教者）とするためである。このために、神は、パウロを、この民（イスラエル）と異邦人の中から救い出し、彼らのもとに遣わすと言われました。何という復活のイエスの深い愛でしょう。

［3］わたしは、あなたをこの民と異邦人の中から救い出し、彼らのもとに遣わす。（17～18）

この個所は非常に重要です。前の二つの回心の記事には書かれていません。三つの回心の記事の結論部です。ここで強調されていることは、

第一に「彼らの霊の目を開く」

第二は「彼らを闇から光に、サタンの支配から神に立ち帰らせる」

第三は「こうして彼が私への信仰によって（律法によってではなく）、罪の赦しを得る」

第四に「聖なる者とされた人々と共に恵みの分け前にあずかるようになるため」です。

何と偉大な祝福でしょう。パウロは、天よりの光が何であり、なぜその光を見て根底から造り変えられたのかを理解しました。イスラエル人と異邦人への大いなる宣教者となりました。わたしたちもパウロのように天よりの光を見て、罪の赦しにあずかり、宣教の恵み、奉仕の恵みにあずからせていただきましょう！　アーメン

イエス、人々に光を語り告げる

「アグリッパ王よ、こういう次第で、私は天から示されたことに背かず、ダマスコにいる人々を初めとして、エルサレムの人々とユダヤ全土の人々、そして異邦人に対して、悔い改めて神に立ち帰り、悔い改めにふさわしい行いをするようにと伝えました。そのためにユダヤ人たちは、神殿

の境内にいた私を捕らえて殺そうとしたのです。ところで、私は神からの助けを今日までいただいて、固く立ち、小さな者にも大きな者にも証しをしてきましたが、預言者たちやモーセが必ず起こると語ったこと以外には、何一つ述べていません。つまり私は、メシアが苦しみを受け、また、死者の中から最初に復活して、民にも異邦人にも光を語り告げることになると述べたのです。」

（使徒言行録二六19～23）

真の伝道は、天から示された光を忠実に述べ伝え、人々を悔い改めに導くことです。

［1］アグリッパ王よ、こういう次第で、私は天から示されたことに背かず（19～20）

パウロは自分の回心の次第を述べた後で、「アグリッパ王よ」と呼びかけて、次のように「伝道」を要約いたしました。「私は天から示されたことに背かず、ダマスコにいる人々を初めとして、エルサレムの人々とユダヤ全土の人々、そして異邦人に対して、悔い改めて神に立ち帰り、悔い改めにふさわしい行いをするようにと伝えました。」（19～20）パウロはこの短い文章の中で、見事に伝道の本質、内容、範囲をまとめています。

伝道の本質は、天から示されたことに背かないことであるとパウロは短く述べています。パウロがダマスコ途上において「天からの光を見た」（二六13）と言っています。しかもその光は、太陽より明るく輝いていました。そしてその光を見たときに、「私たちが皆地に倒れた」（二六14）とも記されています。その光を見た時に、皆が地に倒れてしまうほどの強烈な光でした。さらに、使徒八8によりますと、パウロは地面から起き上がって、目を開けたが、何も見えなかったとも記され、八9では、彼は三日間、目も見えず、食べも飲みもしなかったと記さ

写真：Ananias restoring the sight of Saint Paul,1631
ピエトロ・ダ・コルトーナ　Pietro da Cortona,1596-1669

れています。三日間視力を失い、食べも飲みもしなかったというのですから、余程大きな精神的ショックをパウロは受けたに違いありません。

どんなショックであったのでしょうか。「サウル、サウル（パウロが回心する以前の名前）なぜ、私を迫害するのか」と、復活の主に尋ねられた時に、目も飛び出るほどにびっくり仰天してしまいました。十字架で死んだはずのイエスが、死から甦って今も生きているとは。初めは信じられませんでした。しかし、それは否定できない現実です。とすると、イエスは死をも克服して、今も生きておられるメシアではないか。イエスがメシアであるとするなら、自分のユダヤ教の価値体系は根底から覆されてしまう。とすると、ステファノを始め多くのクリスチャンを迫害し、投獄し、殺害してきたことは、メシア（救い主）に背くこと。神に背くことを自分はしてきたのではないか。

そして、パウロは、エルサレムからダマスコに来るまで、あのステファノの旧約聖書全体の救いの歴史をメシア・キリストを預言するもの、またキリストを証言する書として解釈した説教を思い起こしていたに違いありません。殺される直前に、天使のように輝いた顔で、「主よ、この罪を彼らに負わせないでください」（七60）と大声で叫んでステファノは眠りについた。すぐれた旧約学者であったパウロの頭に、ステファノの説教と眠りにつく前の天の光に輝く顔は忘れられなかったと思います。そして三日の間、悩みと暗闇の中に置かれたパウロのところにダマスコ教会の代表アナニアが来ました。アナニアはパウロの上に手を置いて、「あなたがここへ来る途中に現れてくださった主イエスは、あなたが元どおり目が見えるようになり、また、聖霊で満たされるようにと、わたしをお遣わしになったのです」（九17）と言って祈りました。すると、パウロは元通り見えるようになりました。彼の霊の目が開かれ、イスラエルの民と異邦人に仕える使命が与えられました。天から示された光に背かず、彼は生きてきました。

次に伝道の範囲は、ダマスコにいる人々を初めとして、エルサレムの人々とユダヤ全土の人々、そして異邦人に対して福音を伝えるという世界全体に渡るものでした。

最後に伝道の内容は、「悔い改めて神に立ち帰り、悔い改めにふさわしい行いをするようにと伝え」(20)ることでした。上からの光が与えられ、地に打ちのめされ、罪赦され、聖霊によって新しく造り変えられる時に、わたしたちは始めて、自分が犯した罪を悔い改めることができるのです。そして、絶えず主の恵みに満たされて、悔い改めにふさわしい行いをすることができるのです。


［2］そのためにユダヤ人たちは、神殿の境内にいた私を捕らえて殺そうとしたのです。(21〜22)

ユダヤ教のメシア信仰にとらわれ、律法的な行為を中心にした信仰、目に見える神殿を絶対化する信仰にとらわれていた原理主義的でラディカルなユダヤ人たちは、「神殿の境内にいた私(パウロ)を捕らえて殺そうとしたのです。」(21)モーセの律法を犯した者、神聖な神殿を汚した者は、当時のユダヤ人の律法によると死刑に処されることになっていたのです。

「ところで、私は神からの助けを今日までいただいて、固く立ち、小さな者にも大きな者にも証しをしてきましたが、預言者たちやモーセが必ず起こると語ったこと以外には、何一つ述べていません」(22)とパウロは言いました。小さな者は、一般の庶民の意味であり、大きな者とは、ローマの高官や王を意味しています。「私は、預言者たちやモーセが言ったことに反していると訴えられていますが、それは違います。私は逆に預言者たちやモーセが必ず起こると語ったこと以外には何一つ述べていません」とパウロは主張しました。十字架と復活のイエスこそ、預言者たちやモーセが預言してきたメシアであるというのがパウロの理解でありました。ですからパウロには死罪に当たるような罪は犯していないという確信があったのです。この価値観の転換は、上よりの突然の光と復活のイエスとの個人的な出会いの経験と深い悔い改めがなされないと与えられないものなのです。それは、突然訪れるものであると共に、長い深い聖書の学びによって、もたらされるものです。

私が最近読んだワルテル・ガルディーニという人が書いた『宣教者パウロのメッセージ』(女子パウロ会)と

いう本の中で、パウロは、回心後三年はアラビアの荒野で旧約聖書を学び直し、また四年間は彼の故郷のタルソで働き、学び、祈ったであろう。そして、後五年は、どこかで準備した後、十二年間の沈黙の後、世界宣教を始めたということを読んで、深く教えられました。

［3］つまり私は、メシアが苦しみを受け（23）

パウロのメシア観とユダヤ教指導者たちのメシア観の一番大きな違いは、「私は、メシアが苦しみを受け、また、死者の中から最初に復活して、民にも異邦人にも光を語り告げることになると述べた」（23）ことでした。この苦しみは、メシア・イエスの十字架の呪われた苦しみ（ガラテヤ三13、申命記二一23）を意味しています。イエスはわたしたちが受けるべき神の呪を十字架上で受けられて、わたしたちの罪の呪いをわたしたちから取り去ってくださったのです。

それだけではなく、イエスは死者の中から最初に復活してくださって民にも異邦人にも差別なく平等に信じる者たちに復活の生命、永遠の生命を与えてくださったのです。この恵みほど大きな恵みはパウロにとってありませんでした。この恵みによって与えられた深い、言うことのできない感激、感動が、彼のユダヤ人伝道、世界伝道の力の源泉でした。罪なき多くのクリスチャンたち、とりわけ、あらゆる点において優れていたステファノを死に追いやった罪責もまた伝道の力でした。

日曜の朝早く目が覚めて、私のような罪深い者のため神の御子イエスが私に代わって、十字架の呪を受けてくださったと思ったら、涙があふれてきました。上からの光が心に差し込んできたら、罪にまみれた自分を清めていただき、心の底から罪を悔い改めて、この身を全て主におささげし、喜びの福音を一人でも多くの人たちに伝えて参りましょう。アーメン。

キリストは、わたしたちのために呪いとなって、わたしたちを律法の呪いから贖い出してくださいました。「木にかけられた者は皆呪われている」と書いてあるからです。（ガラテヤ三13）

木にかけられた者は、神に呪われたものだからであ

る。（申命記二一23）

真実で理にかなった勧め

パウロがこう弁明していると、フェストゥスは大声で言った。「パウロ、お前は頭がおかしい。学問のしすぎで、おかしくなったのだ。」パウロは言った。「フェストゥス閣下、わたしは頭がおかしいわけではありません。真実で理にかなったことを話しているのです。王はこれらのことについてよくご存じですので、はっきりと申し上げます。このことは、どこかの片隅で起こったのではありません。ですから、一つとしてご存じないものはないと、確信しております。アグリッパ王よ、預言者たちを信じておられますか。信じておられることと思います。」アグリッパはパウロに言った。「短い時間でわたしを説き伏せて、キリスト信者にしてしまうつもりか。」パウロは言った。「短い時間であろうと長い時間であろうと、王ばかりでなく、今日この話を聞いてくださるすべての方が、私のようになってくださることを神に祈ります。このように鎖につながれることは別ですが。」そこで、王が立ち上がり、総督もベルニケや陪席の者も立ち上がった。彼らは退場してから、「あの男は、死刑や投獄に当たるようなことは何もしていない」と話し合った。アグリッパ王はフェストゥスに、「あの男は皇帝に上訴さえしていなければ、釈放してもらえただろうに」と言った。（使徒言行録二六24～32）

イエスの十字架と復活の福音を語っている時、世の人々が余りに奇想天外なことと思って、「あなたの頭がおかしい」と言ったら、わたしたちはどう弁明すべきでしょうか。

［1］**パウロがこう弁明していると、フェストゥスは大声で言った。「パウロ、お前は頭がおかしい。学問のしすぎで、おかしくなったのだ。」**（24～26）

パウロは、アグリッパ王に自分の救いの証しをしました。これを聞いたフェストゥス総督は「パウロ、お前は頭がおかしい。学問のしすぎで、おかしくなったのだ」（24）と言われました。それでも、パウロは、イエスの十字架と復活の福音は「真実で理にかなったことを話しているのです」（25）と言って、必死にアグリッパ王を救いに導こうとしました。異邦人であるフェストゥス総督にとっては、イエスの十字架と復活の証しがよく理解できなかったのは当然です。特に復活の教えは、一度死んだ者がどうして三日目に死から甦ったのか、どう考えても理解できなかったと思います。イエスが十字架上で罪人の身代わりになって罪の呪を受けてくださったという話も、彼は理解できなかったでしょう。そこでつい大きな声を出して、パウロは学問のしすぎで頭がおかしくなったと言ったのだと思います。イエスの十字架と復活の福音は、信じる者には福音ですが、信じない者には躓きです。パウロが自分の部屋で聖書の写本を広げて学んでいる姿を、総督は見ていたに違いありません。

そこで、パウロは次のように言いました。「フェストゥス閣下、わたしは頭がおかしいわけではありません。真実で理にかなったことを話しているのです。王はこれらのことについてよくご存じですので、はっきりと申し上げます」（25〜26）と。私は正気です。私の申し上げていることは事実に基づいた真実なことです。また良心にかなったことですと、はっきり言いました。アグリッパ王は、総督と違って、ユダヤ教のことをよく知っておりましたので、パウロは次の三つのことをその理由としてあげました。その理由の第一は、「このことは、どこかの片隅で起こったのではありません。」（26）この出来事については、ユダヤ人は誰でも知っていることです。王であられるあなたは、誰よりも詳しくそのことについてご存じであられると確信しています。ここまでが今朝のメッセージで緒論となります。次の個所から本論に入ります。

［2］アグリッパ王よ、預言者たちを信じておられますか。信じておられることと思います。（27〜29）

パウロが第二の理由としてあげたことは、「預言者たちによって、イエスの十字架と復活の出来事は預言されていた」ということです。イエスが十字架で苦しみを受けて死なれ、三日目に死から復活されて、今も生き続けられることは、旧約の預言書に預言されていました。アグリッパは、段々、追い詰められて言いました。「短い時間でわたしを説き伏せて、キリスト信者にしてしまうつもりか」（28）と。

このアグリッパ王の質問への答えが第三の理由で、一番重要です。パウロは言いました。「短い時間であろうと長い時間であろうと、王ばかりでなく、今日この話を聞いてくださるすべての方が、私のようになってくださることを神に祈ります。このように鎖につながれることは別ですが。」（29）この文章だけでは、なぜアグリッパ王が、キリストをメシア（救い主）として信じなければならないか、また、これが最も重要な理由なのか、理解しにくいと思います。もう少し噛み砕いて説明させていただきます。

パウロは、イエスを旧約聖書の預言書が預言してきたメシア（救い主）として、どうしたら信じることが出来るか、という重要な問にこう答えたのでした。イエスをメシアとして信じる為には、説得に時間が短いか長いかは問題ではありません。パウロのようにキリストを信じて、罪赦され、神の子とされ、永遠の生命が与えられることこそ重要なことなのです。鎖につながれるのは別ですがと、パウロは一言ユーモアを付け加えています。

祈りよりも大切なことは、上よりの光（啓示）を、決断をもって信じることです。理性や疑問、体面を超えて、決断し、信じることなのです。上よりの光が、パウロの罪深い醜い姿を照らし出しました。罪を認め、告白し、悔い改めて、イエス・キリストを自分の救い主と信じ、受け入れることは、人間の力によってはできません。聖霊の力、神の愛の力によって信じさせていただけるのです。アグリッパ王の心に、またわたしたちの心に、聖霊の力、神の力が働く時、それは一瞬にして可能です。アグリッパ王は、あと一歩というところまで導かれていたと思うですが、その最後の一歩が無限に遠かったのです。彼は、王としての体面とか、プライドを捨てることが出来なかったのだろうと思います。

パウロはダマスコへの途上、上からの光が彼の醜い心を照らし出しました。彼は地に倒れ、三日間目が見なくなりました。ダマスコ教会の代表であるアナニアのところに行き、祈ってもらったところ、目から鱗のようなものが落ち、パウロは元通り目が見えるようになりました。復活のイエスと聖霊により、心の目が見えるようになりました。彼は救われ召し出されました。最後の一歩は人間の力では出来ません。霊の力によってのみ踏み出すことが出来ます。このことを、パウロ自身が経験していました。

　筆者自身も、ちょうど二十歳の時、人生に絶望して、今まさに自分の生命を絶とうとした時、上からの光（イエスの御言葉）が与えられ、瞬間的に信じ、救われました。二十歳の時も、献身した時も同じでした。その献身は、今も主の憐れみと聖霊の助けにより続いており、深められています。第二コリント六2にある通り、「今が恵みの時、救いの時」なのです。

［3］そこで、王が立ち上がり、総督もベルニケや陪席の者も立ち上がった（30〜32）

　彼らは退場してから、「あの男は、死刑や投獄に当たるようなことは何もしていない」（31）と話し合いました。パウロの弁明によってアグリッパ王は、今一歩のところでクリスチャンになるところでした。フェストゥス総督をはじめベルニケやローマの高官たちは、パウロが死刑や投獄に当たるようなことは何もしていないことを確信しました。アグリッパ王はフェストゥスに「あの男は皇帝に上訴さえしていなければ、釈放してもらえただろうに」（32）と言いました。アグリッパ王が、パウロに対して同情的、好意的であったことを表しています。このようにしてパウロのローマ行きが決定いたしました。

　すでに、パウロは「エルサレムでわたしのことを力強く証ししたように、ローマでも証しをしなければならない」（使徒二三11）と、復活のイエスによって定められていました。それが、今、確実となったのです。その後のパウロの人生は、決して楽なものではなく、多くの困難、苦難と闘う生涯でした。しかし、喜びをもって苦難と闘って、一人でも多くのイスラエル人と異邦人に、十字架と復活の福音を生命がけで伝えました。

　アグリッパ王、フェストゥス総督、ローマの高官たちを愛し、彼らに「真実で理にかなった勧め」をしたパウロに倣って、危機の中にある現代の人々に十字架と復活の福音を証しして行こうではありませんか。アーメン。

一難去ってまた一難

わたしたちがイタリアへ向かって船出することに決まったとき、パウロと他の数名の囚人は、皇帝直属部隊の百人隊長ユリウスという者に引き渡された。わたしたちは、アジア州沿岸の各地に寄港することになっている、アドラミティオン港の船に乗って出港した。テサロニケ出身のマケドニア人アリスタルコも一緒であった。翌日シドンに着いたが、ユリウスはパウロを親切に扱い、友人たちのところへ行ってもてなしを受けることを許してくれた。そこから船出したが、向かい風のためキプロス島の陰を航行し、キリキア州とパンフィリア州の沖を過ぎて、リキア州のミラに着いた。ここで百人隊長は、イタリアに行くアレクサンドリアの船を見つけて、わたしたちをそれに乗り込ませた。幾日もの間、船足ははかどらず、ようやくクニドス港に近づいた。ところが、風に行く手を阻まれたので、サルモネ岬を回ってクレタ島の陰を航行し、ようやく島の岸に沿って進み、ラサヤの町に近い「良い港」と呼ばれる所に着いた。かなりの時がたって、既に断食日も過ぎていたので、航海はもう危険であった。それで、パウロは人々に忠告した。「皆さん、わたしの見るところでは、この航海は積み荷や船体ばかりでなく、わたしたち自身にも危険と多大の損失をもたらすことになります。」しかし、百人隊長は、パウロの言ったことよりも、船長や船主の方を信用した。この港は冬を越すのに適していなかった。それで、大多数の者の意見により、ここから船出し、できるならばクレタ島で南西と北西に面しているフェニクス港に行き、そこで冬を過ごすことになった。（使徒言行録二七1～12）

「一難去ってまた一難」、これが現実の人生ではないでしょうか。一つ一つの困難をいかにして乗り越えて生きるか。これが問題です。

［1］わたしたちがイタリアへ向かって船出することに決まったとき（1〜3）

パウロがエルサレムからカイサリアに移されて、二年余りの月日が空しく過ぎました。しかし、その間にもローマに行って証しをすべき使命は、パウロの胸の中にはっきり自覚されていました。さて、「わたしたちがイタリアに向かって船出することが決まった時」、ローマ行きの計画が、やっと動き出したのでした。神様の御計画も、与えられて直ぐ実行に移されるとは限りません。実行に移されてからも、色々邪魔が入ります。「一難去ってまた一難」次から次へと困難にあうものです。今朝は、その様子を見て参りましょう。

今朝のテキストは、次のように書き出されています。「わたしたちがイタリアに向かって船出することが決まった時、パウロと他の数名の囚人は、皇帝直属部隊の百人隊長ユリウスという者に引き渡された」（1）「わたしたちが」という言い方は、二一18以降使われていません。これは、イタリアへ向かってパウロが動き出したので、ルカとパウロの弟子たちが、パウロと行動を共にするようになったことを示しています。宣教のわざは、パウロ一人で出来るものではありません。共同体のわざであること示しています。「数名の囚人」とは、ローマに連れられて行かれて処刑される囚人たちを指しています。百人隊長は、皇帝直属部隊の百人隊長です。パウロは、ローマ市民権を持つ未決の囚人であったため、百人隊長はパウロには親切でした。

ルカを始め、パウロと共に伝道してきた同労者たち、テサロニケ出身のマケドニア人アリスタルコも一緒でした。アリスタルコはパウロの身の回りの世話をしました。彼らは、アジア州沿岸の各地に寄港することになっていたアドラミティオン港の船に乗って出港しました。この船は、小アジア西岸の島々と小アジアの港湾都市間の交易をしていた船です。アドラミティオンは北西のムシア港であり、レスボス島の対岸に位置しています。

パウロは、世話係としてルカとアリスタルコを同伴することは許されていました。アリスタルコは、パウロのエフェソ伝道の時に、アルテミス神殿での騒動でガイオと共に捕らえられた人物です。（一九29）伝道活動は、このような忠実な協力者がいて初めて可能になります。教会の伝道のわざは、牧師の個人的な働きではありません。教会の礼拝、教会員の祈りが伝道を推進させる原動力となるのです。礼拝と祈りに伴う活動が、教会形成につながるのです。

「翌日シドンに着いたが」（3）とありますが、シドンはカイサリアの次の港です。ここでの伝道は、ステファノの迫害で散らされたクリスチャンたちによってなされたのではないかと言われています。百人隊長の親切によって、パウロたちは、主にある人たちのところに行ってもてなしを受けました。こういう時の主にある交わりや支援が、パウロたちを励まし慰めたことでしょう。この温かい交わりと支援があるからこそ、伝道ができるのです。ここで、緒論が終わり本論が始まります。

［2］そこから船出したが、向かい風のためキプロス島の陰を航行し（4〜8）

シドンから「船出したが、向かい風のためキプロス島の陰を航行し、キリキア州とパンフィリア州の沖を過ぎて、リキア州のミラに着いた。」（4〜5）いよいよシドンから、ローマに向かって旅が始まります。出発早々、向かい風という困難に直面しました。少しでも風を避けるため、キプロス島の陰を航行しました。そして、キリキア州とパンフィリア州の沖を過ぎて、リキア州の大きな港ミラに着きました。海はわたしたちが生活している現実と同じです。向かい風、霧、強い潮流、暴風、突風、大きな波、次から次へ、難問が押し寄せてきます。沿岸沿いに航行しているのでまだ安全でした。ここで、百人隊長は、イタリアに行くアレクサンドリアの船を見つけて、彼らを乗り込ませました。エジプトは当時、地中海の穀倉と言われて、船主はローマへ穀物を運ぶ請負人だったようです。大きい船（二百数十人は乗れる船）の方が安全と考え、百人隊長は乗り換えました。

「幾日もの間、船足ははかどらず、ようやくクニドス港に近づいた。ところが、風に行く手を阻まれたので、サルモネ岬を回ってクレタ島の陰を航行し、ようやく島の岸に沿って進み、ラサヤの町に近い『良い港』と呼ばれる所に着いた。」（7〜8）当時の船には、現代の船のような六分儀も羅針盤もついていませんでしたので、曇ったり暗くなったりすると、進路を見定める手段が全然ありませんでした。強い風に行く手を阻まれましたので、クニドス港の近くで進路をクレタ島のサルモネ岬に向けそこを左へ回って、ようやく島の岸に沿って進み、「良い港」と呼ばれるところに着きました。

パウロは囚人でしたので、百人隊長、船主に守られる立場にいましたが、荒れ狂う海を航海するということは、いつ船が難船するか分かりません。一難去ってまた一難という船旅です。パウロは、必死に祈っていたと思います。実は「良い港」は名のようによい港ではありませんでした。色々な点で、危険で不自由な港でした。9節から結論に入ります。

［3］かなりの時がたって、既に断食日も過ぎていたので、航海はもう危険であった。（9〜12）

時間も相当経っていました。ユダヤの断食日（九月の中旬から十一月中旬まで）も過ぎていましたので、航海はもう危険でした。パウロは、地中海の伝道旅行で何度も旅行をし、難船の経験もしておりました。パウロは黙っていることが出来ず忠告しました。「皆さん、わたしの見るところでは、この航海は積み荷や船体ばかりでなく、わたしたち自身にも危険と多大の損失をもたらすことになります」（10）と。囚人の身であることを越えて、やむにやまれぬ気持ちで、こう叫びました。ところが、百人隊長は、パウロの言葉よりも船長や船主の言う方を信用しました。大多数の者の意見により、ここから船出し、できるならクレタ島で南西と北西に面しているフェニックス港に行き、そこで冬を過ごすことになりました。

百人隊長が船長や船主の言う方を信用したことは当然といえば当然のことでした。その上、大多数の者は、彼らに賛成し、「良い港」を去って、フェニックス港に行こうとしました。ところが、パウロの預言が当たってしまいました。この大きな船が、島の方から吹き降ろす突風に襲われて難船してしまうのです。そして、パウロがリーダーとなってその窮地から救い出されることになります。どうしてパウロだけが難船を預言出来たのでしょうか。人々は近視眼的で、見えない世界を見ることが出来なかったのです。パウロは、復活のイエスが共におられ、見えない世界を見通し、見抜くことが出来たのです。彼は難船の経験もしました。このようにさまざまな窮地から脱出した経験を持っていました（Ⅱコリント一一25「難船したことが三度」）。

　どんな状態に置かれても、動じない霊の力と、その中から脱出する知恵を与えていただきましょう。

アーメン。

最後まであきらめない信仰

ときに、南風が静かに吹いて来たので、人々は望みどおりに事が運ぶと考えて錨を上げ、クレタ島の岸に沿って進んだ。しかし、間もなく「エウラキロン」と呼ばれる暴風が、島の方から吹き降ろして来た。船はそれに巻き込まれ、風に逆らって進むことができなかったので、わたしたちは流されるにまかせた。やがて、カウダという小島の陰に来たので、やっとのことで小舟をしっかりと引き寄せることができた。小舟を船に引き上げてから、船体には綱を巻きつけ、シルティスの浅瀬に乗り上げるのを恐れて海錨を降ろし、流されるにまかせた。しかし、ひどい暴風に悩まされたので、翌日には人々は積み荷を海に捨て始め、三日目には自分たちの手で船具を投げ捨ててしまった。幾日もの間、太陽も星も見えず、暴風が激しく吹きすさぶので、ついに助かる望みは全く消えうせようとしていた。人々は長い間、食事をとっていなかった。そのとき、パウロは彼らの中に立って言った。「皆さん、わたしの言ったとおりに、クレタ島から船出していなければ、こんな危険や損失を避けられたにちがいありません。しかし今、あなたがたに勧めます。元気を出しなさい。船は失うが、皆さんのうちだれ一人として命を失う者はないのです。わたしが仕え、礼拝している神からの天使が昨夜わたしのそばに立って、こう言われました。『パウロ、恐れるな。あなたは皇帝の前に出頭しなければならない。神は、一緒に航海しているすべての者を、あなたに任せてくださったのだ。』ですから、皆さん、元気を出しなさい。わたしは神を信じています。わたしに告げられたことは、そのとおりになります。わたしたちは、必ずどこかの島に打ち上げられるはずです。」

（使徒言行録二七13～26）

「最後まであきらめない者は救われる。」これが今朝のメッセージです。どうしたら最後まであきらめないで、この危機の時代を乗り切ることが出来るのでしょうか。

［1］ときに、南風が静かに吹いて来たので、人々は望みどおりに事が運ぶと考えて錨を上げ、クレタ島の岸に沿って進んだ。（13～16）

現代のように厳しい危機の時代に、どうしたら、最後まで諦めない信仰をもつことが出来るでしょうか。「これを成し遂げることが神の必然である」、「人間の必然ではない」との固い信仰に立つことであります。そのことを今朝のテキストから学ぼうではありませんか。

「ときに」とは、「たまたま」ということです。この時期の海の風は非常に変わりやすいものです。慎重には慎重を期すべきでした。しかし、人々は、南風が静かに吹いてきたので、望み通りに事が運ぶと考えて錨を上げ、クレタ島の岸に沿って進んで行きました。どうして、このような甘い判断をしたのでしょうか。人々とは、百人隊長や、船長、船主、ならびにパウロのアドバイスを退けた人々のことを指しております（使徒二七12「大多数の者の意見」）。パウロは、この時期に航海するのは危険なので、この時期が過ぎるまで（十一月中旬頃まで）、「良い港」というところで待つことがよいと勧めましたが、この忠告を受け入れなかった人たちです。

ところが、間もなく「エウラキロン」（ギリシア語の東風を意味するエウロスと、ラテン語の北風を意味するアキロの合成語で、北東風）という暴風が島から吹き降ろしてきました。この暴風は、クレタ島の二千数百メートルの高い山脈から吹き降ろすもので、海路を取る者にとっては、大変な恐怖でした。当然、船は嵐に巻き込まれます。風に逆らって進むことが出来ません。流されるにまかせるしかありませんでした。いつ吹き降ろしの突風が吹いてくるか、パウロも船長も予想がつかなかったのです。

パウロは何度も船の難にあっていましたので、彼らに注意を促したのでした。こういう時には、船長とか百人隊長とかの肩書を捨てて、相手がたとえ囚人であっても謙遜に経験者の言うことをへりくだって聞くべきなのです。しかし、弱い人間にはこれが出来ないのです。プライドが邪魔するのです。そのために、後で、死ぬような痛い目に遭うことになります。

「流されるままにまかせる」ことは、人間の無力、また愚かさを表しております。これほど不安なことはありません。パウロたちには、忍耐と待ち望みの信仰が要求されました。ここまでが緒論です。16節から本論が始まります。

［2］やがて、カウダという小島の陰に来たので、やっとのことで小舟をしっかりと引き寄せることができた。

（16～24）

「やがて、カウダという小島の陰に来たので」、カウダという小島は、クレタ島の南方約四十キロに位置していました。ここで、暴風を一時しのぎ、引いてきた小舟をしっかりと引き寄せて船に引き上げました。この小舟は、船が沈没する時のために備えられているものです。さらに、二七六人もの人たちを乗せることが出来る大きな船体には、綱を巻きつけ、分解しないようにしました。さらにシルティスの浅瀬に乗り上げることを恐れて、海錨を降ろし、流されるままにまかせました。シルティスの浅瀬は、リビアの沖にあります。

しかし、ひどい暴風に悩まされて、翌日には人々は積み荷を海に捨て始め、三日目には船具を投げ捨ててしまいました。パウロの予言通りになりました。幾日もの間、太陽も月も星も見えず、暴風が激しく吹きすさぶので、ついに助かる望みは全く消え失せようとしていました。幾日もの間、太陽も月も星も見えず、暗やみの中で、生きた心地もしなかったでしょう。全く絶望的状況になりました。ここまで追い込まれて目が覚めました。はじめて囚人パウロの救いの言葉を聞く準備ができたのです。「溺《おぼ》れる者は藁《わら》をも掴《つか》む」のです。

パウロの出番です。人々は、ひどい船酔いになり、長い間食事を取っていませんでした。囚人パウロは彼らの中に立って、「皆さん、わたしの言ったとおりに、クレタ島から船出していなければ、こんな危険や損失を避けられたにちがいありません」(21)と言いました。パウロはなぜこのようなことを言ったのでしょうか。勝ち誇るためでしょうか。そうではありません。復讐するためでしょうか。そうではありません。慰め、励まし、元気を出させるためでした。それ以上に彼らを一人残らず助け出すためでした。前に皆からなめた扱いを受けましたが、相手の弱みに付け込んで復讐することなく、勝ち誇ることなく、絶望と無力のどん底にある彼らに「元気を出しなさい。船は失うが、皆さんのうちだれ一人として命を失う者はない」(22)と言いました。彼らを一人残らず助けようとしたのです。乗船者の中にいたパウロとルカをはじめクリスチャンたちは、乗船者のために祈りました。彼らの無礼と罪と軽率さを赦して、助けようとしたのです。

［3］ですから、皆さん、元気を出しなさい。わたしは神を信じています。(25~26)

パウロはなぜこのように並外れた寛容と愛をもって彼らを励まし、助けようとしたのでしょうか。その理由をパウロは五つあげています。

その第一は、神からの天使が昨夜私のそばに立って次のように言われたからです。「パウロ、恐れるな。あなたは皇帝の前に出頭しなければならない」(24)と。パウロは他の乗船者と共に恐れていたのです。恐れを共有していたパウロに、恐れるなと言われました。この天使の言葉がどれだけ大きな慰めと励ましと希望をパウロに与えたことでしょう。「恐れるな」という言葉は聖書全体に満ちています。全員が助けられることの根拠は、パウロ自身がローマ皇帝に出頭することが神の必然だからです。世界の中心地ローマに行って、皇帝にまた異邦人たちにキリストの福音を伝える必然的使命がパウロにあるからというのが第一の理由でした。

第二の理由は、神が一緒に航海しているすべての者を

パウロに任せてくださったことです。（24）

第三の理由は、パウロが自分に神が告げられたことがその通りになると信じていることです。（25）こういう時の信仰がいかに大きな力であるものか驚きます。パウロはどういう神を信じていたのでしょうか。創造の神を信じていました。宇宙、世界も自然（空も海も動物も人間も）全能なる神が造られたのです。次に摂理の神を信じていました。神はすべてを導き、摂理を通して歴史を、パウロの人生を、またわたしたちの人生を導かれるのです。

第四の理由は、私に神が告げられたことはその通りになると信じていました。神の語られた言葉は必ずなるという御言葉信仰です。（25）

第五の理由は、「どこかの島に必ず打ち上げられます」というきわめて現実的信仰です。（26）

これらの理由の根底には、死をも乗り越えさせる「イエスの復活を信じる信仰」があります。パウロはこの信仰に生きていましたので、どんな時にも落ち着いていました。こうしてパウロも、わたしたちも、最後の最後まで諦めない信仰に立てるのです。アーメン。ハレルヤ！

窮地における信仰者の力

十四日目の夜になったとき、わたしたちはアドリア海を漂流していた。真夜中ごろ船員たちは、どこかの陸地に近づいているように感じた。そこで、水の深さを測ってみると、二十オルギィアあることが分かった。もう少し進んでまた測ってみると、十五オルギィアであった。船が暗礁に乗り上げることを恐れて、船員たちは船尾から錨を四つ投げ込み、夜の明けるのを待ちわびた。ところが、船員たちは船から逃げ出そうとし、船首から錨を降ろす振りをして小舟を海に降ろしたので、パウロは百人隊長と兵士たちに、「あの人たちが船にとどまっていなければ、あなたがたは助からない」と言った。そこで、兵士たちは綱を断ち切って、小舟を流れるにまかせた。夜が明けかけたころ、パウロは一同に食事をするように勧めた。「今日で十四日もの間、皆さんは不安のうちに全く何も食べずに、過ごしてきました。だから、どうぞ何か食べてください。生き延びるために必要だからです。あなたがたの頭から髪の毛一本もなくなることはありません。」こう言ってパウロは、一同の前でパンを取って神に感謝の祈りをささげてから、それを裂いて食べ始めた。そこで、一同も元気づいて食事をした。船にいたわたしたちは、全部で二百七十六人であった。十分に食べてから、穀物を海に投げ捨てて船を軽くした。

（使徒言行録二七27～38）

信仰者の力は、集団が絶体絶命の窮地に追い込まれたときに発揮されます。

［1］十四日目の夜になったとき、わたしたちはアドリア海を漂流していた。（27～29）

集団が窮地に陥った時、その中に冷静で信仰に強い人が一人いれば、その集団全体が救われます。これが今朝のメッセージのポイントです。こういう信仰者の力は、集団全体が絶体絶命の窮地に追い込まれた時に、最大限に発揮されます。

今日のテキストは、「十四日目の夜になったとき」と始まります。「十四日目の夜」は、アドリア海を漂流していた期間を示しています。アドリア海は、クレタ島からシチリア島までの領域をいいます。彼らは、十四日間、太陽も星も見えず、暴風が激しく吹きすさび、ついに助かる望みも消え失せるような絶望的状態を経験しました。

真夜中ごろ、船員たちは、どこかの陸地に近づいているように感じました。多分、海岸に押し寄せる波の音でそのように感じたのだと思います。そこで、水の深さを測ってみると二十オルギア（約三六メートル）でした。もう少し進んでまた測ってみると、十五オルギア（二七メートル）でした。このまま進むと、船が暗礁に乗り上げる恐れがあります。船員たちは船尾から錨を四つ投げ込み、夜の明けるのを待ちわびました。ここまでが、諸論で、30節から本論となります。

［2］ところが、船員たちは船から逃げ出そうとし、船首から錨を降ろす振りをして小舟を海に降ろしたので

（29〜30）

このような重大な時に、乗員たちを助けなければならない船員たちが、船から逃げ出そうと、船首から錨を降ろすふりをして小舟を海に降ろしました。驚きです。みんなが助け合わなければならない時に、逆のことが起こるのです。これは裏切りの行為です。ここに人間の最も醜い姿、強欲で自己中心的な姿が暴露されました。人間の醜悪な我欲が渦巻いていました。放っておけば、助かる者も助かりません。そればかりか、全員が助かるといったパウロの預言は、ウソということになります。パウロは見過ごしには出来ず、大声で百人隊長と兵士たちに叫びました。「あの人たちが船にとどまっていなければ、あなたがたは助からない。」（31）緊急の時には、大声で断定的にいうのが一番効果があります。兵士たちは綱を断ち切って、小舟を流されるに任せました。この時のパウロの判断は適格でした。驚きます。聖霊がとっさに語るべき言葉を与えてくださるのです。この言葉は、一部の者の自己中心的な行動をとどめ、乗員全員に救いをもたらします。

夜が明けかけたころ、パウロは一同に食事をするように勧めました。「腹がへっては戦《いくさ》にならぬ」という言葉の通り、パウロは、十四日もの間、不安のうちに全く何も食べずに過ごしてきた人々に食事を勧めました。パウロはビジョンを見て、それに従う霊的な指導者でした。同時に船主も、船長も百人隊長も、この緊急事態になすすべを知らずにいた時に、パウロはてきぱきと具体的に集団全体に指示を与えました。

また、全体が疑心暗鬼になっている時に、「あなたがたの頭から髪の毛一本もなくなることはありません」（34）と、力強く語って人々を元気づけました。こういう時に、確信に満ちたパウロの言葉は、かれらの心を奮い立たせました。

どうして、パウロたちがこのように、自信と確信を持って、あわてふためく人々に適切な指示を与えることが出来たのでしょうか。

彼は今まで何度となく難船や、厳しい状況に置かれました。そして、その都度助け出されて来ました。彼の経験がすべて生かされ、用いられたのです。今回は、復活のイエスから、「あなたは必ずローマに行かなくてはならない」という約束をいただいておりました。また天使から、「神は、一緒に航海しているすべての者を、あなたに任せてくださったのだ」(24)といわれていました。このような信仰に立つ信仰者が、難渋する船の中にいたことは幸いでした。

「こう言ってパウロは、一同の前でパンを取って神に感謝の祈りをささげてから、それを裂いて食べ始めた。」(35)パウロは、大胆にもこのチャンスに、聖餐式を始めたのです。彼らに肉の食べ物を与えただけでなく、霊の食べ物を与え始めたのです。誰ひとり抗議をしたり、反対する人はおりませんでした。「二百七十六人」全員が、パウロの感謝の祈りに合わせ、裂かれたパンにあずかったのでした。未信者は、聖餐にあずかることはできませんなどと排除の論理を振りかざす人もおりませんでした。皆平等に、心からなる感謝を持って聖餐の恵みにあづかりました。葡萄酒がないから罪は許されないなどという者もおりませんでした。

復活のイエスは、パンを食する二七六人と共におられ、生命のパンとなってくださいました。元気与えてくださいました。それだけでなく、自分たちだけ助かろうとした人たちをも排除せず、彼らをも仲間に受け入れて、同じパンに共にあずかりました。愛の共同体の一部としてくださいました。

伝道、伝道と大騒ぎをしなくても、窮地の中で、動揺することなく冷静に愛と希望を持って、彼らに仕え、助け、聖餐に共にあずかることです。これによって、肉体の力と共に霊の力に彼らはあずかりました。同じ苦しみを経験した者として、彼らは皆、愛の連帯感を持っていました。今や神の前に、船主も、船長、百人隊長、囚人、ユダヤ人、異邦人の別なく愛によって一体とされています。このことすべてが伝道ではないでしょうか。

パウロはかつて彼の忠告、警告を聞かなかった人々を主にあって赦し、心を尽くして彼を愛し救いました。

[3]船にいたわたしたちは、全部で二百七十六人であった。(37〜38)

なぜ最後に乗船者の数を正確に記しているのでしょう

か。それは天使によって伝えられた神の預言が正確に実現することを示すためです。十分に食べてから穀物を海に投げ捨てて船を軽くしました。荷物を軽くする時に、穀物を必要なだけ保存しておいたことが彼らの救いに通じたのです。しかしその役割が終わった今、穀物をすべて捨て、身一つになって、上陸しようとしていたのです。

冷静で、信仰と知恵と愛に満たされた一人の信仰者が、集団の中にる時に、その信仰者の存在が、集団全体を救いに導くことが出来るのです。わたしたちも、厳しい試練、困難な経験を生かして、集団が窮地に置かれた時、祈りのうちに神の声を聞きながら、冷静さと知恵と愛を持って、一人の信仰者として集団全体を救いに導いていこうではありませんか。アーメン。

全員が無事救われた

朝になって、どこの陸地であるか分からなかったが、砂浜のある入り江を見つけたので、できることなら、そこへ船を乗り入れようということになった。そこで、錨を切り離して海に捨て、同時に舵の綱を解き、風に船首の帆を上げて、砂浜に向かって進んだ。ところが、深みに挟まれた浅瀬にぶつかって船を乗り上げてしまい、船首がめり込んで動かなくなり、船尾は激しい波で壊れだした。兵士たちは、囚人たちが泳いで逃げないように、殺そうと計ったが、百人隊長はパウロを助けたいと思ったので、この計画を思いとどまらせた。そして、泳げる者がまず飛び込んで陸に上がり、残りの者は板切れや船の乗組員につかまって泳いで行くように命令した。このようにして、全員が無事に上陸した。（使徒言行録二七39～44）

一四日間の暴風の中で、二七六人全員が無事助けられました。このようなことは、絶対にあり得ないことです。神の摂理を信じる信仰に立った時に、あり得ないことがあり得るのです。

［1］朝になって、どこの陸地であるか分からなかった

が（39）

乗員二七六人が一四日間も暴風の中を漂流し、みんなが絶望的な時に、唯一人パウロだけが、「一人も失われることなく全員が助けられる」と信じていました。この絶対絶命という中で、絶対にあり得ないことが起きたのです。その謎を皆さんとご一緒に解いていきたいと願っています。

さて、この不思議な驚くべき物語は次のような言葉で始まっています。「朝になって、どこの陸地であるか分からなかったが、砂浜のある入り江を見つけたので」（39）と。十四日ぶりに一同食事をし、十分に食べてから穀物を海に投げ捨てて、船を軽くしました。ここにはどうしても助かりたいという全員の意志が感じられます。そして朝を迎えました。希望の朝です。その時、船が、どこの陸地であるか分かりませんが、聞こえてくる波の音からどこかの陸地に船が近づいていることが分かりました。そして、砂浜のある入り江を見つけたのです。その時の乗船者の心境はどうだったのでしょうか。ああ、これで助かるとほっとしたのではないでしょうか。船全体に歓声の声があがったかもしれません。出来ることなら、そこへ船を乗り入れようとなったことは当然のことでした。ここまでが、この物語の諸論です。この後どうなるのだろうという期待を読者に持たせます。

［2］そこで、錨を切り離して海に捨て、同時に舵の綱を解き（40〜43）

ここから、本論が始まります。どこの島か分かりませんが、遂に船は陸地に近づき、助かる可能性が出てきたのです。全乗船者の顔に生気が戻り希望の光が輝き始めました。そこで、船員たちは、錨を切り離して海に捨て、同時に舵の綱を解き、風に船首の帆を上げて、砂浜に向かって進んで行きました。ところが物事はそう簡単には進みません。わたしたちの人生と同じです。一難去ってまた一難です。特に、嵐の海の旅では、何かが起こらない方がおかしいのです。

いったい何が起こったのでしょう。船は深みに挟まれた浅瀬にぶつかって船を乗り上げてしまったのです。「深みに挟まれた浅瀬」とは、どんなところを指しているのでしょうか。この辺りは二つの潮流が西側からぶつかって浅瀬を作っていたのです。見ただけでは、そこに危険な浅瀬があることは分かりませんでした。特に十四日間、暴風と死に物狂いで闘って、疲れ切っていた船員たちには、分からなかったと思います。その浅瀬に船首がめり込んでしまい、動かなくなってしまいました。しかも船尾は激しい波で壊れ出したというのですから大変です。

一つ悪いことが起こるとさらに悪いことが連鎖反応で起こることがあります。この時も悪いことの連鎖反応が起きました。そのことが次のように記されています。兵士たちは、囚人たちが泳いで逃げないように殺そうと計りました。当時のローマ法によりますと、囚人が逃げた場合は、その責任を取らされて、囚人を監視していた者が殺されることになっていました（使徒一六27「目を覚ました看守は、牢の戸が開いているのを見て、囚人たちが逃げてしまったと思い込み、剣を抜いて自殺しようとした。」）。それを避けるためには、囚人たちを全員殺してしまうことです。そこで、兵士たちは囚人全員を殺そうとしたのです。こういう時には、エゴの嵐が吹き荒れるものです。これを放っておいたら、囚人であるパウロも殺されてしまいます。パウロが殺されたら、「一人も失われることなく全員が救われる」というパウロの預言はどうなるのでしょう。もっと重要なことは、パウロは「ローマでも証しをしなくてはならない」（二三11）という神の必然、神の御計画、導き、摂理はどうなるのでしょうか。パウロのローマにおける異邦人伝道の使命は全うされず、神様の異邦人伝道の御計画は破れ去ってしまうのでしょうか。

この異邦人伝道の危機、乗船者全員が救われるという預言の危機、パウロの生命が奪われてしまうという危機が、百人隊長の一声で、すべて避けられました。百人隊長はパウロを助けたいと思ったのでしょうか。彼はパウロと一緒に生活して、パウロに対する尊敬の思いが起こり、全員が救われるというパウロの預言を信じたのではないでしょうか。また彼は、パウロにローマ皇帝の裁判を受けさせるための護衛の責任を放棄するならば、その責任を問われることも十分に知っていました。また、パウロがローマ市民権を持っていることも知っていましたので、パウロを助けようとしたのだと思います。

［3］残りの者は板切れや船の乗組員につかまって(44)

　神様と復活の主は、この三重の危機か全乗船員全員を無事に救い出し、全員を無事に上陸させるために百人隊長を用いられたのです。泳げる者がまず飛び込んで陸に上がり、残りの者は板切れや船の乗組員つかまって泳いで行くように命令しました。パウロを通して語られた復活のイエスの御言葉と、神の必然と摂理と導きを実現しようとしました。「このようにして、全員が無事に上陸した」(44)という言葉で、この困難なローマへの旅の記事を終わらせています。さて、後ほどこの陸地がローマに近いマルタ島であることが判明いたします。暴風のため船がどこへ漂流していたのかも全く分からなかったのですが、二七六人の者たちはローマに向かって流されていたのです。不思議です。ここにも不思議な神の導き、摂理があったと言わざるを得ません。

　大きな視点から今朝のメッセージの個所をもう一度見直してみると、色々なものが見えてきます。クレタ島の「良き港」というところに着いた時に、船主、船長、百人隊長たちは、パウロが反対したにもかかわらず、全員パウロの忠告と警告を無視して、ローマへ出港してしまいました。そして結局は、パウロの忠告と警告が正しかったことがわかりました。その時パウロはなぜあなた方は私の警告を聞かなかったのですか。私の言うことを聞いてさえいたら、こんなひどい目にはあわなかったでしょうというようなことは一言も言いませんでした。しかし、現実には、船主、船長、百人隊長たちのリーダーシップは段々失われ、パウロ一人のリーダーシップで、二七六人の全員が最後には助けられ、救われることになったのです。

　パウロは終始一貫、一言も相手を責める言葉を吐かず、全員を励まし、全員が一致できるように聖餐をし、一つの愛の共同体を作ろうとしました。この共同体が破れそうになっても、彼は落ち着いて神の摂理と自分に与えられた使命と選びと召命に忠実でした。このような信仰者が一人でも教会におられれば、教会は全員救われます。家族の中に本物の摂理信仰を持つ人がおるならば、あなたの家族は救われます（使徒一六31、創世記一八32）。アーメン。

「主イエスを信じなさい。そうすれば、あなたも家族もすくわれます。」（使徒一六31）

「アブラハムは言った。『主よ、どうかお怒りにならずに、もう一度だけ言わせてください。もしかすると、十人しかいないかもしれません。』主は言われた。『その十人のためにわたしは滅ぼさない。』」（創世記一八32）

信仰によるいやし

わたしたちが助かったとき、この島がマルタと呼ばれていることが分かった。島の住民は大変親切にしてくれた。降る雨と寒さをしのぐためにたき火をたいて、わたしたち一同をもてなしてくれたのである。パウロが一束の枯れ枝を集めて火にくべると、一匹の蝮が熱気のために出て来て、その手に絡みついた。住民は彼の手にぶら下がっているこの生き物を見て、互いに言った。「この人はきっと人殺しにちがいない。海では助かったが、『正義の女神』はこの人を生かしておかないのだ。」ところが、パウロはその生き物を火の中に振り落とし、何の害も受けなかった。体がはれ上がるか、あるいは急に倒れて死ぬだろうと、彼らはパウロの様子をうかがっていた。しかし、いつまでたっても何も起こらないのを見て、考えを変え、「この人は神様だ」と言った。さて、この場所の近くに、島の長官でプブリウスという人の所有地があった。彼はわたしたちを歓迎して、三日間、手厚くもてなしてくれた。ときに、プブリウスの父親が熱病と下痢で床についていたので、パウロはその家に行って祈り、手を置いていやした。このことがあったので、島のほかの病人たちもやって来て、いやしてもらった。それで、彼らはわたしたちに深く敬意を表し、船出のときには、わたしたちに必要な物を持って来てくれた。
（使徒言行録二八1～10）

「信仰によるいやし」の福音は、病人の多い現代において大きな福音であります。わたしたちクリスチャンは、どうしたら「いやしの賜物」を持つことが出来るのでしょうか。

〔1〕わたしたちが助かったとき、この島がマルタと呼ばれていることが分かった。（1〜2）

手を置いていやす力を、わたしたちはどうしたら持つことが出来るでしょうか。パウロは、神の摂理を信じて、乗船者二七六人全員を無事救助しました。神の力は、続けてマルタ島に上陸したパウロに働き続けました。一匹の蝮《まむし》に手をかまれたパウロは、何の害も受けませんでした。島の長官の父親の熱病と下痢のため祈り、手を置いていやしました。神によって選ばれ、召し出された人は、病人の上に手を置いて祈る時に、いやすことができるのです。

マルタ島はシチリア島（地図参照）の南約九五キロ、地中海の中央にあり、東西の海路の要となっています。マルタ島は、紀元前六世紀以来、西地中海世界を支配したカルタゴの支配下にありました。「島の住民」を、土人とか野蛮人、未開人と訳している訳者がおりますが、適訳ではありません。新共同訳の「島の住人」の方が原語に近い訳です。この島の住民はどのような人々であったのでしょうか。ルカは大変親切であったと記しています。彼等は二七六人もの遭難者のために、「降る雨と寒さをしのぐために、たき火をたいて一同をもてなしてくれた」のでした。疲れた体には、この寒さは大変体にこたえたと思います。その上お腹は減っていました。たき火でのもてなしは、遭難者たちには最も適切で、最高の親切でした。この人たちは、多くの遭難者たちを助けてきたので、手慣れたものでした。島の住民たちは決して未開人ではありませんでした。むしろ、開かれた人たちでした。教養人であり、優しい人たちでした。

〔2〕パウロが一束の枯れ枝を集めて火にくべると、一匹の蝮が熱気のために出て来て、その手に絡みついた。

（3〜8）

パウロは、船上ではメッセージをし、預言をし、祈りを捧げました。陸に上がっては、一束の枯れ枝を集めて火にくべました。彼は人々に仕えようとして、体を動かしました。枯れ枝を集めたり、火にくべたり、こまごまとよく働きました。パウロは、人々に教えたり指示したりするだけではなく、極めて実際的で現実的でした。現実と深くかかわりますと、よいことばかりではなく、悪いことも起こります。枯れ枝を火にくべた時に、一匹の蝮が熱気のために出て来て、パウロの手に絡みつきました。蝮は毒を持っていますので、住民は彼の手にぶら下がっているこの生き物を見て、「この人はきっと人殺しにちがいない。海では助かったが、『正義の女神』はこの人を生かしておかないのだ」（4）と言いました。

この島の住民は、親切でしたが、きわめて単純で迷信的でもあり、正義心の持ち主でもありました。『正義の女神』はギリシア神話に出てくる女神のことです。この女神は正義にあふれた女神で、悪いことをした人を、死をもって罰する神なのです。蝮に噛まれて死んでしまう人は、人殺しをする悪人だと思い込んだのです。

ところが、パウロはその生き物を火の中にふるい落とし、なんの害も受けませんでした。体が腫れ上がって直ぐに死ぬだろうと、彼らは様子をうかがっておりました。しかし、いつまでたっても何も起こりません。彼らは考えを変え、「この人は神様だ」と言いました。パウロは人殺しから神様に変わってしまいました。あまりにも単純と言いますか、偶像礼拝的だと言われてもやむを得ません。

パウロが、超自然的な力を持っているというこのエピソードは何を言おうとしているのでしょうか。恐らく次のエピソードで、パウロが、島の長官の父親の熱病と下痢を癒すことが出来たのは当然であると言おうとしているように私には思えます。島の長官でプブリウスの所有地が近くにあったので、彼はパウロたちを歓迎して三日間、手厚くもてなしました。実に親切で心の温かい、トップ・リーダーであったことが分かります。「このリーダーありて、この住民あり」です。パウロは長官プブリウスの家に行って祈り、熱病と下痢で床についている彼の父親の上に手を置いて癒しました。

今朝は敬老の日です。ここに記されている二つの癒しの記事を通して、ルカは何を言おうとしているのでしょうか。復活のイエスがパウロと共におられて、パウロが復活のイエスの力に満たされていたと言おうとしているのだと思います。十四日間の暴風雨の中にも、二七六人の乗船者全員が無事助かったこと、蝮に咬まれても死ななかったこと、これらの出来事はみな、復活されたイエスがパウロと共におられて、復活のイエスの力がパウロを満たしていたからこそ、なされた主の奇跡でした。

さらに、この親孝行な長官の三日にわたる優しいもてなしに感動して、パウロは病気の父親のために祈り、イエスの御名によっていやしました。優しいもてなしと、感謝と感動の癒しは、島の住民もキリストを信じるようになるためでした。現在、マルタ島全体がクリスチャンの島とのことです。いやしの奇跡が、同時に傷ついた全島民の心のいやしにつながっていたことを表しています。いやしは同時に伝道なのです。また真の教会形成の最大の力なのです。

［3］このことがあったので、島のほかの病人たちもやって来て、いやしてもらった。（9～10）

「それで、彼らはわたしたちに深く敬意を表し、船出のときには、わたしたちに必要な物を持って来てくれた。」(10)「わたしたち」は、医者ルカもパウロと共にこのいやしのわざに協力していたことを物語っています。「いやし、敬意、感謝のささげもの」というメッセージを読み取ることが出来ます。ここには、神、キリスト、聖霊という言葉は一度も出てきませんが、神、キリスト、聖霊が隠されて、パウロのいやしを通して働いておられたことを物語っています。

神とキリストの愛は、パウロとルカを通して働く聖霊の力によってなされる「いやし」によって人々に見えるかたちで表れるのです。いやしの恵みに預かった人々は、大きな喜びに満たされて、誰によっていやしていただいたかを、他の人々に伝えていくのです。その時に、喜びと力に満たされた教会ができて行くのです。復活されたイエス様が共にいてくださって、今も信じるものに、復活の力をもって心と体の癒しをあたえてくださいます。アーメン。

イエスは言われた。「全世界に行って、すべての造られたものに福音を宣べ伝えなさい。信じて洗礼を受ける者は救われるが、信じない者は、滅びの宣告を受ける信じる者には次のようなしるしが伴う。彼らはわたしの名によって悪霊を追い出し、新しい言葉をかたる。手で蛇をつかみ、また、毒を飲んでも決して害を受けず、病人に手を置けば治る。（マルコ一六15〜18）

ついにローマに着き、神に感謝

三か月後、わたしたちは、この島で冬を越していたアレクサンドリアの船に乗って出航した。ディオスクロイを船印とする船であった。わたしたちは、シラクサに寄港して三日間そこに滞在し、ここから海岸沿いに進み、レギオンに着いた。一日たつと、南風が吹いて来たので、二日でプテオリに入港した。わたしたちはそこで兄弟たちを見つけ、請われるままに七日間滞在した。こうして、わたしたちはローマに着いた。ローマからは、兄弟たちがわたしたちのことを聞き伝えて、アピイフォルムとトレス・タベルネまで迎えに来てくれた。パウロは彼らを見て、神に感謝し、勇気づけられた。わたしたちがローマに入ったとき、パウロは番兵を一人つけられたが、自分だけで住むことを許された。（使徒言行録二八11〜16）

「ローマでも証しをしなければならない」（使徒二三11）という御言葉をいただいてから、災難また災難を乗り越えて、パウロたちはついにローマに到着しました。彼は神に感謝し、勇気づけられました。

［1］**三か月後、わたしたちは、この島で冬を越していたアレクサンドリアの船に乗って出航した。**（11）

パウロはついにローマに着きました。ローマに着くまでに多くの苦難に会いました。それは長い道のりでした。「ローマ人への手紙」をコリントで書いてから三年経っていました。死をも覚悟してパウロはエルサレムに行きました。殺されそうになりながらも助け出されました。しかし捕らえられて囚人となり、パウロは、ローマ皇帝に上訴いたしました。囚人としてローマの兵隊に護送され、嵐に遭い、難船して、生命の危機にさらされながら、ようやく彼はローマに着きました。ローマからは、主にある兄弟たちが五三キロも離れたアピイフォルムまで、パウロを迎えに来ました。「パウロは彼らを見て、神に感謝し、勇気づけられ」(15)ました。パウロの感謝と勇気はどこから来たのでしょうか。

「三か月」は、十月半ばから一月半ばまでの航海を控える期間を意味します。その三か月後、恐らく紀元五九年の二月頃、マルタ島からローマに向かって出航されたものと思われます。マルタ島で冬を越していたアレクサンドリアの船で出航しました。難船した船と同じタイプの穀物運送船でした。船印「ディオスクロイ Dioskuroi」は、ギリシアの主神ゼウス神の双生児・カストルとボルクス(写真)で、神々として崇められていたのです。この守り神を船首に飾り、航海の安全を願いました。

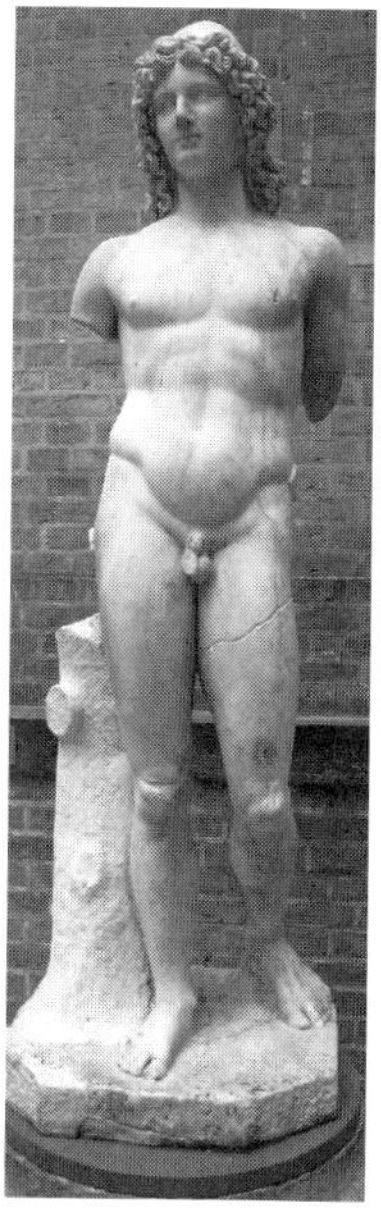

[2] わたしたちは、シラクサに寄港して三日間そこに滞在し (12~14)

「シラクサ」はシチリア島東岸にある港湾都市で、マルタ島から一三〇キロ弱離れたところにありました。荷物の陸上げや、風向きの調整に三日かかったのでした。この港湾都市はギリシアの中心都市の一つで、ギリシア文化の中心地でもありました。ギリシアの植民地として知られていました。紀元前二一二年にギリシアに占拠され、その支配下に入りました。

シラクサから海岸沿いに進み、レギオンに着きました。レギオンはイタリア半島の南西端にある町で軍事的・経済的活動の要所でした。一日たって、南風が吹いて来たので、二日でプテオリに入港しました。レギオンから三四〇キロ離れたところにあるプテオリまで、わずか二日間で到着したのは、運よく南風が吹いてきたからでした。美しいカプリ島とナポリ湾を横切り、その北岸に位置しました。新約聖書の時代にはイタリアにおける最重要港湾都市として繁栄していました。一世紀末まで繁栄を誇ったローマの古代都市ポンペイ(写真 Pompeii)やヘルクラネウム（Herculaneum）とごく近い距離に位置していました。プテオリに一行は上陸しました。あとは陸路ローマを目指すだけでした。

「わたしたちはそこで兄弟たちを見つけ、請われるままに七日間滞在した。」（14）当時、ディアスポラ（散らされたユダヤ人）と言われたユダヤ人が、この大きな港湾都市にもおりました。その中にには、クリスチャンに改心した人たちもおりました。そこで、パウロたちは、百人隊長ユリアスから特別許可を得て、四人であったにも拘らず、七日間も外泊できました。ユリアスは難船中も、マルタ島でも、パウロには大変世話になっておりましたし、ローマ市民権を持っていましたし、パウロの素晴らしい証しと伝道により、彼はクリスチャンに改心していたのではないかと思われます。そこで、七日という長期の外泊が可能となったのではないかと思われます。「兄弟たち」は「主にある兄弟姉妹」という意味です。シドンを出航して以来、主にある兄弟姉妹との交わりがありませんでしたので、パウロの方から彼らを探し出して、主にある交わりのチャンスを求めました。パウロのことはうわさで知っておったのでしょう。七日間といえば日曜日も入ります。メッセージも頼まれたのではないかと想像されます。請われるままに滞在することとなりました。「こうして、わたしたちはローマに着いた」とルカは記しています。

写真：ポンペイ最後の日
（The last Day of Pompeii、1830-33 年、カール・ブリューロフ）

　この町で、クリスチャンとしてお互いの安否を問い、賛美をし、メッセージを聴き、祈り合い、助け合いました。こうして、お互いの信仰を強め、高め、深めあうことが出来ました。当時まだまだクリスチャンは少数でしたので、このような交わりが必要でした。お互いにどんなに励まされ、元気づけられたことでしょう。エルサレム近くのシドンを出航してから初めての主にある多くの兄弟姉妹との交わりは、彼らを大いに力づけました。待ちに待って、多くの困難を乗り越えて、やっとローマに到着したのです。そこで初めて会ったクリスチャン兄弟姉妹たちとの交わりは、どんなに感動的、感激的であったことかと想像いたします。

［3］ローマからは、兄弟たちがわたしたちのことを聞き伝えて、アピイフォルムとトレス・タベルネまで迎えに来てくれた。（15〜16）

　「ローマからは、兄弟たちがわたしたちのことを聞き伝えて、アピイフォルムとトレス・タベルネまで迎えに来てくれた。」（15）パウロがローマに来たいということは、彼が三年前にコリントからローマの信徒たちにおくった手紙には知らせてありません。今回その願いがかなって、ローマに来ていることを聞き伝えて、兄弟たちは五〇キロ以上もある道を歩いて、パウロをまるで大使を迎えるように迎えに来たのです。（ユダヤ人たちは商売のために旅行をしていましたので、こういうニュースはすぐに伝えられます。）パウロは、彼らを見て、神に感謝し、勇気づけられました。パウロは、彼らの歓迎をどんなに深く感謝し、勇気づけられたか分かりません。表現する言葉がみつけられず、ただ「神に感謝し、勇気づけられた」（15）と書かれたのでしょうか。余韻が残ります。これを記したのは、歴史家であり、科学者であり、医者であるルカでした。

　この感謝と勇気はどこから与えられたのでしょうか。この問いから最後の重要な教訓をいただきましょう。「ローマでも証しをしなければならない」（二三11）という御言葉をいただいてから、何度も大変な目に遭いながら、遂にローマに到着しました。七転び八起きしてローマまで着きました。ローマは世界の中心、「すべての道はローマに通ず」と言われた時代です。この執念、驚くべき力、勇気はどこから与えられたのでしょうか。摂理の神から与えられたものです。また復活のイエスの御言葉から与えられました。さらには、パウロは回心と召命経験から与えられているのではないでしょうか。また、どんな時にも共におられると約束をしてくださった復活のイエスによって与えられたと思います。最後にペンテコステの日に教会に注がれた聖霊の力が今の経験として与えられたと思います。

「わたしたちがローマに入ったとき、パウロは番兵を一人つけられたが、自分だけで住むことを許された。」(16)神の不思議な摂理により囚人でありながら、伝道する自由があたらえられたのです。

主よ、わたしたちにも感謝と勇気を今、上から与えてください。伝道の使命を果たさせてください。わたしたちには今、パウロ以上の自由が与えられているのですから。アーメン。

パウロ同胞と和解を求めて弁明する

三日の後、パウロはおもだったユダヤ人たちを招いた。彼らが集まって来たとき、こう言った。「兄弟たち、わたしは、民に対しても先祖の慣習に対しても、背くようなことは何一つしていないのに、エルサレムで囚人としてローマ人の手に引き渡されてしまいました。ローマ人はわたしを取り調べたのですが、死刑に相当する理由が何も無かったので、釈放しようと思ったのです。しかし、ユダヤ人たちが反対したので、わたしは皇帝に上訴せざるをえませんでした。これは、決して同胞を告発するためではありません。だからこそ、お会いして話し合いたいと、あなたがたにお願いしたのです。イスラエルが希望していることのために、わたしはこのように鎖でつながれているのです。」すると、ユダヤ人たちが言った。「私どもは、あなたのことについてユダヤから何の書面も受け取ってはおりませんし、また、ここに来た兄弟のだれ一人として、あなたについて何か悪いことを報告したことも、話したこともありませんでした。あなたの考えておられることを、直接お聞きしたい。この分派については、至るところで反対があることを耳にしているのです。」（使徒言行録二八17〜22）

パウロがローマについて第一にしたことは、主だったユダヤ人たちを招いて、彼らの誤解を解き彼らと和解することでした。これが、パウロの世界伝道の第一歩でした。

［1］三日の後、パウロはおもだったユダヤ人たちを招いた。（17）

パウロはローマに入ると、一人の番兵付きで自分だけの家に住むことが許されました。多分、総督フェストの好意的な書状の他に、難船した時のパウロの功績をたたえる百人隊長の報告があって、パウロはかなり自由な生活が許されていたのでしょう。

三日後、片づけが終わり生活に必要なものも準備出来たので、パウロは最初にユダヤ教の十一の会堂のリーダーたちを自分の家に招きました。集まってきたリーダーたちに、「兄弟たち」と呼びかけました。それまで、ユダヤ人たちからは散々な目に会わされて来ましたのに、そのユダヤ人の会堂長たちを「兄弟たち」と呼びかけたのです。この呼びかけは、彼らの心を開くための人為的なテクニックではなく、心の底から彼らを兄弟と思って、自然に出てきたものでした。パウロは三つの弁明をしました。

第一の弁明は、「わたしは、民に対しても先祖の慣習に対しても、背くようなことは何一つしていないのに、エルサレムで囚人としてローマ人の手に引き渡されてしまいました」（17）というものでした。多分、彼は鎖につながれていたので、この弁明をしたのだと思います。なぜ鎖でつながれている（20）のか、その理由が、「イスラエルの民に対して、また先祖の慣習に対しても、背くことをした」ということであると、明らかにしました。この誤解を解かなければ、彼らの信頼が得られません。信頼のないところには、和解はありません。

パウロは、なぜ、異邦人伝道をする前に同胞と和解しようとしたのでしょう。この難問に対する解答は、ローマの信徒への手紙九章から一一章に詳しく説明されています。それまでも、パウロは、どこででも、まずユダヤ人が集まる会堂（シナゴーク）に行って伝道しました。そして、そこで拒否されてから異邦人に向かいました。パウロは、まず、愛する同胞に福音を伝えようとしたのです。非常に難しいことでしたが、同胞を愛するが故にそうせざるを得ませんでした。

さらに深い理由がありました。それは、「神の救いの秩序（順序）」としてです。神様が定められた秩序（順所）」に従ったからです。

［2］ローマ人はわたしを取り調べたのですが、死刑に相当する理由が何も無かったので、釈放しようと思ったのです。（18～22）

第二の弁明は、「ローマ人はわたしを取り調べたのですが、死刑に相当する理由が何も無かったので、釈放しようと思ったのです」というものでした。当時、ユダヤ国はローマ帝国の支配下にありましたので、パウロはカイザリヤに連行されて、ローマ総督によって取り調べられました。しかし、ローマの法律では、ユダヤ人たちが訴えているような死刑に値する罪を、パウロは犯していないことが明らかになりました。それにも拘らず、パウロは釈放されませんでした。

そこで、第三の弁明が必要になりました。「しかし、ユダヤ人たちが反対したので、わたしは皇帝に上訴せざるをえませんでした」（19）というものです。パウロがローマ市民権を持っていましたので、総督は、ローマ皇帝がいるローマまで、パウロをローマの兵隊に厳重に護衛させて、安全に、囚人として送り届けさせたのです。最後に誤解のないようにパウロは、「これは、決して同胞を告発するためではありません」（19）と付け加えました。

こうしてパウロは、自分を殺そうとまでしたエルサレムのユダヤ教の指導者に対しても、恨みも憎しみも持っていないことを証言しました。後日、パウロの裁判が行われた時、ローマのユダヤ教の指導者たちが、パウロに対して不利な証言をしないようにと考えて、そう言ったのかも知れません。

パウロは続けます。「だからこそ、お会いして話し合いたいと、あなた方にお願いしたのです」と。面と向い会えば、お互いによく理解し合うことが出来ます。鎖につながれていますし、護衛も付いていますので、パウロの方から出かけていくことは出来ませんでした。それで、彼らに来てもらったという事情もありました。

問題は次の文章です。「イスラエルが希望していることのために、わたしはこのように鎖でつながれているのです。」（20）「イスラエルが希望していること」とは何でしょうか。旧約聖書の時代には、イスラエルの民は、長い間さまざまな苦しみを味わって来ました。彼らがこの苦難の中で待ち望んだものは、三つあったと言われています。第一に神の国です。第二にメシアです。第三は永遠の生命です。

私たちもこの世の中で、病気とか、災いとか、耐えられないような試み、苦難に長い間会いますと、平安の国、慰めに満ちた国、すなわち神の国を待望します。そして、その神の国を実現してくださるメシア、すなわち救い主を待望します。最後に、私たちは永遠の生命を得たいと思うのではないでしょうか。耐え難い苦難の中にあったイスラエルの民もまた、この三つを切実に求めていました。パウロは、この三つはイエス・キリストが与えてくださったと信じました。そして、真のイスラエルとなったのです。

［3］すると、ユダヤ人たちが言った。「私どもは、あなたのことについてユダヤから何の書面も受け取ってはおりませんし……」（21～22）

ここは結論に当たります。パウロの三つの弁明を聞いたユダヤ教の会堂の代表たちは言いました。「私どもは、あなたのことについてユダヤから何の書面も受け取ってはおりませんし、また、ここに来た兄弟のだれ一人として、あなたについて何か悪いことを報告したことも、話したこともありませんでした。」（21）エルサレムのユダヤ人たちから何の書面も来ていなかった理由は、パウロについての議会の意志がまちまちであったため、連絡出来なかったのではないかと思います。またパウロについて悪い情報を聞いていないとも言いました。

さて問題は、彼らが最後に言った次の言葉です。この中に彼らの本音が語られています。これまでのいいことづくめの美しい言葉は、これを言うための社交辞令です。「この分派については、至るところで反対があることを耳にしているのです。」(22)「分派」とは、ユダヤ教から分かれたキリスト教です。そしてこのキリスト教について至る所で反対があることを耳にしているというのです。実は、彼らがパウロに言ったことは皆ウソだったのです。パウロは分派、もっと強く言うならば、異端の頭であるという情報・報告は彼らの耳に入っていたのです。当時、ユダヤ人たちは世界中に散らされて、商売していましたので、当然この重大なニュースは彼らの耳にも入っていました。そこで、この第一回目の話し合いは、パウロに招かれたのを幸いに、探りに来たのです。「この分派については、至るところで反対があることを耳にしている」と、最後に彼らは本音を言いました。そこで第二回目の話し合いの日を決めて、この件について徹底して本音で話し合うことにしました。

　本当の和解は、本音を出し合って、時間をかけて、徹底して話し合わなければ得られないのです。お互いにそのことによって傷ついても、面と向かって、本音を出し合って、厳しく現実と向き合った上で、和解できるか否かを、互いが主体的に決めるべきなのです。偏見や誤解が、上よりの聖霊の力によって取り除かれ、信頼しあう信仰が与えられた時に、和解の恵みが神の賜物として与えられます。不幸にして、このような霊の賜物が与えられない場合もあります。まず、同胞同士、腹を割って話し合ってはじめて和解の光が見えてまいります。へりくだって、神の国とキリストと永遠の生命にあずかりましょう。アーメン。

神の救いはユダヤ人から世界へ

　そこで、ユダヤ人たちは日を決めて、大勢でパウロの宿舎にやって来た。パウロは、朝から晩まで説明を続けた。神の国について力強く証しし、モーセの律法や預言者の書を引用して、イエスについて説得しようとしたのである。ある者はパウロの言うことを受け入れたが、他の者は信じようとはしなかった。彼らが互いに意見が一致しないまま、立ち去ろうとしたとき、パウロはひと言次のように言った。「聖霊は、預言者イザヤを通して、実に正しくあなたがたの先祖に、語られました。

『この民のところへ行って言え。
あなたたちは聞くには聞くが、決して理解せず、
見るには見るが、決して認めない。
この民の心は鈍り、
耳は遠くなり、
目は閉じてしまった。
こうして、彼らは目で見ることなく、
　耳で聞くことなく、
心で理解せず、立ち帰らない。
わたしは彼らをいやさない。』

だから、このことを知っていただきたい。この神の救いは異邦人に向けられました。彼らこそ、これに聞き従うのです。」〈底本に節が欠けている個所の異本による訳文：パウロがこのようなことを語ったところ、ユダヤ人たちは大いに論じ合いながら帰って行った。〉パウロは、自費で借りた家に丸二年間住んで、訪問する者はだれかれとなく歓迎し、全く自由に何の妨げもなく、神の国を宣べ伝え、主イエス・キリストについて教え続けた。（使徒言行録二八23～31）

使徒言行録の最後のテキストです。ルカが、使徒言行録で一番言いたかったメッセージが、ここにまとめて記されています。

［1］そこで、ユダヤ人たちは日を決めて、大勢でパウロの宿舎にやって来た。（23）

パウロは、ローマ到着の三日の後に、ローマにあった十一のユダヤ教会堂の代表たちと、第一回の対話の時を持ちました。その時に、代表者たちが、ぽろりと本音を語りました。パウロが伝えているキリスト教は、ユダヤ教の分派で、至る所で反対があることを聞いているというのです。

ユダヤ人たちは、日を決めて大勢でパウロの宿舎にや

って来ました。会堂の代表たちが、パウロとの話の様子を自分たちの会堂で報告した結果、興味を持った人たちが大勢やって来たのです。パウロは監視付きの囚人でありましたが、彼らと自由に話すこともできました。また大勢を収容できる所に住んでいたことが分かります。

「パウロは、朝から晩まで説明を続けた」とあります。パウロは、熱意と迫力を持って話したに違いありません。

第一に「神の国について力強く証しし」（23）ました。「証しする」とは、自らが体験したことを確信を持って主観的に証言することです。「神の国」とは「神の支配」という意味です。イエスが公的生涯を始めるにあたり「時は満ち、神の国は近づいた。悔い改めて福音を信じなさい」（マルコ一15）と宣言された神の国です。その神の国は、客観的にモーセの律法や預言者の書から引用されていました。主観的なものと客観的なものが、聖霊によって一つにされる時に、確固不動のものとなります。

第二に「イエスについて説得しようとした」（23）のでした。「イエス」はギリシア語です。旧約聖書ではヘブル語で「ヨシュア」、「神だけが本当の救い」ということが預言されていたのです。「この方こそはイエスである」という驚くべき宣言であり、預言であったのです。ここにこそ、福音があったのです。「神の国」を実現する方はイエスであることを示しています。これは、おいそれとは信じられる真理ではありません。

パウロは、朝から晩まで、時間をかけて、自分の証しを交えて説得したのです。それだけでは不充分です。神の霊によって、霊の目が開かれて始めて、イエスこそは旧約聖書に長い間預言されて来たメシア（救い主）であると信じることが出来るのです。本論にはいります。

［2］**ある者はパウロの言うことを受け入れたが、他の者は信じようとはしなかった。**（24～27）

「ある者はパウロの言うことを受け入れたが、他の者は信じようとはしなかった。」キリストの福音を聞いて誰が信じ、誰が信じないか、これは神秘です。特にユダヤ教の人たちは、土曜日毎に会堂で礼拝を持ち、旧約聖書を読み、旧約からのメッセージを聞いているわけです。簡単に信じて宗旨を変えることはできません。特にクリスチャンになれば、ユダヤ教の人々からは裏切り者とみなされ、迫害されるでしょう。また礼拝は土曜日から日曜日に変わります。新しい共同体に慣れるにも時間がかかります。しかし、聖霊がお臨みくださる時に、回心は一瞬にして起こります。自分自身が変えられ、罪赦され、神の子とされ、永遠の生命が与えられたという喜びが内側から起こってきます。この霊の恵みを受けた者は、迫害や困難があっても、否、あればあるほど信仰が強められます。人間的にも強くなります。誘惑に負け、信仰がなくなり、信仰から落ちて行く人もあります。しかし、聖書を毎日読み、礼拝を守り、祈り合い、証しすること、そこに確かな信仰の成長があります。

「彼らが互いに意見が一致しないまま、立ち去ろうとしたとき」(25)、パウロはひとこと次のように言いました。「聖霊は、預言者イザヤを通して、実に正しくあなたがたの先祖に、語られました。『この民のところへ行って言え。あなたたちは聞くには聞くが、決して理解せず、見るには見るが、決して認めない。この民の心は鈍り、耳は遠くなり、目は閉じてしまった。こうして、彼らは目で見ることなく、耳で聞くことなく、心で理解せず、立ち帰らない。わたしは彼らをいやさない。』」(25~27)本当の福音が語られる時に、一致ではなく不一致が生じ分裂が生じるとは不思議です。本物と偽物がはっきりするのです。その時、パウロは立ち去ろうとした人たちにイザヤ書六章9~10節を引用して警告しました。聖霊が預言者イザヤを通して述べた言葉として、鋭い言葉を引用しました。あまりに真実な人間の姿、そのかたくなな心を述べていますので、聖霊が語ったと記したのではないかと思います。

心の頑ななイスラエルの民は、聞くには聞きましたがそれは形だけでした。心から理解しておりません。見るには見ていましたが、決して深く認識していませんでした。原因は、彼らの鈍い心と遠い耳と閉ざされた目にあるのです。こうして彼らは、目で見ることなく、耳で聞くことなく、心で理解せず、したがって神に立ち帰り、悔い改めることがありませんでした。「だから神は彼らをいやさない」と言われるのです。この責任は神様ではなく、イスラエルの民にあるというのです。このイザヤの預言は、パウロを訪ねてきたユダヤ人たちのことをも指しているというのです。悲しいことですが、今も同じことが、この日本でも起こっています。本論はこのような形で終わっています。しかし、パウロがローマに来てから初めての回心者が、ユダヤ人の中から起こされました。

この後、決定的に重大なことが宣言されました。これは、宣教の歴史においては、画期的に重要な言葉です。この言葉が、教会の宣教の歴史を、ユダヤ人優先の歴史から、異邦人あるいは世界の救い優先の歴史へと大転換をもたらしたのです。

［3］だから、このことを知っていただきたい。この神の救いは異邦人に向けられました。（28～31）

決定的に重要な言葉とは次の言葉です。「この神の救いは異邦人に向けられました。彼らこそ、これに聞き従うのです。」(28)神によって選ばれた選民は棄てられ、異邦人が選ばれ、救われるのです。何という逆説、逆理でしょうか。真の意味で「聞き、理解し、立ち帰る」ことが、いかに重要なことか、計り知れません。ユダヤ人たちが軽蔑し、見下げ、排斥してきた異邦人が、救いに選ばれたのです。異邦人の時代となった歴史的瞬間でした。歴史的大逆転が起こったのです。異邦人が心を頑なにし、高ぶる時が来たら、また逆転の時が来るのです。わたしたちは、神の前にも人の前においてもへりくだり、神の言を聞き続けて参りましょう。

「パウロは、自費で借りた家に丸二年間住んで、訪問する者はだれかれとなく歓迎し、全く自由に何の妨げもなく、神の国を宣べ伝え、主イエス・キリストについて教え続けた。」（30～31）「自費で借りた家に丸二年間住んだ」とは、たとえ囚人であっても、強い独立心を持っていたのです。彼は宗教を利用し、食い物にするような人物ではありませんでした。独立のあるところに自由あり。自由のあるところに喜びあり。喜びあるところに絶えざる創造があるのです。原告が二年の間、ローマ法廷に現れない場合は、控訴した者は自由の身になるという法律がありましたので、パウロは二年間、待ち続けながら、異邦人を中心に伝道を続けることが出来ました。囚人であるために、自由に外に出られない者にとって、訪問客は大きな喜びでした。全く自由に伝道出来たこともまた大きな喜びでした。

最後に、パウロの働きが二つの言葉でまとめられています。「神の国」と「主イエス・キリスト」です。「主」と「イエス」と「キリスト」の三語を一つの言葉として使うということは珍しいことです。皇帝を主としていたローマにおいて、皇帝ではなく、イエスこそ「主―神」と告白することは勇気が必要でした。「イエス」は「神の救い」の意味です。「キリスト」は「油注がれた者」の意味です。ユダヤ人を前にして「イエスこそは神によって油注がれたメシアである」との告白です。さらに重要なことは、『神の国』を実現するお方は『主イエス・キリスト』のみです」との告白です。使徒言行録を閉じるには最もふさわしい言葉です。

最後にパウロが夢見ていたことは、「一つの平和な世界」・「一人の羊飼いによる一つの世界」（ヨハネ一〇16～17）の実現です。パウロはこれを目指して、ローマからエフェソ、コロサイ、フィリピ、フィレモンに手紙を書きました。パウロは自由の身になった後、スペインにも行って伝道し、最後に殉教の死を遂げたと言われています。アーメン。

私のパウロ

ニコラ・トゥルニエ Nicolas Tournierbaptised,1590〜1639.
「執筆するパウロ」1620 年頃。

私のパウロ（1）

家内に昨夜（6／23）、「私のパウロ」という題で、使徒言行録からの連続講解説教から学んだことを書いてほしいと頼まれました。今朝の明け方、すばらしい夢を見ましたので、思いつくまま、貧しい文を書かせていただきます。

その前に十八歳で、川崎で求道し、二十歳で明確な救いの経験をし、二二歳で献身し、現在まで（七四歳）私を導いてくださった聖書の御言葉経験について簡潔に記します。十八歳の時、高校時代の親友に誘われて、川崎キリスト教会のクリスマスに出席しました。動機は、教会の牧師がアメリカ人でしたので、英語を学びたいというものでした。二年間通い、英語もしゃべれるようになりましたので、教会を去ろうとしていました時に、私の父が脳溢血で倒れてしまいました。五一歳でした。つづいて、私のすぐ上の兄が肺結核で入院し、右肺切除という大手術をしました。妹も肺結核と診断されて入院しました。

この三つの家庭悲劇に耐えるだけの信仰が、私にはありませんでした。英米文学科の学生で、サマセット・モームの影響と考えでは、この家庭悲劇に耐えることはできませんでした。ある夜、自分の命を絶つことを考えていました。その時突然、「我は道なり、真理なり、生命なり。」（ヨハネ一四6）というイエス・キリストの言葉が、神の言葉として、私に聞こえてきました。死ぬつもりだったのだから、死んだつもりでキリストを私の道、真理、生命と信じようと思い、瞬間的に信じました。その時、私は、文字通り死から生命に移されました。翌日から、見る太陽も私を祝福しているように感じられました。すべて新しくなったと感じました。人生が一変しました。

私は洗礼を受け、頼まれるままに宣教師の通訳の御用をさせていただきました。しばらくして、自分の偽善の罪に悩み苦しんでいる時に、「我キリストとともに、十字架につけられたり。もはや　われ生くるにあらず、キリスト我が内にありて生くるなり」（ガラテヤ二20）との使徒パウロの言葉が私の心に迫りました。「自我」に死んで、キリストが「我がうちに」生きておられると信じることができました。「自我に死んで、キリストが我が内に生きておられる」ことを経験しました。

大学を卒業をする寸前、就職が内定しつつあった時に、青山学院のチャペルで、ルーテル派の先生のメッセージに感動し、献身いたしました。「人もし我に従い来らんと思はば、己をすて、日々おのが十字架を負いて我に従へ」（ルカ九22）というイエス・キリストの言葉に打たれました。私の救いのために十字架において生命を捨ててくださったイエス・キリストに、すべてを捨てて従う決心をして、シェルホーン宣教師の友人の通訳となりました。「されば兄弟よ、われ神のもろもろの慈悲によりて、汝らに勧む。おのが身を、神の悦びたもう潔き活ける供え物として献げよ、これ霊の祭りなり。」（ローマ一二1）アーメン。

三か月後、その宣教師の所属する団体の極端な教理が信じられず、大きく躓きました。そして私の信仰は根底から揺さぶられ、再び虚無と懐疑の世界にさ迷いました。家を捨てて、献身しましたので、家に帰ることも出来ず、シェルホーン宣教師のアパートに約一か月こもっていました。その時彼の書斎にあったジョン・R・ライス著の『キリストは神か？』という本が目に入り、一気に読み、信仰がよみがえってきました。

つぎに、シェルホーン宣教師の友人であるキルボルン先生に紹介され、彼の通訳として、東京聖書学院の学生寮に入り、聴講生としてクラスに出たり、週末には日本全国の諸教会を巡回して、キルボルン先生や他の何人かの宣教師の通訳をしました。宣教師の通訳として、沖縄の那覇教会の開拓伝道や島々の巡回伝道を半年しました。山形の楯岡教会の開拓伝道を福音十字軍の方々と二人の宣教師と一緒にしました。こういう奉仕が約三年続きました。

その後、アズベリー神学校に留学し、二年生の夏休みにロスアンゼルス・ホーリネス教会で結婚しました。三年の実に愉快な冒険に満ちた実り多い学びを終えて、日本に帰りました。すぐに東京聖書学院で教えるようになりました。しかし、二年間どこにも任命されず、やむを得ず、あちこちの他教派の礼拝に出席し、教会を見学できました。そして三年目に府中で開拓伝道をいたしました。その時の御言葉が、「汝の國を出《い》で汝の親族に別《わか》れ汝の父の家を離れて我《わ》が汝に示さん其《その》地に至れ　我汝を大《おほい》なる國民《たみ》と成し汝を祝《めぐ》み汝の名を大《おほい》ならしめん汝は祉福《さいはひ》の基《もと》となるべし」(創世記一二1〜4・文語訳、末尾に新共同訳の本文を掲載）でした。この御言葉が、私の開拓伝道の原点です。

　この後、由木教会の開拓、学院の伝道主任として、青梅、拝島（中座）、飯能（家庭集会として継続）などの開拓に携わり、雑司が谷教会（他教団）で一年間のお手伝いをしました。そして、厚木（会員九人からのスタート）へ、現在まで三三年間ご奉仕させていただいて、来年引退というところまで、導かれました。東京聖書学院の教授として、週二日間は学院で教えながらの伝道でした。任命を受けて一年間は、子供たち四人を車に乗せて東村山から、水曜日と日曜日に通いました。そして翌年、会堂建築をして東村山から厚木に引っ越しました。多くの借金を抱え、英語教室をしながら、借金を返済し、伝道に励みました。会員の方々は本当によくお捧げし、御奉仕されました。ハレルヤ、主の御名をたたえます。ただ感謝あるのみです。

　幸い、副牧師として石塚先生が四月から任命されましたので（この一年間は二宮から通いでご奉仕）、来年、わたしたちは長い間、森の里方面に枝教会を開拓したいと祈り、献金してまいりましたので、わたしたちはそちらの方面に集会も出来るような建物を購入し、またゼロからの開拓伝道をさせていただきたいと願っています。五月の総会で、そのことをご承認いただきましたので、いよいよ九月ごろから本格的に家探しをいたします。三回の脳梗塞から奇跡的に回復いたしましたが、長い間の糖尿病との戦いにより、目、耳、舌、右足に少々障害が残っています。昨年の事故以来、運転もやめました。欠けだらけ、弱さだらけですが、心は燃えています。「イエスはガリラヤ中を回って、諸会堂で教え、御国の福音を宣べ伝え、民衆のありとあらゆる病気や重い患いをいやされた。」（マタイ四23）聖書が示しているイエス様のお働き、伝道、教育、福祉の総合としての教会形成をめざして、心を熱くしています。

アブラハムは七五歳の時、行き先を知らないで、新しい伝道の出発を大家族を率いていたしました。私も七五歳での新しい出発です。アブラハムも危機の中での出発でした。私も百年に一度の世界的金融危機（経済、社会、文化の危機）の中での出発です。主は、弱い者、貧しい者、信じる者と共におられます。今回は、「私とイエス・キリスト」という内容になりました。次回は、使徒言行録に記されているパウロから多くのことを学び、今回の決心に導かれたことを詳しく書かせていただきます。ここまで導かれた主と皆様の祈りを心から感謝します。

主はアブラムに言われた。
「あなたは生まれ故郷
父の家を離れて
わたしが示す地に行きなさい。
わたしはあなたを大いなる国民にし
あなたを祝福し、あなたの名を高める
祝福の源となるように。
あなたを祝福する人をわたしは祝福し
あなたを呪う者をわたしは呪う。
地上の氏族はすべて
あなたによって祝福に入る。」
アブラムは、主の言葉に従って旅立った。ロトも共に行った。（創世記一二1～4）

私のパウロ（2）

三位一体の神の御心に生命がけで従ったパウロ

その夜、主はパウロのそばに立って言われた。「勇気を出せ。エルサレムでわたしのことを力強く証ししたように、ローマでも証しをしなければならない。」

（使徒言行録二三11）

さて、いよいよ、「私のパウロ」という題で、欠けだらけ、障害だらけの私が、引退間際になって、長谷《はせ》でゼロからの開拓伝道をしようという大それた決断に導かれたかを書く時がきました。弱い健康のこと、経済的な貧しさ、自分の非力なことを考えたら、とてもこのような大それた決心はできません。「私のイエス」のところでも書きましたように、二十歳の時に神の憐れみにより、死の中から救い出され、主のものとされ、召しだされた者として、このまま引退することはわたしの良心が許しませんでした。ちょうど使徒言行録の連続講解説教をしていましたので、パウロの世界宣教の光の中で、引退後どのような生き方をすべきかを家内とも話し合い、自分でも考えに考えました。そして、使徒言行録二三11の御言葉が私の迷う心に光を与え、そうだ、やはり長谷《はせ》で（森の里の近く）開拓伝道をやらせていただこうという決心が固まりました。

　復活の主はわたしのそばにもお立ちくださり、くじけそうになる私に向かって、「勇気を出せ。エルサレムで私のことを力強く証ししたように、ローマでも証しをしなければならない。」とお語りくださいました。証しするとは、殉教の死の覚悟をもってという意味です。「証しをしなければならない」とは、原語であるギリシア語では「デイ」となっており、これは神の必然を意味しております。パウロの前途にどのような困難があろうとも復活の主がともにおられて、必ず当時の世界の中心地ローマに行ってキリストの福音を証しすることが、神の必然であり、パウロの使命であるという意味です。パウロは、イエスに次ぐほどの、すぐれた器です。そのパウロは、「わたしは、罪人の中で最たる者（罪人のかしら・口語訳）」（Ｉテモテ一15）、「土の器」（Ⅱコリント四7）であると言っています。罪の中から救われた喜びと、あふれる感謝があるなら、わたしたちもどんな障害があっても、キリストを証し出来るのです。

　私は長い間、森の里方面の開拓伝道のため祈り、献金してきました。しかし私の非力のゆえに現在まで何もできずじまいでした。主に対しても、教会員の方々に対して、本当に申し訳なかったと思っています。その罪を悔い改めて、大したことはできませんが、わたしたちなりに最後の奉仕をさせていただきたいという思いです。牧師の住居と集会所として用いられる中古建物は、どうしても最低で千六百万円はかかります。主の憐れみにより、また厚木教会からの退職金とわたしたちで工面して、この必要は満たされます。その他税金とか、伝道に必要な備品などに四百万円ぐらいは必要でしょうか。これは一年かけて祈って、与えていただきたいと願っております。

さらにパウロから学んだことは、パウロが、ダマスコ途上において、復活のイエスに出会い、迫害者から異邦人伝道者に変えられたことです。この劇的な回心と召命経験はパウロの場合は同時に起こっています。しかもこの彼の回心と召命経験が一回限りのものではなく、繰り返し経験し続け、深められ、広げられ、高められていったことです。古い自分に死んで（十字架経験）生きる（復活経験）経験は、「わたしは神に対して生きるために、律法に対しては律法によって死んだのです。わたしは、キリストと共に十字架につけられています。生きているのは、もはやわたしではありません。キリストがわたしの内に生きておられるのです。」とガラテヤ二19～20に記されています。パウロのすごいところは、この原経験が、いざという時には、いつでもこの原経験に帰ることが出来ることです。これが出来たらこの世界にこわい物は何もなくなります。そして真の勇気が与えられて、キリストのために、他者の救いのために、ユダヤ人がいみ嫌った異邦人の救いのためにも喜んで死ぬことができるのです。「更に、信仰に基づいてあなたがたがいけにえを献げ、礼拝を行う際に、たとえわたしの血が注がれるとしても、わたしは喜びます。あなたがた一同と共に喜びます。同様に、あなたがたも喜びなさい。わたしと一緒に喜びなさい。」（フィリピ二17～18）と語っているとおりです。

事実パウロはローマで見事な伝道をして、最後に、喜んで殉教の死を遂げました。私もこの弱い体で、主によって生かされる限り伝道しますが、私のような罪深い者を愛して、十字架で生命をすてられた神の独り子イエスと同胞の救いのためならば、いつ死んでもよいと思っています。ただ与えられている使命（マタイ四23）がありますので、御心ならばその使命が全うされるまで生かして頂きたいと願っています。

パウロから学んでいることは沢山ありますが、私の心にしっかりと留まっていることは、エフェソでの伝道です。聖霊があるかどうか聞いたことがない人たちに、イエスの名によって洗礼をさずけ、彼らの上に手を置いて、聖霊のバプテスマを授けたことです。そして、ティラノの講堂で、毎日、キリストが真のメシア（救い主）であることを論じ、それが二年も続いたことです。また、エフェソで厳しい試練の中で、涙を流しながら求める人たちに個人伝道をしたことです。それと共に、救われた人々を訓練教育して、他者に伝道できる人材養成をしたことです。私はこのことが充分できなかったという悔いが残っています。一人一人の魂の状態をよく見極めて、魂に響く伝道をしたいと願っています。

もう一つ、パウロから深く教えられたことは、カイサリア総督フェリクスの前でのパウロの毅然とした姿です。臆することなく、堂々と勇気と愛をもって「正義と節制と来るべき裁き」について語ったことです。彼の生きる目的は、この世の栄華や名誉ではなかった。彼の霊の目は、来るべき世での最後の審判に注がれていたことでした。ですから、彼はこの世の人たちと違って、自分の良心の光に従って、この世の光として生きることが出来たのです。

最後に、この危機的・鬱的時代に、危機を好機に転じ、鬱病や、弱い方に、病んでいる方々のいやしのために、少しでも役に立ちたいと願っています。欠けだらけ、弱いものですので、自分の思いではなく、主イエスの思い、神の導き、聖霊の働きと導きに忠実に、最後まで従って、神の輝くばかりの栄光を現すことができるようにお祈りください。

わたしたちはこの三三年間、厚木教会の霊的教会の建設のため心血を注いできました。今後とも皆さんお一人お一人のため、言いがたきうめきと嘆きをもって祈らせていただきます。石塚先生を中心として愛と信仰と希望に満ちた、聖霊に満ち溢れた生きた教会、現代の世界の諸問題に応えていく教会を建設し続け、子教会を生み出し、世界宣教の使命を果たせますよう祈っています。十字架と復活の主が皆さんと共にあられますようにと祈っています。アーメン。

イエスはガリラヤ中を回って、
諸会堂で教え、
御国の福音を宣べ伝え、
また、
民衆のありとあらゆる病気や患いをいやされた。
（マタイ四23）

私のパウロ（3）　パウロに魅せられて

私のパウロ――パウロに魅せられて――と題して、書いてはどうかと言われ、昨晩と今朝色々考えて書くことにしました。

［1］使徒言行録に魅せられて――府中開拓時代

私は二八歳で三年のアメリカ留学から帰り、東京聖書学院の助教授として任命されました。教師は老先生方のみで、若い教師は私以外誰もおりませんので、しばらく教えることに専念するようにと言われ、学院の教師住宅に入りました。三年間教えましたので、教会に任命していただきたいと本部に申し入れたのですが、適当なところがないとのことでした。やむをえず、少しばかり手がかりが府中にあったものですから、亀有教会の高木先生の御了解をいただいて、六人ぐらい集まっていた小さな群れの人々と、府中開拓を始めました。

そろばん塾で持たれる礼拝と祈り会に、東村山からバスと電車で週二日通いました。まもなくそろばん塾が使えなくなり、市民会館で礼拝をし、水曜日の祈り会は、信徒の方の家で持ちました。礼拝では使徒言行録から連続メッセージをいたしました。午後はマルコによる福音書を信徒の方の座敷で車座になって学びました。開拓ということで、どこからの援助もありませんでした。信徒の方々の献金と近くの米軍基地の熱心なクリスチャンの小学校の先生・ルート先生の什分の一献金で伝道の働きが進められました。

私は二十歳の時、ヨハネ一四章6節のイエスの言葉

「われは道なり、眞理《まこと》なり、生命《いのち》なり」（文語訳）で救われました。死より生命に移されたという劇的な回心をしたものですので、パウロの回心の経験や世界宣教のビジョンに魅せられて、使徒言行録から連続メッセージを力いっぱい情熱をこめ語らせていただきました。すると救われる者が起こされ、献身者が七年の間に五人起こされました。そのお一人は学院教授・新井教会牧師になっておられます。もう一人は昨年厚木教会にも来てくださった由木教会の牧師になられた小枝先生です。一人は開拓期の青梅教会の牧師になられ、一人は熊本教会の牧師になられました。

［2］エフェソ人への手紙に魅せられて、アジア神学大学時代

五五歳で、エフェソ人への手紙に魅せられてドクター論文を書きました。パウロの宇宙大にして、わたしたちの日常生活大の教会論に魅せられました。その時に一番驚いたのは、エフェソ一23で、パウロが宇宙の場と生活の場という二つの場を踏まえながら、この巨大にして、小さな二つの場が密接な形でつながっていることを記していることでした。「教会はキリストの体であり、すべてにおいてすべてを満たしている方の満ちておられる場です。」

もう一つ驚かされたのは、エフェソ書のどこを開いても、三位一体論が、わずか六章の小さな手紙全体を貫いている基本構造であるということでした。ここにキリスト教の本当の力が隠されているということがよく分かりました。そして、この宇宙全体がキリストの体であると同時に、厚木教会もキリストの体として世界大にして、宇宙大のキリストの体に属していることが分かりました。なんという慰めでしょう。どんな小さな働きであっても、キリストの体と結びあわされた働きであれば、大きな意味があることがよく分かりました。

もう一つ深く教えられたことは、「すべてにおいてすべてを満たしている方」という言葉の意味がよく分かったことでした。「最初のすべてにおいて」は何を指しているのか、その次の「すべて」は何を意味しているか。これは、なかなか分からなかったのですが、ある注解者に

よって、最初の「すべてにおいて」は「部分のすべて」を意味し、後半の「すべて」は全体のすべて、すなわち「宇宙全体を」意味していることが明らかとなりました。「満たす」とは、原語では「空虚なものを満たす」という意味です。このお方（キリスト）が宇宙の全体と部分（わたしたちの人生も含む）の空虚を満たし続けてくださるということを知りました。言い尽くせない大きな感謝にあふれます。

次に「場」の意味です。この「場」という訳は、新共同訳の訳者の最大の貢献ではないかと私は考えています。教会という場は、宇宙の場と人間の生活の場が相まみえる場です。同時に人間と人間との真実な交わりを持つことが出来る場です。「キリストの体」とは、真の神と真の人間が一つとされている場です。神と人、人と人、自然と人、生き物と人、宇宙全体と地域に住むすべての人々が、信仰によって一つになり得る場なのです。エフェソ書から学んだことは、数限りなくあります。一番難解で一番重要なところだけを説明させていただきました。

［3］再び使徒言行録に魅せられて
——厚木教会時代を総括して——

私は今七四歳です。引退を前にしています。しかし、知的、信仰的、人間的にはまだまだ未熟ですが、今までの自分から比べると今が一番円熟していると自分では思っています。そしてアブラハムが七五歳で新しい旅立ちをしたように、またゼロからの開拓をしようとしています。前途はどうなるか全く分かりません。体は障害ばかり、弱さばかりが目立ちます。しかし弱さの中にこそ強さがあり、貧しさの中にこそ豊かさがあるというパウロの信仰に立たせていただいています。

最近、『宣教者パウロのメッセージ』（女子パウロ会、二〇〇八）を書いたワルテル・ガルディーニ（Walter Gar-dini）の本を読んでいましたら、パウロは回心（同時に異邦人宣教者として召し出される）してから三年、アラビアの荒野で旧約聖書を学び直し、タルソで四年ローマの法律とギリシア文化を学び、さらに七年沈黙の時、学び、祈り、労働の時を持ったと書いてあり、深く考えさせられました。

佐竹明著『使徒パウロ—伝道にかけた生涯　新版』（神教出版社、二〇〇八）の年表によると、三三年頃に回心と召命を経験し、四八年に第一伝道旅行をし、五九年（？）に処刑されたことになっています。いずれにしても、回心と召命後、十二年間聖書を学び、考え、祈り、ローマ法、ギリシア文化、その他を学びに学びました。そして確かな上からの導きと、状況からの歴史的導きに従って世界伝道をしたことを学びました。徹して学び、待ち望んで、確かな三位一体の神の導きをいただいて、私はゼロからの開拓を始めさせていただきたいと思っています。

まだ、聖書の学びはこれからです。伝道も一人一人を確実にキリストの弟子としてお導きしたいと思っています。何にもまして朝に祈り、昼に祈り、夜に祈っています。一昨日、私は山根可弌《よしいち》先生が書かれた『キリストの形がなるまで』という自伝を読み、色々なことを深く教えられました。先生の祈り、信仰、実践力にただ驚くばかりでした。山根先生は最後に池の上教会を始められ長年牧師をつとめられました。沈黙こそ力の源です。

「汝等《なんぢら》しづまりて　我の神たるをしれ」（詩篇四六10・文語訳）アーメン。

私のパウロ（4）　神の摂理を信じる

今朝四時から、集中して考えたのは「神の摂理」ということでした。それに関して第一に考えるのは長谷《はせ》開拓です。第二は、九月二十三日に久しぶりにお会いした中国の高名な流彩画家リー・プーさんとの出会いの意味でした。第三は、もっと広く長い視野にわたることです。わたしのような沢山の障害を持つ小さな者のため、神様はどのようなお導き、摂理をお持ちになっておられるかということです。これらについて思うままに書いてみたいと思います。

〔1〕長谷との関係における神の摂理

今まで長谷に家探しのために何度も足を運びました。伝道のためにはとてもいい駅前のマンションをある方々に紹介され、物件を見に行きました。大変気に入り、その物件を扱う不動産屋で調べました。４ＬＤＫでわたしたちの住居と小さな集会のためには、ちょうどよいと思っていたのですが、価格の点で今の私たちの経済状態では手が届かないので諦めました。困っていました。四人息子たちに相談してみようと思いました。まず一番下の子に相談してみました。彼は今の私の健康と自分の健康のことを考えると、週末だけでも一緒に住むことには賛成してくれました。長男に相談したら、四男と同じ意見でした。三男は敬老の日に家に帰って来て早速パソコンに向かい、あっちこっちの不動産屋さんに連絡し、五万五千円から十万ぐらいで物件はいくつもある。一緒にそれらの物件を見に行こうとのことでした。購入することだけでなく賃貸も視野に入れれば気楽になります。相談してよかったと思いました。できれば、何の気兼ねもなく賛美したり、集会を持てるところなら最高だと思いました。

何度やっても開拓は困難です。開拓の最大の敵は、不安、孤独、虚無、絶望です。今回は年齢が七四歳で、体は故障だらけ、自動車は運転できず、相談する者は家内だけ、引退してからの開拓ですので、募金をお願いするわけにもいかず、さすがの私も弱音を吐き始めた時、子供たちの協力には励まされました。

しかし、これだけでは七四歳、引退の年齢で健康問題を抱えているゼロからの開拓、どうしても、もっと強力な助けが必要です。その第一は、使命感が必要です。これは若い時から、開拓には使命を感じてやってきました。第二に、なぜこの年で、長谷でゼロからやらなければならない神の必然性はどこにあるかです。このことで私は一人でずいぶん悩み、考え、祈りました。迷っては信じ、信じては迷い、ようやく主がパウロに語られた「ローマでも証ししなければならない」（使徒二三11）というお言葉が、自分のものとなりつつあります。この「しなければならない」はギリシア語で「デイ」と言って、神的必然、摂理を意味しています。これを詳しく説明すると長くなりますので一言で言うなら、もう一度パウロのように、またイエスのように伝道、牧会、教会形成の原点に戻って、手間と時間をかけて「キリストのような愛と信仰と希望に満ちたクリスチャンとキリストの体である教会」を造らせていただきたいということです。パウロは巨大です。私は小さな器です。健康もお金も特別すぐれた才能もありません。されど「わたしには金や銀はないが、持っているものをあげよう。」（使徒三6）「我が内に生きておられるキリストを汝に与える」と心の底から言える伝道者でありたいと思っています。そして新しく生まれ変わったものが、人格の深いところまで造りかえられて、パウロやステファノ、ペトロのようなクリスチャン、伝道者を一人でも生み出すことが出来たら大感謝です。私の子供や孫たちの中から一人でも本物の信仰を持ったクリスチャン（キリストの弟子）が出たら、私は大満足です。

［2］中国人の大画家リー・プーさんとの出会いの中の神の摂理

最近、二十年前に篠原さんのご紹介で知り合ったリー・プーさんと久しぶりに厚木教会でお会いしました。約二時間半、彼の実に魅力のある流彩画の画集について、意気投合して話し合いました。私はこの画集を篠原さんからいただいて、リビングルームのテーブルに置いて毎日必ず眺めていました。そのことを知ったリーさんは「あなたが、なぜ私の画集を毎日観ておられるのか、その理由を文章にしてください。私はそれを中国語に訳して、中国の方々に日本の方が、私の絵をこういう観方をしていると紹介したいと思います」と言われました。「これは大変だ」、私のようなずぶの素人にそんな大それたことが出来るだろうかと思いましたが、リーさんの人柄にぞっこん惚れ込んでいましたので、思い切って引き受けました。そして四苦八苦して正直に感じたまま書いてリーさんに送りました。リーさんは大変喜ばれたと伺いました。

　そして来年の夏、ぜひ中国に来てくださいとお招きをいただきました。わたしは、リーさんが流彩画を描く時には、「上からの霊感を受けて描く」とおっしゃいましたので驚きました。リーさんは今世界で超一流の流彩画家として知られています。私は彼の画集に魅せられて毎日眺めます。よくわかりませんが不思議な魅力があることだけは分かります。その秘密は何だろうかという問いがありますのでお邪魔して絵を描いている現場を見たいのです。説教と通じるところがありますので、どのようにインスピレーションを受け、その霊感が流彩画になるのか知りたいのです。そういう偉大であるのに謙遜な人柄をもっと知りたいと思い、来年行けるように信じ期待しています。中国に生まれて初めて行ければ、神様のお導きとしか言えません。ここにも神の摂理があると信じます。この交わりがどのように発展していくのか楽しみです。少しでも日本と中国の友好が深められることを願っています。

［3］さらに大きな視野から、私は神の摂理を考えています。

私は五五歳の時に、アジア神学大学院の卒業論文を『エペソ人への手紙における教会の本質と日本宣教への提言』（一九九〇年）と題して書きました。東京聖書学院で、パウロの教会観に魅せられて教えていましたので、その魅力の一端を論文として書き残しておこうと思い、博士論文を書きました。わずか五章しかない「エフェソの信徒への手紙」ですが、そこに書かれているパウロの理解した教会は「宇宙大でありながら、極めて歴史的現実的な教会観」であることに大きな驚きを感じました。

特に、「教会はキリストの体であり、すべてにおいてすべてを満たしている方の満ちておられる場です。」（一23）ここに書かれているキリストの体である教会は、宇宙大であると同時に等身大です。両者はキリストの体において一つとされているというのです。キリストの体である教会は、すべてにおいて（宇宙全体において）すべてを満たしている方の（このすべては、この小宇宙である世界に）存在するすべての各部分を（私の人生もその中に入る）満たしている方（そのお方とはキリスト）であります。しかも、その方なしでは虚無であり、キリストによって満たされて、初めて意味を持つ人生であるのです。宇宙大の教会も、地球大の教会も、各地の教会も、それに属している私たち一人一人も、天と地、人と人、全被造物を結び合わせる場であるキリストにあって、意味を持つのです。私はこのことを知ってから、私の人生は宇宙大的意味と地球大の意味があることを知りました。キリストにあって生かされていることを心の底から感謝いたしました。この福音を、私は生命ある限り、一人でも多くの人に伝えて行きたいと思っています。

「わたしにとって、生きるとはキリストです。」（フィリピ一21）アーメン。

私のパウロ（5）　パウロに魅せられて

去る十月十八日の礼拝メッセージで二〇〇七年二月二五日（日）に始められた使徒言行録からの連続メッセージを、大きな感謝をもって終えました。お祈りくださり、熱心に二年九か月もの間、お聞きくださいました厚木教会の皆さんに心から感謝いたします。この連続メッセージを通して、一番深く、重要な真理を教えられたのは私です。今日は、パウロの生涯を通して明らかにされた世界宣教の御計画について書くことにしました。

［1］来年の春から始められる長谷の開拓と世界宣教

私は今、来年の春から始められる長谷《はせ》のゼロからの開拓のため、家探しに苦労しています。今まで十一回長谷に家探しに行きましたが、なかなか適当な家が見つかりません。十月十六日（月）雨と風の中、一軒、不動産屋さんのご案内で見つかったのですが、まだ最高とは言えません。駅の近くに安い物件があったのですが、やはり安いところは奥まったところとか、隣が近すぎたりで、「これだ」という導きが感じられません。遅くとも十二月末までには最良のところに導いていただきたいと願っています。

資金は教会からの退職金とわずかばかりのわたしたちの貯金です。理想を言えば、二千万円は必要なのですが、今のところはそれには手が届きません。七五歳から病身で色々な障害を持っての再出発です。私の最大の武器は信仰と弱さです。「無」ほど弱いものはありません。しかし信仰の目をもってみれば、無には無限の可能性が秘められています。イエスの弟子たちは皆、十字架を前にされたイエスを裏切り、捨て去りました。彼らはマイナスからの出発をしたのでした。

　復活されたイエスが、四十日もの間弟子たちに現れ、旧約聖書全体から、モーセとすべての預言者から始めて、聖書全体にわたりご自分について書かれていることを説明されました。（ルカ二四27）彼らの霊の目が開かれ、次第に、イエスのメシア（救い主）としての本当の姿が見えて来ました。そして、ルカによる福音書を書いた同じルカが、使徒言行録を書きました。この使徒言行録の始めに、復活されたイエスは次のように語られました。「あなたがたの上に聖霊が降ると、あなたがたは力を受ける。そして、エルサレムばかりでなく、ユダヤとサマリアの全土で、また、地の果てに至るまで、わたしの証人となる」（一8）と。世界宣教はこのイエスの宣教命令から始められたのです。ペンテコステの日に、エルサレムの二階座敷で、聖霊を待ち望んでいたペトロを始め、一二〇名の人たち一人一人に上に、そして一同の上に聖霊が降り、聖霊に満たされました。ここに、キリストの教会が始めて誕生しました。この歴史的事実は、わたしたちに何を言おうとしているのでしょうか。

　教会の誕生（開拓）は、人間の考え、計画、予算などに起源するものではなくて、天より降された聖霊に起源することを言っているのです。父なる神様とイエス・キリストと聖霊に満たされる時に、力も、お金も、家も、その他一切の必要が満たされることを、この出来事はわたしたちに教えています。私は五時頃起き、礼拝堂で祈りの時を持っています。散歩とゴミ拾いを終えて、教会の塔で信徒の方々一人一人のために祈っています。それから、書斎で聖書通読をします。今朝は詩編五五編を読みました。ダビデが信じた主なる神は、今も生きて、私のような貧しい小さい者と共におられるという信仰が湧いてきます。アーメン。

［2］無からの開拓伝道と弟子訓練

私は、今まで何回か開拓伝道をさせていただきました。開拓伝道は実に困難で、犠牲を強いられます。何日も寝苦しい夜を過ごしました。しかし、これほどやり甲斐のある事はありません。無から有を生み出される生ける神と、イエス・キリストと、聖霊の御業を経験できること、これ以上の幸いがあるでしょうか。苦しければ苦しいほど、喜び、幸い、感謝は大きくなります。私は、今まで母をはじめ多くの方々に洗礼を授けさせていただきました。救われて洗礼を受けられた方々が、教会で生き生きとした奉仕をしておられる姿を見るほど嬉しい時はありません。こういう地味な奉仕を続けるところに、世界宣教があるのです。涙があるところに喜びがあるのです。

イエスの世界宣教は、どのようにして始められたのでしょうか。ガリラヤ湖畔で漁をしていた漁師たちを召し出されました。十二人（イスラエルの十二支族の数）を選び出して、三年間イエスは、生活を共にしながら伝道されました。最後に、イエスは、弟子たち、イスラエル十二支族、そして全異邦人の罪からの救いのために、十字架にお架かりになられました。「私は絶対にイエスを裏切りません」と言ったペトロを始め、十二人の弟子たちは全員、イエスを裏切り捨て去りました。イエスは、どんなに孤独な思いをされたでしょう。イエスは、十字架の上で、苦しみ、孤独に耐え抜かれました。三日目に、神様は、イエスを死から復活させられました。イエスは、肝心な時に自分を捨てた弟子たちを赦し、愛し続け、教え続けられました。そして、彼らに、最も重要な世界宣教の命令と使命を与えられました。

イエスのこの深く強い愛と寛容と真実に包まれ、弟子たちは生まれ変わりました。どんな試練、苦しみ、迫害にも屈しない真の弟子となりました。生命がけで、エルサレム（最も困難なところ）、サマリア（ユダヤと仲の悪い人たち）、また地の果て（異邦人、ユダヤ人たちは彼らを軽蔑していた）まで、イエスこそは旧約聖書が預言していたメシア（キリスト・救い主）であると伝えました。パウロは、ダマスコ途上において、復活されたイエスに出会い、回心しました。ステパノを死に追いやり、罪のない多くのクリスチャンたちを迫害し、牢にぶち込みました。この自分の罪の贖いのために、十字架で生命を捨ててくださったイエスの愛に、深く感動しました。復活されたイエスは、このパウロに異邦人伝道、世界宣教の使命を与えられました。この世で最も困難な、しかし最も光栄に満ちた使命です。

　パウロは全生涯を通して、あらゆる困難を乗り越えて、当時のローマ帝国の首都ローマにまで行き、鎖に繋がれながら、訪れて来る人々にキリストの福音を伝え続けました。「我にとりて、生《い》くるはキリストなり、死ぬるもまた益なり」（ピリピ一21、文語訳）と言い切ったパウロの信仰に、つくづく感じ入りました。残る生涯を献げ尽して、十字架と復活と昇天、再臨のイエスに従って参ります。イエスにならって弟子訓練と世界宣教のビジョンに生きて参ります。

日本語による参考文献

荒井　献『使徒行伝』上、現代新約注解全書、新教出版社、一九七七年。
（上巻以降の注解は『福音と世界』に連載中）

ウィリアム・ニール『使徒言行録』「ニューセンチュリー聖書注解」日本基督教団出版局、二〇〇七年。

ウィリアム・バークレー『使徒行伝』聖書注解シリーズ7、ヨルダン社、一九六八年。

榊原康夫『使徒の働き』上下、いのちのことば社、一九六九年。

シュラッター新約聖書講解『使徒行伝』新教出版社、一九七八年。

ジョン・カルヴァン『使徒行伝』上下、新教出版社、上一九六八年、下一九七三年。

髙橋三郎『使徒行伝講義』（オンデマンド版）、教文館、二〇〇四年。

竹森満佐一『使徒行伝講解』、日本基督教団出版局、一九六五年。

土戸　清『使徒言行録　現代へのメッセージ』日本基督教団出版局、二〇〇九年。

C・モルガン、F・ビヤバウト編『使徒行伝の研究』（リパブリック版）いのちのことば社、二〇〇〇年。

F・F・ブルース『使徒行伝』、聖書図書刊行会、一九五八年。

I・ハワード・マーシャル『使徒の働き』ティンダル聖書注解シリーズ、いのちのことば社、一九七五年（英文）。

J・イェルヴェル『使徒言行録の神学』新教出版社、一九九九年。

W・H・ウィリモン『使徒言行録』「現代聖書注解」日本基督教団出版局、一九九〇年。

私の参考文献の用い方

私の説教の準備として読む参考文献は、土曜日一日、朝から夜まで約一四冊くらい読みました。一番参考になったのは、榊原康夫、土戸　清、高橋三郎、シュラッター、ジョン・カルヴァンのものでした。聖書解釈の方法論としては、渡辺善太の『聖書正典論』（一九四九年）『聖書解釈論』（一九五四年）『聖書神学論』（一九六三年）でした。最後は、祈り、考え、瞑想して書きました。中国の世界的流彩画家李璞《リープー》氏が言っているように、自分の人生の荒野の経験とインスピレーションでした。

私は、使徒言行録のパウロの言葉（使徒二三11「勇気を出せ。エルサレムでわたしのことを力強く証ししたように、ローマでも証しをしなければならない。」）に導かれて、今年の四月から厚木市の長谷《はせ》で開拓伝道を独立・自由・責任の精神で始めました。七十五歳で、アブラハムの信仰で「無限の価値と可能性を生きる」ことを決断しました。これからの人生が楽しみです。

あとがき

このたび、私は厚木教会を七十五歳の定年で引退することを記念して、使徒言行録からの私の貧しい聖書的説教を東京ミッション研究所の出版部から出版できることになりましたことを心から感謝しています。この説教は、三十二年間伝道牧会の奉仕をさせていただいた厚木教会で二年九か月連続メッセージをしたものを、毎週四百字原稿用紙五枚にまとめて毎週水曜日に教会の週報に発表するために書いたものです。ですからこれは、講壇でなされた説教をそのまま原稿にしたものではありません。一枚の原稿用紙にメッセージのアウトラインを書き、そこに土曜日に十四冊の注解書や説教集を読み、英語、ドイツ語、日本語の聖書を読み、瞑想し、考え、祈って、私なりに与えられたメッセージをまとめたものです。毎回、ハッ！　ナルホドと膝を打つような新しいみ言葉の開きが与えられ、苦しくも楽しいメッセージの準備を持つことができました。この本の題の意味は無限の価値（福音）と可能性（宣教の）に生きるという著者の決意を現しています。

このような説教を「聖書的説教」と渡辺善太先生は呼んでおられます。先生は、『聖書的説教とは？』（日本基督教団出版局、一九六八年）という書物の中で、それはどのような説教かということを次のように定義しておられます。それは、徹頭徹尾「聖書に始まり、聖書により、聖書に終わる」説教であると定義しておられます（二一四頁）。「聖書に始まり」とは、聖書本文の注解から始まり、「聖書により」ということは、救済史的キリスト証言的ということであり、「聖書に終わる」とは、この世の問題と対決して私たちがかかえている問題に解決を得るということです。私は、アメリカ留学から帰国して数年して、小林和夫先生と二人で渡辺先生のご自宅にお伺いし、二年間、月一回、正典論、解釈論、神学論を教えていただきました。そうして東京聖書学院という神学校で、先生の三部作と旧約概論、旧約神学、倫理学等を四〇年以上教えました。私にとって神学校で教えることと教会で説教することは、車の両輪でした。初めの十四年間は神学校の校内に住み込んで教え、牧会伝道をし、伝道主任として開拓伝道などもいたしました。その中で「聖書的説教」のための準備をし、日曜日にそれを説教することが苦しいけれども無上の喜びでした。

　このたび、牧師を引退するにあたり、使徒言行録二三章11節「ローマでも証しをしなければならない」のみ言葉に導かれて、今年の四月より長谷の丘の上の小さな家を購入して、ゼロからの開拓伝道を始めさせていただきました。脳梗塞を六十一歳の時一回、七十一歳の時に二回、計三回経験し、身体は障がいだらけですが、心は燃えています。「無限の価値と可能性を生きる」をモットーにして、「弟子訓練と世界宣教」に残る生涯を捧げて参ります。三位一体の神は、弱い障害だらけの私をどう導かれるか分かりませんが、アブラハムの信仰に立って、定年なしの伝道者の生涯をこの長谷で全うしたいと願っています。最後に、この長谷の美しい丘の上に美しい「長谷祝福の丘教会」を建設して、心と体に傷を持つ人たちのいこいと慰めの「場」を建設したいと願い、すでに貯金を始めております。

　最後に東京ミッション研究所の理事長小林和夫先生と副理事長東條隆進先生の身に余る推薦と紹介の言葉を心から感謝します。ヨベルの安田正人氏が編集、出版の大変なご労を喜んでとってくださり、ありがとうございました。

　二年余りに渡って、私の書いたメッセージの原稿を毎週パソコン化してくださった柴田麻子姉の忠実なご奉仕を心から感謝します。

　祈りと忍耐を持って説教を聴いてくださった厚木キリスト教会の信徒の皆様に、本書を捧げます。

二〇一〇年四月三十日

齋藤孝志

齋藤孝志（さいとう・たかし）
1935年福島県生。
青山学院大学、東京聖書学院、アズベリー神学校、フラー神学校、アジア神学校大学院。
牧会学博士
現在、日本ホーリネス教団長谷聖書集会牧師、
東京聖書学院名誉教授、
東京ミッション研究所副所長。

主な著書：『クリスチャン生活の土台』、『平和の神』、
『まことの礼拝―レビ記からのメッセージ―』、他

無限の価値と可能性に生きる　使徒言行録全説教

2010年6月25日　初版発行

著　者―齋藤孝志
発行者―東京ミッション研究所
〒189-8512　東京都東村山市廻田町1-30-1　東京聖書学院内
Tel 042-396-5597　e-mail：tmri@zar.att.ne.jp
発行所―株式会社ヨベル　YOBEL Inc.
〒113-0033　東京都文京区本郷4-1-1
Tel 03-3818-4851　e-mail：info@yobel.co.jp
DTP・印刷―株式会社ヨベル

配給元―日キ販　東京都新宿区新小川町9-1　振替00130-3-60976　Tel03-3260-5670
　ISBN978-4-946565-61-8
